KB041107

제 3 판

송 희 진

범죄와 생활법률

박영사

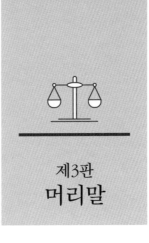

제3판
머리말

　현실세계의 변화와 더 빠른 인터넷세계의 변화에 따라 법률과 판례의 변경이 있었다. 낙태죄에 관한 헌법재판소 결정, 주거침입죄에 관한 대법원판례 변경, 영아살해죄와 영아유기죄의 폐지 등의 내용을 추가하거나 변경하였고 여전히 보이는 오자, 탈자를 바로 잡았다. 실생활에서 발생하는 특이한 사건도 추가하였다.

　출판사의 계속된 독촉에도 개정작업을 미루었음에도 기다려준 분들께 감사드리고 편집, 교정에 수고해주신 분들에게도 고마움을 전한다.

2023. 12.

송 희 진

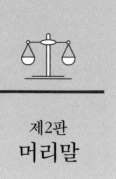

제2판
머리말

　증보판을 낸 뒤로 몇몇 법률이 개정되었고 새로운 판례나 나왔다. 초판에 있던 오·탈자를 바로 잡았고, 판례를 읽기 쉽도록 표현을 고치고 새로운 판례를 추가하였다. 사건사고뉴스 가운데 본서의 취지에 맞는 흥미로운 사건도 일부 추가하였다. 또한 법령 개정내용을 반영하였고 법령 인용의 오류도 바로 잡았다.

　개정작업을 하면서 초학자가 이해하기 쉽고 강의하기에도 편하도록 많이 고쳐 보려고 하였지만 세상살이처럼 의욕만 앞서고 결과는 만족스럽지 못한 느낌이 든다. 이번에도 다음에는 더 낫게 하리라 다짐을 해 본다.

　부족한 책을 다시 출간해 주신 박영사 모든 분들에게 마음을 담아 감사드린다.

2018. 7.

송 희 진

머리말

초판을 출간한 직후 '호스피스·완화의료 및 임종과정에 있는 환자의 연명의료 결정에 관한 법률안(이른바 웰다잉법)'이 제정되었고, 형법 개정으로 벌금형에 대한 집행유예제도가 신설되어 증보판을 내게 되었다. 아울러 몇몇 판례를 추가하거나 교체하였고, 오·탈자를 바로 잡았다. 촉박한 출간 일정에도 불구하고 애써주신 박영사에 감사드린다.

본서는 사회생활을 영위하는 데 있어서 각종 법률적 현상에 대한 이해능력을 고양하고, 법률분쟁의 발생을 사전에 예방하고 법적 분쟁에 대한 적절한 대처능력을 갖게 하는 데 있다. 이른바 '법 없이도 살 사람'이라는 표현이 있다. 하지만 그러한 사람은 법이 없으면 여러 가지 피해를 당할 소지가 많다고도 할 수 있다. 따라서 오히려 그런 선한 사람일수록 법적 지식을 구비하여야 자신의 권리를 주장하고 손해를 입지 않을 수 있다. 한편 법에 대한 일반인의 시각은 부정적인 면이 강하다. 대체로 법을 아는 것이 어렵고, 법 때문에 피해를 입은 경험이 있기 때문인 것으로 생각된다. 그러나 그럴수록 법을 알아야 자신이 보호받을 수 있는 것이다. 법을 이용하여 부당한 이익을 획득하려고 해서는 안 되겠지만 법을 몰라서 부당한 손해를 입어서도 아니 된다. 사회생활을 하면서 법과 전혀 관계없이 삶을 영위하는 것은 힘들다면 법을 어느 정도를 알아야 할 필요가 있다.

본서는 법학에 관한 방대한 지식을 모두 담고 있지는 않다. 법학 전반에 대한 내용을 모두 서술하는 서적을 읽다가 그 분량의 막대함으로 인하여 오히려 법에 대한 흥미를 상실하는 경우를 종종 본다. 따라서 각종 사건사고 뉴스에 자주 접하게 되는 범죄사건과 그에 관한 법률규정, 판례에 대한 개괄적인 소개를 함으로써 범죄행위에 대한 법적 측면의 이해를 높이고자 한다. 법이라는 '안경'을 착용하고 사회현상을 바라보는 시각을 길러보자는 것이다.

본서의 내용은 법학에 대한 기초적 지식, 범죄에 대한 공통적 내용, 개별범죄의 세 부분 나눌 수 있다. 제1장은 범죄문제를 이해하는데 필요한 법, 법률, 법학에 대한 기본지식을 설명한다. 아울러 법학을 전공하고자 하는 초학자가 읽어도 유용한 지식과 다른 법학입문서에서 설명되지 않지만 법에 대한 이해에 필요한 지식을 서술하고 있다. 제2장은 개별적 범죄현상을 이해하는데 필요한 공통적인 범죄요건에 관한 서술이다. 제3장은 경범죄, 형법상 개별범죄, 교통범죄, 성범죄 등 개별범죄현상의 요건과 내용을 설명한다. 인간의 생김새나 생각, 행동만큼이나 범죄의 모습도 매우 다양하고 많다. 그 모든 범죄내용을 다 살펴볼 수는 없고 그럴 필요도 없다. 여기에서는 사회생활을 하는 가운데 유의해야 할 대표적인 범죄를 위주로 설명한다. 먼저 일상생활에서 무심코 범하게 되는 경범죄처벌법의 경범죄를 다루고, 형법에 규정된 범죄 가운데 알아두어야 할 범죄를 서술한다. 이어 운전하면서 한번쯤 경험하게 되는 교통사고에 따른 범죄문제, 최근에 사회적으로 관심도 많고 문제시되는 성희롱과 성범죄 등의 범죄에 대하여 설명하기로 한다.

당초 책을 쓰려는 목표는 교양으로서의 법학과 전공으로서의 법학의 경계를 적절히 설정하면서 범죄를 통하여 법에 대한 지식을 쉽게 전달하려하였다. 그러나 원고를 다시 읽어보면서 여전히 어려운 법을 더 어렵게 남겨두지 않았나 생각된다. 아직 정리가 되지 않아 부족한 부분이 많지만 지속적으로 내용을 보완하도록 할 것이며, 모쪼록 본서가 법과 더불어 숨 쉬고 살아갈 수밖에 없는 현대사회생활에 있어서 '법의 힘'이 '힘의 법'을 이겨내는데 작은 보탬이 되었으면 한다.

끝으로 이 책의 출간을 허락하여 주신 박영사 안종만 회장님과 출판 과정의 번거로운 사무를 처리해주신 이영조 차장님, 원고의 편집과 교정에 애써주신 한두희 님에게 감사의 마음을 전한다.

2016. 2.

송 희 진

차 례

CHAPTER 01

법의 기초

CHAPTER 02

형법과 범죄의 일반이론

CHAPTER 03

주요 개별범죄

법의 기초

TAKE ON OATH   JUDGEMENT   JUSTICE   GOVERNMENT

DEAL   CONTRACT   WRITING   ARREST

SEARCH   BRIEFCASE   JAIL   GLOBAL

FILES   SECURITY BADGE   FINGERPRINT   CRIME

법의 기초

제1절 | 법의 개념

Ⅰ. 법의 발생원인: 사회생활과 질서유지

　인간은 사회 속에서 살아가는 존재, 즉 사회적 동물이다. 사회생활 가운데 타인과 일정한 이해관계를 맺는 경우가 종종 있고 자기의 이해관계와 타인의 이해관계 또는 사회 전체의 이익은 상반되는 경우가 대부분이다. 한편 인간의 욕망은 무한한데 비하여 그 욕망이 대상이 되는 재화는 유한하다. 무엇을 갖고자 하는 사람은 많은 데 갖고자 하는 대상이 제한되어 있으면 경쟁이 있게 마련이다. 이러한 이익충돌을 자신의 실력, 즉 힘으로 해결하거나 그 해결수단 및 방법이 무제한이라면 결국은 '만인에 대한 만인의 투쟁'(the war of all against all)이 된다.

　이해관계 속에서 다툼이 있는 경우 일반적으로 도덕, 윤리, 종교, 관습 등에 의하여 해결되기도 하지만 언제나 다툼이 해소되는 것은 아니다. 윤리나 도덕의 기준이 각자 다를 수 있고, 종교가 서로 다르거나 종교를 갖지 않은 사람에게는 종교적 교리는 기준이 될 수 없기 때문이다. 종교나 윤리는 가치관을 공유하지 않는 사람에게는 효력이 없지만 법은 그렇지 않다. 오히려 가치관이 다른 사람들이 있기 때문에 법이 필요하다.

　서로 합의가 이루어지지 않으면 법에 의하여 분쟁을 해소할 수밖에 없다. 그런데 사회생활에 대한 법적 규제는 다른 생활원리와 상이한 경우가 많다. 이 때 법에 대한 이해가 부족하면 예상치 못한 손해를 입을 수 있다. 특히 최근에는 여성의 사회진출이 증가하게 됨으로써 법률문제와 접촉하게 될 기회가 증가하고 있다. 따라서 기본적인 법률지식을 습득하여 권리를 적정하게 행사하고 법적 거래로 인한 손해의 발생을 방지할 필요성이 있다.

II. 법에 대한 전통적 인식

대부분의 국민은 법을 천시하고 혐오하는 관념을 지니고 있다. 그러나 한편으로는 법을 두려워하여 가급적 접촉하지 않으려 한다. 법에 대한 이러한 오해의 원인은 몇 가지로 나누어 살펴볼 수 있다.

① **유교적 영향**: 사회생활상 다툼이나 충돌이 있는 경우 우리는 전통적으로 법에 의한 해결을 우선하기 보다는 도덕이나 윤리에 의하여 해결하는 것을 더 낫게 여겼다. 이는 유교적 사상에 깊이 젖어있는 우리의 의식에 따른 결과이다. 즉 법가(法家)와의 대립관계 속에서 유교사상은 법률 또는 법에 의한 해결방식에 대하여 경멸시 하였다. 따라서 이해관계의 대립이 발생한 경우 법적 수단에 의하여 해결하려는 사람을 매정하게 여겼다.

하지만 요즈음은 제사나 혼인 등에 있어서도 유교적 풍습이 많이 사라진 것과 같이 법률적 분쟁의 영역에서도 법적 수단에 의한 해결을 우선시 하는 경향이 많아졌다. 예를 들어 남의 과수원에서 수박이나 참외를 서리하다 들키면 주인에게 혼나는 것으로 그치던 예전의 추억 어린 일은 이제는 절도죄로 고소되는 것이 현실이 되었다. 물론 이러한 경향이 반드시 옳다는 것은 아니지만 어쨌든 현실은 그렇다.

② **일제 강점기의 형사문화적 영향**: 일본은 조선을 지배하는 도구로 법을 악용하였고, 군인경찰의 역할을 하였던 경찰(순사) 등에 의하여 고문, 수탈 등이 자행되었다. 이러한 영향으로 법, 법원, 검찰, 경찰은 국민을 고통스럽게 만드는 것으로 인식되었고 해방 이후에도 이러한 현상이 형사사법의 영역에서 지속되어 왔다. 최근에는 경찰, 검찰 등 법집행기관의 민주적 직무집행으로 이러한 의식이 많이 해소되었지만 아직도 일제문화가 여전히 남아있는 부분이 있다.

③ **서양과 동양의 법에 대한 시각의 차이**: 서양은 시민권사상에 기초하여 법이 시민의 자유와 권리를 보장하는 수단으로 발달하였으나 동양의 경우에는 법은 국왕의 통치수단으로 간주되었다.

④ **사회구조적 이유**: 법률의 제정, 개정의 경우 법의 내용에 대하여 영향력을 발휘할 수 있는 계층은 부유층, 고소득자, 집권층, 경영진 등 사회의 상부구조이고 지배계층의 이익을 대변하도록 법이 제정되어 근로자, 서민 등을 통제하고 있다는 인상이 있다.

⑤ **사회발전과 경제발전과정에서 법의 강제력 남용**: 노동문제, 복지문제, 인권문제 등이 국가경제발전을 이유로 억제되었고 그 통제수단으로서 법이 이용되었다.

⑥ **어려운 법률용어의 사용, 법에 대한 무지**(無知): 법률용어가 한자어로 생성되었고, 일상용어와 다른 의미로 사용되는 경우가 많다. 또한 법률조문의 표현방식이 난해하여 일반인이 쉽게 이해하기 어렵다.[1] 결궤(決潰),[2] 소훼(燒燬),[3] 의제(擬制),[4] 참절(僭竊)[5]은 각각 '방죽, 둑 등을 터뜨려 무너뜨린다', '불태워 없앤다', '성질이 전혀 다른 것을 동일한 것으로 간주하는 것', '국가의 영토의 전부나 일부를 점거하여 국가의 주권 행사를 사실상 배제하고 국가의 존립과 안전을 침해하는 것'의 의미로서 쉽게 이해하기 어려운 낱말들이다. '선의(善意)', '악의(惡意)'[6]라는 법률용어는 '착하거나 나쁜 의도'를 의미하는 것이 아니라 '어떤 사항을 모르거나 알고 있다'는 의미로 사용되어 단어의 일반적인 뜻과 다르다.

또한 일상생활에서 필요한 법률에 대한 교육이 이루어지지 않았다. 법은 법률전문가의 것으로만 생각되고 일반인을 위한 '생활법률', '교양법률' 등 법교육을 위한 제도적 장치가 미흡하다.

---

1) 법에 대한 기초학습으로서 법률강좌는 교양법학, 생활법률 등의 강좌명으로 이루어지는 비전공자에 대상으로 하는 경우와 법학개론이라는 강좌명으로 이루어지는 법학을 전공으로 하기 위한 기초강좌로 구분된다. 본서는 사회생활에 있어서 필요한 법학적 교양지식을 전달하는데 주목적이 있으므로 필요한 한도에서의 법률지식과 법원의 판례에 기초한 사건이나 신문, 방송뉴스에서의 사건사고에 대한 법적 설명을 위주로 한다. 교양법학으로서 유용한 교재는 법무부 한국법교육센터가 발간한 「한국인의 법과 생활」과 「청소년의 법과 생활」(2017)이다.

2) 개정되기 전의 형법 제184조(수리방해) 제방을 결궤하거나 수문을 파괴하거나 기타 방법으로 수리를 방해한 자는 5년 이하의 징역 또는 700만 원 이하의 벌금에 처한다.

3) 개정되기 전의 형법 제164조(현주건조물 등에의 방화) ① 불을 놓아 사람이 주거로 사용하거나 사람이 현존하는 건조물, 기차, 전차, 자동차, 선박, 항공기 또는 광갱을 소훼한 자는 무기 또는 3년 이상의 징역에 처한다.

4) 민법 제826조의2(성년의제) 미성년자가 혼인을 한 때에는 성년자로 본다.

5) 개정되기 전의 형법 제88조(내란목적의 살인) 국토를 참절하거나 국헌을 문란할 목적으로 사람을 살해한 자는 사형, 무기징역 또는 무기금고에 처한다.

6) 민법 제201조(점유자와 과실) ① 선의의 점유자는 점유물의 과실을 취득한다.
② 악의의 점유자는 수취한 과실을 반환하여야 하며 소비하였거나 과실로 인하여 훼손 또는 수취하지 못한 경우에는 그 과실의 대가를 보상하여야 한다.

【어려운 한자어를 쉽게 개정한 법률용어】[7)]

· 揚荷(양하) → 짐 나르기 (해운법)

· 收得하다(수득하다) → 거두어들이다 (경륜 · 경정법)

· 어장에 대한 耕耘(경운) · 客土(객토) → 어장의 바닥을 갈거나 새 흙을 까는 일 (어장 관리법)

· 同一鑛床중에 賦存하는(동일광상중에 부존하는) → 같은 광상(鑛床)에 묻혀 있는 (광업법)

· 裸傭船(나용선) → 선체(船體)만을 빌린 선박 (해운법)

물론 최근에는 일반 국민이 법률조문을 읽고 쉽게 이해할 수 있도록 법률의 문장의 표기를 한글로 하고 난해한 용어는 쉬운 우리말로 풀어쓰며 복잡한 문장은 간결하게 다듬고 있다. 즉 한자가 아닌 한글로 법률을 제정하고 용어도 한문투가 아닌 쉬운 일상용어를 사용하기도 한다.

법학 내지 법은 다른 분야와 다르게 일상생활에서 접하지 못하거나 상식적으로 알고 있는 개념과 다른 뜻으로 사용되는 개념이 특히 많다. 법은 권리나 이익이 문제되는 사회생활을 규율대상으로 하기 때문에 관계되는 영역이 많기 때문이다. 또 어떤 법적 현상에 대하여 장황하게 풀어쓰거나 반복하게 되면 비효율적이므로 함축적인 의미를 갖는 전문용어를 많이 사용한다. 이것은 법학에서만 있는 현상은 아니고 의학용어, 건축용어, 컴퓨터용어도 마찬가지이다.

Ⅲ. 민사책임과 형사책임

사회생활을 수행하는 도중에 이루어지는 많은 행위들 가운데 대부분은 법적으로 문제되지 않는다. 그러한 사회생활관계 중에서 법적으로 문제되는 생활관계가 '법률관계'가 된다. 즉 법률관계란 법에 의하여 규율되는 생활관계를 말한다. 어떤 사회적 행위가 법적으로 문제되는 행위인지 아닌지를 판단하는 간명한 기준은 권리나 의무라는 개념으로 파악할 수 있느냐 이다. 즉 타인의 권리를 침해하였는가 여부가 하나의 기준이 된다. 법은 권리와 의무의 개념 위에 세워진 건축물이라고

---

7) 법제처 법제정책팀, 2007.3.7. 보도자료; 법제처, 「알기 쉬운 법령 정비기준(제8판)」(2017.12.), 17면 이하 참조.

할 수 있으며, 법률관계는 곧 권리의무관계이다. 어떤 권리나 의무가 발생하지 않는 것은 법률문제가 되지 않는다. '햇볕을 받을 이익'이라는 관념은 예전에는 법률관계로 파악되지 않았다가 고층건물이 건축된 이후로 새롭게 '일조권'이라는 권리개념의 형성으로 법률관계의 영역으로 편입되는 경우도 있다. 또 직장상사의 부하여직원에 대한 신체접촉이 단순한 애정표시로 여겨지던 때도 있었지만 최근에는 성희롱이나 성범죄로 인식되어 법률문제로 변화되었다.

어떤 행위가 법률적으로 문제될 때 관련되는 법영역은 여러 형태이다. 예컨대 교통사고가 발생한 경우에 민사적으로는 손해배상, 형사적으로는 범죄로 인한 형벌의 문제가 된다. 때로는 운전면허의 취소나 정지와 같이 행정법적 효과가 발생되는 경우가 있다. 이러한 법적 책임은 원칙적으로 별개의 독립된 문제이다.

1. 민사책임과 형사책임의 유형

민법에서의 책임유형에는 첫째, 계약에 대한 의무이행을 하지 않을 경우에 발생하는 채무불이행책임이 있다. 책임의 형태는 손해배상이며 재산적 손해배상과 정신적 손해배상(이른바 위자료)으로 구분된다. 둘째 계약관계가 전제되지 않은 경우로서 이를 불법행위라고 하며 책임의 형태는 금전적 손해배상이다. 결국 민사행위에 대한 책임은 최종적으로 손해배상책임으로 귀착된다. 이러한 책임은 개인과 개인 상호간의 법적 분쟁에 대한 해결이다.

어떤 행위가 형법 및 특별형법에 규정되어 있는 범죄에 해당된다면 형벌이 부과된다. 형벌은 국가와 국민과의 관계에서 국가형벌권의 실현이다.

2. 양자의 관계

하나의 행위는 민사책임만 발생할 수도 있고, 형사책임만 발생하는 경우도 있는 한편 민사와 형사가 모두 문제될 수도 있다.

〔예 1〕 다른 사람의 도자기를 깨뜨리려고 돌을 던졌으나 맞지 않은 경우에는 손괴미수죄로 처벌될 수 있다. 그러나 상대방에게 재산상 손해발생이 없으므로 정신적으로 충격을 가한 손해도 없다면 원칙적으로 민사책임은 부정된다.

한편 배우자가 간통을 하면 민법상 이혼사유[8]의 하나인 '배우자의 부정한 행위'

---

8) 민법 제840조는 재판상 이혼원인으로 배우자에 부정한 행위가 있었을 때, 배우자가 악의로

가 될 수 있지만 간통행위는 범죄가 되지 않는다.9)

　〔예 2〕 친구 집에 놀러가서 도자기를 들어 감상하다가 잘못하여 떨어뜨린 경우 과실로 인한 손괴행위는 범죄가 성립되지 않지만, 민사적으로는 손해를 배상하여야 한다.

【술 취해 페라리 위에서 '쿨쿨', 차수리비 수백만원】 회사원 ㅎ씨는 술자리를 마치고 경기도 자신의 아파트로 돌아왔다. 집을 간신히 찾았다고 안도하며 푹신한 침대에 몸을 뉘었지만, 2시간여 만에 경찰에 피의자로 입건됐다. CCTV의 영상에 의하면, ㅎ씨가 침대라고 생각하고 옷을 모두 벗고 잠들었던 곳은 페라리의 소프트톱(부드러운 소재로 만든 개폐형 지붕)이었다.

　ㅎ씨는 재물손괴 혐의로 입건되었고, 페라리 주인 쪽은 소프트톱과 보닛 교체에 1억 2900여만원이 든다는 견적서를 수사기관에 냈다. 하지만 인사불성 상태였던 ㅎ씨가 고의로 범행을 저지르지 않았다는 점이 고려되어 검찰에서 무혐의 처분을 받았다.

　하지만 사건은 그걸로 끝은 아니었다. 차량 결함을 주장하는 페라리 주인이 자신의 보험회사를 상대로 보험금을 요구하였고 법원의 공식 감정에서 ㅎ씨가 차량에 올라타는 과정에서 소프트톱 좌우 균형이 흐트러진 사실이 드러났다. 결국 보험회사는 수리비용 등으로 1400여만원을 부담했다. 이에 보험회사는 ㅎ씨에게 소송비용 400만원을 포함해 1800여만원을 물어내라는 구상금 청구소송을 냈고, 법원은 ㅎ씨가 보험사에 740만원(수리비용의 70%)을 지급하라고 판결했다.10)

　〔예 3〕 여러 사람이 모여 있는 곳에서 욕설을 하게 되면 민사상으로는 불법행위로 인한 손해배상책임이 인정되고 형사적으로는 모욕죄가 문제된다. 또 교통사고의 경우 치료비, 수리비 등 손해를 배상하여도 형사상으로는 원칙적으로 업무상 과실치사상죄, 업무상 과실재물손괴의 책임이 인정된다.11)

　이와 같이 민사책임과 형사책임은 별개의 문제인 것이다. 한편 민사책임과 형사

　다른 일방을 유기한 때, 배우자 또는 그 직계존속으로부터 심히 부당한 대우를 받았을 때, 자기의 직계존속이 배우자로부터 심히 부당한 대우를 받았을 때, 배우자의 생사가 3년이상 분명하지 아니한 때, 기타 혼인을 계속하기 어려운 중대한 사유가 있을 때 등을 규정하고 있다.

9) 형법 제241조의 간통죄는 헌법재판소의 위헌결정(헌재결 2015.2.26. 2009헌바17)을 받아 폐지되었다.

10) 한겨레신문 2018.5.31.자.

11) 다만 종합보험에 가입되어 있거나(예외적으로 처벌되는 경우가 있다), 12개항 중대법규 위반이 아니고 피해자와 합의가 되면 피해자의 의사에 반하여 공소제기할 수 없다(교통사고처리특례법 제3조 및 제4조 참조).

책임이 서로 관련되는 경우도 있다. 위에서 언급한 교통사고의 경우가 그러하고, 친고죄 또는 반의사불벌죄[12]에 해당하는 범죄의 경우에는 피해자의 의사에 따라 처벌이 달라지기도 한다.

제 2 절 | 법과 법률의 체계

Ⅰ. 법의 규범체계

법은 제정의 주체와 내용 내지 규범적 효력의 차이에 따라 아래와 같이 분류된다. 각각의 하위법규는 상위법규에 위반할 수 없으며 위반된 내용은 효력이 없다(상위법 우선의 원칙). 동일한 법규 사이에서는 새로 제정된 법규나 특별한 경우를 대상으로 제정된 법규가 우선하는 효력이 있다(신법 우선의 원칙, 특별법 우선의 원칙). 예를 들어 법률의 내용이 헌법에 보장된 기본권에 위반되면 위헌법률이 되어 헌법재판소에 의하여 위헌결정을 받게 되고, 명령이나 규칙 등이 법률에 위반되면 법원에 의하여 효력이 부정된다. 형법의 일정한 성범죄에 대하여는 성폭력범죄의 처벌 등에 관한 특례법이 우선 적용된다.

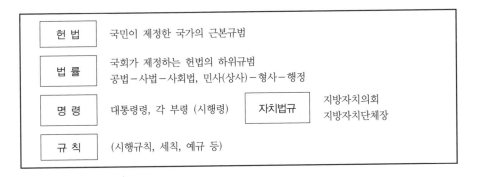

---

12) 친고죄(親告罪)란 피해자의 고소가 있어야 공소제기가 가능한 범죄로서 모욕죄, 비밀침해죄, 사자(死者)에 대한 명예훼손죄 등을 말한다. 반의사불벌죄(反意思不罰罪)는 원칙적으로 처벌할 수 있지만 피해자가 처벌을 원하지 않는다는 의사표시를 한 경우 공소제기할 수 없는 범죄이다. 폭행죄, 과실치상죄, 협박죄, 명예훼손죄 등이 그 예이다.

II. 법률조문의 체계

법률 자체나 개별 법조문은 일정한 형식에 따라 규정된다. 법률의 명칭과 관련하여 종전에는 '성폭력범죄의처벌및피해자보호등에관한법률'과 같이 띄어쓰기를 무시하였지만, 최근에는 '성폭력범죄의 처벌 등에 관한 특례법'처럼 한글맞춤법에 따른 띄어쓰기를 하게 되었다.

【법률, 명령의 명칭의 예】

- 성폭력범죄의 처벌 등에 관한 특례법 시행령[시행 2013.6.19.]
  [대통령령 제24550호, 2013.5.31., 전부개정]
- (헌법) 제1조 ① 대한민국은 민주공화국이다.
  ② 대한민국의 주권은 국민에게 있고, 모든 권력은 국민으로부터 나온다.
- (민법) 제777조 (친족의 범위) 친족관계로 인한 법률상 효력은 이 법 또는 다른 법률에 특별한 규정이 없는 한 다음 각호에 해당하는 자에 미친다.
  1. 8촌 이내의 혈족
  2. 4촌 이내의 인척
  3. 배우자 [전문개정 1990.1.13]
- (민법) 제837조의2 (면접교섭권) ① 자(子)를 직접 양육하지 아니하는 부모의 일방과 자(子)는 상호 면접교섭할 수 있는 권리를 가진다. <개정 2007.12.21>
  ② 가정법원은 자의 복리를 위하여 필요한 때에는 당사자의 청구 또는 직권에 의하여 면접교섭을 제한하거나 배제할 수 있다. <개정 2005.3.31>
  [본조신설 1990.1.13]

위 시행령은 대통령이 2013년 5월 31일에 명령이라는 법규형식으로 공포되어 제정한 것으로서 24550호는 제정된 일련번호이다. 시행일자는 보통 '부칙'에 규정되며, 공포된 날로부터 즉시 시행되거나 일정기간 동안 유예기간을 두고 시행일을 정한다. '전부개정'이란 해당 법규의 내용이 전면적으로 변경된 경우를 말하여 부분적 개정인 경우에는 '일부개정'으로 표기한다. '타법개정'으로 표기된 경우도 있는데 이는 다른 법률의 변경 때문에 해당 법규가 변경이 된 경우를 말한다. 예를 들어 '호주'제도가 민법의 변경으로 폐지되면 호주라는 용어가 사용된 다른 법률들도 변경되는 것이다.

어떤 법률의 내용으로서 개별적 법조문은 조(條), 항(項), 호(號), 목(目)의 순서로 구성된다. 조는 '제~조'로 읽는데, '제837조의2'는 해당 법률인 민법의 제정 당시에는 제836조(이혼의 성립과 신고방식), 제837조(이혼과 자의 양육책임), 제838조(사기, 강박으로 인한 이혼의 취소청구권)의 순서로 제정되었는데, 이후 부모의 이혼시 자녀에 대한 면접교섭권을 인정할 필요가 있어서 해당 내용을 법률조항에 새로 추가하는 경우 내용상 가장 밀접한 부분에 '~조의2, 3, 4' 등의 형식으로 삽입하는 경우이다.13) 이러한 형식도 조(條)의 하나이며 조문 자체가 새로 만들어졌으므로 '본조신설'이라 표기한다. 신설된 조항이 다시 부분적으로 변경이 되면 '일부개정'이라고 하고, 내용이 전체적으로 변경되면 '전부개정'이라고 한다.

조(條)의 세부내용은 항(項)이라 하고 ①, ②, ③, ④ 등으로 표기하고 '~항' 또는 '제~항'으로 읽는다. 항(項) 아래 더 자세한 규율내용은 호(號)라고 하여 '1, 2, 3, 4'의 형식으로, 그 다음은 목(目)이라 하여 '가, 나, 다, 라'의 형식으로 표기한다.

하나의 법률조항이 두 문장 이상으로 구성되어 있을 경우 서로 대등한 문장이면 첫째문장을 제1문, 둘째문장을 제2문이라고 하거나 전문(前文), 후문(後文)이라고 읽고, 첫째문장이 원칙부분이고 둘째문장이 예외적이거나 특별한 사항에 관한 내용인 경우에는 본문과 단서라고 읽는다.

Ⅲ. 범죄와 관련된 형사법률

법률은 규율하는 대상에 따라 민사법, 형사법, 상사법, 행정법, 노동법 등 다양한 영역이 있다. 이 가운데 형사법은 범죄와 그에 대한 제재인 형벌이나 보안처분과 처벌절차가 규정된 법률을 말한다. 형법이 대표적이지만 개별범죄의 유형에 대한 특별형법이 다수 존재한다. 가정폭력범죄의 처벌 등에 관한 특례법, 경범죄처벌법, 국가보안법, 국민의 형사재판 참여에 관한 법률, 부정수표 단속법, 성매매알선 등 행위의 처벌에 관한 법률, 성폭력범죄의 처벌 등에 관한 특례법, 특정강력범죄의 처벌에 관한 특례법, 특정경제범죄 가중처벌 등에 관한 법률, 특정범죄 가중처벌 등에 관한 법률, 폭력행위 등 처벌에 관한 법률 등이 그 예이다.14) 형사특

---

13) 미국헌법의 경우처럼 입법례에 따라서는 수정 제1조, 제2조 등으로 해당 법률의 마지막에 추가하는 형식도 있다.

14) 법률은 명칭이 길게 제정된 것은 약칭하기도 한다. 예를 들어 가정폭력처벌법(가정폭력범죄의 처벌 등에 관한 특례법), 성폭력처벌법(성폭력범죄의 처벌 등에 관한 특례법), 즉결심판법(즉결심판에 관한 절차법), 특강법(특정강력범죄의 처벌에 관한 특례법), 특경가법(특정경제범죄 가중처벌 등에 관한 법률), 특가법(특정범죄 가중처벌 등에 관한 법률), 폭처법(폭력행위 등 처벌에 관한 법률) 등이다.

별법의 경우 실체법적 내용인 범죄와 형벌을 규정함과 동시에 그 처벌절차를 규정하기도 한다.

아울러 범죄에 대한 처벌절차를 규정하고 있는 절차법으로서 형사소송법, 즉결심판에 관한 절차법, 소년법, 조세범 처벌절차법 등이 있다.

제3절 | 소송, 법원과 판례

Ⅰ. 소 송

소송이란 일정한 법률적 다툼, 즉 이해관계의 대립이 있는 경우에 이해관계 당사자의 주장의 당부를 제3의 기관인 법원 등 재판기관(심판기관)이 판단하는 절차이며 '재판'이라고도 한다. 즉 소송이란 개념이 성립하기 위해서는 일정한 권리또는 법률관계 내지 이해관계를 주장하는 자와 그것을 부정하는 자의 대립적 관계가 전제되어야 한다. 이해관계를 주장하여 소송을 제기하는 사람과 그 상대방을 민사소송에서는 원고와 피고, 형사소송에서는 검사(공소제기자)와 피고인[15]이라고 한다. 그리고 양자의 이해관계의 대립에 대한 객관적으로 판단하는 제3자인심판기관인 법원이 존재하여야 한다. 그리고 법원의 판단내용은 당사자에게 구속력을 갖는다. 소송은 이러한 삼각 구조를 특징으로 한다. 따라서 이러한 '3면 관계'가 아닌 경우에는 소송이라고 할 수 없다. 또한 예를 들어 '조정'이나 '재판상 화해'[16]와 같이 심판기관이 법원이 아니거나 판단내용이 법적 구속력이 인정되지않은 경우에는 원칙적으로 소송이라고 할 수 없다. 행정기관의 허가 등의 행정행위에 대하여 상위행정기관에 다투는 것을 행정'심판'이라고 부르는 이유도 여기에 있다.[17]

소송의 유형으로는 민사소송(가사, 소년보호사건 등 포함), 형사소송, 행정소송, 선

---

15) 수사기관에 의하여 범죄혐의가 인정되어 수사를 받고 있는 사람을 '피의자'라고 하며, 피의자가 검사에 의하여 공소 제기되면 피고인이라고 한다.
16) 화해란 일상용어에서는 다투던 것을 멈추고 좋지 않은 감정을 풀어 없애는 것을 말하지만, 법률에서는 당사자 사이의 법률적 분쟁내용을 협의하여 결정하는 것을 의미하고 특히 '재판상 화해'는 민사분쟁의 경우 소송 중에 합의를 하는 것을 말한다. 이 경우 화해는 법적 구속력이 있다.
17) 물론 그러한 행정심판의 내용에 대하여 불복하는 자가 법원에 항고하는 경우에는 행정'소송'이라고 한다.

거소송, 특허소송, 헌법소송 등이 있다. 법원의 심판의 대상이 되는 법률적 분쟁 내용에 따라 구분된다.

II. 법원의 유형

법원은 조직상 최고법원인 대법원과 고등법원, 지방법원(본원 및 지원, 시·군법원[18]) 등이 있다. 재판의 내용에 따라서 재판기관의 유형으로는 민사법원, 형사법원, 행정법원, 군사법원, 가정법원 등으로 분류할 수 있다.[19]

【재판은 몇 사람의 법관이 하는가?】

어떤 사건에 대하여 법원이 판단을 내리는 재판은 신중하게 하려 한다면 가급적 많은 법관이 하여야 할 것이지만 그런 경우 재판이 지연되고 법관의 인력충원이 문제된다. 그러므로 사건의 경중과 난이도에 따라서 1인이 재판을 수행하는 '단독판사'와 여럿이 재판을 하는 '합의부'로 나누어 담당하고 있다.

제1심 사건은 단독판사가 담당하는 것이 원칙이고 부분적으로 합의부가 담당한다.[20] 제2심과 대법원에서는 합의부가 재판을 한다. 합의부는 3인의 법관으로 구성하는 것이 원칙이다. 다만 대법원은 대법원장을 포함하여 14명의 대법관으로 이루어진다. 그러나 대법원에서 담당하는 사건이 매우 많아[21] 선고가 늦어지기 때문에 3인 이상으로(보통 4인으로 구성된다) 구성된 부(部)에서 먼저 사건을 심리하고 의견이 일치되면 판결을 선고한다. 예외적으로 ① 명령 또는 규칙이 헌법에 위반된다고 인정하는 경우, ② 명령 또는 규칙이 법률에 위반된다고 인정하는 경우, ③ 종전에 대법원에서 판시한 헌법·법률·명령 또는 규칙의 해석 적용에 관한 의견을 변경할 필요가 있다고 인정하는 경우, ④ 부에서 재판하는 것이 적당하지 아니하다고 인정하는 경우에는 대법관 전원의 3분의 2 이상의 합의체에서 판결한다. 사회적으로 관심이 크거나 뉴스에 보도되는 중요한 사건

---

18) 법원조직법 제34조(시·군법원의 관할) ① 시·군법원은 다음의 사건을 관할한다.
   1. 소액사건심판법의 적용을 받는 (3,000만 원을 초과하지 않는) 민사사건
   2. 화해·독촉 및 조정에 관한 사건
   3. 20만원 이하의 벌금 또는 구류나 과료에 처할 범죄사건 ☞ 즉결심판사건
   4. 「가족관계의 등록 등에 관한 법률」 제75조에 의한 협의상 이혼의 확인
19) 법원조직법 제3조에서는 법원의 종류를 대법원, 고등법원, 특허법원, 지방법원, 가정법원, 행정법원, 회생법원의 7종류로 규정하며, 군사법원법에 의한 군사법원이 있다.
20) 단독판사와 합의부가 담당할 사건의 유형은 법원조직법 제32조 참조.
21) 대법원이 1년간 담당하는 사건은 약 4만 여건이다. 최근 논의되는 상고법원은 이러한 문제점을 해결하기 위한 시도이다.

이 이런 전원합의체가 담당하는 사건이다.

III. 심급제도

법원에서 어떤 사건을 재판을 할 경우 1회로 종료되지 않는다. 대부분 지방법원 본원이나 지원의 단독판사, 합의부[22])에 의하여 이루어지는 제1심, 지방법원 본원 합의부나 고등법원에서의 제2심, 대법원에서의 최종심으로서 제3심으로 이루어진다. 이러한 3차의 재판을 거치는 이유는 심급제도를 통하여 상소를 인정하는 것은 오판의 방지를 통하여 재판의 신뢰를 확보하기 위함이다.

제1심 판결에 대하여 상급법원에 상소하는 것을 '항소'라 하고, 항소법원의 판결에 대하여 대법원에 상소하는 것을 '상고'라고 한다. 항소와 상고를 합하여 '상소'라고 한다. 한편 제1심의 결정에 대하여 상급법원에 상소하는 것을 '항고'라 하고, 항고법원의 결정에 대하여 대법원에 상소하는 것을 '재항고'라고 한다. 항고와 재항고도 상소의 일종이다.

【법원의 재판형식】 판결, 결정, 명령
① 판결: 법원이 변론을 거쳐 진행하는 일반적인 재판의 형식이며 선고의 절차가 있다.
② 결정: 판결과 비슷하나, 반드시 변론을 거치는 것은 아니고 고지로도 효력이 발생한다.
③ 명령: 예컨대 불필요한 변론을 제한하거나 방청인을 퇴정시키는 명령 등이다.

IV. 법원의 판결문의 양식과 판례번호 표기 예시

법원의 판결문은 일정한 규칙에 따라 표기된다. 판결문의 번호를 보면 어떤 사건을 재판한 법원의 종류, 재판일자, 사건유형 등의 정보를 알 수 있다. 아래는 판결문 가운데 분량이 적은 정식판결문의 예이다.

---

22) 합의부가 심판하는 사건의 범위는 법원조직법 제32조 참조.

【판결서의 예】 대법원 2011.1.13. 선고 2010도9330 판결[23)]

대 법 원
제 3 부
판 결

사 건	2010도9330	가. 사기	
		나. 도박	
피 고 인	피고인 ○○○		
상 고 인	피고인 ○○○		
변 호 인	법무법인 로고스		
	담당변호사 이상곤 외 1인		
원심판결	대전지방법원 2010. 6. 24. 선고 2010노1160 판결		
판결선고	2011.1.13.		

주 문

원심판결 중 피고인에 대한 부분을 파기하고, 이 부분 사건을 대전지방법원 본원 합의부에 환송한다.

이 유

상고이유(상고이유서 제출기간 경과 후에 제출된 각 상고이유보충서는 이를 보충하는 범위 내에서)를 판단한다.

1. 상고이유 제1점에 관하여

가. 도박이라 함은 2인 이상의 자가 상호간에 재물을 도(賭)하여 우연한 승패에 의하여 그 재물의 득실을 결정하는 것이므로, 이른바 사기도박에 있어서와 같이 도박당사자의 일방이 사기의 수단으로써 승패의 수를 지배하는 경우에는

---

23) 법원의 판례에 대해 '대판 2011.1.13. 2010도9330'의 형식으로 표기하기도 하고 간단히 2010 도9330으로 인용하기도 한다.

도박에 있어서의 우연성이 결여되어 사기죄만 성립하고 도박죄는 성립하지 아니한다(대법원 1960. 11. 16. 선고 4293형상 743 판결 참조). 한편, 사기죄는 편취의 의사로 기망행위를 개시한 때에 실행에 착수한 것으로 보아야하므로, 사기도박에 있어서도 사기적인 방법으로 도금을 편취하려고 하는 자가 상대방에게 도박에 참가할 것을 권유하는 등 기망행위를 개시한 때에 실행의 착수가 있는 것으로 보아야 한다.

나. 원심이 확정한 사실 및 그 채용증거들에 의하면, 피고인은 2010. 2. 17.경 원심공동피고인 1, 2, 3과 사기도박의 방법으로 금원을 편취하기로 공모한 사실, 이에 따라 위 원심공동피고인 2, 3은 2010. 2. 18. 16:00경 보령시 명천동(이하 생략) ○○○모텔 906호실에서 천장에 있는 화재감지기에 카메라를 몰래 설치하고, 위 모텔 맞은 편에 있는 △△△모텔 707호실에 모니터를 설치한 사실, 원심공동피고인 1은 피해자 공소외 1, 2에게 연락하여 도박을 하자고 유인하여 위 홀인원모텔 906호실로 오게 하고, 또 위와 같은 사실을 알지 못하는 공소외 2는 피해자 공소외 3에게 도박을 하자고 권유하여 위 모텔로 오게 한 사실, 피고인과 원심공동피고인 1은 같은 날 20:00경 수신기 및 리시버를 착용하고 형광물질로 특수표시를 한 화투를 소지한 채 위 홀인원모텔 906호실로 가서 피해자들과 함께 속칭 '섯다'라는 도박을 한 사실, 피고인과 원심공동피고인 1은 위와 같이 도박을 함에 있어서 21:20경부터 22:00경까지는 사기도박을 숨기기 위하여 정상적인 도박을 하다가 22:00경 원심공동피고인 1이 가지고 온 화투를 바꾼 이후부터 다음날 02:10경까지는 원심공동피고인 2가 몰래 설치한 카메라를 통하여 수신된 모니터 화면을 보고 알려주는 피해자들의 화투 패를 리시버를 통하여 듣고 도박의 승패를 지배함으로써 피해자들로부터 도금을 교부받은 사실을 알 수 있다.

위와 같은 사실관계를 앞에서 본 법리에 비추어 살펴보면, 피고인 등은 사기도박에 필요한 준비를 갖추고 그러한 의도로 피해자들에게 도박에 참가하도록 권유한 때 또는 늦어도 그 정을 알지 못하는 피해자들이 도박에 참가한 때에는 이미 사기죄의 실행에 착수하였다고 할 것이므로, 피고인 등이 그 후에 사기도박을 숨기기 위하여 얼마간 정상적인 도박을 하였다고 하더라도 이는 사기죄의 실행행위에 포함되는 것이라고 할 것이어서 피고인에 대하여는 피해자들에 대한 사기죄만이 성립하고 도박죄는 따로 성립하지 아니한다고 할 것이다.

다. 그럼에도 원심은 이와 달리 피해자들에 대한 사기죄 외에 도박죄가 별도로 성립하는 것으로 판단하고 이를 유죄로 인정하였으니, 원심판결에는 사기도박에 있어서의 실행의 착수시기 등에 관한 법리를 오해하여 판결에 영향을 미친 위법이 있다.

2. 상고이유 제2점에 관하여

1개의 기망행위에 의하여 여러 피해자로부터 각각 재물을 편취한 경우에는 피해자별로 수개의 사기죄가 성립하고, 그 사이에는 상상적 경합의 관계에 있는 것으로 보아야 한다.

앞에서 본 사실관계를 위와 같은 법리에 비추어 살펴보면, 피고인 등이 피해자들을 유인하여 사기도박을 하여 도금을 편취한 행위는 사회관념상 1개의 행위로 평가함이 상당하므로, 피해자들에 대한 각 사기죄는 상상적 경합의 관계에 있다고 보아야 할 것이다.

그럼에도 원심은 이와 달리 위 각 죄가 실체적 경합의 관계에 있는 것으로 보고 형법 제37조 전단에 의하여 경합범 가중을 하였으니, 원심판결에는 사기죄의 죄수에 관한 법리를 오해하여 판결에 영향을 미친 위법이 있다. 한편, 원심판결이 인용하고 있는 대법원 1989. 6. 13. 선고89도582 판결은 수인의 피해자에 대하여 각 별로 기망행위를 한 경우에 관한 사안이므로 이 사건에 원용하기에 적절하지 아니하다.

3. 결론

그러므로 원심판결 중 피고인에 대한 부분을 파기하고, 이 부분 사건을 다시 심리·판단하게 하기 위하여 원심법원에 환송하기로 하여, 관여 대법관의 일치된 의견으로 주문과 같이 판결한다.

재판장　대법관　신영철＿＿＿＿＿＿＿＿＿＿＿
　　　　대법관　박시환＿＿＿＿＿＿＿＿＿＿＿
주　심　대법관　안대희＿＿＿＿＿＿＿＿＿＿＿
　　　　대법관　차한성＿＿＿＿＿＿＿＿＿＿＿

【판결문의 공개와 열람】 자기의 사건이 아닌 경우에도 판결서를 열람하고 싶으면 ① 누구든지 각급법원을 방문하여 열람하거나 ② 법원 홈페이지를 통하여 대법원과 하급심 판결서의 열람을 신청할 수 있다. 판결서 내용 중 개인정보나 사건관계인의 사생활 보호를 위하여 개인정보에 관한 비실명화 작업을 마친 판결서를 제공한다. ③ 또한 인터넷 시스템을 통하여 별도의 열람신청 절차 없이 손쉽게 확정된 사건의 판결문을 형사사건은 2013년부터, 민사사건은 2015년부터 판결서를 비실명화하여 인터넷을 통하여 공개하고 있다.

【사건부호표기의 예】

대법원   2011.1.13. 선고 2010 도 9330 판결
　①　　　　②　　　　③　④　⑤　⑥

①은 판결을 선고한 법원, ②는 판결이 선고된 연월일, ③은 사건의 접수년도, ④는 사건별 부호문자(사건성격별), ⑤는 일련번호, ⑥은 재판유형을 의미한다.

별표[24)]

사건유형	부호표기	사건유형	부호표기	사건유형	부호표기
민사1심합의사건	가합	형사1심합의사건	고합	가사1심합의사건	드합
민사1심단독사건	가단	형사1심단독사건	고단	가사1심단독사건	드단
민사소액사건	가소	약식정재청구1심단독사건	고정	가사항소사건	르
민사항소사건	**나**	약식사건	고약	가사상고사건	므
민사상고사건	**다**	**형사항소사건**	**노**	가사항고사건	브
민사항고사건	**라**	**형사상고사건**	**도**	가사재항고사건	스
민사재항고사건	**마**	**형사항고사건**	**로**	가사특별항고사건	으
민사특별항고사건	그	**형사재항고사건**	**모**	가사조정사건	너
민사준항고사건	바	비상상고사건	오	가사공조사건	츠
민사조정사건	머	형사준항고사건	보	가사가압류,가처분등 합의사건	즈합
화해사건	자	형사보상청구사건	코		
독촉사건	차	즉결심판사건	조	가사가압류,가처분등 단독사건	즈단
민사공조사건	러	형사공조사건	토	기타가사신청사건	즈기

---

24) 대법원, 법원재판사무처리규칙 − 사건별부호문자의 부여에 관한 예규(재일 2003−1) 참조.

민사가압류, 가처분등 합의사건	카합	체포·구속적부심사건	초적	가사비송합의사건	느합
		보석사건	초보	가사비송단독사건	느단
민사가압류, 가처분등 단독사건	카단	기타형사신청사건	초기	호적비송사건	호파
공시최고사건	카공	감호1심사건	감고	행정1심사건	구합
담보취소등사건	카담	감호항소사건	감노	행정1심재정단독사건	구단
재산명시등사건	카명	감호상고사건	감도	행정항소사건	누
재산조회사건	카조	감호항고사건	감로	행정상고사건	두
소송구조등사건	카구	감호재항고사건	감모	행정항고사건	루
기타민사신청사건	카기	감호비상상고사건	감오	행정재항고사건	무
		감호공조사건	감토	행정특별항고사건	부

이하 생략

【헌법재판소 결정의 사건표기】

법원의 재판과 성격을 달리 하는 것으로 헌법재판제도가 있다. 일반적으로 법률적 다툼에 대하여 법원의 재판을 통하여 분쟁을 해결하지만, 그 분쟁 내지 법률관계의 기초가 되는 '법률' 자체가 헌법에 위반되는지가 문제되거나 국민에게 의무를 부과하거나 국민의 기본권 또는 자유를 제한하는 국가의 공권력의 작용이 헌법에 위반되는지가 문제될 경우가 있다. 이때에는 법원의 재판이 아니라, 헌법재판소에서 헌법에 합치되는가 아닌가를 판단하여 헌법에 반하는 법률이나 공권력 행사 또는 불행사에 대한 헌법위반을 판단함으로써 해결하게 되는데, 바로 이것을 헌법재판이라 한다.

헌법재판소의 사건번호는 '헌법재판소 결정(약칭 '헌재결') 2015. 2. 26, 2009 헌바 17'의 형식으로 표기한다. 헌법재판사건의 유형은 헌가(위헌법률심판사건), 헌나(탄핵심판사건), 헌다(정당해산심판사건), 헌라(권한쟁의심판사건), 헌마(헌법재판소법 제68조 제1항에 의한 헌법소원심판사건 – 권리구제형 헌법소원), 헌바(헌법재판소법 제68조 제2항에 의한 헌법소원심판사건 – 위헌심사형 헌법소원), 헌사(각종 신청사건 – 국선대리인선임신청, 가처분신청, 기피신청 등), 헌아(각종 특별사건 – 재심 등) 등으로 구분된다.

V. 법률관련 기관과 웹사이트

각종 국가기관 및 공공기관 가운데 법률에 대한 지식 및 정보를 제공하거나 법률문제에 대한 구제나 원조를 하는 기관은 다음과 같다. 최근에는 인터넷으로 법률 및 판례정보를 제공하는 기능이 활성화되어 있으므로 웹사이트의 내용을 위주로 소개한다.

(1) 대한민국 법원   http://scourt.go.kr/

① 대법원 및 고등법원, 지방법원 등 각급 법원의 판례를 검색
② 초기화면의 '대국민서비스' → '종합법률정보': 판례, 법령, 문헌의 검색

(2) 법제처   http://www.moleg.go.kr/

① 행정부의 입법현황 및 법령에 대한 정보를 제공하며 특히 '국가법령정보센터' (http://law.go.kr/main.html)는 현행법령, 연혁법령, 판례, 행정규칙 등 법령과 관련된 정보를 종합적으로 제공하고 있다.
② 입법예고, 영문법령, 세계법제, 북한법제 등

(3) 국회   http://www.assembly.go.kr/

국회에 회부된 법률안의 심의내용, 입법예고법률안의 자세한 내용을 검색할 수 있으며, 국회도서관의 도서정보, 국회의 회의 및 청문회의 중계방송 등을 제공한다.

(4) 헌법재판소   http://www.ccourt.go.kr/

헌법재판제도의 소개, 헌법재판소 결정문에 대한 검색, 헌법재판소 결정, 공개변론 내용을 제공한다.

(5) 검찰청   http://www.spo.go.kr/

형사사건의 처리절차, 범죄피해자지원제도 등의 정보를 제공한다.

(6) 기타 법률 및 범죄관련 사이트

법무부(http://www.moj.go.kr)
경찰청(http://www.police.go.kr/)
대한법률구조공단(http://www.klac.or.kr)
국가인권위원회(http://www.humanrights.go.kr/)
국민권익위원회(http://www.acrc.go.kr)
한국성폭력상담소(http://www.sisters.or.kr/)

성범죄자 알림e((http://www.sexoffender.go.kr)

국가통계포털(http://kosis.kr/): 국내외의 각종 통계자료가 있으며 주제별 또는 기관별로 각각 검색이 가능하다. 범죄관련 통계는 특히 '대검찰청 − 정보마당 − 통계자료'에 각 연도별 범죄분석 자료가 있고, '사이버경찰청 − 정보마당 − 경찰백서 및 경찰통계 연보'에 범죄관련 경찰통계자료가 있다.

형법과 범죄의 일반이론

TAKE ON OATH   JUDGEMENT   JUSTICE   GOVERNMENT

DEAL   CONTRACT   WRITING   ARREST

SEARCH   BRIEFCASE   JAIL   GLOBAL

FILES   SECURITY BADGE   FINGERPRINT   CRIME

형법과 범죄의 일반이론

제1절 | 형법의 개념 및 적용범위

Ⅰ. 형법의 의의

　형법이란 '어떠한 행위가 범죄가 되고 그러한 행위에 대하여 어떠한 형벌이 부과되는지를 규정하고 있는 법률'이다. 사람이 사회생활을 하는 가운데 다양한 법률문제가 발생할 수 있는데 돈을 빌리거나 갚고, 물건을 사고파는 것과 같이 때로는 민사법의 문제에 그치는 경우가 있다. 또 건물을 짓거나 영업을 하기 위하여 행정관청의 허가를 얻어야 하는 행정법의 규율대상인 경우도 있다. 그러한 사회생활 가운데 다른 사람의 권리나 이익을 침해하거나 사회 또는 국가의 질서를 무너뜨려 형벌을 부과할 필요가 있는 경우가 형사법의 문제가 된다. 다만 형벌을 부과하여 처벌하는 행위는 인간의 사회생활 내지 삶의 조건을 파괴하는 가운데 형벌이라는 강제수단을 발동하지 않고서는 사회질서를 유지할 수 없는 경우에 국한된다. 행정질서벌이나 민사적 청구권이 먼저 해결수단으로 고려되고 그것으로 해결이 되지 않은 경우에 형벌이 '최후수단'으로서 기능하게 된다. 이것을 형법의 '보충성' 내지 보충적 성격이라고 한다.

　다른 사람에게 돈을 빌리고 갚지 않는 행위는 원칙적으로 민사상 채무불이행의 책임을 지는데 불과하다. 다만 채무불이행이라고 하더라도 전시군수계약불이행죄나 전시공수계약불이행죄가 성립되는 경우가 있으며,[1] 채무를 이행하지 않기 위하여

---

1) 형법 제103조(전시군수계약불이행) ① 전쟁 또는 사변에 있어서 정당한 이유없이 정부에 대한 군수품 또는 군용공작물에 관한 계약을 이행하지 아니한 자는 10년 이하의 징역에 처한다.

재산을 숨기거나 허위로 처분하는 행위는 강제집행면탈죄[2])로 처벌될 수 있다.

II. 형법의 적용범위

어떤 법이 제정되어 시행되면 언제부터 언제까지, 누구에게, 어디에 적용되는가의 문제가 생긴다. 이것을 법의 시간적, 장소적, 인적 적용범위라고 한다. 모든 법에서 공통적인 문제이고 그 법률의 성격과 목적에 따라 법률마다 적용범위에서 약간의 차이가 있게 된다.

(1) 시간적 적용범위에 있어서는 범죄의 성립과 처벌은 행위 당시의 법에 따른다(행위시법원칙). 이는 소급효 금지를 뜻하는 것으로 처벌되지 않던 시점에 한 행위는 나중의 처벌법규에 의하여 처벌되지 않는다는 것이며 법적 안정성과 예측가능성의 측면에서 인정된다. 다만 행위자에게 유리한 경우에는 행위 당시가 아니라 재판시법을 적용하는 예외가 인정된다(제1조 제2항). 즉 범죄 이후 법률이 변경되어 범죄가 되지 않거나, 범죄 후 가벼운 형으로 법률이 변경된 경우에는 행위자에게 유리한 신법이 적용된다.

법률이 제정되면 공포된 때로부터 바로 시행되는 경우와 일정한 유예기간이 있는 경우가 있다. 주로 그 법률의 부칙에 시행시기에 관한 규정을 둔다. 유예기간을 두어 시행하는 경우는 그 법률을 널리 알릴 필요가 있거나 그 법률의 시행으로 파급효과가 큰 경우이다. 예를 들어 일명 '청탁금지법'은 공직자 및 언론사 임직원, 사립학교 및 유치원 교사 등이 직무와의 관련성이나 대가성이 없어도 본인 또는 배우자가 100만원 이상의 금품이나 향응을 제공받으면 처벌하는 법안이다. 종전 우리 사회에서 관행화되어 있던 크고 작은 접대 내지 뇌물문화에 커다란 변

---

② 전항의 계약이행을 방해한 자도 전항의 형과 같다.
제117조(전시공수계약불이행) ① 전쟁, 천재 기타 사변에 있어서 국가 또는 공공단체와 체결한 식량 기타 생활필수품의 공급계약을 정당한 이유없이 이행하지 아니한 자는 3년 이하의 징역 또는 500만원 이하의 벌금에 처한다.
② 전항의 계약이행을 방해한 자도 전항의 형과 같다.
③ 전 2항의 경우에는 그 소정의 벌금을 병과할 수 있다.
2) 형법 제327조(강제집행면탈) 강제집행을 면할 목적으로 재산을 은닉, 손괴, 허위양도 또는 허위의 채무를 부담하여 채권자를 해한 자는 3년 이하의 징역 또는 1천만원 이하의 벌금에 처한다.

화를 초래하게 될 것이므로 1년 6개월의 유예기간을 두었다.3)

 (2) 장소적 적용범위에 있어서 대부분의 법률에서 특별히 문제되는 것은 없다. 우리의 법률은 대한민국의 영토에서 적용되며, 대한민국에서 발생한 범죄는 범죄자가 내국인이든 외국인이든 모두 형법이 적용된다(제2조). 이것을 속지주의라고 한다.

 우리의 영토는 헌법 제3조에 한반도와 그 부속도서로 규정하고 있으며 영공과 영해도 통치권이 미치는 한도에서 포함된다. 다만 북한은 법적으로는 우리의 영토이지만 사실상 국가의 지배권이 미치지 못하므로 여러 법률문제가 발생한다. 대표적으로 북한지역으로 우리 국민이 들어가면 처벌된다.4) 외국이나 공해를 운항중인 우리나라의 선박이나 항공기에서의 범죄에 대해서도 우리 형법이 적용된다(기국주의, 제4조).

 우리 국적을 가진 사람은 범죄지가 어디이든 우리 형법이 적용되므로 외국에서 범죄를 범한 한국인에 대해서는 우리 형법이 적용된다(속인주의, 제3조). 따라서 외국법에 의해서 범죄가 아니어도 우리 형법에 의하여 범죄로 인정되면 처벌된다. 이것은 인적 적용범위와도 관련된다. 한편 보호주의라 하여 예를 들어 내란죄, 외환죄, 통화에 관한 죄, 공문서에 관한 죄 등 우리의 일정한 국가적 법익을 침해하는 범죄의 경우 범죄자의 국적과 범죄지를 불문하고 처벌하는 국가보호주의(제5조), 외국에서 우리 국민에 대한 범죄를 한 경우 처벌하는 개인보호주의(소극적 속인주의, 제6조)5) 등이 있다.6)

【미국문화원에서 점거농성에 관한 판례】 국제협정이나 관행에 의하여 대한민국 내에 있는 미국문화원이 치외법권지역이고 그 곳을 미국영토의 연장으로 본다 하더라도 그 곳에서 죄를 범한 대한민국 국민에 대하여 우리 법원에 먼저 공소가 제기되고 미국이 자국의 재판권을 주장하지 않고 있는 이상 속인주의를 함께 채택하고 있는 우리나라의 재

---

3) 청탁금지법의 정식명칭은 '부정청탁 금지 및 금품 등 수수의 금지에 관한 법률'이다.
4) 국가보안법 제6조(잠입·탈출) ① 국가의 존립·안전이나 자유민주적 기본질서를 위태롭게 한다는 정을 알면서 반국가단체의 지배하에 있는 지역으로부터 잠입하거나 그 지역으로 탈출한 자는 10년 이하의 징역에 처한다.
5) 다만 이러한 경우 외국의 법률과 충돌될 수 있으므로, 외국의 법률에 의하여 범죄가 되지 않거나 소추가 면제되거나 형의 집행을 면제한 경우에는 예외이다(제6조 단서).
6) 한편 2013년 형법개정에 따라 약취, 유인, 인신매매행위에 대해서는 세계주의를 취하고 있다. 제296조의2(세계주의) 제287조부터 제292조까지 및 제294조는 대한민국 영역 밖에서 죄를 범한 외국인에게도 적용한다.

판권은 당연히 미친다 할 것이며 미국문화원측이 처벌을 바라지 않았다고 하여 그 재판권이 배제되는 것도 아니다.[7]

【외국 카지노에서 도박한 경우】 운동선수나 연예인이 외국의 도박장에서 도박한 경우 사회적으로 문제가 되는데 이에 대해서 대법원은 도박죄를 처벌하지 않는 미국 네바다 주의 호텔 카지노에서 도박하였다는 사정만으로 도박의 위법성이 조각된다고 할 수 없다[8]고 본다. 또 불법도박으로 인한 빚을 갚기 위하여 국내에서 송금하는 것이 외국환거래법에 위반되는 경우가 있다.

(3) 인적 적용범위와 관련하여 형법이 시간적, 장소적으로 효력을 미치는 범위 안에서는 모든 사람에 대하여 적용된다. 다만 대통령과 국회의원, 외교관·주한미군에 대해서는 예외가 인정된다.

대통령은 내란이나 외환의 죄를 범하지 않는 한 재직 중에는 소추되지 않는다(헌법 제84조). 살인, 강도 등 일반범죄는 소추는 되지 않지만 선거관련 발언으로 탄핵소추의결된 대통령이 있었듯이, 국회에 의해 탄핵소추되고 헌법재판소에 의하여 탄핵의결되면 대통령에서 해임된다. 대통령에서 해임된 후에는 기소가 가능하다. 또한 퇴직 후에는 재직 중 행위에 대해서 기소가 가능하다. 국회의원은 국회에서 직무상 행한 발언과 표결에 대하여 국회 외에서 책임을 지지 않는다(헌법 제45조). 특히 독재적 정부권력에 대한 의사표현, 정치적 자유를 보장하기 위한 면책특권이다. 임기 이후에도 처벌되지 않지만 국회 안에서의 책임은 부담한다.

국제조약 등에 의하여 외국의 국가원수, 외교관, 그 가족과 내국인이 아닌 종자(수행원)에 대해서는 접수국의 재판관할권이 면제된다. 한·미 주둔군 지위협정(SOFA)에 의하여 공무집행 중에 발생한 범죄에 대하여 미군 당국이 1차적 재판관할권을 갖도록 하고 있다.

---

7) 대판 1986.6.24, 86도403.
8) 대판 2004.4.23, 2002도2518.

제2절 │ 죄형법정주의

Ⅰ. 죄형법정주의의 개념과 법치주의

형법의 기본원칙으로 죄형법정주의는 법률규정이 없으면 범죄로 인정되지 않으며 처벌되지 않는다는 것이다. 이것은 국민의 대의기관이 법률로 제정한 형벌규정에 의하지 않고서는 국민의 자유와 권리가 침해되지 않는다는 것을 의미한다. 즉 형벌법규에 위반되지 않는 행위라면 어떠한 행위도 법적으로는 허용된다는 보장적 기능을 말한다. 죄형법정주의는 헌법의 법치주의(제12조 제1항, 누구든지 … 법률과 적법한 절차에 의하지 아니하고는 처벌, 보안처분 또는 강제노역을 받지 아니한다)에 기초하고 있다.

【법치주의의 파생적 효과】 법치주의는 헌법상 기본원리이며 이러한 원리는 개별법마다 다른 모습으로 투영되고 있다. 즉 민법에서는 물권법정주의, 행정법에서는 법치행정의 원리, 형법에서는 죄형법정주의, 형사소송법에서는 형사절차법정주의 등으로 표현되는데 이러한 헌법상 법치주의와 개별법에서의 법치주의 실현과정을 이해하는 것이 법에 대한 이해에 중요한 요소가 된다.

Ⅱ. 죄형법정주의 구체적 내용

죄형법정주의의 파생원칙으로는 관습형법금지의 원칙, 명확성의 원칙, 소급효금지의 원칙, 유추해석금지의 원칙, 그리고 과잉금지의 원칙이 있다.

(1) **관습형법금지의 원칙**은 관습법에 의하여 새로운 처벌규정을 만들거나 형을 가중하는 것은 금지되고 국회에서 제정된 법률에 의해서만 범죄와 형벌을 규정할 수 있다는 의미이다. **성문법주의** 또는 **법률주의**라고도 한다. 다만 행위자에게 유리한 관습법은 적용될 수 있다. 수리방해죄(제184조)는 '그 지방의 물 이용의 관행'을 고려한 규정이다.

한편 오늘날 기술정보사회에서 모든 규제내용을 법률의 형식으로 규정할 수가 없다. 첨단화, 전문화, 다원화로 기본적 규제내용은 법률에 규정하지만 수시로 변

경이 필요하거나 세부적인 사항은 명령이나 규칙과 같은 하위법규에 위임할 필요
가 있다.

(2) 범죄와 형벌을 법률로 제정할 경우 그 내용을 구체적으로 입법하여야 하는
원칙이 **명확성의 원칙**이다. 즉 형벌규정 자체가 불명확하여 법관이 자의적으로 해
석하거나 재량으로 판단할 여지가 없도록 하여야 한다. 즉 구성요건과 법적 효과
(형벌, 보안처분)를 구체적으로 규정하여야 한다. 그 명확성의 정도는 일률적으로
정할 수는 없고, 각 구성요건의 특수성 및 규제원인, 처벌의 정도 등을 고려하여
종합적으로 판단하여야 한다. 예를 들어 단순히 '건전한 사회질서', '법감정'에 반
하면 처벌한다는 규정은 인정될 수 없다. 그러나 형벌규정에 '공무원', '문서'와 같
은 일반개념을 사용할 수밖에 없는 경우가 있고, '음란'개념과 같이 구체화하기 곤
란한 개념도 있으며, 첨단범죄의 경우 과학적 발전추세를 감안하여 '전자기록 등
특수매체기록' 등과 같이 어느 정도 추상적이고 다의적 개념을 사용하게 되는 경
우가 있다. 지나치게 구체적이고 정형적으로 규정하면 사회·문화·경제적인 발전
에 대응하지 못할 염려가 있다. 다만 이러한 규정이 허용되는 경우에도 통상적인
해석방법에 의하여 형법이 보호하는 가치 및 금지하는 행위내용을 인식할 수 있
어야 한다.

명확성의 원칙은 죄형법정주의의 원리 가운데 가장 와해되는 원칙 중의 하나라
고 여겨진다. 미국에서는 불명확하기 때문에 무효(void for vagueness)이론이 인정
되고 있다.

【국가보안법상 '편의제공'에 대한 헌법재판소 결정】개정 전 국가보안법 제9조 제2항에서
규제대상이 되는 편의제공은 그 문언해석상 그 적용범위가 넓고 불명확하므로 헌법 제
10조 소정의 행복추구권에서 파생하는 일반적 행동자유권은 물론, 도움은 말로도 줄
수 있는 것이라면 제21조 소정의 표현의 자유마저 위축시킬 수 있고, 법운영 당국에 의
한 편의적·자의적 집행의 소지도 생길 수 있어 법치주의·죄형법정주의에 위배될 소지가
있으며…9)

【공익을 해할 목적으로 전기통신설비에 의하여 공연히 허위의 통신을 한 자를 형사 처벌
하는 전기통신기본법 제47조 제1항의 죄형법정주의의 명확성원칙 위반 여부에 대한 헌법

---

9) 헌재결 1992.4.24, 90헌바23.

재판소 결정】'미네르바사건'

이 사건 법률조항은 표현의 자유에 대한 제한입법이며, 동시에 형벌조항에 해당하므로, 엄격한 의미의 명확성원칙이 적용된다. 그런데 이 사건 법률조항은 "공익을 해할 목적" 의 허위의 통신을 금지하는바, 여기서의 "공익"은 형벌조항의 구성요건으로서 구체적인 표지를 정하고 있는 것이 아니라, 헌법상 기본권 제한에 필요한 최소한의 요건 또는 헌법상 언론·출판의 자유의 한계를 그대로 법률에 옮겨 놓은 것에 불과할 정도로 그 의미가 불명확하고 추상적이다. 따라서 어떠한 표현행위가 "공익"을 해하는 것인지, 아닌지에 관한 판단은 사람마다의 가치관, 윤리관에 따라 크게 달라질 수밖에 없으며, 이는 판단주체가 법전문가라 하여도 마찬가지이고, 법집행자의 통상적 해석을 통하여 그 의미내용이 객관적으로 확정될 수 있다고 보기 어렵다. 나아가 현재의 다원적이고 가치상대적인 사회구조 하에서 구체적으로 어떤 행위상황이 문제되었을 때에 문제되는 공익은 하나로 수렴되지 않는 경우가 대부분인바, 공익을 해할 목적이 있는지 여부를 판단하기 위한 공익간 형량의 결과가 언제나 객관적으로 명백한 것도 아니다. 결국, 이 사건 법률조항은 수범자인 국민에 대하여 일반적으로 허용되는 '허위의 통신' 가운데 어떤 목적의 통신이 금지되는 것인지 고지하여 주지 못하고 있으므로 표현의 자유에서 요구하는 명확성의 요청 및 죄형법정주의의 명확성원칙에 위배하여 헌법에 위반된다.[10]

형벌과 관련하여 단순히 '징역에 처한다' 또는 '처벌한다'는 형식의 규정은 형기가 불확정이므로 금지된다(절대적 부정기형금지). 다만 상대적 부정기형, 즉 소년범죄의 경우 장기 10년, 단기 5년의 범위 내에서 부정기형을 선고하는 것은 허용된다(소년법 제64조).

(3) **유추해석금지의 원칙**은 형법조문을 확장해석이 아닌 비슷한 사안에 유추하여 적용할 수 없다는 의미이다. 예를 들어 일반교통방해죄에서 '육로, 수로 또는 교량을 손괴 또는 불통하게 하거나 기타 방법으로 교통을 방해'하는 행위를 '영공이나 우주에서의 통행방해'의 경우에 적용할 수는 없다. 형법의 적용을 위해서는 해석을 필요로 하지만 그러한 해석은 엄격히 하여야 한다. 즉 법문의 어의 내에서의 해석은 허용되지만 그 범위를 벗어난 행위자에게 불리한 해석은 유추이므로 금지된다. 유추해석은 법문의 가능한 의미를 초월하여 명문이 없는 사항에까지 추리하는 것이므로 법관에 의한 법의 창조가 될 우려가 있기 때문이다.

허용되는 확장해석(또는 일반해석)과 금지되는 유추해석의 구별이 필요한데 확장

---

10) 헌재결 2010.12.28, 2008헌바157(전원재판부).

해석은 법규의 의미, 내용을 규명하는 것인 반면, 유추해석은 법규의 흠결을 보충하는 것이라고 할 수 있다. 예를 들어 자동차등 불법사용죄(제331조의2)는 권리자의 동의없이 타인의 자동차, 선박, 항공기 또는 원동기장치자전차를 일시 사용하는 행위를 처벌하는데 자동차에 버금가는 고가의 자전거가 있다고 하여 행위객체를 자전거에까지 확대할 수는 없다.

【'자수'에 관한 유추해석에 대한 판례】 형벌법규의 해석에 있어서 법규정 문언의 가능한 의미를 벗어나는 경우에는 유추해석으로서 죄형법정주의에 위반하게 된다. 그리고 유추해석금지의 원칙은 모든 형벌법규의 구성요건과 가벌성에 관한 규정에 준용되는데, 위법성 및 책임의 조각사유나 소추조건, 또는 처벌조각사유인 형면제 사유에 관하여 그 범위를 제한적으로 유추적용하게 되면 행위자의 가벌성의 범위는 확대되어 행위자에게 불리하게 되는바, 이는 가능한 문언의 의미를 넘어 범죄구성요건을 유추적용하는 것과 같은 결과가 초래되므로 죄형법정주의의 파생원칙인 유추해석금지의 원칙에 위반하여 허용될 수 없다. 한편 형법 제52조나 국가보안법 제16조 제1호에서도 공직선거법 제262조에서와 같이 모두 '범행발각 전'이라는 제한 문언 없이 "자수"라는 단어를 사용하고 있는데 형법 제52조나 국가보안법 제16조 제1호의 "자수"에는 범행이 발각되고 지명수배된 후의 자진출두도 포함되는 것으로 판례가 해석하고 있으므로 이것이 "자수"라는 단어의 관용적 용례라고 할 것인바, 공직선거법 제262조의 "자수"를 '범행발각 전에 자수한 경우'로 한정하는 풀이는 "자수"라는 단어가 통상 관용적으로 사용되는 용례에서 갖는 개념 외에 '범행발각 전'이라는 또다른 개념을 추가하는 것으로서 결국은 '언어의 가능한 의미'를 넘어 공직선거법 제262조의 "자수"의 범위를 그 문언보다 제한함으로써 공직선거법 제230조 제1항 등의 처벌범위를 실정법 이상으로 확대한 것이 되고, 따라서 이는 단순한 목적론적 축소해석에 그치는 것이 아니라, 형면제 사유에 대한 제한적 유추를 통하여 처벌범위를 실정법 이상으로 확대한 것으로서 죄형법정주의의 파생원칙인 유추해석금지의 원칙에 위반된다.[11]

(4) **소급효금지의 원칙**이란 형벌법규는 그것이 시행된 이후의 행위에 대해서만 적용된다는 원칙, 즉 법률시행 이전의 행위를 처벌하기 위한 소급입법과 법률시행 이전의 행위까지 소급하여 적용하는 것은 금지된다. 이것은 형법의 의사결정기능 및 행위결정기능, 법적 안정성, 예측가능성, 신뢰보호의 측면에서 필요하다. 이에

---

11) 대판 1997.3.20., 96도1167(전원합의체). 이 판결 이후로 공직선거법 제262조는 2000년에 '자수한 때에는 그 형을 면제한다'에서 '자수한 때에는 그 형을 감경 또는 면제한다'로 개정되었다.

따라 형법은 행위시법주의(형법 제1조 제1항, 헌법 제13조 제1항)를 채택하고 있고, 영미에서는 형사사후법의 금지라고 한다.

이 원칙은 불리한 소급효만 금지되며 행위자에게 유리한 경우는 소급효가 허용된다(형법 제1조 제2, 3항). 보안처분에도 적용되는가에 대하여는 우리의 통설과 판례는 형벌과 보안처분은 처벌효과가 유사하므로 긍정설의 입장이다. 소송법규정에 대해서는 친고죄를 비친고죄로 하거나 공소시효를 연장하는 것은 허용된다. 그러나 고소기간 및 공소시효기간이 경과된 경우에는 소급하여 적용할 수 없다고 본다. 판례의 변경에 따른 소급효금지원칙의 회피 문제에 대해서는 법해석상의 문제로 보아 소급효문제와는 상이하다고 본다. 그러나 구성요건의 명확화에 의하여 이러한 문제의 발생 여지를 좁혀야 한다. 복사문서의 문서성과 인신매매죄의 객체로서 성년인 부녀가 포함되는가에 대해서 문제된 적이 있다.

【한시법의 문제】한시법이란 법령의 내용, 목적이 일시적인 특수사정에 대처하기 위하여 제정된 법으로서 미리 유효기간이 어떤 형태로든 정해져 있어 폐지가 예상되어 있는 법률을 말한다. 한시법의 폐지 이전, 즉 한시법이 유효한 시점에서의 위반행위에 대하여 그 법이 폐지된 이후에도 이미 위반행위를 한 자에 대해서는 처벌할 수 있는가(이것을 소급효와 구별하여 추급효라고 한다)가 문제된다. 이에 대해서 학설과 판례가 대립되는데 학설로는 유효기간 경과 전의 범행은 비난할 가치가 있고, 유효기간 종료에 가까워질수록 범죄가 빈발하여도 처벌하지 못한다면 법의 실효성 및 위신을 유지할 수 없으므로 처벌이 가능하다는 추급효 인정설, 특별히 유효기간 경과 이후에도 처벌한다는 규정이 없는 형법 제1조 제2항에 따라 처벌할 수 없다는 추급효 부정설이 대립되지만, 판례는 법률이 변경된 동기를 고려하여 단순한 사실관계의 변경으로 인한 경우는 추급효를 긍정하고, 법률변경의 동기가 처벌하지 말아야 할 행위를 처벌하였다는 반성적 고려에 의한 법적 견해의 변경인 경우에는 추급효를 부정하는 태도이다.

【일반음식점에 대한 영업시간제한 규정의 폐지로 그 전에 범한 위반행위의 가벌성이 소멸되는지 여부】피고인이 영업시간제한 위반행위를 할 당시에는 식품위생법 제30조, 같은 법 시행령 제53조, 대구광역시 고시 제1994–22호에 의하여 일반음식점의 영업시간이 05:00에서 24:00으로 제한되어 있었다가 같은 해 9.14. 위 시행령 제53조가 삭제되고 보건복지부 고시 제1998–52호에서 일반음식점이 영업시간제한 대상업종에서 제외되었으나, 이러한 법령의 개정은 법률이념의 변천으로 종래의 규정에 따른 처벌 자체가 부당하다는 반성적 고려에서 비롯된 것이라기보다는 사회상황의 변화에 따른 일반음식점의 영

업시간제한 필요성의 감소와 그 위반행위의 단속과정에 있어서 발생하는 부작용을 줄이기 위한 특수한 정책적인 필요 등에 대처하기 위하여 취하여진 조치에 불과한 것이므로, 위와 같이 일반음식점의 영업시간제한 규정이 폐지되었다고 하더라도 그 이전에 범하여진 피고인의 영업시간제한 위반행위에 대한 가벌성이 소멸되는 것은 아니다.12)

【도로교통법상 지정차로 제도가 폐지된 경우, 그 이전에 범하여진 지정차로위반 행위의 가벌성이 소멸되는지 여부】 도로교통법상의 지정차로 제도가 한때 폐지된 일이 있었으나 그 폐지는 법률이념의 변천으로 종래의 규정에 따른 처벌 자체가 부당하다는 반성적 고려에서 비롯된 것이라기 보다는 당시의 특수한 필요에 대처하기 위한 정책적 조치에 따른 것이라고 판단되므로 그 제도 폐지 전에 이미 범하여진 위반행위에 대한 가벌성은 소멸되지 않는 것이다.13)

(5) 이상의 내용을 보통 죄형법정주의의 형식적 내용이라고 한다. 그러나 이러한 원칙이 준수되어도 형벌규정이 적절하지 않는 경우가 있을 수 있다. 국가에 의해 자행되는 소위 법률적 불법으로부터 국민의 자유보장을 위하여 형벌규정이 적정하여야 하는 것이다. 이를 **실질적 죄형법정주의**라고 한다. 구체적으로는 형법이 국가목표의 달성에 적합한 수단이어야 한다는 적합성의 원칙, 목표달성을 위하여 가능하고 적합한 수단 가운데 국민의 자유와 권리가 최소한으로 침해되는 방법을 선택, 사용하여야 한다는 필요성의 원칙, 국가목표달성의 중요성과 기본권침해의 정도가 균형을 이루어야 한다는 비례성원칙 등이다. 이를 종합하여 '**과잉금지의 원칙**'이라고 한다. 잔인하고 과도한 형벌·보안처분·강제처분은 금지된다.

입법적 측면에서는 과잉입법은 금지된다. 사형제도의 위헌성이 지속적으로 문제되는 이유가 여기에 있으며, 간통죄와 혼인빙자간음죄가 위헌으로 평가되는 이유도 사생활의 자유 내지 성적 자기결정권을 지나치게 침해한다는 이유 때문인 것이다. 법적용의 측면에서는 형벌권의 집행하는데 있어서 관용성이 요구된다. 즉 신중하고 필요한 최소한에 머물러야 한다. 자의적인 형사사법의 운용은 형벌에 대한 면역 및 반감을 불러 일반예방적 측면에서 역기능이 발생한다. 특히 동일한 사안에 대한 차별적 법집행의 경우에도 그러하다.

---

12) 대판 1999.10.12, 99도3870.
13) 대판 1999.11.12, 99도3567.

제 3 절 | 범죄가 성립되기 위한 3요소: **구성요건, 위법성, 책임**

범죄와 형벌에 관한 법률규정은 '… 행위를 한 자는 …로 처한다'고 규정되어 있다. 전반부는 범죄가 성립되기 위한 요건을 규정한 부분이고, 후반부는 형벌에 관한 부분이다.

```
[범죄의 성립요건]      +      [형벌]
구성요건, 위법성, 책임        사형, 징역, 벌금 등
```

개별범죄의 성립요건에 관한 부분은 대부분 어떤 행위를 하여야 범죄가 되는가를 규정하고 있는데 이를 구성요건이라고 하며 범죄의 제1성립요건이라고 할 수 있다. 예를 들어 절도죄(제329조)는 '타인의 재물을 절취한 자는 6년 이하의 징역 또는 1천만원 이하의 벌금에 처한다'로 규정되어 있는데 '타인의 재물을 절취한 자' 부분을 구성요건이라고 부른다. 그러나 구성요건에 해당된다고 하여 모두 범죄가 성립되는 것이 아니라 그러한 행위가 위법하고 책임이 인정되어야 한다. 위법성을 제2성립요건, 책임을 제3성립요건이라고 할 수 있다. 구성요건해당성이 인정되면 대체로 위법하고 책임이 인정되는 행위로 평가된다. 즉 다른 사람의 물건을 훔치면 대부분 위법하고 책임을 져야할 행위인 것이다. 그러나 예외적으로 위법하지 않거나 형사미성년자의 행위와 같이 책임이 부정되는 경우가 있다. 구성요건은 개별범죄마다 구체적으로 규정되고, 예외적 현상인 위법성과 책임이 부정되는 경우는 형법총칙에 일반적 규정을 두고 있다.

Ⅰ. 구성요건

최근 자동차운전자가 횡단보도의 정지선을 넘어 정차를 하게 되면[14] 경찰이 강력하게 적발하기로 하였다. 횡단보도의 정지선은 보행자의 안전을 위한 '선'인 셈이다. 이와 같이 사람의 사회생활에서의 행위도 단순히 일상생활에 그치는 경우,

---

14) 도로교통법 제27조(보행자의 보호) ① 모든 차의 운전자는 보행자(제13조의2 제6항에 따라 자전거에서 내려서 자전거를 끌고 통행하는 자전거 운전자를 포함한다)가 횡단보도를 통행하고 있을 때에는 보행자의 횡단을 방해하거나 위험을 주지 아니하도록 그 횡단보도 앞(정지선이 설치되어 있는 곳에서는 그 정지선을 말한다)에서 일시정지하여야 한다.

도덕이나 윤리, 종교의 문제에 머무는 경우가 있다. 그런데 그러한 행위도 일정한 '선'을 넘어서게 되면 법률문제의 영역이 된다. 예를 들어 사람 사이의 관계, 즉 부모와 자식, 부부, 연인 사이에 지켜야 할 선이 있고 그 선을 넘어가면 문제가 생기고 다툼이 벌어진다. 예를 들어 불효와 존속유기·학대, 부부강간, 친족간 절도와 강도와 마찬가지로 인간의 행동도 일정 한도까지는 도덕이나 윤리, 종교의 문제에 그칠 수 있지만, 법이 정한 일정한 한계를 넘어서면 법이 개입하고 그 정도가 심하면 범죄로 취급되는 경우이다. 그 선이 바로 구성요건이라고 하는 개념이다. 조금 단순하게 설명하면 구성요건이란 어떤 행위가 범죄가 되는지 그 요건을 규정한 법률규정, 즉 형벌규정의 내용을 말한다. 즉 구성요건이란 일단 범죄의 성립요건으로서 법률에 규정된 것이라고 이해하면 된다.

모욕죄의 경우 둘이 싸우면서 욕설을 하는 경우에는 범죄가 되지 않지만[15] 만일 여러 사람이 있는 곳에서 욕설을 하게 되면 모욕죄가 성립한다. 즉 형법 제311조는 모욕죄를 '공연히 모욕한 자는 1년 이하의 징역이나 금고 또는 200만원 이하의 벌금에 처한다'고 규정하는데 여기에서 공연히(공공연하게의 의미로 이해하면 된다)라는 부분이 사회생활에서의 단순한 다툼과 범죄문제로서 형법이 개입하는 모욕죄가 되는 경계'선'이다.

(1) 구성요건은 다시 객관적 구성요건과 주관적 구성요건으로 구분된다. 객관적 구성요건은 범죄의 주체, 객체, 범죄행위, 범죄결과, 인과관계 등으로 구분된다. 예를 들어 살인죄(제250조 제1항)는 '사람을 살해한 자는 사형, 무기 또는 5년 이상의 징역에 처한다.'고 규정하는데 여기에서 '사람'은 범죄의 대상, 즉 객체이며 '살해'는 범행방법, '자'는 범죄의 주체를 의미한다. 주관적 구성요건은 범죄를 성립시키는 행위자의 주관적, 심리적 요소로서 고의, 과실, 목적 등을 말한다.

(2) 형법상 범죄의 주체는 자연인인 사람을 의미한다. 이것은 민법에서 법인도 법인격의 주체성을 인정하는 것과 다르다. 법인은 범죄능력이 없고, 그 대표자나 대리인 및 실재 행위자가 처벌된다. 다만 부정수표단속법 제3조와 같이 특별법상 법인의 대표자와 행위자를 모두 처벌하는 '양벌규정'에 의한 처벌은 가능하다.

범죄 가운데는 일정한 자격이나 지위에 있는 사람의 행위만이 행위자가 될 수 있는 경우가 있는데 이를 신분범(身分犯)이라 한다. 예를 들어 수뢰죄(제129조 제1

---

15) 다만 이러한 경우 민사상 손해배상(특히 정신적 손해배상)의 문제는 남아있다.

항)는 '공무원 또는 중재인'의 경우만 처벌되고, 위증죄(제152조 제1항)는 '법률상 선서한 증인'이 범할 수 있다. 이렇게 일정한 신분있는 자만 범죄의 주체가 되고 그러한 신분이 없는 자는 처음부터 범죄가 되지 않는 경우를 특히 진정신분범이라 한다. 이에 대해서 부진정신분범이라는 것이 있다. 이것은 일반인도 범죄를 할 수 있지만 일정한 신분이 있는 자는 형이 더 무겁거나 가볍게 처벌되는 경우를 말한다. 예를 들어 존속살해죄(제250조 제2항)의 경우 직계비속이 자기 또는 배우자의 직계존속을 살해하면 가중처벌되고, 영아살해죄(제251조)의 경우 직계존속이 치욕을 은폐하기 위하거나 양육할 수 없음을 예상하거나 특히 참작할 만한 동기로 인하여 분만중 또는 분만직후의 영아를 살해한 때에는 보통살인죄보다 가볍게 처벌된다.

(3) 범죄수단이나 행위는 개별범죄마다 각각 달리 규정되고 있다. 절도죄는 타인의 재물을 절취하는 행위(제329조), 강도죄는 폭행 또는 협박으로 타인의 재물을 강취하거나 기타 재산상의 이익을 취득하거나 제3자로 하여금 이를 취득하게 하는 행위(제333조)가 각각의 범죄행위이다.

범죄행위는 일반적으로 어떤 행위를 적극적으로 수행하는 '작위행위'가 처벌된다. 예외적으로 법률상 요구된 어떤 행위를 하지 않는 부작위로 처벌되는 경우를 부작위범이라고 하는데 퇴거불응죄, 다중불해산죄가 대표적인 예이다. 또 부작위에 의해서 작위범형태의 범죄를 범하는 경우를 부진정부작위범(부작위에 의한 작위범)이라고 한다. 예를 들어 어머니가 갓난아이에게 젖을 주지 않는 경우에는 영아살해죄가 성립될 수 있다.

(4) 행위객체는 범죄의 대상인데 살인죄에서는 사람, 손괴죄에서는 물건이 범죄의 객체가 된다. 특히 알아둘 것은 동물은 형법상 물건으로 취급되므로 다른 사람의 동물을 죽이면 손괴죄가 성립된다. 범죄에 따라서는 단순도주죄와 같이 범죄객체가 없는 경우도 있다. 다만 동물학대행위(동물을 대상으로 정당한 사유 없이 불필요하거나 피할 수 있는 고통과 스트레스를 주는 행위 및 굶주림, 질병 등에 대하여 적절한 조치를 게을리하거나 방치하는 행위, 동물보호법 제2조 9호)를 하여 동물을 죽이거나 상해를 입히면 처벌된다(제10조, 제97조).

(5) 범죄결과의 발생은 살인죄에서의 사망, 상해죄에서의 상해, 손괴죄에서의

손괴 등을 말하며 범죄성립을 위해서는 원칙적으로 결과가 발생하여야 한다. 이런 경우를 결과범이라고 한다. 결과가 발생하지 않으면 미수가 되는데 미수범으로 처벌되기 위해서는 미수범은 처벌한다는 별도의 규정이 있어야 한다. 범죄에 따라서는 결과발생이 필요 없는 경우(이를 거동범이라 한다)가 있는데 무고죄, 모욕죄가 그 예이다.

(6) 범죄행위와 범죄결과는 인과관계가 인정되어야 한다. 예를 들어 얼굴을 때렸는데 갑자기 사망한 경우나 한 번 밀었는데 넘어져 머리를 다쳐 뇌출혈로 사망하거나 심장마비로 사망한 경우에 인과관계가 문제된다. 강간을 당한 피해자의 자살을 하거나 피해자가 특이체질이어서 가벼운 폭행으로 심장마비로 사망한 경우에는 인과관계가 없다고 판단된다. 이와 관련하여 행위자에게 인과관계의 착오가 있었던 경우, 예를 들어 각목으로 때렸는데 피해자가 죽은 줄 알고 증거를 인멸할 생각으로 모래사장에 피해자를 묻었는데, 실제로는 실신한 상태였고 모래에 묻혀 질식사한 경우에 인과관계의 착오가 범죄의 본질적인 부분이 아니라면 살인죄의 기수로 인정한다.

II. 주관적 구성요건

범죄 성립의 주관적 요건으로는 고의와 과실이 있다. 고의란 어떤 범죄를 실현하려는 의사를, 과실이란 요구되는 주의의무를 다하지 못하여 일정한 범죄결과를 발생시킨 경우를 말한다. 개별범죄에 관한 법률조항에 특별한 규정이 없으면 고의범만을 처벌하는 규정으로 이해하면 된다. '과실로 인하여'라는 규정이 있으면 과실범을 의미한다. 과실범은 고의는 없었지만 예견가능성이 있는 경우로서 과실범의 처벌은 법률에 특별한 규정이 있어야 가능하다. 과실범의 경우에는 결과가 발생하여야 성립하며 과실범의 미수범은 인정되지 않는다.

(1) 범죄행위는 원칙적으로 고의가 있어야 처벌된다. 예컨대 어떤 사람이 상해를 가한 경우 그가 어떤 의도로 행위하였는가에 따라 법률적용이 달라진다. 즉 ① 살인의 고의 ② 상해의 고의 ③ 폭행 또는 협박의 고의 ④ 전혀 고의가 없는 경우 등 그 내용에 따라 성립되는 범죄가 달라진다.

【고의의 인정 문제】 고의가 있었는가 여부는 수사와 재판절차를 통하여 확인된다. 행위자가 스스로 고의적으로 범행했음을 인정하는 자백을 하지 않은 이상, 대체로 고의가 없었다고 진술할 것이므로 증거에 의하여 고의 여부를 판단하게 된다.

　고의범으로 인정되기 위해서 범죄를 하려는 의사가 어느 정도 확실해야 하는가와 관련하여 대부분의 범죄는 범죄를 실현하려는 의사가 확실한데 그 정도가 약하여 과실인지 고의인지 불명확한 경우가 있다. 이러한 경우를 미필적 고의(未必的 故意)라고 하는데 구체적인 사건내용에 따라 판단된다. 고의가 문제되는 사건과 판례는 다음과 같다.

【뉴스 속 사건사고】 본닛에 사람 태우고 300m 지그재그 운행

　부산 남부경찰서는 차량 본닛에 사람을 태운 채로 300여 미터를 운행해 큰 상처를 입힌 혐의(살인미수)로 이모씨를 긴급체포했다. 경찰에 따르면 이씨는 오전 10시 30분께 자신의 아내와 함께 술을 마신 정모씨의 집에 찾아가 "우리 마누라와 술을 많이 마셔라"며 항의를 하자 이를 해명하던 정씨를 자신의 승용차 본닛 위에 태우고 300여 미터를 운행한 뒤 떨어뜨려 머리 등에 큰 상처를 입힌 혐의다. 이씨는 정씨가 와이퍼를 잡고 차량에서 떨어지지 않자 운행 중에 10여 차례 급정거를 하거나 지그재그 운행을 했고 경찰에 검거된 뒤에는 "그 사람이 내 차에 올라탔을 뿐이다"며 범행을 부인했다고 경찰은 밝혔다.[16]

【고의 관련 판례】① 살인죄에 있어서의 범의는 반드시 살해의 목적이나 계획적인 살해의 의도가 있어야만 인정되는 것은 아니고, 자기의 행위로 인하여 타인의 사망의 결과를 발생시킬 만한 가능 또는 위험이 있음을 인식하거나 예견하면 족한 것이고 그 인식 또는 예견은 확정적인 것은 물론 불확정적인 것이라도 이른바 미필적 고의로 인정된다(가로 15cm, 세로 16cm, 길이 153cm, 무게 7kg의 각이 진 목재로 길바닥에 누워 있던 피해자의 머리를 때려 피해자가 외상성 뇌지주막하 출혈로 사망한 경우에 살인의 미필적 고의를 인정한 사례).[17] ② 강도가 베개로 피해자의 머리부분을 약 3분간 누르던 중 피해자가 저항을 멈추고 사지가 늘어졌음에도 계속하여 누른 행위에 살해의 고의가 있었다.[18] ③ 인체의 급소를 잘 알고 있는 무술교관 출신의 피고인이 무술의 방법으로 피해자의 울대(聲帶)를 가격하여 사망케 한 행위에 살인의 범의가 있다.[19] ④ 피고인이 자신의 허리띠를 잡으며 욕설하는 피해자를 과도를 오른손에 들고 찔러서 피해자가 좌흉부에서 심

---

16) 연합뉴스 2004.11.15.자.
17) 대판 1998.6.9, 98도980.
18) 대판 2002.2.8, 2001도6425.
19) 대판 2000.8.18, 2000도2231.

장을 관통하는 자창에 의한 실혈로 사망하였고, 피고인이 그 직후 과도를 소지한 채 현장을 도망쳐 나왔다면, 상해의 부위, 정도로 볼 때 단순히 피해자를 위협하기 위하여 서로 밀고 당기는 과정에서 발생한 것이 아니고 피고인이 과도로 피해자의 왼쪽 가슴을 힘껏 깊숙이 찌른 것으로 보여지고 그 범행이 우발적이라 할지라도 살인의 결과 발생을 인식하고 저지른 소행으로서 미필적 고의가 있었다고 보여진다.[20] ⑤ 총알이 장전되어 있는 엽총의 방아쇠를 잡고 있다가 총알이 발사되어 피해자가 사망한 사안에서, 범행의 도구로 사용된 엽총은 통상 사냥하기 직전에 총알을 장전하는 것인데도 사냥과는 전혀 관계없는 범행 당시 이미 총알이 장전되어 있었고, 실탄의 장전 유무는 탄창에 나타나는 표시에 의해서 쉽게 확인될 수 있어 총기에 실탄이 장전된 것인지 몰랐다고 하기 어려울 뿐 아니라, 안전장치를 하지 않은 상태에서 방아쇠를 잡고 있었던 점 등과 관계 증거에 나타난 전후 사정에 비추어, 피해자를 겁주려고 협박하다가 피해자의 접촉행위로 생겨난 단순한 오발사고가 아니라 살인의 고의가 있는 범죄행위였다.[21]

(2) 객관적 구성요건의 내용을 잘못 알고 범행을 한 경우를 구성요건의 착오라고 한다. 예를 들어 아버지인 줄을 모르고 살해한 경우와 같이 특별히 중한 죄가 되는 것을 인식하지 못한 경우에는 존속살해죄가 아니라 보통살인죄로 처벌된다.

(3) 어떤 범죄의 경우에는 고의 이외에 일정한 목적을 필요로 하는 범죄유형이 있다. 이를 목적범이라고 하는데 예를 들어 통화위조죄는 위조한 통화를 '행사할 목적'(사용할 목적)이 있어야 처벌되며 행사할 목적이 없는 경우는 처벌되지 않는다.

제 4 절 │ 범죄가 성립되지 않는 경우: 위법성조각사유, 책임조각사유

어떤 행위가 구성요건에 해당하면 원칙적으로 범죄가 성립한다. 그러한 행위는 대부분 위법하고 책임이 인정되는 행위이기 때문이다. 그러나 예외적으로 구성요건에 해당하지만 위법하지 않거나 책임이 인정되지 않는 경우가 있게 된다. 그러한 사유를 각각 위법성조각사유, 책임조각사유라고 한다. 이러한 사유는 개별범죄마다 규정하는 것이 아니라 형법총칙에 공통적 사유로 규정하고 있다. 이에 해당

---

20) 대판 1989.12.26, 89도2087.
21) 대판 1997.2.25, 96도3364.

되면 무죄로 판결된다.

Ⅰ. 위법하지 않은 경우

구성요건에 해당하지만 위법하지 않는 경우로서 정당행위, 정당방위, 긴급피난, 자구행위, 피해자의 승낙에 의한 행위가 있다. 구체적인 요건을 살펴본다.

1. 정당행위

제20조(정당행위) 법령에 의한 행위 또는 업무로 인한 행위 기타 사회상규에 위배되지 아니하는 행위는 벌하지 아니한다.

정당행위란 어떤 행위가 구성요건에 해당하지만 법률규정에 따른 행위이거나 업무수행상 수반되는 행위이거나 그밖에 사회질서에 반하지 않는 경우에는 위법하지 않은 것으로 평가되는 행위를 말한다. 전체 법질서의 정신이나 선량한 풍속 기타 사회질서의 관점에서 위법성이 조각된다.

【정당행위의 요건에 관한 판례】형법 제20조 규정의 뜻은 어떤 행위가 형식적으로는 범죄의 구성요건에 해당한다고 보이는 경우에도 국법질서 전체의 이념에 비추어 용인될 수 있는 것이라면 이를 정당행위로 보아 처벌하지 아니한다는 것으로서 어느 행위가 정당행위에 해당한다고 인정할 수 있기 위해서는 그 행위의 동기나 목적의 정당성, 행위의 수단이나 방법의 상당성, 보호법익과 침해법익과의 법익권형성, 긴급성, 그 행위 외에 다른 수단이나 방법이 없다는 보충성 등의 요건이 갖추어져야 한다.[22]

(1) 법령에 의한 행위

체포, 구속, 강제집행 등 공무원의 직무집행행위는 법령에 근거한 행위로서 적법하게 된다. 법령에 근거한 상관의 명령에 따른 행위도 적법하지만 상관의 위법한 명령에 따른 행위는 원칙적으로 허용될 수 없다. 다만 정보기관, 군대 등 명령의 절대적 구속력이 인정되어 부하직원이 거부할 수 없는 경우라면 책임이 조각

---

22) 대판 1986.10.28, 86도1764.

될 수는 있다.

【수사기관의 고문에 관한 판례】 공무원이 그 직무를 수행함에 있어 상관은 하관에 대하여 범죄행위 등 위법한 행위를 하도록 명령할 직권이 없는 것이고, 하관은 소속상관의 적법한 명령에 복종할 의무는 있으나 그 명령이 참고인으로 소환된 사람에게 가혹행위를 가하라는 등과 같이 명백한 위법 내지 불법한 명령인 때에는 이는 벌써 직무상의 지시명령이라 할 수 없으므로 이에 따라야 할 의무는 없다. … 설령 대공수사단 직원은 상관의 명령에 절대 복종하여야 한다는 것이 불문율로 되어 있다 할지라도 국민의 기본권인 신체의 자유를 침해하는 고문행위 등이 금지되어 있는 우리의 국법질서에 비추어 볼 때 그와 같은 불문율이 있다는 것만으로는 고문치사와 같이 중대하고도 명백한 위법명령에 따른 행위가 정당한 행위에 해당하거나 강요된 행위로서 적법행위에 대한 기대가능성이 없는 경우에 해당하게 되는 것이라고는 볼 수 없다.23)

학교장, 소년원장, 친권자, 후견인 등의 징계행위는 징계사유가 존재하고 교육목적에 필요한 적절한 정도에 해당하고 교육적 의도로 이루어졌다면 정당행위로 인정된다. 다만 일정한 상해가 발생한다면 이미 교육목적을 벗어난 위법한 행위로 평가될 수 있다.

【친권자의 징계】 친권자는 자를 보호하고 교양할 권리의무가 있지만, 2021년 민법 개정으로 반복적인 아동학대나 체벌을 용인하고 폭력을 방조하는 관행을 없애고자 친권자의 징계권을 삭제하였다.

【교사의 징계권에 관한 판례】 ① 여자중학교 체육교사 겸 태권도 지도교사가 교실 밖 공개된 장소에서 스스로의 감정을 자제하지 못하고, 낯모르는 학생들이 많이 있는 교실 밖에서 피해자 학생들의 행동을 본 즉시 교사 자신의 손이나 주먹으로 피해자의 머리 부분을 때리고 교사가 신고 있던 슬리퍼로 피해자의 양손을 때리고 감수성이 예민한 여학생인 피해자들에게 모욕감을 느낄 지나친 욕설을 하여 폭행죄 및 모욕죄로 기소된 사건에서 대법원은 다음과 같이 판시하였다.
㉠ 초·중등교육법령에 따르면 교사는 학교장의 위임을 받아 교육상 필요하다고 인정할 때에는 징계를 할 수 있고 징계를 하지 않는 경우에는 그 밖의 방법으로 지도를 할 수 있는데 그 지도에 있어서는 교육상 불가피한 경우에만 신체적 고통을 가하는 방법인

---

23) 대판 1988.2.23, 87도2358.

이른바 체벌로 할 수 있고 그 외의 경우에는 훈육, 훈계의 방법만이 허용되어 있다.

ⓛ 교사가 학생을 징계 아닌 방법으로 지도하는 경우에도 징계하는 경우와 마찬가지로 교육상의 필요가 있어야 될 뿐만 아니라 특히 학생에게 신체적, 정신적 고통을 가하는 체벌, 비하하는 말 등의 언행은 교육상 불가피한 때에만 허용되는 것이다.

ⓒ 학생에 대한 폭행, 욕설에 해당되는 지도행위는 학생의 잘못된 언행을 교정하려는 목적에서 나온 것이었으며 다른 교육적 수단으로는 교정이 불가능하였던 경우로서 그 방법과 정도에서 사회통념상 용인될 수 있을 만한 객관적 타당성을 갖추었던 경우에만 법령에 의한 정당행위로 볼 수 있을 것이다.

ⓔ (그러나 이 사건은) 교정의 목적에서 나온 지도행위가 아니어서 학생에게 체벌, 훈계 등의 교육적 의미를 알리지도 않은 채 지도교사의 성격 또는 감정에서 비롯된 지도행위라든가, 다른 사람이 없는 곳에서 개별적으로 훈계, 훈육의 방법으로 지도·교정될 수 있는 상황이었음에도 낯모르는 사람들이 있는 데서 공개적으로 학생에게 체벌·모욕을 가하는 지도행위라든가, 학생의 신체나 정신건강에 위험한 물건 또는 지도교사의 신체를 이용하여 학생의 신체 중 부상의 위험성이 있는 부위를 때리거나 학생의 성별, 연령, 개인적 사정에서 견디기 어려운 모욕감을 주어 방법·정도가 지나치게 된 지도행위 등은 특별한 사정이 없는 한 사회통념상 객관적 타당성을 갖추었다고 보기 어렵다.[24]

② 교사가 국민학교 5학년인 피해자를 양손으로 교탁을 잡게 한 다음 길이 50센티미터, 직경 3센티미터 가량 되는 나무 지휘봉을 거꾸로 잡고 엉덩이를 두 번 때리고, 아파서 무릎을 굽히며 허리를 옆으로 트는 피해자의 엉덩이 위 허리부분을 다시 때려 6주간의 치료를 받아야 할 상해까지 입힌 것이라면 이 징계행위는 그 방법 및 정도가 교사의 징계권행사의 허용한도를 넘어선 것으로서 정당한 행위로 볼 수는 없다.[25]

군대에서 상관에 의한 체벌 또는 얼차려는 군인복무규율 또는 얼차려규정 등 관련규정의 범위를 벗어난 경우에는 위법한 것으로 평가된다.

【군대에서의 체벌관련 판례】① 상사 계급의 피고인이 그의 잦은 폭력으로 신체에 위해를 느끼고 겁을 먹은 상태에 있던 부대원들에게 청소 불량 등을 이유로 40분 내지 50분간 머리박아(속칭 '원산폭격')를 시키거나 양손을 깍지 낀 상태에서 약 2시간 동안 팔굽혀펴기를 50−60회 정도 하게 한 행위가 형법 제324조에서 정한 강요죄에 해당한다 (상사 계급의 피고인이 부대원들에게 얼차려를 지시할 당시 얼차려의 결정권자도 아니었고 소속 부대의 얼차려 지침상 허용되는 얼차려도 아니라는 등의 이유로, 피고인의 얼차

---

24) 대판 2004.6.10, 2001도5380.
25) 대판 1990.10.30, 90도1456.

려 지시 행위를 형법 제20조의 정당행위로 볼 수 없다고 한 사례).26) ② 범행동기가 그의 부하인 피해자를 훈계하기 위한 것이라 하여도 이 사건 폭행행위는 그 훈계권의 범위를 넘었다고 보여지고 그로 인하여 판시와 같은 상해를 입게 한 이상 그 행위를 사회상규에 위배되지 아니하는 행위로서 위법성이 조각된다고도 할 수 없다.27)

【불법 녹음사건】 이른바 '부산지역 기관장 회식사건(초원복국집사건)'

　1992년 12월 11일 대통령선거를 앞두고 부산시장 등 기관장들의 조찬모임이 예약되어 있던 음식점에 조찬모임에서의 대화내용을 도청하기 위한 도청용 송신기를 설치할 목적으로 손님을 가장하여 이 음식점에 들어간 행위에 대하여 대법원은 "일반인의 출입이 허용된 음식점이라 하더라도, 영업주의 명시적 또는 추정적 의사에 반하여 들어간 것이라면 주거침입죄가 성립된다 할 것이다. … 피고인들의 이 사건 범행이 비록 불법선거운동을 적발하려는 목적으로 이루어진 것이라고 하더라도, 이 사건에서와 같이 타인의 주거에 도청장치를 설치하는 행위는 그 수단과 방법의 상당성을 결하는 것으로서 정당행위에 해당하지 않는다.28)

그 밖에 일반인이 현행범인을 체포하는 행위는 형사소송법에 따라 적법하며 체포죄가 성립되지 않는다. 다만 현행범인을 체포하기 위하여 다른 사람의 주거에까지 들어가는 것은 허용되지 않는다. 각종 복권의 발매나 경마·경륜은 관련 법령에 근거한 것으로 도박죄가 성립하지 않는다. 노동쟁의행위는 적법한 절차에 의한 경우에는 사용자에 대한 업무방해죄가 성립하지 않는다. 그러나 위장취업행위나 쟁의 도중의 손괴나 폭행 등은 범죄가 성립한다. 의사가 환자의 전염병 감염사실을 알고 신고한 경우에는 관련법에 따른 신고행위로서 업무상 비밀누설죄가 부정된다.

【민간요법으로서 수지침 시술행위】 일반적으로 면허 또는 자격 없이 침술행위를 하는 것은 의료법 제25조의 무면허 의료행위(한방의료행위)에 해당되어 같은 법 제66조에 의하여 처벌되어야 하고, 수지침 시술행위도 위와 같은 침술행위의 일종으로서 의료법에서 금지하고 있는 의료행위에 해당하며, 이러한 수지침 시술행위가 광범위하고 보편화된 민간요법이고, 그 시술로 인한 위험성이 적다는 사정만으로 그것이 바로 사회상규에 위배

---

26) 대판 2006.4.27, 2003도4151.
27) 대판 1984.6.26, 84도603.
28) 대판 1997.3.28, 95도2674. 이 사건 발생 당시에는 도청행위를 처벌하는 통신비밀보호법(1993년 12월 27일에 제정되고 공포 후 6개월 유예기간 경과 후 시행)이 제정되기 이전이므로 불법녹음행위를 처벌하는 규정이 없었고 주거침입죄로 처벌하였다.

되지 아니하는 행위에 해당한다고 보기는 어렵다고 할 것이나, 수지침은 시술부위나 시술방법 등에 있어서 예로부터 동양의학으로 전래되어 내려오는 체침의 경우와 현저한 차이가 있고, 일반인들의 인식도 이에 대한 관용의 입장에 기울어져 있으므로, 이러한 사정과 함께 시술자의 시술의 동기, 목적, 방법, 횟수, 시술에 대한 지식수준, 시술경력, 피시술자의 나이, 체질, 건강상태, 시술행위로 인한 부작용 내지 위험발생 가능성 등을 종합적으로 고려하여 구체적인 경우에 있어서 개별적으로 보아 법질서 전체의 정신이나 그 배후에 놓여 있는 사회윤리 내지 사회통념에 비추어 용인될 수 있는 행위에 해당한다고 인정되는 경우에는 형법 제20조 소정의 사회상규에 위배되지 아니하는 행위로서 위법성이 조각된다.[29]

(2) 업무로 인한 행위

직무를 수행하는 과정에서 발생하는 행위는 적법한 행위로 취급된다. 반드시 법령에 근거할 행위일 필요는 없다. 의사의 치료행위는 피해자의 승낙에 의한 행위와 더불어 업무로 인한 행위로 위법성이 조각될 수 있다. 변호사가 법정에서 증인의 신뢰성을 떨어뜨리기 위하여 증인의 과오를 들추는 행위도 명예훼손이 성립되지 않는다. 운동경기에서 규칙의 범위 내에서 발생한 상해행위는 정당행위로 인정되지만 고의적인 상해행위는 위법한 행위가 된다. 성직자가 범인을 단순히 숨겨주는 행위는 적법하지만 적극적으로 범인을 은닉하거나 도주를 도와주는 행위는 위법한 것으로 평가된다.

【변호사의 범인도피행위】 변호사는 공공성을 지닌 법률 전문직으로서 독립하여 자유롭게 직무를 수행하여야 하고(변호사법 제2조), 직무를 수행하면서 진실을 은폐하거나 거짓 진술을 하여서는 아니 된다(같은 법 제24조 제2항). 따라서 형사변호인의 기본적인 임무가 피고인 또는 피의자를 보호하고 그의 이익을 대변하는 것이라고 하더라도, 그러한 이익은 법적으로 보호받을 가치가 있는 정당한 이익으로 제한되고, 변호인이 의뢰인의 요청에 따른 변론행위라는 명목으로 수사기관이나 법원에 대하여 적극적으로 허위의 진술을 하거나 피고인 또는 피의자로 하여금 허위진술을 하도록 하는 것은 허용되지 않는다(갑이 수사기관 및 법원에 출석하여 을 등의 사기 범행을 자신이 저질렀다는 취지로 허위자백하였는데, 그 후 갑의 사기 피고사건 변호인으로 선임된 피고인이 갑과 공모하여 진범 을 등을 은폐하는 허위자백을 유지하게 함으로써 범인을 도피하게 하였다는 내용으로 기소된 사안에서, 피고인이 변호인으로서 단순히 갑의 이익을 위한 적절한 변론과 그에 필요한 활동을 하는 데 그치지

---

29) 대판 2000.4.25, 98도2389.

아니하고, 갑과 을 사이에 부정한 거래가 진행 중이며 갑 피고사건의 수임과 변론이 거래의 향배와 불가결한 관련이 있을 것임을 분명히 인식하고도 을에게서 갑 피고사건을 수임하고, 그들의 합의가 성사되도록 도왔으며, 스스로 합의금의 일부를 예치하는 방안까지 용인하고 합의서를 작성하는 등으로 갑과 을의 거래관계에 깊숙이 관여한 행위를 정당한 변론권의 범위 내에 속한다고 평가할 수 없고, 나아가 변호인의 비밀유지의무는 변호인이 업무상 알게 된 비밀을 다른 곳에 누설하지 않을 소극적 의무를 말하는 것일 뿐 진범을 은폐하는 허위자백을 적극적으로 유지하게 한 행위가 변호인의 비밀유지의무에 의하여 정당화될 수 없다고 하면서, 한편으로 피고인의 행위는 정범인 갑에게 결의를 강화하게 한 방조행위로 평가될 수 있다는 이유로 범인도피방조죄를 인정한 원심판단을 정당하다고 한 사례).30)

【성직자의 범인도피행위】 성직자라 하여 초법규적인 존재일 수 없다. 성직자의 직무상 행위가 사회상규에 반하지 아니한다 하여 그에 적법성이 부여되는 것은 그것이 성직자의 행위이기 때문이 아니라 그 직무로 인한 행위에 정당, 적법성을 인정하기 때문이다. 죄지은 자를 맞아 회개하도록 인도하고 그 갈 길을 이르는 것은 사제로서의 소임이라 할 것이나 적극적으로 은신처를 마련하여 주고 도피자금을 제공하는 따위의 일은 이미 그 정당한 직무의 범위를 넘는 것이며 이를 가리켜 사회상규에 반하지 아니하여 위법성이 조각되는 정당행위라고 할 수 없다. 사제가 죄지은 자를 능동적으로 고발하지 않는 것은 종교적 계율에 따라 그 정당성이 용인되어야 한다고 할 수 있을 것이나 그에 그치지 아니하고 적극적으로 은닉·도피케 하는 행위는 어느 모로 보나 이를 사제의 정당한 직무에 속하는 것이라고 할 수 없다.31)

(3) 기타 사회상규에 위배되지 않는 행위

법령이나 업무로 인한 행위가 아니라고 하더라도 국민의 일반적인 통념이나 사회질서에 반하지 않으면 위법한 것으로 평가되지 않는다. 판례는 사회상규에 위배되지 않는 행위란 법질서 전체의 정신이나 그 배후의 사회윤리 또는 사회통념에 비추어 용인될 수 있는 행위를 말하므로, 어떤 행위가 그 동기나 목적이 정당하고 수단이나 방법이 상당하며 보호법익과 침해법익이 균형을 이루는 등으로 당시의 상황에서 사회윤리나 사회통념상 취할 수 있는 본능적이고 소극적인 방어행위라고 평가할 수 있다면 이는 사회상규에 위배되지 않는 행위라고 본다.32)

---

30) 대판 2012.8.30, 2012도6027.
31) 대판 1983.3.8, 82도3248.
32) 대판 2014.3.27, 2012도11204.

【이른바 안두희 피습사건】 어떠한 행위가 형법 제20조 소정의 사회상규에 위배되지 않는 행위로 판단되기 위하여서는 그 범행의 동기, 행위자의 의사, 목적과 수단의 정당성, 그로 인한 법익침해의 정도 등을 종합적으로 고려하여 사회통념상 용인될 정도의 상당성이 있다고 인정되어야 하고, 그와 같은 판단에는 법질서 전체의 정신이나 그 배후에 놓여 있는 사회윤리가 그 판단의 기준이 되어야 할 것인바, 피고인이 백범 김구의 암살범인 안두희를 살해한 범행의 동기나 목적은 주관적으로는 정당성을 가진다고 하더라도 우리 법질서 전체의 관점에서는 사회적으로 용인될 수 있을 만한 정당성을 가진다고 볼 수 없고, 나아가 피고인은 그 처단의 방법으로 살인을 선택하였으나 우리나라의 현재 상황이 위 안두희를 살해하여야 할 만큼 긴박한 상황이라고 볼 수 없을 뿐만 아니라 민족정기를 세우기 위하여서는 위 안두희를 살해하지 아니하면 안된다는 필연성이 있다고 받아들이기도 어려우므로 결국 피고인의 각 범행이 사회상규에 위배되지 아니하는 행위로서 정당행위에 해당한다고 볼 수 없는 것이라고 판단한 원심판결을 수긍한 사례.[33]

【딸을 보호하기 위한 소극적 저항행위】 당시 피고인은 실내 어린이 놀이터 벽에 기대어 앉아 자신의 딸(4세)이 노는 모습을 보고 있었는데, 피해자가 다가와 딸이 가지고 놀고 있는 블록을 발로 차고 손으로 집어 들면서 쌓아놓은 블록을 무너뜨리고, 이에 딸이 울자 피고인이 피해자에게 '하지 마, 그러면 안 되는 거야'라고 말하면서 몇 차례 피해자를 제지한 사실, 그러자 피해자는 피고인의 딸을 한참 쳐다보고 있다가 갑자기 딸의 눈 쪽을 향해 오른손을 뻗었고 이를 본 피고인이 왼손을 내밀어 피해자의 행동을 제지하였는데, 이로 인해 피해자가 바닥에 넘어져 엉덩방아를 찧은 사실, 그 어린이 놀이터는 실내에 설치되어 있는 것으로서, 바닥에는 충격방지용 고무매트가 깔려 있었던 사실, 한편 피고인의 딸은 그 전에도 또래 아이들과 놀다가 다쳐서 당시에는 얼굴에 손톱 자국의 흉터가 몇 군데 남아 있는 상태였던 사실 등을 알 수 있다. … 피고인의 이러한 행위는 피해자의 갑작스런 행동에 놀라서 자신의 어린 딸이 다시 얼굴에 상처를 입지 않도록 보호하기 위한 것으로 딸에 대한 피해자의 돌발적인 공격을 막기 위한 본능적이고 소극적인 방어행위라고 평가할 수 있고, 따라서 이를 사회상규에 위배되는 행위라고 보기는 어렵다.[34]

우리의 관습상 타인의 자녀라고 할지라도 잘못된 행위를 보면 타이르게 되는데 이에 대해서 일정한 경우 정당행위로 보고 있다.

---

33) 대판 1997.11.14, 97도2118.
34) 대판 2014.3.27, 2012도11204.

【**술에 취한 자의 폭행에 대한 저항행위**】 피해자가 술에 취한 상태에서 별다른 이유 없이 함께 술을 마시던 피고인의 뒤통수를 때리므로 피고인도 순간적으로 이에 대항하여 손으로 피해자의 얼굴을 1회 때리고 피해자가 주먹으로 피고인의 눈을 강하게 때리므로 더 이상 때리는 것을 제지하려고 피해자를 붙잡은 정도의 행위의 결과로 인하여 피해자가 원발성쇼크로 사망하였다 하더라도 피고인의 위 폭행행위는 소극적 방어행위에 지나지 않아 사회통념상 허용될 수 있는 상당성이 있어 위법성이 없다.[35]

【**직원의 이메일을 회사가 출력한 경우**】 '회사의 직원이 회사의 이익을 빼돌린다'는 소문을 확인할 목적으로, 비밀번호를 설정함으로써 비밀장치를 한 전자기록인 피해자가 사용하던 '개인용 컴퓨터의 하드디스크'를 떼어내어 다른 컴퓨터에 연결한 다음 의심이 드는 단어로 파일을 검색하여 메신저 대화 내용, 이메일 등을 출력한 사안에서, 피해자의 범죄 혐의를 구체적이고 합리적으로 의심할 수 있는 상황에서 피고인이 긴급히 확인하고 대처할 필요가 있었고, 그 열람의 범위를 범죄 혐의와 관련된 범위로 제한하였으며, 피해자가 입사시 회사 소유의 컴퓨터를 무단 사용하지 않고 업무 관련 결과물을 모두 회사에 귀속시키겠다고 약정하였고, 검색 결과 범죄행위를 확인할 수 있는 여러 자료가 발견된 사정 등에 비추어, 피고인의 그러한 행위는 사회통념상 허용될 수 있는 상당성이 있는 행위로서 형법 제20조의 '정당행위'이다.[36]

2. 정당방위

> 제21조(정당방위) ① 현재의 부당한 침해로부터 자기 또는 타인의 법익(法益)을 방위하기 위하여 한 행위는 상당한 이유가 있는 경우에는 벌하지 아니한다.
> ② 방위행위가 그 정도를 초과한 경우에는 정황(情況)에 따라 그 형을 감경하거나 면제할 수 있다.
> ③ 제2항의 경우에 야간이나 그 밖의 불안한 상태에서 공포를 느끼거나 경악(驚愕)하거나 흥분하거나 당황하였기 때문에 그 행위를 하였을 때에는 벌하지 아니한다.

정당방위는 자기나 다른 사람의 법익에 대해서 현재 부당한 침해가 있는 경우 이를 방위하기 위한 행위로서 위법성이 조각된다. 정당방위는 정(正)은 부정(不正)에 양보할 필요가 없다는 사상에 기초하고 있다. 실제 사회생활에서 많이 문제되는 것으로 자기보호의 원리와 법질서수호의 원리에 입각하고 있다.

---

35) 대판 1991.1.15, 89도2239.
36) 대판 2009.12.24, 2007도6243.

(1) 정당방위가 인정되기 위한 요건으로서는 자기 또는 타인의 법익에 대한 현재의 부당한 침해라는 정당방위상황과 상당한 이유가 있는 방위행위가 필요하다.

생명, 신체, 재산, 인격, 자유, 명예 등 개인의 법익에 대해서는 모두 인정된다. 타인을 위한 정당방위도 가능하다. 국가적, 사회적 법익에 대해서도 인정된다.

【아버지를 보호하기 위한 정당방위】 차량통행문제를 둘러싸고 피고인의 부와 다툼이 있던 피해자가 그 소유의 차량에 올라타 문 안으로 운전해 들어가려 하자 피고인의 부가 양팔을 벌리고 이를 제지하였으나 위 피해자가 이에 불응하고 그대로 그 차를 피고인의 부 앞쪽으로 약 3미터 가량 전진시키자 위 차의 운전석 부근 옆에 서 있던 피고인이 부가 위 차에 다치겠으므로 이에 당황하여 위 차를 정지시키기 위하여 운전석 옆 창문을 통하여 피해자의 머리털을 잡아당겨 그의 흉부가 위 차의 창문틀에 부딪혀 약간의 상처를 입게 한 행위는 부의 생명, 신체에 대한 현재의 부당한 침해를 방위하기 위한 행위로서 정당방위에 해당한다.[37]

부당한 침해라는 것은 고의나 과실을 불문하며 책임없는 자에 의한 행위에 대해서도 정당방위가 가능하다. 침해란 현재의 침해이어야 하므로 과거나 앞으로 있을 침해를 예상해서 정당방위를 할 수는 없다. 다만 절도범인을 추격하여 물건을 회수하는 것과 같이 침해가 현장에서 계속된다든지, 예상되는 침해가 실현될 단계에서 방어행위는 의미가 없고 지금 바로 방어를 해야하는 경우에는 침해의 현재성이 인정된다.

【예방적 방위행위 내지 지속적 위험에 대한 방위행위】 의붓아버지 살해사건

피고인 A가 약 12살 때부터 의붓아버지인 피해자의 강간행위에 의하여 정조를 유린당한 후 계속적으로 이 사건 범행 무렵까지 피해자와의 성관계를 강요받아 왔고, 그 밖에 피해자로부터 행동의 자유를 간섭받아 왔으며, 또한 그러한 침해행위가 그 후에도 반복하여 계속될 염려가 있었다면, 피고인들의 이 사건 범행 당시 피고인 A의 신체나 자유 등에 대한 현재의 부당한 침해상태가 있었다고 볼 여지가 없는 것은 아니나, 그렇다고 하여도 판시와 같은 경위로 이루어진 피고인들의 이 사건 살인행위가 형법 제21조 소정의 정당방위나 과잉방위에 해당한다고 하기는 어렵다. 정당방위가 성립하려면 침해행위에 의하여 침해되는 법익의 종류, 정도, 침해의 방법, 침해행위의 완급과 방위행위에 의하여 침해될 법익의 종류, 정도 등 일체의 구체적 사정들을 참작하여 방위행위가 사회적으로 상당한 것이

---

37) 대판 1986.10.14, 86도1091.

었다고 인정할 수 있는 것이어야 할 것인데 피고인들이 사전에 판시와 같은 경위로 공모하여 범행을 준비하고, 술에 취하여 잠들어 있는 피해자의 양팔을 눌러 꼼짝 못하게 한 후 피해자를 깨워 피해자가 제대로 반항할 수 없는 상태에서 식칼로 피해자의 심장을 찔러 살해한다는 것은, 당시의 상황에 비추어도 사회통념상 상당성을 인정하기가 어렵다.[38]

【불법체포에 대한 저항행위】 경찰관의 행위가 적법한 공무집행을 벗어나 불법하게 체포한 것으로 볼 수밖에 없다면, 그 체포를 면하려고 반항하는 과정에서 경찰관에게 상해를 가한 것은 불법체포로 인한 신체에 대한 현재의 부당한 침해에서 벗어나기 위한 행위로서 정당방위에 해당하여 위법성이 조각된다.[39]

(2) 싸움의 경우에는 원칙적으로 정당방위가 인정되지 않는다. 싸움은 방어행위인 동시에 공격행위로 평가된다. 그러나 예상되는 정도를 초과한 급격한 공격행위에 대해서는 정당방위가 성립할 수 있다. 일반인이 생각하는 것과 같이 누가 먼저 시비를 걸고 누가 먼저 주먹을 휘둘렀는가가 중요한 것이 아니다.

【싸움의 정당방위 여부】 ① 피해자 일행 중 1명의 뺨을 때린 데에서 비롯된 가해자 등의 행위는 피해자 일행의 부당한 공격을 방위하기 위한 것이라기보다는 서로 공격할 의사로 싸우다가 먼저 공격을 받고 이에 대항하여 가해하게 된 것이라고 봄이 상당하고 이와 같은 싸움의 경우 가해행위는 방어행위인 동시에 공격행위의 성격을 가지므로 정당방위 또는 과잉방위행위라고 볼 수 없다.[40]
  ② 갑(54세, 여)이 남편인 을(59세, 남)과 함께 1998. 5. 19. 10:00 피고인(66세, 여)이 묵을 만드는 외딴 집에 피고인을 찾아와 피고인이 갑이 첩의 자식이라는 헛소문을 퍼뜨렸다며 먼저 피고인의 멱살을 잡고 밀어 넘어뜨리고 배 위에 올라타 주먹으로 팔, 얼굴 등을 폭행하였고, 을도 이에 가세하여 피고인의 얼굴에 침을 뱉으며 발로 밟아 폭행을 한 사실, 이에 연로한 탓에 힘에 부쳐 달리 피할 방법이 없던 피고인은 이를 방어하기 위하여 갑과 을의 폭행에 대항하여 갑의 팔을 잡아 비틀고, 다리를 무는 등으로 하여 갑에게 오른쪽 팔목과 대퇴부 뒤쪽에 멍이 들게 하여 약 2주간의 치료를 요하는 상해를 가한 사실을 인정하였는바, … 서로 격투를 하는 자 상호간에는 공격행위와 방어행위가 연속적으로 교차되고 방어행위는 동시에 공격행위가 되는 양면적 성격을 띠는 것이므로 어느 한쪽 당사자의 행위만을 가려내어 방어를 위한 정당행위라거나 또는 정

---

38) 대판 1992.12.22, 92도2540.
39) 대판 2000.7.4, 99도4341.
40) 대판 1993.8.24, 92도1329; 대판 1971.4.30, 71도527.

당방위에 해당한다고 보기 어려운 것이 보통이나, 외관상 서로 격투를 하는 것처럼 보이는 경우라고 할지라도 실지로는 한쪽 당사자가 일방적으로 불법한 공격을 가하고 상대방은 이러한 불법한 공격으로부터 자신을 보호하고 이를 벗어나기 위한 저항수단으로 유형력을 행사한 경우라면, 그 행위가 적극적인 반격이 아니라 소극적인 방어의 한도를 벗어나지 않는 한 그 행위에 이르게 된 경위와 그 목적수단 및 행위자의 의사 등 제반 사정에 비추어 볼 때 사회통념상 허용될 만한 상당성이 있는 행위로서 위법성이 조각된다고 보아야 할 것이다.[41]

【싸움 중에 이루어진 가해행위가 정당방위 또는 과잉방위행위에 해당할 수 있는지 여부】
원심은, 피고인이 1996. 8. 19. 10:00경 서울 강서구 소재 피고인의 처남인 피해자 강○○의 집에서 피해자의 왼쪽 허벅지를 길이 21㎝ 가량의 과도로 1회 찔러 피해자에게 약 14일간의 치료를 요하는 좌측대퇴외측부 심부자상 등을 가하였지만, 피해자가 술에 만취하여 누나인 강○희와 말다툼을 하다가 강○희의 머리채를 잡고 때렸으며, 당시 강○희의 남편이었던 피고인이 이를 목격하고 화가 나서 피해자와 싸우게 되었는데, 그 과정에서 몸무게가 85㎏ 이상이나 되는 피해자가 62㎏의 피고인을 침대 위에 넘어뜨리고 피고인의 가슴 위에 올라타 목부분을 누르자 호흡이 곤란하게 된 피고인이 안간힘을 쓰면서 허둥대다가 그 곳 침대 위에 놓여있던 과도로 피해자에게 상해를 가한 사실을 인정한 다음, 위와 같은 이 사건의 발생경위와 그 진행과정을 고려하여 피고인의 행위는 피고인의 신체에 대한 현재의 부당한 침해를 방위하기 위한 행위가 그 정도를 초과한 경우인 과잉방위행위에 해당한다고 판단하였다.
그러나 사실관계가 위와 같다 하더라도, 피고인의 행위는 피해자의 부당한 공격을 방위하기 위한 것이라기 보다는 서로 공격할 의사로 싸우다가 먼저 공격을 받고 이에 대항하여 가해하게 된 것이라고 봄이 상당하고, 이와 같은 싸움의 경우 가해행위는 방어행위인 동시에 공격행위의 성격을 가지므로 정당방위 또는 과잉방위행위라고 볼 수 없다.[42]

(3) 방위행위는 상당한 이유가 있어야 한다. 상당한 이유라는 의미는 정당방위를 해야할 필요성이 인정되고, 법질서의 측면에서 허용되는 정도에 머물러야 한다는 것이다. 부당한 공격을 받았다고 무조건 아무런 제한없이 정당방위가 허용되는 것이 아니다. 술에 취해 비틀거리는 사람이 시비를 건다고 공격이 허용되는 것이 아니다. 이른바 도둑을 빨래건조대로 때려 뇌사에 빠지게 한 사건과 예비신랑이

41) 대판 1999.10.12, 99도3377.
42) 대판 2000.3.28, 2000도228.

여자친구를 살해한 범인을 격투 끝에 죽인 공릉동사건[43])과 같이 특히 정당방위로 사람을 살해한 경우에는 매우 엄격하게 판단된다.

【밤 18개 절도사건】 갑은 자기 소유의 밤나무 단지에서 을이 밤 18개를 포대에 주워 담는 것을 보고 포대를 빼앗으려다 반항하는 을의 뺨과 팔목을 때려 상처를 입힌 경우 대법원은 이러한 행위가 비록 을의 절취행위를 방지하기 위한 것이었다 하여도 긴박성과 상당성을 결여하여 정당방위라고 볼 수 없다고 하였다.[44])

【술 취한 자에 대한 경찰관의 총기사용】 야간에 술이 취한 상태에서 병원에 있던 과도로 대형 유리창문을 쳐 깨뜨리고 자신의 복부에 칼을 대고 할복 자살하겠다고 난동을 부린 피해자가 출동한 2명의 경찰관들에게 칼을 들고 항거하였다고 하여도 위 경찰관 등이 공포를 발사하거나 소지한 가스총과 경찰봉을 사용하여 위 망인의 항거를 억제할 시간적 여유와 보충적 수단이 있었다고 보여지고, 또 부득이 총을 발사할 수밖에 없었다고 하더라도 하체부위를 향하여 발사함으로써 그 위해를 최소한도로 줄일 여지가 있었다고 보여지므로, 칼빈소총을 1회 발사하여 피해자의 왼쪽 가슴 아래 부위를 관통하여 사망케 한 경찰관의 총기사용행위는 경찰관직무집행법 제11조 소정의 총기사용 한계를 벗어난 것이다.[45])

【뉴스 속 사건사고】 강제키스한 여성 혀 깨문 남성…법원 '정당방위 아냐'

남성이 강제 키스를 하는 여성에게 저항하는 과정에서 상대방의 혀를 깨물어 다치게 했다면 정당방위로 인정할 수 없다는 법원 판결이 나왔다. 서울고법 형사6부는 중상해 혐의로 기소된 김모(23)씨에게 징역 6월에 집행유예 1년을 선고했다. 김씨는 자신의 여자친구와 그녀의 지인들 등과 함께 술을 마셨다. 김씨는 새벽 4시께 술에 만취해 쓰러져 있던 중 여자친구의 지인 A(여)씨가 자신에게 강제로 키스하려 하자 이를 회피하기 위해 A씨의 혀를 깨물었다. 이 일로 A씨는 혀 앞부분의 살점 2cm가량이 떨어져 나가는 상처를 입었다. 중상해 혐의로 재판에 넘겨진 김씨는 A씨가 만취한 자신에게 강제로 키스하면서 목을 조르는 등 추행했다며 남성의 성적 자기결정권도 여성과 동등하게 보호돼야 하는 만큼 정당방위로 인정해 달라고 주장했다. 그러나 법원은 이를 정당방위로 인정하지 않았다. 재판부는 '피고인이 A씨의 몸을 밀쳐내는 등의 방법으로 제지할 수도 있었을 텐데도 순간적으로 강한 힘을 가해 혀를 깨물어 절단했다'며 '이런 행위는 사회적으로

43) 이 사건에 대해서는 해럴드경제 2015.12.9.자. 참조.
44) 대판 1984.9.25, 84도1611.
45) 대판 1991.9.10, 91다19913. 이 사건은 손해배상과 관련된 민사사건이다.

인정할 수 있는 범위를 벗어났으므로 정당방위가 성립하지 않는다'고 판단했다. 재판부는 'A씨는 사고 후 맵거나 뜨거운 음식을 먹으면 혀가 붓고 발음도 잘 안 된다는 취지로 진술하고 있다'며 'A씨가 입은 상처는 난치 상태로 중상해에 해당한다'고 밝혔다. 이어 'A씨가 피고인보다 덩치가 더 크더라도 혀를 깨무는 방법 외에는 A씨의 행동을 저지하거나 회피할 만한 다른 수단이 없었다고 보기는 어렵다'며 '공개된 장소에서 발생한 일인 만큼 일행에게 도움을 청할 수도 있었다'고 덧붙였다. 재판부는 다만 '피고인이 당시 만취해 사물을 변별하거나 의사를 결정할 능력이 미약한 상황에서 예기치 못하게 키스를 당하자 우발적으로 한 행동인 만큼 원심이 선고한 징역 1년에 집행유예 2년은 무겁다고 판단된다'며 형을 감형했다.[46]

【강제추행범의 혀를 깨문 행위】 갑과 을은 공동으로 1988.2.26. 새벽 1:10경 경북 ○○ 소재 황금당 앞길에서 피해자인 여성(32세)이 골목길로 들어가는 것을 발견하고 그녀를 추행할 목적으로 뒤쫓아 가서 달려들어 갑은 그녀의 오른팔을 잡고 을은 그녀의 왼팔을 잡아 그 골목길 안으로 약 10m 정도 더 끌고 들어가 그 곳 담벽에 넘어뜨린 후 갑은 오른손을 그녀의 고무줄바지(속칭 몸빼) 속에 집어넣어 음부를 만지면서 이에 반항하는 그녀의 옆구리를 그의 오른쪽 무릎으로 2회 찬 다음 억지로 그녀의 입에 키스를 하자 피해자 여성이 정조와 신체의 안전을 지키려는 일념에서 엉겁결에 갑의 혀를 깨물어 그에게 설절단상을 입히게 된 사건이다.

이에 대하여 대법원은 피해자의 그러한 행위는 그 자신의 성적 순결 및 신체에 대한 현재의 부당한 침해를 방어하기 위한 행위로서 상당한 이유가 있는 정당방위로 인정하였다.[47]

(4) 과잉방위는 방위행위가 그 정도를 초과한 경우로서 형이 감경되거나 면제될 수 있다. 또 과잉방위행위가 야간이나 불안스러운 상태에서 공포, 경악, 흥분 또는 당황으로 인한 경우에는 처벌하지 않는다.

【집단구타에 대한 반격행위】 술에 취하여 지나가던 갑(폭력전과자), 을, 병(사망)이 피고인에게 이유 없이 욕설을 하고 피고인이 이에 대꾸를 하자 을이 피고인의 얼굴에 연필 깎기용 면도칼을 들이대며 찌를 듯이 위협을 하고, 피고인은 이에 겁이 나서 근처 식품점 안으로 일단 피신을 하였다가 가게주인이 가게에서 나가라고 요구하여 가게 밖으로 나왔던 바 을이 그 부근 가게에서 가지고 나온 소주병을 깨어 던져서 피고인의 왼손목

---

46) 연합뉴스 2014.12.1.자.
47) 대판 1989.8.8, 89도358.

에 맞게 하고 갑은 신백식품점에서 들고 나온 사이다병을 깨어 던져 피고인의 오른손목에 맞게 하고 병도 '이 새끼 죽으려고 환장하였느냐'고 하면서 시멘트벽돌을 집어던지는 등 3인이 공격행위를 하여 오므로 피고인은 공격행위를 계속하여 올 경우 이에 대항하기 위하여 자신이 전화케이블선공사 도구로 사용하던 곡괭이 자루를 집어들고 약 50미터 떨어진 타이어 수리점 앞까지 도망가는데 을은 각목을 들고, 갑은 전화케이블선을 들고 계속 쫓아와 마구 휘두르며 피고인의 어깨, 머리, 왼손, 옆구리 등을 마구 때리므로 이에 대항하여 피고인도 곡괭이자루를 마구 휘두른 결과 을의 머리뒷부분을 1회 힘껏 맞게 하여 을이 사망하고 갑은 상해를 입었으며 피고인 자신도 왼쪽 셋째손가락이 부러지는 상해를 입은 사건에서 집단구타를 당하게 된 피고인이 더 이상 도피하기 어려운 상황에서 이를 방어하기 위하여 반격석인 행위를 하려던 것이 그 정도가 지나친 행위를 한 것이 뚜렷하므로 이는 과잉방위에 해당한다고 보았다.[48]

【이른바 '도둑뇌사사건'】 정당방위 또는 과잉방위로 인정될 것인가?

① 사건개요: 당시 만 19세의 청년인 피고인은 군입대 신체검사를 마치고 친구들과 술을 마시고 새벽 3시쯤 귀가하였다. 단독주택 2층 현관문을 열었는데 훔칠 물건을 찾다가 방에서 거실로 나오던 피해자(당시 55세)와 마주치게 되었다. 피해자가 도망가자 피고인은 주먹으로 얼굴을 수 회 때렸고 피해자는 쓰러진 뒤에 무릎을 꿇고 엎드려 양손으로 얼굴을 가린 채 몸을 일으키려고 하였고, 피고인은 다시 주먹과 발로 그의 얼굴과 온 몸을 수회 가격하였다(최초 폭행).

피고인이 1층으로 내려가 경찰에 신고하려고 현관문을 나서려 하다가, 몸을 다시 반쯤 일으켜 기어가는 피해자를 발견하고 운동화를 신은 발로 그의 뒤통수를 수 회 밟거나 걷어찬 다음, 알루미늄 빨래 건조대로 엎드려 있는 피해자를 여러 차례 내리치고 자신의 가죽허리띠를 풀어 쇠 부분을 잡고 띠 부분으로 수차례 때렸다(추가 폭행).

신고를 받고 출동한 경찰이 119를 불러 의식을 잃은 피해자를 응급조치를 취하고 병원으로 후송하였으나, 피해자는 의식불명상태에서 회복하지 못하고 9개월 뒤 사망하였다(이에 따라 항소심에서 상해죄에서 상해치사죄로 공소장이 변경되었다).

② 법원의 판단: 문제되는 범죄사실은 '추가 폭행'부분이었고 제1심 법원은 '절도범인 피해자를 제압하기 위해 피해자를 폭행했다고 하더라도 피고인이 아무런 저항없이 도망가려고 했던 피해자의 머리 부위를 장시간 심하게 때려 사실상 식물인간 상태로 만든 행위는 절도범에 대한 방위행위로서의 한도를 넘어선 것'으로 보아 정당방위나 과잉방위를 인정하지 않고 징역 1년 6개월의 징역형을 선고하였다(춘천지방법원 원주지원 2014.8.13,

---

48) 대판 1985.9.10, 85도1370.

2014고단444). 항소심 법원도 '최초 폭행 이후부터는 피해자가 피고인 또는 그 가족의 생명·신체에 급박한 위험을 초래할 만한 행동을 하였다는 사정을 전혀 찾을 수 없고, 이에 따라 추가 폭행은 일반적인 방위의 한도를 현저하게 넘어선 것으로 사회통념상 방위행위라기보다는 적극적인 공격행위로 보아야 한다'는 이유로 유죄를 인정하고 징역 1년 6개월, 집행유예 3년을 선고하고 사회봉사명령 240시간을 명하였고(서울고등법원 춘천 제1형사부 2016.1.29, 2015노11), 대법원도 정당방위나 과잉방위에 해당되지 않는다고 보고 원심을 확정하였다(대판 2016.5.12, 2016도2794).

3. 긴급피난

> **제22조(긴급피난)** ① 자기 또는 타인의 법익에 대한 현재의 위난을 피하기 위한 행위는 상당한 이유가 있는 때에는 벌하지 아니한다.
> ② 위난을 피하지 못할 책임이 있는 자에 대하여는 전항의 규정을 적용하지 아니한다.
> ③ 전조 제2항과 제3항의 규정은 본조에 준용한다.

(1) 긴급피난은 자기 또는 타인의 법익에 대한 현재의 위난을 피하기 위한 행위로서 상당한 이유가 있으면 위법성이 조각된다. 정당방위와 달리 부당한 침해를 요건으로 하지 않으므로 위난을 야기하지 않은 사람에 대해서도 피난행위가 가능하게 된다. 따라서 긴급피난으로 인정되는 요건이 정당방위보다는 엄격하게 판단될 수 있다. 긴급피난 상태는 위법하게 초래될 필요는 없다. 위난이 피난행위자의 책임 있는 사유로 초래된 경우에도 인정될 여지가 있다. 그러나 고의로 위난을 야기한 경우, 즉 자초위난(自招危難)의 경우에는 긴급피난이 허용되지 않는다.

【자초위난의 사례】 피해자의 집에 침입하여 잠을 자고 있는 피해자를 강제로 간음할 목적으로 피해자를 향해 손을 뻗는 순간 놀라 소리치는 피해자의 입을 왼손으로 막고 오른손으로 음부 부위를 더듬던 중 피해자가 피고인의 손가락을 깨물며 반항하자 물린 손가락을 비틀며 잡아 뽑아 피해자로 하여금 우측하악측절치치아결손의 상해를 입게 하였다면, 피해자가 입은 위 상해는 결국 피고인이 저지르려던 강간에 수반하여 일어난 행위에서 비롯된 것이라 할 것이고, 기록상 나타난 피해자의 반항을 뿌리친 형태 등에 비추어 보면 그 결과 또한 능히 예견할 수 있었던 것임을 부인할 수는 없다 하겠으니, … 피고인이 스스로 야기한 범행의 와중에서 피해자에게 위와 같은 상해를 입힌 소위를 가리켜 법에 의하여 용인되는 피난행위라 할 수도 없다.[49]

---

49) 대판 1995.1.12, 94도2781.

【술 취해 이웃집 개 때렸는데 처벌 불가?】술에 취해 이웃의 개를 두들겨 팬 남성이 경찰에 붙잡혔다. 하지만 처벌은 면할 것으로 보인다. 만취해 목줄이 채워진 개에게 다가간 잘못은 있지만 개가 먼저 공격했다는 이유에서다. 광주 북부경찰서는 남의 개를 때려 다치게 한 혐의(재물손괴)로 정모(50)씨를 불구속 입건했다. 하지만 '혐의 없음' 의견으로 검찰에 송치할 방침이라고 밝혔다. 정씨는 오후 11시쯤 광주광역시의 한 사무실 앞마당에서 서모(60·여)씨의 진돗개에게 쇠막대기를 휘두르는 등 수차례 때린 혐의다. 서씨의 진돗개는 눈을 심하게 다쳐 실명 위기다. 경찰은 현장에 떨어진 휴대전화를 수거해 정씨를 검거했다. 정씨는 술을 마시고 귀가하던 중 서씨 사무실 앞마당 인근에서 노상방뇨를 하려다가 개를 폭행한 것으로 드러났다. 정씨는 경찰에서 "개가 양쪽 발 뒤꿈치와 종아리를 물어 심하게 다쳤다. 나도 살기 위해 사투를 벌인 것"이라고 주장했다. 경찰은 정씨의 몸에서 실제 상처를 확인한 뒤 형법상 '긴급피난'에 해당한다고 판단, 혐의 없음 의견으로 송치하기로 했다. 정씨가 목줄이 채워진 개에 접근한 잘못은 있을 수 있지만 피해를 입고 어쩔 수 없이 반격한 것이라는 판단이다. … 경찰 관계자는 "정씨가 술을 마신 상태에서 개에게 가까이 다가가 화를 자초한 측면도 있지만 그럼에도 긴급피난으로 봐야 할 것 같다"며 "개 목줄이 채워져 있었던 만큼 서씨가 민사소송을 한다면 다친 개에 대한 보상은 받을 수 있을지도 모르겠다"고 말했다.50)

(2) 긴급피난행위가 상당한 이유가 있는 것으로 인정되기 위해서는 피난행위가 사회상규에 비추어 당연시될 수 있는 경우이어야 한다. 그 판단은 정당방위와는 달리 엄격하다. 왜냐하면 긴급피난은 정(正) 대 정(正)의 관계이므로 제3자의 입장을 고려해야 하기 때문이다. 구체적으로 보충성의 원리가 적용된다. 즉 그 피난행위에 의하지 않고는 달리 위난을 피할 수 없을 것을 요한다. 위난에 처한 법익의 보호의 유일한 수단이어야 한다. 아울러 피난방법도 피해자에게 상대적으로 가장 경미한 것이어야 한다(상대적 최소피난의 원칙, 최소침해의 원칙). 균형성의 원리에 따라 보호되는 이익이 침해이익보다 큰 경우에 긴급피난이 인정된다(우월적 이익의 원칙). 보호이익이 침해이익과 동일한 가치인 경우에는 논란이 있다. 균형성의 판단과 관련하여 법익의 가치, 위험의 정도, 보호의 가치를 종합적으로 고찰한다. 생명을 침해한 경우 따라서 긴급피난에 의한 살해는 허용되지 않으며 다수인의 생명을 구하기 위한 소수인의 생명희생도 마찬가지이다. 다만 기대가능성의 유무에 따라 책임조각이 인정될 수는 있다.

또한 피난행위 자체가 사회윤리나 법정신에 따라 적합한 수단이어야 한다(적합

---

50) 동아일보 2015.3.5.자.

성의 원리, 실질적 상당성의 원리). 따라서 강제채혈이나 장기적출은 긴급피난의 방식으로는 허용되지 않는다. 법익에 대한 위난방지를 위하여 법적 절차가 있는 때에는 그에 의해야 하며 긴급피난은 허용되지 않는다. 예를 들어 구속되어 재판을 받고 있는 피고인이 자기는 진범이 아니므로 도주하는 경우이다.

【낙태의 긴급피난】 임신의 지속이 모체의 건강을 해칠 우려가 현저할 뿐더러 기형아 내지 불구아를 출산할 가능성마저도 없지 않다는 판단 하에 부득이 취하게 된 산부인과 의사의 낙태 수술행위는 정당행위 내지 긴급피난에 해당되어 위법성이 없는 경우에 해당된다.[51]

【한의사가 환자 이송을 위하여 무면허 운전한 경우】 한의사인 피고인이 같은 아파트에 거주하는 응급환자를 자신의 한의원으로 옮기기 위하여 무면허운전을 한 사안에서, 현재의 위난을 피하여야 할 긴급상태에 있었지만 대체 이동수단을 이용할 수 있었기 때문에 긴급피난의 성립요건인 보충성의 원칙을 충족시키지 못하여 긴급피난에 해당하지 않는다고 한 사례

한의사인 갑은 같은 아파트에서 혼자 거주하던 68세의 을이 오전 8시경 갑에게 심한 두통과 어지러움 증상 등을 호소하였고, 이에 갑이 급히 을의 아파트로 가서 을의 증상을 뇌압상승으로 인한 중풍의 전조증상이라고 판단하고 손과 발 등에 침을 놓아 사혈하고 나서 증상이 다소 완화되자 갑이 곧바로 을을 부축하여 갑이 운전하는 차량에 태운 다음 약 1km 정도 떨어진 갑의 한의원으로 가다가 한의원 앞에서 무면허운전으로 경찰관에게 단속되었다.

이에 대하여 법원은 갑이 거주하는 지역의 소방파출소는 한의원 부근에 위치해 있고, 택시를 호출할 경우 아파트 앞까지 오는 데 소요되는 시간은 약 10분 정도이며, 직접 택시를 타기 위해서는 약 100m 정도 걸어가야 하는 사실, 중풍이 의심될 경우 혈액순환의 차단으로 인한 뇌신경이 손상되기 전에 신속하게 치료가 이루어지는 것이 무엇보다 중요한 사실이 인정되고, 이 사건 당시 을이 뇌압상승으로 인한 중풍 발병의 우려가 높아 신속히 병원으로 옮길 필요가 있다고 보이므로 현재의 위난을 피하여야 할 긴급상태에 있었다고 볼 수 있다고 보았다.

그러나 대체 이동수단이 없었는지에 문제에 대하여, 위 아파트는 인근에 택시 등 대중교통수단은 물론 119나 구급차량을 이용할 수 있는 지역인 점, 택시나 구급차량 등을 호출하는 데 소요되는 시간과 위 아파트에서 도로까지의 거리, 갑의 응급조치로 증상이

---

51) 대판 1976.7.13, 75도1205.

다소 완화된 을이 부축을 받아 거동이 가능하였던 점 등 여러 사정에 비추어 볼 때, 당시 갑은 택시나 119 구급차량을 호출하거나 아니면 이웃 주민이나 아파트 관리실 등에 협조를 요청하여 을을 후송할 수 있었다고 판단되고 오로지 갑이 직접 이 사건 차량으로 을을 후송하여야 할 방법 밖에 없었던 상황이라고 보기 어려우므로, 결국 긴급피난의 성립요건인 보충성의 원칙을 충족시키지 못하였다고 보아 갑의 무면허운전행위를 긴급피난에 해당한다고 보기 어렵다고 판단하였다.52)

(3) 긴급피난의 특칙

위난을 피하지 못할 책임이 있는 자에게는 긴급피난이 허용되지 않는다. 법은 이러한 지위에 있는 자의 이익보다는 부과된 의무를 중시한 것이라고 보아야 한다. 위난을 피하지 못할 책임이 있는 자란 군인, 경찰관, 소방관, 의사 등과 같이 그 직무를 수행함에 있어서 마땅히 일정한 위난을 감수해야 할 의무가 있는 자, 즉 일반인보다 높은 위난감수의 의무가 부여된 자를 말한다. 그러나 이러한 자라도 긴급피난을 절대적으로 허용하지 않는 것이 아니라 위난을 피하지 못할 책임이 인정되는 범위 내에서 책임이 있는 것이므로 그 책임을 다한 이상 자기 또는 타인을 위한 피난행위는 허용된다. 즉 일정한 한도까지만 일반인에 비해 그 피난행위의 상당성이 제한되는 것이다.

4. 자구행위(自救行爲)

제23조(자구행위) ① 법률에서 정한 절차에 따라서는 청구권을 보전(保全)할 수 없는 경우에 그 청구권의 실행이 불가능해지거나 현저히 곤란해지는 상황을 피하기 위하여 한 행위는 상당한 이유가 있는 때에는 벌하지 아니한다.
② 제1항의 행위가 그 정도를 초과한 경우에는 정황에 따라 그 형을 감경하거나 면제할 수 있다.

자구행위란 권리에 대한 불법한 침해를 받고 있는 상황에서 법률에 규정된 절차에 의한 국가제도에 따라 권리를 확보하기 어려운 상황에서 자력으로 그 권리를 구제하고 확보하는 행위로서 상당한 이유가 있으면 위법성이 조각된다. 예를 들어 큰 빚을 지고 있지만 돈이 있으면서도 갚지 않은 악덕채무자를 공항에서 목격하였는데 외국으로 이민을 가려는 것을 알아채고 채권자가 채무자를 붙잡아 탑

---

52) 청주지법 판결 2006.5.3, 2005노1200(확정).

승을 막은 경우나 여관에서 숙박비를 내지 않고 뒷문으로 도망하려는 투숙객을 주인이 붙잡아 숙박비를 지급받는 경우에는 자구행위로서 체포죄가 성립하지 않는다. 또 절도범인을 범행 수일 후에 우연히 길에서 만나 물건을 빼앗은 경우에도 자구행위가 된다.

자구행위는 정당방위나 긴급피난과 달리 자기의 청구권에 대해서만 인정된다. 그리고 생명, 신체, 명예, 성적 자기결정권 등 원상회복이 불가능한 청구권의 경우에는 적용되지 않는다.

【민사상 권리관계와 자구행위】① 인근 상가의 통행로로 이용되고 있는 토지의 사실상 지배권자가 위 토지에 철주와 철망을 설치하고 포장된 아스팔트를 걷어냄으로써 통행로로 이용하지 못하게 한 경우, 이는 일반교통방해죄를 구성하고 자구행위에 해당하지 않는다.[53] ② 피고인들에 대한 채무자인 피해자가 부도를 낸 후 도피하였고 다른 채권자들이 채권확보를 위하여 피해자의 물건들을 취거해 갈 수도 있다는 사정만으로는 피고인들이 법정절차에 의하여 자신들의 피해자에 대한 청구권을 보전하는 것이 불가능한 경우에 해당한다고 볼 수 없을 뿐만 아니라, 또한 피해자 소유의 가구점에 관리종업원이 있음에도 불구하고 위 가구점의 시정장치를 쇠톱으로 절단하고 들어가 가구들을 무단으로 취거한 행위가 피고인들의 피해자에 대한 청구권의 실행불능이나 현저한 실행곤란을 피하기 위한 상당한 이유가 있는 행위라고도 할 수 없다.[54] ③ 소유권의 귀속에 관한 분쟁이 있어 민사소송이 계속중인 건조물에 관하여 현실적으로 관리인이 있음에도 위 건조물의 자물쇠를 쇠톱으로 절단하고 침입한 소위는 법정절차에 의하여 그 권리를 보전하기가 곤란하고 그 권리의 실행불능이나 현저한 실행곤란을 피하기 위해 상당한 이유가 있는 행위라고 할 수 없다.[55] ④ 암장된 분묘라 하더라도 당국의 허가없이 자구행위로 이를 발굴하여 개장할 수는 없는 것이다.[56]

5. 피해자의 승낙

제24조(피해자의 승낙) 처분할 수 있는 자의 승낙에 의하여 그 법익을 훼손한 행위는 법률에 특별한 규정이 없는 한 벌하지 아니한다.

---

53) 대판 2007.12.28, 2007도7717.
54) 대판 2006.3.24, 2005도8081.
55) 대판 1985.7.9, 85도707.
56) 대판 1976.10.29, 76도2828.

(1) 범죄성립에 있어서 피해자의 승낙 내지 동의가 일정한 법적 효과를 갖는 경우가 있다. ① 피해자의 동의가 구성요건해당성 자체를 조각하여 처음부터 범죄가 성립되지 않는 경우이다. 이러한 경우를 특히 양해(諒解)라고도 한다. 주거침입죄, 비밀침해죄, 절도죄, 횡령죄, 강간죄, 강제추행죄 등이 그렇다. 주인의 초대에 응하여 집에 들어간 경우, 상대방과 합의하여 성관계를 하는 경우에는 처음부터 범죄가 아니다. ② 피해자의 동의가 위법성을 조각하는 경우는 형법 제24조의 피해자의 승낙에 의한 행위를 말한다. ③ 피해자의 동의가 있으면 감경된 구성요건, 즉 가벼운 범죄가 성립되는 경우이다. 보통살인죄에 대하여 촉탁·승낙에 의한 살인죄, 타인소유의 일반건조물 및 물건에 대한 자기소유 일반건조물 및 물건방화죄(피해자의 동의가 있으면 타인소유물이 자기소유물로 취급된다는 의미이다) 등이 이에 해당된다. ④ 피해자의 동의가 있어도 범죄가 성립되는 경우로서 13세 미만의 미성년자에 대한 의제강간·강제추행죄, 피구금자간음죄 등이다.

【판례】 피해자는 당시 피고인과 동거 중에 있었고 피고인이 돈 60,000원을 지갑에서 꺼내가는 것을 피해자가 현장에서 이를 목격하고도 만류하지 아니한 사정 등에 비추어 볼 때 피해자가 이를 허용하는 묵시적 의사가 있었다고 봄이 상당하다.[57]

(2) 피해자의 승낙으로 인정되기 위해서는 피해자에게 승낙능력이 있어야 한다. 즉 해당 법익의 의미와 그 승낙의 결과를 판단할 수 있는 능력이 인정되어야 한다. 민법상 행위능력과 일치되는 것은 아니다. 예를 들어 간음이나 추행에 대해서는 13세, 아동혹사죄에 있어서는 16세가 되어야 한다. 또 승낙할 수 있는 법익은 개인적 법익에 국한되고 국가적, 사회적 법익에 대해서는 제한되거나 부정된다. 생명, 신체의 침해에 대한 승낙도 제한된다.

승낙의 의사표시는 자유로운 의사결정에 의한 진지한 승낙이어야 하며, 기망이나 폭력에 의한 승낙이나 사후승낙은 승낙으로서 인정되지 않는다. 승낙은 상당성이 인정되어야 한다. 즉 승낙은 사회상규에 위반되지 않아야 한다. 따라서 피해자와 공모하여 교통사고를 가장하여 보험금을 편취할 목적으로 피해자에게 상해를 가하였다면 피해자의 승낙이 있었다고 하더라도 이는 위법한 목적에 이용하기 위한 것이므로 피해자의 승낙에 의하여 위법성이 조각된다고 할 수 없다.[58]

---

57) 대판 1985.11.26, 85도1487.
58) 대판 2008.12.11, 2008도9606.

수술의 경우 환자에 대하여 의사는 설명의무를 이행하여야 한다. 의사의 부정확하거나 불충분한 설명으로 환자가 수술에 동의하더라도 형식적으로 피해자의 승낙을 받았다고 하여도 위법성을 조각하는 유효한 승낙이라고 볼 수 없다.

(3) 피해자가 현실적으로 승낙하지는 않았으나 행위 당시의 구체적 사정에 비추어 판단할 경우 피해자가 그러한 상황을 알았더라면 당연히 승낙할 것으로 예상되는 경우에 '추정적 승낙'의 문제가 된다. 예를 들어 이웃사람이 멀리 여행을 갔는데 수도관이 파열되어 물이 넘쳐 피해가 예상되는 경우 그 집에 들어가 조치를 취한 경우 등이다.

II. 책임이 없는 경우

어떤 행위가 형벌법규가 정한 구성요건에 해당하고 그러한 행위가 위법하여도 그러한 행위를 한 자의 개인적 '책임'이 인정되지 않으면 처벌되지 않는다. 즉 책임은 구성요건해당성, 위법성에 이은 범죄성립의 세 번째 조건이 된다. 책임이 인정되지 않는 행위는 '무죄'가 된다. 이러한 책임의 판단과 관련된 요소로는 책임능력, 원인이 자유로운 행위, 위법성의 인식, 기대가능성과 강요된 행위 등이 있다.

1. 책임의 개념

책임이란 위법한 행위를 한 행위자에 대한 개인적 비난가능성이다. 책임 없으면 형벌 없고(책임주의, 책임원칙), 형벌은 책임의 범위를 초과하여서는 안 된다(과잉금지). 이러한 책임판단은 책임조각사유의 부존재를 확인하는 소극적 판단으로 충분하다. 책임이란 법적 책임을 의미한다. 윤리적 책임은 대부분 형사책임과 일치하지만, 서로 독립되어 있으며 비윤리적 행위가 모두 책임비난의 대상이 되는 것은 아니다.

【확신범】 확신범이란 도덕적, 윤리적, 정치적 동기 등으로 인하여 법에 위반되는 것을 알면서도 행위한 경우를 말한다. 여호와의 증인이나 정치범이 이에 해당한다. 확신범은 범죄에 대한 위법성의 인식은 있으므로 책임은 긍정된다. 다만 범행의 동기라는 측면에서 양형에서는 고려되는 경우가 있다.

2. 책임능력

책임능력이란 자기행위의 불법성을 변별하고 이에 따라 자신의 행동을 조종할 수 있는 능력, 즉 자유로운 의사를 결정할 수 있는 능력을 말한다. 이러한 책임능력은 행위자에 대한 비난가능성의 기본요건이며, 행위 당시에 존재하여야 한다. 형법은 원칙적으로 책임능력이 있다는 것을 전제로 하고 예외적 경우만을 규정하고 있다.

책임능력의 규정방법에 관하여 ① 정신병 등 생물학적 요인을 중시하는 생물학적 방법, ② 사물의 변별능력, 의사결정능력을 중시하는 심리학적(규범적) 방법이 있으나 ③ 우리 형법은 혼합적(결합적) 방법을 채택하고 있다.

책임능력에 있어서 책임무능력자로서 형사책임이 인정되지 않는 경우는 형사미성년자와 심신상실자가 있다. 또한 한정책임능력자로서 부분적으로 형사책임이 인정되는 경우로는 심신미약자, 농아자가 있다.

(1) 형사미성년자

형사미성년자는 만 14세가 되지 아니한 자를 말하며 범죄를 범하여도 처벌되지 않는다(제9조). 정신적, 육체적 성숙 정도와는 무관하지만 소년법에 따른 보호처분이 선고될 수 있다.

【소년법의 특례】 소년법에서의 소년이란 19세 미만자를 말한다. ① 형벌 법령에 저촉되는 행위를 한 10세 이상 14세 미만인 소년은 촉법소년이라 하고, 집단적으로 몰려다니며 주위 사람들에게 불안감을 조성하는 성벽(性癖)이 있거나, 정당한 이유 없이 가출하거나 술을 마시고 소란을 피우거나 유해환경에 접하는 성벽이 있는 경우에는 우범소년이라 하여 보호처분이 가능하다. ② 18세 미만의 소년에 대해서는 사형 또는 무기형으로 처할 것인 때에는 15년의 유기징역으로 한다. 원칙적으로 형법 제70조의 규정에 의한 환형유치선고를 하지 못한다. ③ 법정형이 장기 2년 이상의 유기형에 해당하는 죄를 범한 때에는 법정형의 범위 안에서 장기와 단기를 정한 부정기형을 선고한다. 이 경우에 장기는 10년, 단기는 5년을 초과하지 못한다. 그러나 형의 집행유예나 선고유예를 선고할 때에는 정기형을 선고한다.

촉법소년의 연령이 결정된 1963년 소년법의 개정 이후 50년이 지난 지금, 청소년의 체형이나 정신적 성숙도는 매우 달라졌다. 또 소년범죄는 성인범죄 못지않게 흉포화하고 있고, 형사미성년자는 형사처벌을 받지 않는다는 점을 알고 이를 악용해 범죄를 저지르고, 친구나 후배에게 이를 알려주고 범죄에 유인하거나 사주하기도 한다. 선거연령, 민법상 행위능력 등과 동일한 차원에서 연령을 하향하는 입법적 논의가 필요한 시점이다.

형사미성년에 해당되어 처벌되지 않으므로 범죄를 하여도 괜찮겠지 하는 생각은 옳지 않다. 그러한 범죄행위에 대하여 형법적 처벌이 없을 뿐이지 도덕적, 윤리적 책임에서 벗어날 수 없고, 그러한 연령의 청소년에게는 학교에서 평가, 친구의 평판이 더욱 중요할 수 있다. 아울러 형사미성년자의 행위에 대하여 부모는 민사상 손해배상의 책임을 부담할 수 있다. 이른바 '캣맘사건'의 경우가 그러하다.

【뉴스 속 사건사고】 어린이가 던진 돌에 맞아 숨겨[59]

서울 성산동 모 아파트 단지내에서 길을 가던 31살 강모씨가 이 아파트 10층에 사는 9살 장모군이 장난삼아 던진 돌에 머리를 맞아 병원으로 옮겨졌지만 이튿날 숨졌다. 경찰은 장군이 형사미성년자임을 감안해 형사처벌은 면하겠지만 장군의 부모에 대해서는 민사상 책임이 따른다고 밝혔다.

【뉴스 속 사건사고】 형사미성년자의 행위에 대한 부모의 민사상 손해배상 책임

공립학교에서 친구들을 자주 폭행하는 학생들을 제대로 감독하지 못한 지자체와 학부모에 대해 법원이 피해 학생의 정신적 손해를 배상하라는 판결을 내렸다.

서울 강남의 시립중학교에 다니는 A(15)양은 1교시 쉬는 시간에 동급생 권모양 등 4명에 의해 화장실로 끌려가 '친구들을 이간질 한다'는 이유로 집단폭행을 당했다. A양이 후유증으로 하루를 쉬고 학교에 나오자 이들은 방과후 A양을 학교 근처 골목길로 데려가 뺨을 때리고 종아리를 걷어차는 등 재차 폭행했다. A양은 이후 불면증과 우울증 증세로 정신과 입원치료를 받았고 결국 '학교 가기가 두렵다'며 휴학하고 말았다. 가해 학생들은 이전에도 무단가출하고 다른 학교 학생들과 패싸움을 벌이는가 하면 동급생들을 때리고 금품을 빼앗아 학교에서 사회봉사결정과 정신상담치료를 받은 전력이 있다. A양의 부모는 폭행사건후 가해학생들을 수사기관에 진정하고 서울시와 가해학생의 부모들을 상대로 손해배상 청구소송을 냈다.

서울지법 민사35단독은 "가해학생들이 평소 학교 화장실에서 동급생들을 자주 폭행했으므로 A양에 대한 폭행도 학교측이 어느 정도 예측할 수 있는 사고"라며 "담임교사 등은 가해학생들과 면담을 통해 이들이 진지하게 반성하고 유사한 잘못을 저지르지 않는지 확인하고 쉬는 시간에도 교실과 화장실 등을 살필 의무가 있다"고 밝혔다. 재판부는 "가해학생 부모들도 자녀가 동급생들을 때리지 않고 정상적으로 학교생활을 하도록 지

59) YTN 2003.10.1.자.

도할 책임이 있다"며 "피고들은 정신적 고통을 당한 A양에게 300만원을, A양 부모에게 100만원을 지급하라"고 판결했다. 가해학생들은 이 사건으로 서울가정법원에서 보호처분을 받았고 2명은 특별 사회봉사처분을, 다른 2명은 전학조치됐다.[60]

(2) 심신상실자

형법 제10조 제1항은 "심신장애로 인하여 사물을 변별할 능력이 없거나 의사를 결정할 능력이 없는 자의 행위는 벌하지 아니한다"고 규정하고 있다. 형법이 정하고 있는 심신상실의 요건으로는 '심신장애'라는 생물학적 요소와 '사물을 변별할 능력' 또는 '의사를 결정할 능력'이라고 하는 심리적 요소를 갖추어야 한다. 심신상실인가 여부에 대한 판단에 있어서 반드시 의사의 감정을 거쳐야 하는 것은 아니며, 또한 법원의 판단이 그에 구속되지 않는다. 행위자의 기억능력도 참작요소가 되지만 반드시 일치하는 것은 아니다. 즉 범행 당시의 정황을 기억하고 있어도 사물변별능력이 부정될 수 있다.

【심신상실의 판단】 피고인이 검찰에서 범행에 관한 기억이 없다고 하였으나 법정에서는 범행사실을 전부 시인하고 있고 피해자의 진술에 따르면 범행 당시 피고인에게서 술냄새가 나지 않았다는 것으로 피고인이 술에 취하여 기억이 전혀 없다고 단정하기 어렵고, 피고인의 정신 상태에 관하여는 피고인이 과거에 이유없이 쓰러지거나 돈주고 수집한 빈병을 깨버린 일이 있어 피고인에게 원인모를 병이 있는 것 같다는 피고인의 처의 진술이 있으나, 이 진술만으로 피고에게 정신질환이 있다고 하기에는 어렵고 피고인이 뇌를 다친 여부에 관하여는 인정할 자료가 없다면 피고인의 범죄경력, 이 사건 범행의 경위, 방법 및 범행 후 정황 등을 종합하여 범행 당시 피고인이 사물을 판별할 능력이나 의사결정 능력이 없었거나 미약하였다는 변소를 배척한 조치는 정당하며 그 정신감정을 거치지 아니하였다 하여 위법이라 할 수 없다.[61]

【생리도벽과 심신상실】 피고인에게 우울증 기타 정신병이 있고, 특히 생리 때가 되면 남의 물건을 훔치고 싶은 억제할 수 없는 충동이 일어나고, 이 사건 범행도 피고인으로서 어떻게 할 수 없는 그와 같은 종류의 절도 충동이 발동하여 저지르게 된 것이 아닌가 하는 의심을 품을 정도가 되었다고 생각된다. 기록에 의하면 피고인은 경찰에서부터 이 법원에 제출한 상고이유에 이르기까지 이 사건 범행 당시 피고인은 돈을 주고 구매할 생각으로 제1심 판시

60) 중앙일보 2003.7.28.자.
61) 대판 1984.4.24, 84도527.

장신구들을 피고인의 가방에 집어넣었던 것이고, 그 장신구들을 절취할 의사는 없었다는 식으로 범행을 부인하고, 검찰에서는 이 사건 범행 당일에는 매장에 진열된 장신구들을 보고 가지고 싶은 충동을 느끼지도 아니하였다고 진술하기도 하여, 위와 같은 심신장애의 주장과는 모순되는 태도를 취하고 있기는 하지만, 이는 범행을 저지르고도 어떻게든 처벌을 모면하려는 심리에서 나온 진술일 가능성도 있기 때문에 피고인이 이와 같은 진술을 하였다는 사실만 가지고, 위와 같은 심신장애에 대한 의심을 온전히 해소시킬 수는 없다.

　그런데 자신의 충동을 억제하지 못하여 범죄를 저지르게 되는 현상은 정상인에게서도 얼마든지 찾아볼 수 있는 일로서, 특단의 사정이 없는 한 위와 같은 성격적 결함을 가진 자에 대하여 자신의 충동을 억제하고 법을 준수하도록 요구하는 것이 기대할 수 없는 행위를 요구하는 것이라고는 할 수 없으므로, 원칙적으로 충동조절장애와 같은 성격적 결함은 형의 감면사유인 심신장애에 해당하지 아니한다고 봄이 상당하지만, 그 이상으로 사물을 변별할 수 있는 능력에 장애를 가져오는 원래의 의미의 정신병이 도벽의 원인이라거나 혹은 도벽의 원인이 충동조절장애와 같은 성격적 결함이라 할지라도 그것이 매우 심각하여 원래의 의미의 정신병을 가진 사람과 동등하다고 평가할 수 있는 경우에는 그로 인한 절도 범행은 심신장애로 인한 범행으로 보아야 할 것이다.[62]

【간질병 발작과 심신상실】 피고인의 언동과 태도 즉 그의 아들인 피해자가 전생의 원수이고 한씨 가문의 역적이라고 되풀이 하면서 힐쭉힐쭉 웃고 때로는 얼굴을 붉히며 공연히 화를 내는 등의 태도 등을 종합하여 피고인은 5살 때에 나무에서 떨어진 후부터 의식을 잃고 손발이 뒤틀리는 경기를 앓아오다가 1966년부터 간질병을 앓게 되었고 이 사건 2년 전부터는 그 간질병 발작이 심화되면서 편집성 정신병을 갖게 되었으며 1983. 2월경에는 그 정신병증상이 악화되어 공연히 그의 처에게 욕을 하고 문을 걸어 방에 들어오지도 못하게 하는 등 피해망상에 사로잡혔고 이 사건 범행 당시에는 그 증상이 더욱 악화되어 그의 아들인 피해자가 단순히 자기 말을 잘 듣지 않는다는 사유만으로 그가 한씨 가문의 역적이니 죽여야 된다는 심한 망상 속에 빠져 현실을 판단하는 자아의 힘을 상실한 상태에 있었던 사실을 인정한 다음 이에 비추어 볼 때 피고인의 이 사건 범행은 형법 제10조 제1항 소정의 심신장애로 인하여 사물을 변별한 능력과 의사를 결정할 능력이 없는 자의 행위라고 봄이 상당하다.[63]

---

62) 대판 1999.4.27, 99도693.
63) 대판 1984.8.21, 84도1510.

(3) 심신미약자

> 제10조(심신장애인) ② 심신장애로 인하여 사물을 변별할 능력이나 의사를 결정할 능력이 미약한 자의 행위는 형을 감경할 수 있다.

심신미약자란 심신장애로 인하여 사물의 변별능력이나 의사결정능력이 약한 사람으로서 형이 감경된다. 심신장애는 생물학적 요소이며, 사물을 변별할 능력이나 의사를 결정할 능력이 미약하다는 것은 심리적 요소이다.

【정신분열증에 의한 망상】 범행 당시 정신분열증으로 심신장애의 상태에 있었던 피고인이 피해자를 살해한다는 명확한 의식이 있었고 범행의 경위를 소상하게 기억하고 있다고 하여 범행 당시 사물의 변별능력이나 의사결정능력이 결여된 정도가 아니라 미약한 상태에 있었다고 단정할 수는 없는 것인바, 피고인이 피해자를 살해할 만한 다른 동기가 전혀 없고, 오직 피해자를 "사탄"이라고 생각하고 피해자를 죽여야만 피고인 자신이 천당에 갈 수 있다고 믿어 살해하기에 이른 것이라면, 피고인은 범행 당시 정신분열증에 의한 망상에 지배되어 사물의 선악과 시비를 구별할 만한 판단능력이 결여된 상태에 있었던 것으로 볼 여지가 없지 않다.[64]

(4) 청각 및 언어장애인으로서 듣거나 말하는 데 모두 장애가 있는 사람의 행위에 대해서는 형을 감경하여 처벌한다(제11조). 선천적이든 후천적이든 불문한다. 그러나 장애인교육의 발달과 다른 장애와의 형평상 개정의 필요성이 있다.

3. 원인에 있어서 자유로운 행위

행위자가 자의로 자신을 심신장애상태에 빠뜨리고 이러한 상태에서 범행하는 경우를 원인에 있어서 자유로운 행위(actio libera in causa)라고 한다. 범행 당시에는 심신상실이나 심신미약과 같은 심신장애로 인하여 책임능력이 없으나 이러한 심신장애상태가 음주나 약물복용과 같은 자책적인 원인에 의해 초래되었다는 점에 특징이 있다. 이러한 행위에 대하여 형법은 '위험발생을 예견하고 자의로 심신장애의 상태를 야기한 행위'에는 심신상실과 심신미약의 규정(제1, 2항)을 적용하지 않는다(제10조 제3항).

---

64) 대판 1990.8.14, 90도1328.

이 규정은 특히 만취상태의 음주운전의 경우 주장되기도 하지만 법원에서 인정되는 경우는 거의 없다.

【관련 판례】① 대마초 흡연시에 이미 범행을 예견하고도 자의로 심신장애를 야기한 경우 형법 제10조 제3항에 의하여 심신장애로 인한 감경 등을 할 수 없다.[65] ② 형법 제10조 제3항은 "위험의 발생을 예견하고 자의로 심신장애를 야기한 자의 행위에는 전2항의 규정을 적용하지 아니한다"고 규정하고 있는 바, 이 규정은 고의에 의한 원인에 있어서의 자유로운 행위만이 아니라 과실에 의한 원인에 있어서의 자유로운 행위까지도 포함하는 것으로서 위험의 발생을 예견할 수 있었는데도 자의로 심신장애를 야기한 경우도 그 적용 대상이 된다고 할 것이어서, 피고인이 음주운전을 할 의사를 가지고 음주만취한 후 운전을 결행하여 교통사고를 일으켰다면 피고인은 음주시에 교통사고를 일으킬 위험성을 예견하였는데도 자의로 심신장애를 야기한 경우에 해당하므로 위 법조항에 의하여 심신장애로 인한 감경 등을 할 수 없다.[66]

4. 위법성의 인식과 금지착오

> 제16조(법률의 착오) 자기의 행위가 법령에 의하여 죄가 되지 아니하는 것으로 오인한 행위는 그 오인에 정당한 이유가 있는 때에 한하여 벌하지 아니한다.

책임이 인정되기 위해서는 행위자가 자신의 행위가 위법한 행위라는 인식이 필요하다. 위법성에 대한 인식이 없으면 책임이 인정되지 않는다. 문제는 행위자는 위법한 행위를 적법한 행위로 잘못 알고 행위한 경우이다. 이것을 위법성의 착오 또는 금지착오라고 한다. 이에 대하여 형법은 법률의 착오라고 하여 그 잘못 안 것(오인)에 대하여 정당한 이유가 있는 경우에는 책임을 부정하여 처벌하지 않는다.

【'여우고개사건'】 상관의 명령에 복종한 행위에 대한 형법적 책임

소속 중대장의 당번병이 근무시간 중은 물론 근무시간 후에도 밤늦게까지 수시로 영외에 있는 중대장의 관사에 머물면서 집안일을 도와주고 그 자녀들을 보살피며 중대장 또는 그 처의 심부름으로 관사를 떠나서까지 시키는 일을 해오던 중 이 사건 당일 밤에도 중대장의 지시에 따라 관사를 지키고 있던 중 중대장과 함께 외출나간 그 처로부터

---

65) 대판 1996.6.11, 96도857.
66) 대판 1992.7.28, 92도999.

같은 날 24:00경 비가 오고 밤이 늦어 혼자 귀가할 수 없으니 관사로부터 1.5킬로미터 가량 떨어진 지점까지 우산을 들고 마중을 나오라는 연락을 받고 당번병으로서 당연히 해야 할 일로 생각하고 그 지점까지 나가 동인을 마중하여 그 다음날 01:00경 귀가하였다면 위와 같은 당번병의 관사이탈행위는 중대장의 직접적인 허가를 받지 아니하였다 하더라도 당번병으로서의 그 임무범위 내에 속하는 일로 오인하고 한 행위로서 그 오인에 정당한 이유가 있어 위법성이 없다고 볼 것이다.[67]

5. 기대가능성

친구가 중요한 약속시간이 되어도 오지 않아 화가 나있는데, 그 친구가 뒤늦게 뛰어와서 하는 말이 '차를 몰고 오는데 터널에 불이 나서 어쩔 수가 없었다.'고 하면 비난을 하지 않게 된다. 이처럼 '어쩔 수 없는' 상황에서 행위자가 범죄를 저지를 수밖에 없는 사정이 인정되면 형법에서 책임을 묻지 않는 경우가 기대가능성이라는 개념이고 대표적인 예가 강요된 행위이다. 범죄에 대하여 행위자에게 책임을 묻기 위해서는 행위자가 위법행위가 아닌 적법행위를 기대할 수 있는 가능성이 인정되어야 한다. 즉 범죄 당시에 적법행위를 할 수 없는 경우라면 책임을 묻기가 어려운 것이다.

(1) 기대가능성을 이유로 형법상 책임이 감경되거나 부정되는 경우는 ① 강요된 행위(제12조), ② 과잉방위(제21조 제2, 3항), 과잉피난(제22조 제3항), 과잉자구행위(제23조 제2항), ③ 친족간의 범인은닉·증거인멸죄(제151조 제2항, 제155조 제4항), 단순도주죄를 도주원조죄보다 가볍게 처벌하거나 위조통화취득후 지정행사죄를 위조통화행사죄보다 가볍게 처벌하는 규정 등이 있다.

(2) 판례에 나타난 사례들을 보면 ① 어로작업 중 납북된 후 북한지역에서의 찬양고무행위, ② 우연히 알게 된 시험문제의 답안을 암기하여 기재한 경우, ③ 자기의 범죄사실을 은폐하기 위한 위증 등의 경우이다.

【대학교 3학년생들 중 일부만의 학생증을 제시받아 성년임을 확인한 후 나이트클럽에 단체로 입장시켰으나 그들 중 1인이 미성년자인 경우】 수학여행을 온 대학교 3학년생 34

---

67) 대판 1986.10.28, 86도1406.

명이 지도교수의 인솔 하에 피고인 경영의 나이트클럽에 찾아와 단체입장을 원하므로 그들 중 일부만의 학생증을 제시받아 확인하여 본즉 그들이 모두 같은 대학교 같은 학과 소속의 3학년 학생들로서 성년자임이 틀림없어 나머지 학생들의 연령을 개별적, 기계적으로 일일이 증명서로 확인하지 아니하고 그들의 단체입장을 허용함으로써 그들 중에 섞여 있던 미성년자(19세 4개월 남짓된 여학생) 1인을 위 업소에 출입시킨 결과가 되었다면 피고인이 단체입장하는 위 학생들이 모두 성년자일 것으로 믿은 데에는 정당한 이유가 있었다고 할 것이고, 따라서 위와 같은 상황아래서 피고인에게 위 학생들 중에 미성년자가 섞여 있을지도 모른다는 것을 예상하여 그들의 증명서를 일일이 확인할 것을 요구하는 것은 사회통념상 기대가능성이 없다고 봄이 상당하므로 이를 벌할 수 없다.68)

예전에 기대가능성의 문제로 많이 논의되었던 경우는 납북된 어부의 북한에서의 행위가 국가보안법(당시의 반공법) 위반에 해당하는가 이다.

【납북 어부사건】 동해 방면에서 명태잡이를 하다가 기관고장과 풍랑으로 표류중 북한괴뢰집단에 함정에 납치되어 북괴지역으로 납북된 후 북괴를 찬양, 고무 또는 이에 동조하고 우리나라로 송환됨에 있어 여러 가지 지령을 받아 수락한 소위는 살기 위한 부득이한 행위로서 기대가능성이 없다고 할 것이다.69)

직장의 상사가 횡령이나 부실대출 등 배임 등의 범죄행위를 하는데 가담한 부하에게 직무상 지휘·복종관계에 있다고 해서 그러한 범법행위에 가담하지 않을 기대가능성이 없다고 할 수 없다70)고 평가되므로 부하직원이 상사의 지시에 따라 업무처리를 하였다고 해서 면책이 되는 것은 아니다.

6. 강요된 행위

제12조(강요된 행위) 저항할 수 없는 폭력이나 자기 또는 친족의 생명, 신체에 대한 위해를 방어할 방법이 없는 협박에 의하여 강요된 행위는 벌하지 아니한다.

이는 구성요건을 실현하는 행위가 정당방위나 긴급피난에는 해당하지 않지만 부득이한 강요상태에서 이루어진 경우에는 처벌하지 못하도록 하기 위한 규정이

---

68) 대판 1987.1.20, 86도874.
69) 대판 1967.10.4, 67도1115.
70) 대판 1999.7.23, 99도1911; 대판 2007.5.11, 2007도1373.

다. 예들 들어 자식을 인질로 잡아두고 절도를 하지 않으면 자식을 죽이겠다고 협박하는 경우 그 부모가 절도를 실행한 경우가 이에 해당한다.

강요된 행위는 ① 긴급상태에 비교되는 강제상태가 있고, ② 정당한 이익간의 충돌이 있으며 ③ 행위자의 상황에 대한 인식과 행위의사도 있다는 점에서 긴급피난과 유사한 성격을 가지고 있다.

강요된 행위로 인정되기 위해서는 먼저 저항할 수 없는 폭력 또는 방어할 방법이 없는 협박에 의한 강제상태이어야 한다. 저항할 수 없는 폭력이란 저항을 억압하기 위하여 행사되는 유형력으로서, 사람을 육체적으로 저항할 수 없게 하는 폭력으로서의 절대적 폭력과 피강요자의 심리에 작용하여 의사형성에 영향을 미치는 폭력인 강제적 폭력이 있다. 저항불가능의 판단은 구체적 정황과 피강요자의 능력, 폭력의 성질, 수단, 방법, 피강요자의 인격 등을 종합하여 구체적으로 이루어져야 한다.

방어할 방법이 없는 협박이란 자기 또는 친족의 생명, 신체에 대한 위해를 방어할 방법이 없는 협박이다. 친족에 대한 위해가 고지된 경우에 그 친족은 방어할 수 있다 해도 피강요자에게 방어방법이 없는 경우라면 인정된다.

강요된 행위로 인정되면 피강요자는 적법행위에의 기대가능성이 없으므로 책임이 조각되는 반면, 강요자는 간접정범으로 처벌된다.

【강요된 행위의 의미】 형법 제12조 소정의 저항할 수 없는 폭력은, 심리적인 의미에 있어서 육체적으로 어떤 행위를 절대적으로 하지 아니할 수 없게 하는 경우와 윤리적 의미에 있어서 강압된 경우를 말하고, 협박이란 자기 또는 친족의 생명, 신체에 대한 위해를 달리 막을 방법이 없는 협박을 말하며, 강요라 함은 피강요자의 자유스런 의사결정을 하지 못하게 하면서 특정한 행위를 하게 하는 것을 말한다.[71]

【강요된 행위 관련판례】 ① 18세 소년이 취직할 수 있다는 감언에 속아 도일하여 조총련 간부들의 감시 내지 감금 하에 강요에 못이겨 공산주의자가 되어 북한에 갈 것을 서약한 행위를 한 것이 강요된 행위라고 인정한 사례[72]

② 피고인은 부산 가서 공부시켜 준다는 속임수에 빠져 정을 알지 못하고 북괴공작선을 타고 월북하던 중 피고인은 선실에 있는 붉은 책자를 보고 의심이 생겨 어디로 가느냐

---

71) 대판 1983.12.13, 83도2276.
72) 대판 1972.5.9, 71도1178.

고 묻다가 ○○○로부터 이북에 간다는 말을 듣고서 나를 살려 달라고 발버둥 쳤으나 끝 내 위 공작선이 북한괴뢰집단이 지배하는 지역에 도착함으로써 납치된 경우 위 소위는 강 요에 의한 부득이 한 행위로서 죄가 되지 아니한다.[73]

　③ 휘발유 등 군용물의 불법매각이 상사인 포대장이나 인사계 상사의 지시에 의한 것 이라 하여도 그 같은 지시가 저항할 수 없는 폭력이나 자기 또는 친족의 생명, 신체에 대한 위해를 방어할 방법이 없는 협박에 상당한 것이라고 인정되지 않은 이상 강요된 행위로서 책임성이 조각된다고 할 수 없다.[74]

【KAL기 폭파(김현희)사건】 형법 제12조에서 말하는 강요된 행위는 저항할 수 없는 폭력 이나 생명, 신체에 위해를 가하겠다는 협박 등 다른 사람의 강요행위에 의하여 이루어진 행위를 의미하는 것이지 어떤 사람의 성장교육과정을 통하여 형성된 내재적인 관념 내지 확신으로 인하여 행위자 스스로의 의사결정이 사실상 강제되는 결과를 낳게 하는 경우 까지 의미한다고 볼 수 없다.[75]

제 5 절 | 과실범과 부작위범

대부분의 범죄는 고의를 가지고 일정한 적극적 행위를 하는 모습으로 이루어진 다. 즉 범죄는 고의범이자 작위범인 경우가 많다. 그러나 고의가 없이 범죄가 이 루어지면 과실범으로 처벌할 것인가가 문제되고, 어떤 적극적인 행위가 아니라 법 적으로 요구되는 일정한 행위를 하지 않는 행위가 부작위범으로 처벌될 것인가가 문제된다.

Ⅰ. 과실범

형법은 원칙적으로 고의범을 위주로 처벌한다. 과실행위에 대해서는 예외적으로 처벌하는 규정이 있어야 한다. 현대사회에 있어서는 유해물질 생산 공장, 고속도 로 등 위험을 발생시키는 시설이나 행위가 증가하고 있다. 따라서 과실범죄도 증

---

73) 대구고법 1968.5.17, 68노64 형사부판결(상고).
74) 대판 1983.12.13, 83도2543.
75) 대판 1990.3.27, 89도1670.

가하는 추세이다.

제14조(과실) 정상적으로 기울여야 할 주의(注意)를 게을리하여 죄의 성립요소인 사실을 인식하지 못한 행위는 법률에 특별한 규정이 있는 경우에만 처벌한다.

형법상 과실범을 처벌하는 규정은 다음과 같으며, 이처럼 과실범은 특별한 처벌규정이 있는 경우에만 처벌된다. 따라서 과실로 인한 절도, 과실강도 등은 인정되지 않으며 처벌규정도 없다.

① 과실치상죄, 과실치사죄, 업무상과실 · 중과실치사상죄, ② 실화죄, ③ 과실폭발물파열죄, ④ 과실일수(溢水)죄(물을 넘겨 건조물, 교통수단 등을 침해하여 공공의 위험을 발생하게 하는 행위), ⑤ 과실교통방해죄(육로, 수로 또는 교량을 손괴 또는 불통하게 하거나 기타 방법으로 교통을 방해하는 행위), ⑥ 업무상과실 · 중과실 장물취득죄(단순과실에 의한 장물취득은 처벌되지 않는다.), ⑦ 업무상과실 · 중과실 재물손괴죄(교통사고의 경우에만 해당된다. 도로교통법 제151조)

과실범이 성립하기 위해서는 ① 과실행위, ② 결과의 발생, ③ 주의의무 위반(즉, 과실)이 있어야 한다. 과실이란 어떤 행위를 할 때 요구되는 주의를 다하지 않았다는 의미인데(즉 주의의무위반), 구체적인 상황에 따라 판단된다.

과실범은 주로 과실치상, 과실치사, 교통사고의 경우에 많이 문제가 되므로 해당 부분에서 설명하기로 한다.

II. 부작위범

제18조(부작위범) 위험의 발생을 방지할 의무가 있거나 자기의 행위로 인하여 위험발생의 원인을 야기한 자가 그 위험발생을 방지하지 아니한 때에는 그 발생된 결과에 의하여 처벌한다.

부작위란 존재론적 무(無)가 아니라 법적으로 요구되는 그 무엇인가를 하지 않는 것이며 부작위범은 그러한 부작위가 형벌법규에 의하여 범죄로 평가되는 경우를 말한다. 부작위가 처벌되는 범죄는 다중불해산죄, 퇴거불응죄, 전시군수 · 공수계약 불이행죄 등이 있다.

부작위범은 두 가지 형태로 구분되는데 첫째 진정부작위범은 구성요건상 부작위를 범할 것으로 내용으로 하는 범죄이며, 둘째 부진정부작위범은 부작위에 의하여 작위범의 구성요건을 실현하는 범죄이다.

제6절 | 미수범

Ⅰ. 범죄가 이루어지는 각 단계

실제 범죄는 어떤 사전 계획이나 준비 없이 순간적으로 이루어지는 경우(격정범, 우발범), 미리 범행을 위한 계획을 세우거나 다른 사람과 범행을 모의하는 경우 등 여러 가지 형태로 발생한다. 첫째 미리 어떤 '범죄를 저질러야지' 결심을 하는 단계이다. 이 경우는 원칙적으로 처벌되지 않는다. 즉 '누구를 죽이고 싶다', '저 사람을 때려주고 말거야'라는 마음 속의 생각만으로는 처벌할 수 없기 때문이다. 물론 도덕적, 윤리적 측면은 별개의 문제이다. 다만 이러한 생각을 말이나 행동으로 상대방에게 표현하면 상황에 따라 협박죄, 공갈죄, 모욕죄 등이 성립되는 경우가 있다.

둘째 강도를 하려고 흉기나 복면 등 범행도구를 준비하거나 다른 사람과 함께 강도를 하기로 모의하는 경우가 있다. 전자의 물적 준비행위를 예비행위, 후자의 인적 준비행위를 음모행위라고 한다. 이 단계의 경우 원칙적으로 처벌되지 않지만 몇 가지 범죄유형의 경우 특별히 처벌하는 규정을 두고 있다.

셋째 구체적으로 범죄를 실행하는 단계이다. 강도를 하려고 칼로 상대방을 위협한다든지, 사람을 살해하기 위하여 권총을 발사하는 경우로서 형법상 '실행의 착수'라고 한다. 이 단계에서 목적한 범죄를 이루면 '기수'라 하고(위협하여 돈을 빼앗거나, 사망하게 한 경우), 범행을 완성하지 못하면(위협하자마자 피해자가 도망쳐 버리거나 권총을 발사하였으나 빗나가거나 총을 맞았지만 죽지 않은 경우) '미수'라고 한다. 기수범은 원칙적으로 처벌되지만 미수범은 미수범처벌규정이 별도로 있어야 처벌된다.[76]

---

[76] 예를 들어 살인행위의 경우 형법 제29조(미수범의 처벌)의 '미수범을 처벌할 죄는 각 본조에 정한다'는 규정과 제254조(미수범)의 '전4조의 미수범은 처벌한다'는 규정에 따라 제250조 내지 제253조의 범죄(보통살인죄, 존속살해죄, 영아살해죄, 촉탁·승낙에 의한 살인죄, 자살교사·방조죄, 위계 등에 의한 촉탁살인죄)의 미수행위가 처벌되는 것이다.

Ⅱ. 예비 · 음모

제28조(음모, 예비) 범죄의 음모 또는 예비행위가 실행의 착수에 이르지 아니한 때에는 법률에 특별한 규정이 없는 한 벌하지 아니한다.

범죄의 예비행위와 음모행위는 범죄를 실행하기 이전의 준비행위라고 볼 수 있고, 범죄의 의사가 외부적으로 나타나는 행위라고도 볼 수 있다.

예비행위는 물적인 준비행위이고, 음모는 심적인 준비행위인 모의행위를 말한다. 아직 범죄의 실행에 착수하지 않아야 하며, 실행에 착수하면 미수 또는 기수가 성립한다.

예비 · 음모행위는 중대한 범죄의 경우에만 예외적으로 처벌하는 규정을 두고 있다. 예를 들어 살인죄, 강도죄, 약취 · 유인 · 인신매매 관련범죄, 강간 · 유사강간 · 준강간 · 의제강간 · 강간상해죄, 방화죄, 통화위조죄, 폭발물사용죄, 내란죄, 간첩죄 등이 있다. 예비 · 음모행위가 처벌되는 경우에도 기본범죄보다 가볍게 처벌된다.[77] 그러나 절도범죄나 사기범죄는 예비 · 음모행위 자체에 대한 처벌규정이 없으므로 실제로 절도나 사기행위로 나아가지 않는 한 예비, 음모행위만으로는 처벌되지 않는다.

Ⅲ. 미수범

1. 미수범의 의의

어떤 범죄를 범하려했지만 범죄를 완성하지 못한, 즉 기수가 되지 못한 경우가 미수범이다. 미수범에서는 '실행의 착수'라는 개념을 이해하여야 한다. 어떤 행위가 예비 · 음모의 단계를 지나 미수 또는 기수로 평가되려면 실행의 착수가 있어야 한다. 미수범은 결과의 발생이 없다는 점에서 기수와 구별된다. 미수범은 개별범죄에 미수범을 처벌하는 규정이 있어야 처벌된다.

미수범은 범죄가 미수에 그치게 된 사정에 따라 ① 보통의 미수범, 즉 장애미수

---

77) 예를 들어 보통살인죄는 사형, 무기 또는 5년 이상의 징역에 처하지만(제250조 제1항), 살인 예비 · 음모죄는 10년 이하의 징역에 처한다(제255조).

범, ② 중지미수범 ③ 불능미수범으로 나뉘고 각각 성립요건과 처벌내용이 다르다.

2. 장애미수

> 제25조(미수범) ① 범죄의 실행에 착수하여 행위를 종료하지 못하였거나 결과가 발생하지
> 아니한 때에는 미수범으로 처벌한다.
> ② 미수범의 형은 기수범보다 감경할 수 있다.

보통 미수범이라고 하면 제25조의 미수범, 즉 장애미수범을 의미한다. 장애미수
는 당초의 범행계획에 비추어 생각하지 못한 의외의 장애상황으로 인하여 자신의
의도에 반하여 범죄를 완성하지 못한 경우를 말한다.

미수범의 성립요건으로는 첫째, 주관적으로는 기수범과 마찬가지로 기수의 고의,
즉 범죄를 완성하려는 의사가 있어야 한다. 식당손님의 외투를 뒤져 돈이 있으면
훔치고 없으면 그만둔다고 마음먹고 뒤진 경우와 같이 조건부 범행이라도 고의가
인정된다. 둘째 실행의 착수가 있어야 한다. 이는 범죄실행의 개시를 말하는데 구
성요건에 해당하는 행위의 일부분을 실행하거나, 그것과 밀접하게 관련된 행위를
하는 것이다. 셋째 실행에 착수한 행위가 장애로 인하여 그 범죄행위를 다 마치지
못하였거나 범죄결과가 발생하지 않아야 한다. 살해하려고 칼을 휘둘렀으나 찌르
지 못한 경우처럼 실행에 착수하였지만 그 실행행위 자체를 다 마치지 못한 경우
를 '착수미수'라 하고, 살해하려고 칼로 찔렀으나 사망하지 않은 경우처럼 실행행
위는 마쳤으나 결과가 발생하지 않은 경우를 '실행미수'라고 한다. 둘 다 미수범으
로 취급되는 것은 동일하지만, 형을 선고하는 단계에서는 고려되는 사정이다.

미수범은 기수범보다 형을 감경하여 처벌할 수 있다. 이를 임의적 감경이라고
한다. 따라서 미수범이라고 하여 반드시 감경처벌하는 것은 아니므로, 기수범보다
형이 가볍게 선고되어야 하는 것은 아니다.

【실행의 착수와 관련된 판례】

① 소매치기의 경우 피해자의 양복상의 주머니로부터 금품을 절취하려고 그 호주머에
손을 뻗쳐 그 겉을 더듬은 때에는 절도의 범행은 예비단계를 지나 실행에 착수하였다.[78]

② 야간에 아파트에 침입하여 물건을 훔칠 의도 하에 아파트의 베란다 철제난간까지
올라가 유리창문을 열려고 시도하였다면 야간주거침입절도죄의 실행에 착수한 것으로 보

---

78) 대판 1984.12.11, 84도2524.

아야 한다.[79)]

③ 주거침입죄의 실행의 착수는 주거자, 관리자, 점유자 등의 의사에 반하여 주거나 관리하는 건조물 등에 들어가는 행위, 즉 구성요건의 일부를 실현하는 행위까지 요구하는 것은 아니고 범죄구성요건의 실현에 이르는 현실적 위험성을 포함하는 행위를 개시하는 것으로 족하다. … 출입문이 열려 있으면 안으로 들어가겠다는 의사 아래 출입문을 당겨보는 행위는 바로 주거의 사실상의 평온을 침해할 객관적인 위험성을 포함하는 행위를 한 것으로 볼 수 있어 그것으로 주거침입의 실행에 착수가 있었고, 단지 그 출입문이 잠겨 있었다는 외부적 장애요소로 인하여 뜻을 이루지 못한 데 불과하다.[80)]

④ 주거로 들어가는 문의 시정장치를 부수거나 문을 여는 등 침입을 위한 구체적 행위를 시작하였다면 주거침입죄의 실행의 착수는 있었다고 보아야 하고, 신체의 극히 일부분이 주거 안으로 들어갔지만 사실상 주거의 평온을 해하는 정도에 이르지 아니하였다면 주거침입죄의 미수에 그친다고 할 것이다. … 야간에 타인의 집의 창문을 열고 집 안으로 얼굴을 들이미는 등의 행위를 하였다면 피고인이 자신의 신체의 일부가 집 안으로 들어간다는 인식 하에 하였더라도 주거침입죄의 범의는 인정되고, 또한 비록 신체의 일부만이 집 안으로 들어갔다고 하더라도 사실상 주거의 평온을 해하였다면 주거침입죄는 기수에 이르렀다.[81)]

⑤ 피고인이 격분하여 피해자를 살해할 것을 마음먹고 밖으로 나가 낫을 들고 피해자에게 다가서려고 하였으나 제3자가 이를 제지하여 그틈을 타서 피해자가 도망함으로써 살인의 목적을 이루지 못한 경우, 피고인이 낫을 들고 피해자에게 접근함으로써 살인의 실행행위에 착수하였다고 할 것이므로 이는 살인미수에 해당한다.[82)]

⑥ 노상에 세워 놓은 자동차 안에 있는 물건을 훔칠 생각으로 자동차의 유리창을 통하여 그 내부를 손전등으로 비추어 본 것에 불과하다면 비록 유리창을 따기 위해 면장갑을 끼고 있었고 칼을 소지하고 있었다 하더라도 절도의 예비행위로 볼 수는 있겠으나 타인의 재물에 대한 지배를 침해하는데 밀접한 행위를 한 것이라고는 볼 수 없어 절취행위의 착수에 이른 것이었다고 볼 수 없다.[83)]

⑦ 소를 흥정하고 있는 피해자의 뒤에 접근하여 그가 들고 있던 가방으로 돈이 들어 있는 피해자의 하의 왼쪽 주머니를 스치면서 지나간 행위는 단지 피해자의 주의력을 흐트려 주머니 속에 들은 금원을 절취하기 위한 예비단계의 행위에 불과한 것이고 이로써 실행의 착수에 이른 것이라고는 볼 수 없다.[84)]

---

79) 대판 2003.10.24, 2003도4417.
80) 대판 2006.9.14, 2006도2824.
81) 대판 1995.9.15, 94도2561.
82) 대판 1986.2.25, 85도2773.
83) 대판 1985.4.23, 85도464.

3. 중지미수

> **제26조(중지범)** 범인이 실행에 착수한 행위를 자의(自意)로 중지하거나 그 행위로 인한 결과의 발생을 자의로 방지한 경우에는 형을 감경하거나 면제한다.

중지미수란 범죄의 실행에 착수한 사람이 기수 이전에 자신의 범행을 스스로 중지하거나 결과의 발생을 막은 경우를 말한다. 중지미수범에 대해서는 반드시 형을 감경하거나 면제해주어야 한다. 이를 필요적 감면이라고 한다.

중지미수가 인정되기 위해서는 주관적 측면에서 범행을 스스로 중지했다는 '자의성(自意性)'이 있어야 한다. 자의성이 부정되면 장애미수범으로 취급된다. 판례는 자의성의 판단과 관련하여 '범죄의 실행행위에 착수하고 그 범죄가 완수되기 전에 자기의 자유로운 의사에 따라 범죄의 실행행위를 중지한 경우에 그 중지가 사회통념상 범죄를 완수함에 장애가 되는 사정에 의한 것이 아니라면 이는 중지미수에 해당한다'고 본다.[85] 결과의 방지행위가 범인의 진지한 노력 아래 이루어졌다면 제3자의 도움을 받아도 중지미수로 인정된다. 예컨대 불을 지른 후 후회하고 이웃에 도움을 요청하여 같이 불을 끈 경우에는 중지미수로 인정되지만, 불을 지르고 겁이 나서 큰 소리를 내어 다른 사람에게 알리고 도주한 후 이웃이 불을 끈 경우에는 중지미수가 인정되지 않는다.

중지미수도 미수범의 일종이므로 중지행위에 따라 결과가 발생하지 않아야 한다. 범행을 중지하려고 노력하였으나 결과가 발생하면 중지미수로 인정되지 않는다. 공범이 있는 경우 자신의 범행을 중지한 것만으로는 부족하고 공범의 범행까지도 중지시켜야 중지미수로 인정된다.[86]

---

84) 대판 1986.11.11, 86도1109. 이른바 소매치기범죄의 경우 실무상 절도죄로 검거하여 처벌하기 위해서 범인이 피해자의 가방이나 옷주머니에 손을 넣어 돈을 꺼내는 때를 기다려 체포하는 이유를 이 판례를 통하여 이해할 수 있다.

85) 대판 1999.4.13, 99도640(피해자를 살해하려고 그의 목 부위와 왼쪽 가슴 부위를 칼로 수 회 찔렀으나 피해자의 가슴 부위에서 많은 피가 흘러나오는 것을 발견하고 겁을 먹고 그만 두는 바람에 미수에 그친 것이라면, 위와 같은 경우 많은 피가 흘러나오는 것에 놀라거나 두려움을 느끼는 것은 일반 사회통념상 범죄를 완수함에 장애가 되는 사정에 해당한다고 보아야 할 것이므로, 이를 자의에 의한 중지미수라고 볼 수 없다).

86) 대판 1969.2.25, 68도1676(피고인이 중위와 범행을 공모하여 중위는 엔진오일을 매각 처분하고, 피고인은 송증정리를 하기로 한 것은 사후에 범행이 용이하게 탄로나지 아니 하도록 하는 안전방법의 하나이지, 위 중위가 보관한 위 군용물을 횡령하는데 있어 송증정리가 없으면, 절대 불가능한 것은 아니며, 피고인은 후에 범의를 철회하고 송증정리를 거절하였다 하여도 공범자인 위 중위의 범죄 실행을 중지케 하였다는 것이 아님이 원판결 및 1심 판결에 의하여 확정된 사실이므로 피고인에게 중지미수를 인정할 수 없다).

【중지미수 관련 판례】

① 피해자를 강간하려다가 피해자의 다음 번에 만나 친해지면 응해 주겠다는 취지의 간곡한 부탁으로 인하여 그 목적을 이루지 못한 후 피해자를 자신의 차에 태워 집에까지 데려다 주었다면 피고인은 자의로 피해자에 대한 강간행위를 중지한 것이고 피해자의 다음에 만나 친해지면 응해 주겠다는 취지의 간곡한 부탁은 사회통념상 범죄실행에 대한 장애라고 여겨지지는 아니하므로 피고인의 행위는 중지미수에 해당한다.[87]

② 피고인이 갑에게 위조한 예금통장 사본 등을 보여주면서 외국회사에서 투자금을 받았다고 거짓말하며 자금 대여를 요청하였으나, 갑과 함께 그 입금 여부를 확인하기 위해 은행에 가던 중 은행 입구에서 차용을 포기하고 돌아가 사기미수로 기소된 사안에서, 피고인이 범행이 발각될 것이 두려워 범행을 중지한 것으로서 일반 사회통념상 범죄를 완수함에 장애가 되는 사정에 해당하여 자의에 의한 중지미수로 볼 수 없다.[88]

③ 장롱 안에 있는 옷가지에 불을 놓아 건물을 소훼하려 하였으나 불길이 치솟는 것을 보고 겁이 나서 물을 부어 불을 끈 것이라면, 위와 같은 경우 치솟는 불길에 놀라거나 자신의 신체안전에 대한 위해 또는 범행 발각시의 처벌 등에 두려움을 느끼는 것은 일반 사회통념상 범죄를 완수함에 장애가 되는 사정에 해당한다고 보아야 할 것이므로, 이를 자의에 의한 중지미수라고는 볼 수 없다.[89]

④ 대마관리법 제19조 제1항 제2호, 제4조 제3호 위반죄는 대마를 매매함으로써 성립하는 것이므로 설사 피고인이 대마 2상자를 사가지고 돌아오다 이 장사를 다시 하게 되면 내 인생을 망치게 된다는 생각이 들어 이를 불태웠다고 하더라도 이는 양형에 참작되는 사유는 될 수 있을지언정 이미 성립한 죄에는 아무 소장이 없어 이를 중지미수에 해당된다 할 수 없다.[90]

4. 불능미수

> 제27조(불능범) 실행의 수단 또는 대상의 착오로 인하여 결과의 발생이 불가능하더라도 위험성이 있는 때에는 처벌한다. 단, 형을 감경 또는 면제할 수 있다.

불능미수는 어떤 범죄행위의 성격상 결과발생이 불가능하여 기수가 될 수 없음에도 불구하고 착오로 인하여 범행을 한 경우를 말한다. 그러한 행위의 위험성이

---

87) 대판 1993.10.12, 93도1851.
88) 대판 2011.11.10, 2011도10539.
89) 대판 1997.6.13, 97도957.
90) 대판 1983.12.27, 83도2629.

인정되면 처벌한다. 예를 들어 장전되지 않은 총인 줄 모르고 살해하려고 발사한 경우, 개를 사람으로 오인하고 살해하려 한 경우 등이다. 불능미수는 형을 감경하거나 면제할 수 있는 임의적 감면사유가 된다. 위험성이 부정되어 처벌되지 않는 경우를 '불능범'이라고 하여 구별하기도 한다.

【불능미수 관련 판례】
　① 일정량 이상을 먹으면 사람이 죽을 수도 있는 '초우뿌리'나 '부자' 달인 물을 마시게 하여 피해자를 살해하려다 미수에 그친 행위는 불능범이 아닌 살인미수죄에 해당한다.[91]
　② 불능범은 범죄행위의 성질상 결과발생의 위험이 절대로 불능한 경우를 말하는 것인바 향정신성의약품인 메스암페타민 속칭 "히로뽕" 제조를 위해 그 원료인 염산에 페트린 및 수종의 약품을 교반하여 "히로뽕" 제조를 시도하였으나 그 약품배합미숙으로 그 완제품을 제조하지 못하였다면 위 소위는 그 성질상 결과발생의 위험성이 있다고 할 것이므로 이를 습관성의약품제조미수범으로 처단한 것은 정당하다.[92]

한편 처벌법규가 없어 처벌되지 않는 범죄임에도 처벌되는 것으로 잘못 알고 행위를 한 경우를 '환각범'이라고 한다. 이른바 마약 같은 환각물질을 흡입하는 범죄행위를 의미하는 것이 아니다. 예를 들어 동성의 성인 사이의 합의에 의한 성관계, 남의 우편엽서의 내용을 읽어 보는 행위, 다른 사람의 자전거를 잠시 타고 돌려 준 경우 등이 이에 해당한다. 또 무당의 주술 등 비과학적, 비현실적 미신이나 초자연력에 의존하여 범죄를 실현하려는 경우는 이른바 '미신범'이며 범죄의 고의가 인정되지 않아 처벌되지 않는다.

제 7 절 | 정범과 공범

범죄와 관련된 자가 여러 명인 경우의 문제이다. 예를 들어 2명 이상이 함께 사기행위를 할 수도 있고, 한 사람이 다른 사람에게 사기행위를 하라고 시키는 경우도 있으며, 한 사람이 다른 사람의 사기행위에 도움이 되는 행위를 해주기도 한다. 이 경우 각 행위자를 어떻게 처벌할 것인가의 문제가 공범의 문제이다.

---

91) 대판 2007.7.26, 2007도3687.
92) 대판 1985.3.26, 85도206.

I. 정 범

어떤 범죄를 직접 스스로 수행하는 사람을 정범이라고 한다. 혼자 범행을 한다는 의미에서 단독정범이라 하고 직접 범행을 수행한다는 의미에서 직접정범이라고 한다. 보통 범죄자라고 하면 이러한 형태의 단독·직접정범을 말한다.

이에 대해서 공동정범이란 타인과 함께 각자의 역할분담에 따라 '공동으로' 범행을 저지르는 경우를 말하는데, 일반인이 공범이라고 지칭할 때 이러한 형태의 공동정범을 말한다. 공동정범의 경우 각자를 정범으로 처벌한다.

> 제30조(공동정범) 2인 이상이 공동하여 죄를 범한 때에는 각자를 그 죄의 정범으로 처벌한다.

직접정범과 구별되는 간접정범이란 예를 들어 어떤 아이에게 '아저씨가 다리가 아파서 그러니 저기 물건 좀 갖다달라'고 하였고 이에 그 아이가 물건을 갖다 주니 그 아저씨가 물건을 가지고 갔는데, 사실은 그 물건이 다른 사람의 물건이었던 경우와 같이 어떤 행위로 인하여 처벌되지 않거나(예의 경우 형사미성년자를 이용한 경우이다), 과실범으로 처벌되는 자를 이용하여 자신의 범죄를 범한 경우를 간접정범이라고 한다. 간접정범도 정범에 해당한다.

> 제34조(간접정범, 특수한 교사, 방조에 대한 형의 가중) ① 어느 행위로 인하여 처벌되지 아니하는 자 또는 과실범으로 처벌되는 자를 교사 또는 방조하여 범죄행위의 결과를 발생하게 한 자는 교사 또는 방조의 예에 의하여 처벌한다.

【피해자를 도구로 삼아 피해자의 신체를 이용하여 추행행위를 한 경우 강제추행죄의 간접정범】 ① 사실관계: 피고인은 스마트폰 채팅 애플리케이션을 통하여 알게 된 피해자들로부터 은밀한 신체 부위가 드러난 사진을 전송받은 사실이 있고, 피해자들의 개인정보나 피해자들의 지인에 대한 인적사항을 알게 된 것을 기화로 피해자들에게 시키는 대로 하지 않으면 기존에 전송받았던 신체 사진과 개인정보 등을 유포하겠다고 하는 방법으로 피해자들을 협박하였다. 피고인의 협박으로 겁을 먹은 피해자 갑으로 하여금 스스로 가슴 사진, 성기 사진, 가슴을 만지는 동영상을 촬영하도록 한 다음, 그와 같이 촬영된 사진과 동영상을 전송받은 것을 비롯하여, 7회에 걸쳐 피해자 갑으로부터 가슴 사진이나 나체사진, 속옷을 입고 다리를 벌린 모습의 사진, 가슴을 만지거나 성기에 볼펜

을 삽입하여 자위하는 동영상 등을 촬영하도록 하여 이를 전송받았다.

또한 피고인은 협박으로 겁을 먹은 피해자 을로 하여금 회사 화장실에서 얼굴이 나오게 속옷만 입은 사진을 촬영하도록 한 다음, 그와 같이 촬영된 사진을 전송받은 것을 비롯하여, 총 11회에 걸쳐 피해자 을로부터 나체사진, 속옷을 입고 있는 사진, 성기에 볼펜을 삽입하거나 자위하는 동영상 등을 촬영하도록 하여 이를 전송받았다.

② 대법원의 판단: 강제추행죄는 사람의 성적 자유 내지 성적 자기결정의 자유를 보호하기 위한 죄로서 정범 자신이 직접 범죄를 실행하여야 성립하는 자수범이라고 볼 수 없으므로, 처벌되지 아니하는 타인을 도구로 삼아 피해자를 강제로 추행하는 간접정범의 형태로도 범할 수 있다. 여기서 강제추행에 관한 간접정범의 의사를 실현하는 도구로서의 타인에는 피해자도 포함될 수 있다고 봄이 타당하므로, 피해자를 도구로 삼아 피해자의 신체를 이용하여 추행행위를 한 경우에도 강제추행죄의 간접정범에 해당할 수 있다.

피고인이 피해자들을 협박하여 겁을 먹은 피해자들로 하여금 어쩔 수 없이 나체나 속옷만 입은 상태가 되게 하여 스스로를 촬영하게 하거나, 성기에 이물질을 삽입하거나 자위를 하는 등의 행위를 하게 하였다면, 이러한 행위는 피해자들을 도구로 삼아 피해자들의 신체를 이용하여 그 성적 자유를 침해한 행위로서, 그 행위의 내용과 경위에 비추어 일반적이고도 평균적인 사람으로 하여금 성적 수치심이나 혐오감을 일으키게 하고 선량한 성적 도덕관념에 반하는 행위라고 볼 여지가 충분하다.[93]

Ⅱ. 공범: 교사범과 방조범

공범이라고 하면 정범을 제외한 협의의 공범을 말하여 이에는 교사범과 방조범이 있다.

(1) 교사범이란 다른 사람을 교사하여 범죄의사를 발생시켜 범죄를 실행하게 하는 경우이다. 교사범은 범죄를 실행한 자(교사를 받은 자, 피교사자)와 동일한 형벌로 처벌한다. 교사를 받은 자가 범죄의 실행을 승낙하고 실행의 착수에 이르지 아니한 때에는 교사자와 피교사자를 음모 또는 예비에 준하여 처벌한다. 교사를 받은 자가 범죄의 실행을 승낙하지 아니한 때에도 교사자에 대하여는 동일하다.

교사행위의 수단, 방법에는 제한이 없다. 명령, 협박, 이익제공, 유혹, 애원 등도 가능하다. 다만 강요, 위력, 기망에 의한 경우에 의사지배의 정도에 해당하면 간

---

93) 대판 2018.2.8, 2016도17733.

접정범에 해당될 수 있다. 묵시적인 교사도 가능하다. 교사는 특정한 범죄에 대한 결의를 하게 하여야 하지 막연히 아무 범죄나 저지르라는 행위는 교사로 평가되지 않는다. 과실에 의한 교사는 인정되지 않는다. 교사의 상대방, 즉 피교사자는 특정되어야 하며 아무에게나 교사한다는 것은 인정되지 않는다. 특정되기만 하면 다수인이라도 상관 없다. 피교사자가 반드시 책임능력자일 필요는 없다.

【교사범에 관한 판례】무면허 상태로 승용차를 운전하고 가다가 화물차를 들이받는 사고를 일으켜 경찰에서 조사를 받게 된 피고인이 무면허로 운전한 사실 등이 발각되지 않기 위해, 동생에게 "내가 무면허상태에서 술을 마시고 차를 운전하다가 교통사고를 내었는데 운전면허가 있는 네가 대신 교통사고를 내었다고 조사를 받아 달라"고 부탁하여, 이를 승낙한 동생으로 하여금 경찰서 교통사고조사계 사무실에서 자신이 승용차를 운전하고 가다가 교통사고를 낸 사람이라고 허위 진술로 피의자로서 조사를 받도록 함으로써 범인도피를 교사하였다는 사건에서 범인이 자신을 위하여 타인으로 하여금 허위의 자백을 하게 하여 범인도피죄를 범하게 하는 행위는 방어권의 남용으로 범인도피교사죄에 해당한다.[94]

(2) 방조범은 다른 사람의 범죄를 도와 그의 범죄의 실행을 용이하게 한 자이다. 종범이라고도 한다. 방조란 정범에 의한 구성요건의 실행을 가능하게 하거나 쉽게 하거나 또는 정범에 의한 법익침해를 강화하는 것이다. 방조범은 정범의 형보다 감경하여 처벌한다.

방조자의 방조행위는 정신적 또는 물질적으로 정범의 실행행위를 돕는 것으로서 언어방조와 거동방조가 있다. 언어적 방법에 의한 방조는 조언, 격려, 충고, 정보제공의 경우이며 범죄기술에 대한 조언뿐만 아니라 정범의 결의를 강화시키는 격려도 포함된다. 예를 들어 장물처분을 약속하거나 알리바이 증명을 약속해 주는 경우이다. 거동적 방법에 의한 방조는 범행도구를 구해주거나 범행장소를 제공하거나 자금을 제공하는 행위이다. 교사범과 달리 부작위에 의한 방조도 일반적으로 인정된다. 방조에 있어서는 정범이 방조범의 도움을 받고 있다는 사실을 인식할 필요가 없고, 종범과 정범 사이의 의사연락은 요건이 아니므로 편면적 종범도 인정된다. 방조는 고의적인 경우에만 가능하며 과실에 의한 방조는 있을 수 없다.

---

94) 대판 2006.12.7, 2005도3707.

【방조범(종범)에 관한 판례】 ① 생후 30개월인 갑의 어머니 피고인 을과 아버지 피고인 병이 공모하여 갑이 말을 잘 듣지 않고 고집을 부린다는 이유로 밀걸레 봉을 이용하여 갑의 머리, 팔, 다리, 몸통 등 전신을 수십 차례 때려 살해하였다는 내용으로 기소된 사안에서, 피고인 병은 피고인 을이 약 3시간에 걸쳐 밀걸레 봉으로 갑의 전신을 구타하는 것을 지켜보면서 이를 제지하지 아니한 채 피고인 을의 폭행을 견디지 못하고 피고인 병에게로 다가온 갑에게 "네가 잘못했으니 맞아야 된다.", "이 정도로 맞아서 죽진 않아." 라고 말하며 갑의 머리 부위를 손으로 몇 차례 때리고 갑을 피고인 을이 있는 곳으로 밀쳤으나, 살인 범행의 경과와 피고인 을의 구타행위 정도 및 갑의 사망원인 등에 비추어, 위 행위만으로는 피고인 병에게 공동정범의 주관적 성립요건인 공동가공의 의사와 객관적 요건으로서 공동의사에 기한 기능적 행위지배를 통한 살인범죄의 실행행위가 있었다고 보기 어렵고, 피고인 병은 피고인 을의 구타행위로 갑이 사망할 가능성 내지 위험이 있음을 예견하면서도 민법 제913조 및 아동복지법 제5조에 따른 보호·양육의무를 다하지 아니한 채 피고인 을의 구타행위를 제지하지 아니하고 용인하는 부작위 등을 통하여 피고인 을의 살인 범행을 방조하였다고 인정한 사례.[95]

② 사기 범행에 이용되리라는 사정을 알고서도 자신의 명의로 금융기관 예금계좌를 개설하여 갑에게 이를 양도함으로써 갑이 을을 속여 을로 하여금 1,000만 원을 위 계좌로 송금하게 한 경우 사기 범행을 방조한 것으로 인정한 사례.[96]

【운전자에게 술 판매한 식당 주인 '음주운전 방조'혐의로 입건】 고속도로를 운행하는 화물차 운전사 일부가 휴게소 인근 식당에서 공공연히 술을 마시고 다시 운전한다는 소문이 사실로 드러났다. 소문으로만 떠돌던 화물차 운전사들의 고속도로 운행 중 음주는 경찰청이 음주운전 방조범 적극 처벌 방침 이후 경찰의 단속 과정에서 확인됐다.

경찰은 음주운전이 예상되는 화물차 운전사에게 술을 판 혐의(음주운전 방조 등)로 식당업주 권모(54)씨를 불구속 입건했다. 권씨는 경북 추풍령 휴게소에서 화물차 운전사 김모(48)씨를 승합차로 태우고 나와 요금소에서 1km 가량 거리의 자신의 식당에서 식사와 함께 소주 1병을 팔고 다시 휴게소까지 태워주었다. 추풍령휴게소는 톨게이트까지 거리가 350m밖에 되지 않고, 요금소 진입 후 10분 내에 빠져 나가면 통행료를 징수하지 않는다는 점을 노려 이 같은 '영업'을 해 온 것으로 밝혀졌다.

김씨는 권씨 식당에서 술을 마신 뒤 휴게소로 되돌아와 핸들을 잡고 약 17km 거리의 충북 영동군 황간휴게소까지 운전하다 경찰단속에 적발됐다. 김씨의 혈중알콜농도는 0.079%로 면허정지(0.05% 이상) 수준이었다.[97]

---

95) 부산고법 판결 2016.5.19, 2015노743, 2015전노89(확정).
96) 대판 2010.12.9, 2010도6256.

제8절 | 형벌과 보안처분

Ⅰ. 형사제재로서의 형벌과 보안처분

범죄행위에 대한 법적 책임으로 부과되는 것이 형벌이다. 즉 법익을 침해하는 범죄행위에 대한 법률상 효과로서 범죄자에 대하여 국가가 부과하는 법익의 박탈이라고 할 수 있다. 형벌은 국가형벌권에 기초하여 행사되는 강제력이라는 점에서 피해자에 의한 복수와 같은 사적 제재는 허용되지 않는다.

형사제재로서 전통적인 형벌과 함께 최근에는 보안처분이 새로운 형사제재의 수단으로 사용되고 있다. 보안처분은 범죄행위에서 나타난 행위자의 장래의 범죄위험성 때문에 행위자에 대한 범죄성향의 치료, 교육 및 재사회화를 위한 개선조치와 범죄로부터의 사회방위라는 사고에 기초하여 행위자에게 부과되는 형사제재이다. 성범죄자에 대한 '재범예방에 필요한 수강명령 또는 성폭력 치료프로그램의 이수명령'[98] 등이 그 예인데 형법에는 보호관찰, 사회봉사, 수강명령 등을 규정하고 있다.

Ⅱ. 형벌의 종류

1. 형벌의 유형

형법상 규정된 형벌의 종류로는 사형, 징역, 금고, 자격상실, 자격정지, 벌금, 구류, 과료, 몰수의 9종이 있다(제41조). 박탈되는 법익의 내용에 따라 ① 사형은 생명형, ② 징역·금고·구류 는 자유형, ③ 벌금·과료·몰수는 재산형, ④ 자격상실·자격정지는 명예형으로 분류하기도 한다.

2. 사 형

사형을 생명을 박탈하는 형벌로서 극형이라고도 한다. 사형의 집행방법은 역사

---

97) 한국일보 2016.5.11.자.
98) 성폭력범죄의 처벌 등에 관한 특례법 제16조 참조.

적으로 다양하고,[99] 독살(주사살), 전기살, 가스살을 집행방법으로 하는 국가도 있으나 형법은 교수형(絞首刑)[100]을 채택하고 있으며, 군형법에서는 총살형(군형법 제3조)으로 집행한다.

형법상 사형이 선고될 수 있는 범죄로는 살인죄, 존속살해죄, 강도살인죄, 인질살해죄, 해상강도살인 · 치사 · 강간죄, 폭발물사용죄, 현주건조물방화치사죄, 내란죄, 내란목적살인죄, 모병이적죄, 시설제공이적죄, 시설파괴이적죄, 간첩죄 등이 있다. 그 밖에 특정범죄가중처벌 등에 관한 법률, 성폭력범죄의 처벌에 관한 특례법 등 형사특별법에 사형이 규정되어 있다.

사형제도에 대해서는 야만적 형벌로서 인간의 존엄성을 침해하고 헌법에 위반되고, 개선과 교화라는 형벌목적을 달성할 수 없는 형벌이며, 오판에 대한 회복이 불가능하며 범죄억지대책으로서 효과가 없다는 점에서 사형폐지론이 주장되고 있다. 이에 대하여 사형존치론은 사형은 위하적 효과를 가지고 있으며, 극악하고 잔혹한 범죄에 대하여 사형을 부과하는 것이 국민의 법감정 내지 정의관념에 부합하고, 사형제도의 범죄억지력은 인정된다는 점을 근거로 한다. 대법원과 헌법재판소는 사형제도는 헌법에 위반되지 않는 것으로 판단하고 있다. 사형은 1948년 이후 약 900여 명이 집행되었다고 하며, 1998년 이후 사형선고는 있지만 사형집행이 이루어지지 않아 우리나라는 사실상 사형폐지국가라고 할 수 있다.

【사형제도에 관한 헌법재판소 결정의 일부】[101]

(1) 사형은 일반국민에 대한 심리적 위하를 통하여 범죄의 발생을 예방하며 극악한 범죄에 대한 정당한 응보를 통하여 정의를 실현하고, 당해 범죄인의 재범 가능성을 영구히 차단함으로써 사회를 방어하려는 것으로 그 입법목적은 정당하고, 가장 무거운 형벌인 사형은 입법목적의 달성을 위한 적합한 수단이다.

(2) 사형은 무기징역형이나 가석방이 불가능한 종신형보다도 범죄자에 대한 법익침해의 정도가 큰 형벌로서, 인간의 생존본능과 죽음에 대한 근원적인 공포까지 고려하면, 무기징역형 등 자유형보다 더 큰 위하력을 발휘함으로써 가장 강력한 범죄억지력을 가지고 있다고 보아야 하고, 극악한 범죄의 경우에는 무기징역형 등 자유형의 선고만으로는

---

99) 서양의 경우 종교적 측면이 가미되어 참수형, 투석형, 교수형, 거열형(車裂刑), 매장형, 익사형, 화형, 신체절단형 등이 있었다. 이에 대한 자세한 내용은 이경재, 「서양형벌사」, 길안사(1997), 69면 이하 참조.
100) 형법 제66조(사형은 교정시설 안에서 교수(絞首)하여 집행한다).
101) 자세한 내용은 헌재결 2010.2.25, 2008헌가23(전원재판부)의 결정이유와 위헌의견 참조. 또한 헌재결 1996.11.28, 95헌바1(전원재판부) 참조.

범죄자의 책임에 미치지 못하게 될 뿐만 아니라 피해자들의 가족 및 일반국민의 정의관념에도 부합하지 못하며, 입법목적의 달성에 있어서 사형과 동일한 효과를 나타내면서도 사형보다 범죄자에 대한 법익침해 정도가 작은 다른 형벌이 명백히 존재한다고 보기 어려우므로 사형제도가 침해최소성원칙에 어긋난다고 할 수 없다. 한편, 오판가능성은 사법제도의 숙명적 한계이지 사형이라는 형벌제도 자체의 문제로 볼 수 없으며 심급제도, 재심제도 등의 제도적 장치 및 그에 대한 개선을 통하여 해결할 문제이지, 오판가능성을 이유로 사형이라는 형벌의 부과 자체가 위헌이라고 할 수는 없다.

(3) 사형제도에 의하여 달성되는 범죄예방을 통한 무고한 일반국민의 생명 보호 등 중대한 공익의 보호와 정의의 실현 및 사회방위라는 공익은 사형제도로 발생하는 극악한 범죄를 저지른 자의 생명권이라는 사익보다 결코 작다고 볼 수 없을 뿐만 아니라, 다수의 인명을 잔혹하게 살해하는 등의 극악한 범죄에 대하여 한정적으로 부과되는 사형이 그 범죄의 잔혹함에 비하여 과도한 형벌이라고 볼 수 없으므로, 사형제도는 법익균형성원칙에 위배되지 아니한다.

【판례】 사형의 선고가 허용되기 위한 요건

사형은 인간의 생명 자체를 영원히 박탈하는 냉엄한 궁극의 형벌로서 문명국가의 이성적인 사법제도가 상정할 수 있는 극히 예외적인 형벌이라는 점을 감안할 때, 사형의 선고는 범행에 대한 책임의 정도와 형벌의 목적에 비추어 그것이 정당화될 수 있는 특별한 사정이 있다고 누구라도 인정할 만한 객관적인 사정이 분명히 있는 경우에만 허용되어야 하고, 따라서 사형을 선고함에 있어서는 범인의 연령, 직업과 경력, 성행, 지능, 교육 정도, 성장과정, 가족관계, 전과의 유무, 피해자와의 관계, 범행의 동기, 사전계획의 유무, 준비의 정도, 수단과 방법, 잔인하고 포악한 정도, 결과의 중대성, 피해자의 수와 피해감정, 범행 후의 심정과 태도, 반성과 가책의 유무, 피해회복의 정도, 재범의 우려 등 양형의 조건이 되는 모든 사항을 철저히 심리하여 위와 같은 특별한 사정이 있음을 명확하게 밝힌 후 비로소 사형의 선택 여부를 결정하여야 한다.[102]

3. 징역과 금고, 구류

징역과 금고는 수형자의 신체적 자유를 박탈하는 형벌이다. 목적은 수형자를 구금하는 동안 교화와 개선을 통하여 사회에 복귀시키는데 있다. 징역은 교정시설에 수용하여 집행하며, 정해진 노역(勞役)에 복무하게 하는 형벌이다. 금고는 정역,

---

102) 대판 2003.6.13, 2003도924.

즉 노역에 복무하지 않는다는 점에서 구별되고[103] 과실범이나 정치범에게 부과하는 것이 일반적이다. 금고가 형벌로 규정된 대표적 범죄는 과실치사죄, 명예훼손죄, 모욕죄, 사자에 대한 명예훼손죄, 비밀침해죄, 업무상 비밀누설죄 등이다.

징역과 금고는 유기와 무기로 구분된다. 유기는 1개월 이상 30년 이하이지만, 형을 가중하는 때에는 50년까지로 한다(제42조).

구류는 자유형이라는 점에서는 징역, 금고와 같지만 기간이 1일 이상 30일 미만이라는 점에서 구분된다(제46조).

4. 벌금과 과료, 몰수

벌금은 범죄인에게 일정 금액의 지불을 강제하는 의무를 부과하는 형벌이다. 적용되는 대상범죄와 금액이 다르다는 점에서 과료와 구별된다. 교통사고 관련 범죄 등 벌금형으로 처리해야 할 영역이 증가하면서 형사사건 제1심의 선고형의 30% 이상이 벌금사건이다. 벌금은 일신전속적 성격을 가지므로 제3자에 의한 대납이나 상속이 원칙적으로 인정되지 않는다.

(1) 벌금은 5만 원 이상으로 하며 상한액은 없지만 개별범죄의 구성요건에 상한액을 규정하고 있다. 벌금은 판결확정일로부터 30일 내에 납입하여야 한다. 벌금을 선고할 때에는 동시에 그 금액을 완납할 때까지 노역장에 유치할 것을 명할 수 있으며 벌금을 납입하지 않으면 1일 이상 3년 이하의 기간을 정하여 노역장에 유치하여 작업에 복무하게 한다(제69조).

【뉴스 속 사건사고】 이른바 '황제노역' 일당 5억 원
　　대기업 ○회장은 특정범죄가중처벌법상 조세포탈 등의 혐의로 기소돼 1심에서 징역 3년에 집행유예 5년, 벌금 508억 원을 선고받았다. 항소심은 징역 2년 6월에 집행유예 4년, 벌금 254억 원으로 감형하면서 노역 일당을 1일 5억 원으로 정했고 이 판결은 대법원에서 그대로 확정됐다. ○회장은 벌금과 세금, 채무 등 634억 원을 내지 않고 도피했다 지난 22일 귀국한 뒤 광주교도소 노역장에 유치됐다. ○회장은 50여일만 노역하면 벌금 254억 원을 모두 탕감 받을 수 있게 돼 논란이 됐다.[104]

---

103) 다만 수형자의 신청이 있으면 작업을 할 수 있으므로(형의 집행 및 수형자의 처우에 관한 법률 제67조) 현대의 형벌제도로서의 독자적 의미는 감소되고 있다.
104) 법률신문 2014.3.25.자. '대법원, '황제 노역' 환형유치제도 개선 나서' 기사 참조.

위 사건 이후로 노역장유치제도에 대한 사회적 비판이 일자, '형법상 노역장유치 제도는 벌금을 납부하지 않는 경우 1일 이상 3년 이하 기간 동안 노역장에 유치하여 작업에 복무하도록 규정하고 있을 뿐 노역장유치 기간에 대해서는 법관의 재량에 의하여 구체적 사안에 따라 정하도록 하고 있으나, 고액 벌금형의 경우 피고인이 벌금을 납입하지 않더라도 일부 재판의 경우에는 단기간 동안 노역장에 유치되는 것만으로 벌금액 전액을 면제받게 되는 사례가 발생하고 있어 이에 대한 개선 필요성이 증가하고 있는바, 이에 일정 액수 이상의 벌금형을 선고할 경우에는 노역장 유치의 최소 기간을 직접 법률에 규정하여 고액 벌금형을 단기의 노역장 유치로 무력화하지 못하도록 하는' 취지로 2014년 형법 제70조 제2항을 신설하여 '선고하는 벌금이 1억원 이상 5억원 미만인 경우에는 300일 이상, 5억원 이상 50억원 미만인 경우에는 500일 이상, 50억원 이상인 경우에는 1,000일 이상의 유치기간을 정하여야 한다.'고 규정하였다.

(2) 과료는 2천원 이상 5만원 미만으로 한다(제47조). 납입기간이나 노역장유치는 벌금과 유사하다. 과료는 비교적 경미한 범죄인 폭행죄, 협박죄, 과실치상죄 등에 규정되어있다.

【행정벌과 형사벌】 벌금이나 과료는 범죄행위에 대한 형벌(형사벌)이고 재산형의 일종이다. 이와 비슷한 개념으로 전과로 기록되지 않는 과태료와 범칙금이 있다. '과태료'는 행정법령 위반의 경우 부과되는 행정벌이다.[105] 경범죄나 도로교통법 위반행위에 대하여 '범칙금'을 부과하는데 이는 벌금의 일종이지만 금액이 상이하다. 또 벌금은 정식재판이든 약식명령이든 형사재판의 형식을 취하여 부과되는데 반하여 범칙금은 죄질이 가벼운 위반행위에 대하여 재판절차 없이 통고처분에 따라 납부한다. 납부하지 않으면 가산된 범칙금이 부과되고, 이를 다시 납부하지 않으면 경찰서장에 의하여 즉결심판이 청구될 수 있다. 범칙금을 낸 사람은 범칙행위에 대하여 다시 처벌 받지 아니한다.[106]

(3) 벌금이 금전의 지불의무를 강제적으로 부과하는데 대하여, 몰수는 범죄자의 재산권을 일방적으로 국가에 귀속시키는 효과를 가진다. 단독으로 선고될 수 있는 주형(몰수 이외의 형벌)에 대하여 몰수는 다른 주형과 더불어 선고되어야 하고 단독으로는 선고될 수 없다는 점에서 부가형이라고 한다.

---

105) 이에 대해서는 질서위반행위규제법을 참조.
106) 도로교통법 제164조 제3항 참조.

(4) 몰수107)는 법관의 재량에 의하는 임의적 몰수(제48조)와 반드시 몰수선고가 필요한 필요적 몰수가 있다. 뇌물죄에서의 뇌물, 아편에 관한 죄에서의 아편, 몰핀이나 그 화합물, 아편흡식기, 배임수재죄에서의 재물은 필요적 몰수이다. 뇌물로 받은 현금을 써버린 경우처럼 몰수하기 불가능한 경우에는 그 가액을 추징한다. '공무원범죄에 관한 몰수특례법', '마약류 불법거래 방지를 위한 특례법'에서는 몰수에 관한 특칙이 있다. 임의적 몰수가 되는 경우는 다음과 같다.

제48조(몰수의 대상과 추징) ① 범인 이외의 자의 소유에 속하지 아니하거나 범죄 후 범인 이외의 자가 정을 알면서 취득한 다음 각 호의 물건은 전부 또는 일부를 몰수할 수 있다.
1. 범죄행위에 제공하였거나 제공하려고 한 물건.
2. 범죄행위로 인하여 생겼거나 취득한 물건.
3. 제1호 또는 제2호의 대가로 취득한 물건.

【판례】
① 대형할인매장에서 수회 상품을 절취하여 자신의 승용차에 싣고 간 경우, 위 승용차는 형법 제48조 제1항 제1호에 정한 범죄행위에 제공한 물건으로 보아 몰수할 수 있다.108)
② 장물을 처분하여 그 대가로 취득한 압수물은 몰수할 것이 아니라 피해자에게 교부하여야 할 것이다.109)
③ 수뢰자가 자기앞수표를 뇌물로 받아 이를 소비한 후 자기앞수표 상당액을 증뢰자에게 반환하였다 하더라도 뇌물 그 자체를 반환한 것은 아니므로 이를 몰수할 수 없고 수뢰자로부터 그 가액을 추징하여야 할 것이다.110)
④ 수뢰자가 뇌물을 그대로 보관하였다가 증뢰자에게 반환한 때에는 증뢰자로부터 몰수·추징할 것이므로 수뢰자로부터 추징함은 위법하다.111)

107) 몰수는 법원의 판결선고에 의한 형벌이다. 이와 달리 압수는 수사나 재판에서 증거확보를 위하여 소유자 등의 물건의 점유를 강제로 이전하는 처분(강제처분)이다. 압수된 물건은 몰수되는 경우가 있다. 한편 압류는 민사소송에서 금전지급이나 손해배상을 위한 처분으로서 이루어지는 것이다.
108) 대판 2006.9.14, 2006도4075.
109) 이것을 피해자환부라고 한다. 대판 1969.1.21, 68도1672.
110) 대판 1999.1.29, 98도3584.
111) 대판 1984.2.28, 83도2783.

5. 자격상실과 자격정지

범인의 명예나 자격을 박탈하는 것을 내용으로 하는 형벌로서 명예형이라고 한다. 그러나 명예보다는 일정한 권리나 법률적 능력을 상실시키거나 정지시키는 형벌이므로 의미상으로 자격형이라는 것이 적절하다.[112] 이에는 자격상실과 자격정지가 있다.

(1) 자격상실은 사형, 무기징역, 무기금고의 판결이 선고되면 일정한 자격이 당연히 상실되는 경우이다. 상실되는 자격은 ① 공무원이 되는 자격, ② 공법상의 선거권과 피선거권, ③ 법률로 요건을 정한 공법상의 업무에 관한 자격, ④ 법인의 이사, 감사 또는 지배인 기타 법인의 업무에 관한 검사역이나 재산관리인이 되는 자격이다(제43조 제1항).

(2) 자격정지는 일정한 기간 동안 일정한 자격의 전부나 일부가 정지되는 경우로서, 첫째 유기징역 또는 유기금고의 판결을 받은 자는 그 형의 집행이 종료하거나 면제될 때까지 위 ①~③의 자격이 당연히 정지되는 당연정지(제43조 제2항), 둘째 판결의 선고에 의하여 1년 이상 15년 이하의 범위에서 위 ①~④의 자격이 정지되는 선고정지가 있다. 선고정지는 개별범죄에 자격정지가 형벌로 규정된 경우에 적용된다.

당연정지 가운데 형법 및 공직선거법에 의하여 수형자 및 집행유예 중인 자의 선거권을 제한하는 것이 헌법상 과잉금지원칙에 위배된다는 헌법재판소의 헌법불합치 및 위헌 결정[113]이 선고됨에 따라 공직선거법이 1년 미만의 징역 또는 금고의 집행을 선고받아 수형 중에 있는 사람과 형의 집행유예를 선고받고 유예기간 중에 있는 사람에 대하여 선거권을 부여하도록 개정되었다.

---

112) 박상기, 「형법총론」(제9판), 박영사(2012), 544면 참조.
113) 헌재결 2014.1.2, 2012헌마409·510, 2013헌마167(병합) 참조.

III. 양 형

1. 양형의 개념 및 양형단계

양형, 즉 형의 양정이란 법정형에 법률상 형의 가중, 감경이나 작량감경을 한 후 구체적으로 선고할 형을 정하는 것을 말한다. 양형은 단계적으로 법정형, 처단형, 선고형으로 구분된다.[114] ① 법정형이란 각각의 범죄의 해당 조문에 규정된 형벌을 말한다. 형법은 형벌의 종류와 범위를 정해두고 그 범위 안에서 구체적 형벌의 적용을 법관의 재량에 맡기는 상대적 법정형주의를 채택하고 있다. ② 처단형은 법정형에 법률상 또는 재판상 가중이나 감경을 한 후 형을 말한다. ③ 선고형은 처단형의 범위 안에서 법관이 구체적으로 형을 정하여 피고인에게 선고하는 형을 말한다. 형법은 정기형이 원칙이며, 소년범에 대해서는 장기와 단기를 정하여 선고하는 상대적 부정기형이 허용된다(소년법 제60조).

【양형의 조건】

제51조(양형의 조건) 형을 정함에 있어서는 다음 사항을 참작하여야 한다.
1. 범인의 연령, 성행, 지능과 환경
2. 피해자에 대한 관계
3. 범행의 동기, 수단과 결과
4. 범행 후의 정황

【양형의 예】 강도죄는 3년 이상의 유기징역에 처하도록 규정되어 있는데(제333조) 유기징역은 상한은 30년이므로 법정형은 장기 30년, 단기 3년이다. 그 다음 법률상 감경사유가 있어 감경을 한다면 그 형기의 ½을 감경하여(제55조 제3호) 장기 15년, 단기 1년 6월이 처단형이 된다. 이어서 법관이 작량감경(재량으로 형을 감경)을 하지 않고 징역 4년을 선고했다면 징역 4년이 선고형이 된다.

---

114) 형사재판에서 최종변론에서 검사가 피고인에게 선고되어야 할 형을 언급하는 것을 '구형'이라고 하는데 구형량은 법원에게 참고가 될 뿐이다.

2. 형의 가중 · 감경, 면제, 자수

형벌의 가중은 법률에 규정된 가중(법률상 가중)만 허용되고, 법관의 판단에 의한 가중은 허용되지 않는다. 경합범 가중, 누범 가중 등 모든 범죄에 해당되는 일반적 가중사유가 있고, 개별범죄의 상습범에 대한 가중과 같이 각각의 범죄의 구성요건에서 인정되는 가중사유가 있다.

(1) 형의 감경은 법률상 감경과 재판상 감경(작량감경이라 한다)이 있다. 법률상 감경은 법률에 직접 감경사유가 규정된 경우로서 ① 모든 범죄에 공통으로 적용되는 일반적 감경사유로서는 첫째 반드시 감경해주어야 하는 필요적 감경사유로서 심신미약, 농아자, 중지미수, 종범이 있고 둘째 임의적 감경사유로는 장애미수, 외국에서 받은 형의 집행, 과잉방위, 과잉피난, 과잉자구행위, 불능미수, 자수 · 자복이 있다. ② 개별범죄에 별도로 규정된 특수한 감경사유가 있다. 필요적 감경사유로서 방화죄, 통화위조죄에서 실행에 이르기 전에 자수한 경우, 위증죄, 무고죄에서 그 사건의 재판 또는 징계처분이 확정되기 전에 자수한 경우인데 면제와 택일적이다. 임의적 감경사유로는 범죄단체조직죄, 약취 · 유인 · 매매된 자의 석방, 인질의 석방의 경우가 있다. 재판상 감경은 법률상 감경사유가 없어도 피고인에게 정상참작의 사유가 있는 경우 법원이 재량으로 하는 형의 감경이다(제53조).

(2) 형의 면제는 범죄는 성립되지만 형벌이 부과되지 않는 경우로서, 형의 면제 판결도 유죄판결의 일종이다.[115]

> **제7조(외국에서 집행된 형의 산입)** 죄를 지어 외국에서 형의 전부 또는 일부가 집행된 사람에 대해서는 그 집행된 형의 전부 또는 일부를 선고하는 형에 산입한다.

외국에서 실제로 형의 집행을 받았음에도 불구하고 같은 범죄에 대하여 우리 형법에 의한 처벌을 할 때 이를 전혀 고려하지 않는다면 신체의 자유에 대한 과도한 제한이 될 수 있으므로 어느 범위에서든 반드시 반영되어야 하며, 외국에서 받은 형의 집행을 전혀 반영하지 아니할 수도 있도록 한 것은 과잉금지원칙에 위

---

[115] 형의 집행면제는 확정판결 이후의 사유에 의한다는 점에서 구별된다. 예를 들어 확정판결 이후 복역 중에 확정판결을 받은 범죄사실에 관한 법률이 변경되어 그 행위가 범죄를 구성하지 아니하면 나머지 형의 집행이 면제된다.

배되어 신체의 자유를 침해한다는 헌법재판소의 헌법불합치결정의 취지에 따라 '형을 감경 또는 면제할 수 있다.'에서 '그 집행된 형의 전부 또는 일부를 선고하는 형에 산입한다.'고 개정하였다.

(3) 자수(自首)란 범인이 수사기관에 자신의 범죄사실을 신고하여 처벌을 구하는 의사표시이며, 자복(自服)은 피해자에게 자신의 범죄사실을 알리고 처벌을 구하는 것이다. 형의 감경, 면제사유가 된다. 자수는 모든 범죄에 대하여 인정되지만 자복은 반의사불벌죄의 경우에만 인정된다.

3. 선고유예와 집행유예

(1) 선고유예는 법원이 1년 이하의 징역이나 금고, 자격정지 또는 벌금의 형을 선고할 경우에 제51조의 사항을 고려하여 개전의 정상이 뚜렷한 때에는 그 선고를 유예할 수 있다. 선고유예를 하는 경우에는 재범방지를 위하여 지도 및 원호가 필요한 때에는 보호관찰을 받을 것을 명할 수 있으며 보호관찰의 기간은 1년이다. 형의 선고유예를 받은 날로부터 2년을 경과하면 면소된 것으로 간주한다. 형이 선고되는 유죄판결로서 법원이 선고할 수 있는 가장 가벼운 판결이다.

(2) 집행유예는 법원이 3년 이하의 징역이나 금고 또는 500만원 이하의 벌금의 형을 선고할 경우에 제51조의 사항을 참작하여 그 정상에 참작할 만한 사유가 있는 때에는 1년 이상 5년 이하의 기간 형의 집행을 유예할 수 있다. 다만, 금고 이상의 형을 선고한 판결이 확정된 때부터 그 집행을 종료하거나 면제된 후 3년까지의 기간에 범한 죄에 대하여 형을 선고하는 경우에는 그러하지 아니하다. 집행유예를 선고하는 경우에는 보호관찰을 받을 것을 명하거나 사회봉사 또는 수강을 명할 수 있다. 보호관찰의 기간은 집행을 유예한 기간으로 한다. 사회봉사명령 또는 수강명령은 집행유예기간 내에 집행한다. 집행유예의 선고를 받은 후 그 선고의 실효 또는 취소됨이 없이 유예기간을 경과한 때에는 형의 선고는 효력을 잃는다.

4. 가석방

징역 또는 금고의 집행 중에 있는 자가 그 행상이 양호하여 뉘우침이 뚜렷한 때에는 무기에 있어서는 20년, 유기에 있어서는 형기의 3분의 1을 경과한 후 행정처분으로 가석방을 할 수 있다. 가석방의 기간은 무기형에 있어서는 10년으로 하고, 유기형에 있어서는 남은 형기로 하지만 그 기간은 10년을 초과할 수 없다. 가석방된 자는 가석방기간 중 보호관찰을 받는다. 가석방의 처분을 받은 후 그 처분이 실효 또는 취소되지 아니하고 가석방기간을 경과한 때에는 형의 집행을 종료한 것으로 본다.

주요 개별범죄

TAKE ON OATH   JUDGEMENT   JUSTICE   GOVERNMENT

DEAL   CONTRACT   WRITING   ARREST

SEARCH   BRIEFCASE   JAIL   GLOBAL

FILES   SECURITY BADGE   FINGERPRINT   CRIME

주요 개별범죄

제 1 절 | 경범죄처벌법과 경범죄

I. 경범죄의 의의

살인이나 강도와 같이 중대한 범죄가 아니더라도 처벌의 필요성이 있고 다른 사람에게 피해를 주는 가벼운 질서위반행위는 경범죄처벌법에 의하여 경범죄로 처벌한다. 때로는 '이런 행위까지도 처벌할 필요가 있을까'하는 행위도 경범죄로 처벌하므로 경범죄는 도덕이나 관습과 법의 경계영역일 수 있다. 그러나 경범죄도 엄연하게 범죄의 하나이다. 또 경범죄에 해당되는 행위라고 할지라도 정도가 심하거나 추가적 행위를 한 경우에는 형법이나 특별형법의 범죄에 해당될 수 있다. 예를 들어 공무원도 아니면서 국가기관의 공무원이 착용하는 제복을 입고 다니는 행위는 경범죄처벌법 제3조 제1항 제7호의 '관명사칭'에 해당하지만 더 나아가 그 공무원의 권한까지 행사하면 공무원자격사칭죄(형법 제118조)가 성립한다.

경범죄처벌법은 국민의 안녕질서의 유지와 치안확보를 위하여 경미한 범죄사범을 처벌할 수 있도록 하려는 취지로 1954년에 제정되어 시행되고 있다. 처음에는 31개 행위가 경범죄로 규정되었는데 이후 10여 차례 개정을 거치면서 기존의 경범죄행위가 삭제되거나 새롭게 추가되어 현재는 46개의 경범죄 행위유형이 있다.

II. 경범죄의 유형 및 범칙금액

경범죄처벌법은 행위유형에 따라 처벌의 정도를 달리하고 있다.[1] ① 10만원 이하의 벌금, 구류 또는 과료(科料)의 형에 해당하는 유형, ② 20만원 이하의 벌금, 구류 또는 과료의 형에 해당하는 유형, ③ 60만원 이하의 벌금, 구류 또는 과료의 형에 해당하는 유형 등이다. ① 유형은 각 범칙행위마다 범칙금액이 다른데 경범죄처벌법 시행령 별표(범칙행위 및 범칙금액)에 구분되어 있다. 아래 표에 있는 경범죄행위를 낱낱이 기억할 수는 없지만 한 번쯤은 무심코 범할 수도 있는 행위들이므로 행위유형을 모두 표기하였다. 대체로 사회생활에 있어서 타인을 배려하는 자세로 행동하고 공공질서나 타인의 권리나 이익을 침해하지 않으면 문제되지 않는다.

제3조 제1항의 범칙행위 및 범칙금액	범칙금액
제1호(빈집 등에의 침입) 다른 사람이 살지 않고 관리하지 않는 집 또는 그 울타리·건조물(建造物)·배·자동차 안에 정당한 이유 없이 들어간 사람	8만원
제2호(흉기의 은닉휴대) 칼·쇠몽둥이·쇠톱 등 사람의 생명 또는 신체에 중대한 위해를 끼치거나 집이나 그 밖의 건조물에 침입하는 데에 사용될 수 있는 연장이나 기구를 정당한 이유 없이 숨겨서 지니고 다니는 사람	8만원
제3호(폭행 등 예비) 다른 사람의 신체에 위해를 끼칠 것을 공모(共謀)하여 예비행위를 한 사람이 있는 경우 그 공모를 한 사람	8만원
제5호(시체 현장변경 등) 사산아(死産兒)를 감추거나 정당한 이유 없이 변사체 또는 사산아가 있는 현장을 바꾸어 놓은 사람	8만원
제6호(도움이 필요한 사람 등의 신고불이행) 자기가 관리하고 있는 곳에 도움을 받아야 할 노인, 어린이, 장애인, 다친 사람 또는 병든 사람이 있거나 시체 또는 사산아가 있는 것을 알면서 이를 관계 공무원에게 지체 없이 신고하지 않은 사람	8만원
제7호(관명사칭 등) 국내외의 공직(公職), 계급, 훈장, 학위 또는 그 밖에 법령에 따라 정해진 명칭이나 칭호 등을 거짓으로 꾸며 대거나 자격이 없으면서 법령에 따라 정해진 제복, 훈장, 기장 또는 기념장(記念章), 그 밖의 표장(標章) 또는 이와 비슷한 것을 사용한 사람	8만원
제8호(물품강매·호객행위) 가. 요청하지 않은 물품을 억지로 사라고 한 사람, 요청하지 않은 일을 해주거나 재주 등을 부리고 그 대가로 돈을 달라고 한 사람	8만원
나. 여러 사람이 모이거나 다니는 곳에서 영업을 목적으로 떠들썩하게 손님을 부른 사람	5만원

---

1) 경범죄는 교사범이나 방조범도 처벌한다. 경범죄를 짓도록 시키거나 도와준 사람은 죄를 지은 사람에 준하여 처벌한다(경범죄처벌법 제4조). 경범죄를 범한 사람의 사정과 형편을 헤아려서 그 형을 면제하거나 구류와 과료를 함께 과할 수 있다(제5조).

제9호(광고물 무단부착 등) 가. 다른 사람 또는 단체의 집이나 그 밖의 인공구조물과 자동차 등에 함부로 광고물 등을 붙이거나 내걸거나 끼우거나 글씨 또는 그림을 쓰거나 그리거나 새기는 행위 등을 한 사람 또는 공공장소에서 광고물 등을 함부로 뿌린 사람	5만원
나. 다른 사람이나 단체의 간판, 그 밖의 표시물 또는 인공구조물을 함부로 옮기거나 더럽히거나 훼손한 사람	8만원
제10호(마시는 물 사용방해) 사람이 마시는 물을 더럽히거나 사용하는 것을 방해한 사람	8만원
제11호(쓰레기 등 투기) 가. 쓰레기, 죽은 짐승, 그 밖의 더러운 물건(나목에 규정된 것은 제외한다)이나 못쓰게 된 물건을 함부로 아무 곳에나 버린 사람	5만원
나. 담배꽁초, 껌, 휴지를 아무 곳에나 버린 사람	3만원
제12호(노상방뇨 등) 가. 길, 공원, 그 밖에 여러 사람이 모이거나 다니는 곳에서 대소변을 보거나 또는 그렇게 하도록 시키거나 개 등 짐승을 끌고 와서 대변을 보게 하고 이를 치우지 않은 사람	5만원
나. 길, 공원, 그 밖에 여러 사람이 모이거나 다니는 곳에서 함부로 침을 뱉은 사람	3만원
제13호(의식방해) 공공기관이나 그 밖의 단체 또는 개인이 하는 행사나 의식을 못된 장난 등으로 방해하거나 행사나 의식을 하는 사람 또는 그 밖에 관계있는 사람이 말려도 듣지 않고 행사나 의식을 방해할 우려가 뚜렷한 물건을 가지고 행사장 등에 들어간 사람	8만원
14호(단체가입 강요) 싫다고 하는데도 되풀이하여 단체 가입을 억지로 강요한 사람	5만원
제15호(자연훼손) 공원·명승지·유원지나 그 밖의 녹지구역 등에서 풀·꽃·나무·돌 등을 함부로 꺾거나 캔 사람 또는 바위·나무 등에 글씨를 새기거나 하여 자연을 훼손한 사람	5만원
제16호(타인의 가축·기계 등 무단조작) 다른 사람 또는 단체의 소나 말, 그 밖의 짐승 또는 매어 놓은 배·뗏목 등을 함부로 풀어 놓거나 자동차 등의 기계를 조작한 사람	8만원
제17호(물길의 흐름 방해) 개천·도랑이나 그 밖의 물길의 흐름에 방해될 행위를 한 사람	2만원
제18호(구걸행위 등) 가. 다른 사람에게 구걸하도록 시켜 올바르지 않은 이익을 얻은 사람	8만원
나. 공공장소에서 구걸을 하여 다른 사람의 통행을 방해하거나 귀찮게 한 사람	5만원
제19호(불안감조성) 정당한 이유 없이 길을 막거나 시비를 걸거나 주위에 모여들거나 뒤따르거나 몹시 거칠게 겁을 주는 말이나 행동으로 다른 사람을 불안하게 하거나 귀찮고 불쾌하게 한 사람 또는 여러 사람이 이용하거나 다니는 도로·공원 등 공공장소에서 고의로 험악한 문신(文身)을 드러내어 다른 사람에게 혐오감을 준 사람	5만원
제20호(음주소란 등) 공회당·극장·음식점 등 여러 사람이 모이거나 다니는 곳 또는 여러 사람이 타는 기차·자동차·배 등에서 몹시 거친 말이나 행동으로 주위를 시끄럽게 하거나 술에 취하여 이유 없이 다른 사람에게 주정한 사람	5만원
제21호(인근소란 등) 악기·라디오·텔레비전·전축·종·확성기·전동기(電動機) 등의 소리를 지나치게 크게 내거나 큰소리로 떠들거나 노래를 불러 이웃을 시끄럽게 한 사람	3만원
제22호(위험한 불씨 사용) 충분한 주의를 하지 않고 건조물, 수풀, 그 밖에 불붙기 쉬운 물건 가까이에서 불을 피우거나 휘발유 또는 그 밖에 불이 옮아붙기 쉬운 물건 가까이에서 불씨를 사용한 사람	8만원
제23호(물건 던지기 등 위험행위) 다른 사람의 신체나 다른 사람 또는 단체의 물건에 해를 끼칠 우려가 있는 곳에 충분한 주의를 하지 않고 물건을 던지거나 붓거나 또는 쏜 사람	3만원
제24호(인공구조물 등의 관리소홀) 무너지거나 넘어지거나 떨어질 우려가 있는 인공구조물이나 그 밖의 물건에 대하여 관계 공무원으로부터 고칠 것을 요구받고도 필요한 조치를 게을리하여 여러 사람을 위험에 빠트릴 우려가 있게 한 사람	5만원

제25호(위험한 동물의 관리 소홀) 사람이나 가축에 해를 끼치는 버릇이 있는 개나 그 밖의 동물을 함부로 풀어놓거나 제대로 살피지 않아 나다니게 한 사람	5만원
제26호(동물 등에 의한 행패 등) 가. 소나 말을 놀라게 하여 달아나게 한 사람	5만원
나. 개나 그 밖의 동물을 시켜 사람이나 가축에게 달려들게 한 사람	8만원
제27호(무단소등) 여러 사람이 다니거나 모이는 곳에 켜 놓은 등불이나 다른 사람 또는 단체가 표시를 하기 위하여 켜 놓은 등불을 함부로 끈 사람	5만원
제28호(공중통로 안전관리소홀) 여러 사람이 다니는 곳에서 위험한 사고가 발생하는 것을 막을 의무가 있으면서도 등불을 켜 놓지 않거나 그 밖의 예방조치를 게을리 한 사람	5만원
제29호(공무원 원조불응) 눈·비·바람·해일·지진 등으로 인한 재해, 화재·교통사고·범죄, 그 밖의 급작스러운 사고가 발생하였을 때에 현장에 있으면서도 정당한 이유 없이 관계 공무원 또는 이를 돕는 사람의 현장출입에 관한 지시에 따르지 않거나 공무원이 도움을 요청하여도 도움을 주지 않은 사람	5만원
제30호(거짓 인적사항 사용) 성명, 주민등록번호, 등록기준지, 주소, 직업 등을 거짓으로 꾸며대고 배나 비행기를 타거나 인적사항을 물을 권한이 있는 공무원이 적법한 절차를 거쳐 묻는 상황에서 정당한 이유 없이 다른 사람의 인적사항을 자기의 것으로 거짓으로 꾸며댄 사람	8만원
제31호(미신요법) 근거 없이 신기하고 용한 약방문인 것처럼 내세우거나 그 밖의 미신적인 방법으로 병을 진찰·치료·예방한다고 하여 사람들의 마음을 홀리게 한 사람	2만원
제32호(야간통행제한 위반) 전시·사변·천재지변, 그 밖에 사회에 위험이 생길 우려가 있는 상황에서 국민안전처장관이나 경찰청장이 정하는 야간통행제한을 위반한 사람	3만원
제33호(과다노출) 공개된 장소에서 공공연하게 성기·엉덩이 등 신체의 주요한 부위를 노출하여 다른 사람에게 부끄러운 느낌이나 불쾌감을 준 사람	5만원
제34호(지문채취 불응) 범죄 피의자로 입건된 사람의 신원을 지문조사 외의 다른 방법으로는 확인할 수 없어 경찰공무원이나 검사가 지문을 채취하려고 할 때에 정당한 이유 없이 이를 거부한 사람	5만원
제35호(자릿세 징수 등) 여러 사람이 모이거나 쓸 수 있도록 개방된 시설 또는 장소에서 좌석이나 주차할 자리를 잡아 주기로 하거나 잡아주면서, 돈을 받거나 요구하거나 돈을 받으려고 다른 사람을 귀찮게 따라다니는 사람	8만원
제36호(행렬방해) 공공장소에서 승차·승선, 입장·매표 등을 위한 행렬에 끼어들거나 떠밀거나 하여 그 행렬의 질서를 어지럽힌 사람	5만원
제37호(무단 출입) 출입이 금지된 구역이나 시설 또는 장소에 정당한 이유 없이 들어간 사람	2만원
제38호(총포 등 조작장난) 여러 사람이 모이거나 다니는 곳에서 충분한 주의를 하지 않고 총포, 화약류, 그 밖에 폭발의 우려가 있는 물건을 다루거나 이를 가지고 장난한 사람	8만원
제39호(무임승차 및 무전취식) 영업용 차 또는 배 등을 타거나 다른 사람이 파는 음식을 먹고 정당한 이유 없이 제 값을 치르지 않은 사람	5만원
제40호(장난전화 등) 정당한 이유 없이 다른 사람에게 전화·문자메시지·편지·전자우편·전자문서 등을 여러 차례 되풀이하여 괴롭힌 사람	8만원
제41호(지속적 괴롭힘) 상대방의 명시적 의사에 반하여 지속적으로 접근을 시도하여 면회 또는 교제를 요구하거나 지켜보기, 따라다니기, 잠복하여 기다리기 등의 행위를 반복하여 하는 사람	8만원

제3조 제2항의 범칙행위 및 범칙금액	범칙금액
제1호(출판물의 부당게재 등) 올바르지 않은 이익을 얻을 목적으로 다른 사람 또는 단체의 사업이나 사사로운 일에 관하여 신문, 잡지, 그 밖의 출판물에 어떤 사항을 싣거나 싣지 않을 것을 약속하고 돈이나 물건을 받은 사람	16만원
제2호(거짓 광고) 여러 사람에게 물품을 팔거나 나누어 주거나 일을 해주면서 다른 사람을 속이거나 잘못 알게 할 만한 사실을 들어 광고한 사람	16만원
제3호(업무방해) 못된 장난 등으로 다른 사람, 단체 또는 공무수행 중인 자의 업무를 방해한 사람	16만원
제4호(암표매매) 흥행장, 경기장, 역, 나루터, 정류장, 그 밖에 정해진 요금을 받고 입장시키거나 승차 또는 승선시키는 곳에서 웃돈을 받고 입장권·승차권 또는 승선권을 다른 사람에게 되판 사람	16만원

제3조 제3항의 범칙행위 및 범칙금액	범칙금액
제1호(관공서에서의 주취소란) 술에 취한 채로 관공서에서 몹시 거친 말과 행동으로 주정하거나 시끄럽게 한 사람	60만원 이하의 벌금, 구류, 과료
제2호(거짓신고) 있지 아니한 범죄나 재해 사실을 공무원에게 거짓으로 신고한 사람	

Ⅲ. 경범죄처벌법의 변화와 남용문제

경범죄처벌법에서 처벌되는 행위들은 사회환경과 시민의식의 변화에 따라 ① 바위나 나무에 글씨를 새기는 자연훼손행위, 호객행위, 지속적 괴롭힘(스토킹), 광고물무단부착 등 새로 신설된 경우도 있고, ② 금연장소 흡연, 정신병자 감호소홀과 같이 다른 법률로 규제를 변경한 경우도 있고, ③ 떠돌이,[2] 장발, 유언비어 유포행위처럼 삭제된 경우도 있다.

(1) 경범죄처벌법을 적용하는데 있어서는 과잉적용이 문제된다. 경범죄의 행위내용으로 '함부로', '억지로', '몹시 거친 말과 행동' 등 그 의미와 적용범위를 확정하기 어려운 추상적 개념을 사용하는 경우가 많다. 따라서 법을 집행하는 담당자

---

[2] 종전에 '일할 능력은 있으나 다른 생계의 길도 없으면서 취업할 의사가 없이 여기저기 떠돌아다니며 사는 곳이 일정하지 아니한 사람'을 처벌하는 규정이 있었으나 1989년에 삭제되었다.

에 의하여 자의적으로 적용될 소지가 있다. 이에 따라 경범죄처벌법 제2조(남용금지)에서는 '이 법을 적용할 때에는 국민의 권리를 부당하게 침해하지 아니하도록 세심한 주의를 기울여야 하며, 본래의 목적에서 벗어나 다른 목적을 위하여 이 법을 적용하여서는 아니 된다'고 주의규정을 두고 있다.

(2) 이와 관련하여 유언비어 유포행위(국가나 사회의 안녕질서를 해치거나 사회를 불안하게 할 우려가 있는 사실을 거짓으로 꾸며 퍼뜨린 행위)는 1973년에 신설되었다가 1989년에 남용의 여지가 많고 언론의 신장으로 실효성이 없다는 이유로 삭제되었다. 이런 점에서 최근 북한의 포격사건이 있은 후 '대한민국 국방부, 전쟁 임박시 만 21~33세 전역 남성 소집. SNS 라디오 등 전쟁 선포 확인되면 기본 생필품을 소지하고 국방부 홈페이지에서 장소 확인 이후 긴급히 소집 요망'이라는 문자를 유포한 경우 위계에 의한 공무집행방해죄로까지 처벌하여야 한다는 주장3)은 무리가 있다. 하지만 중동호흡기증후군(메르스)이 발병하였을 때 '○○지역 ○○병원에 메르스 발생'이라는 글을 근거없이 인터넷에 게시한 사람에 대하여 해당 병원에서 업무방해죄로 고소하고 민사상 손해배상을 청구하는 경우도 있다.

(3) 장발자 및 저속의상 착용자에 대한 처벌규정(남녀를 구별할 수 없을 만큼 긴 머리를 함으로써 좋은 풍속을 해친 남자 또는 점잖지 못한 옷차림을 하거나 장식물을 달고 다님으로서 좋은 풍속을 해친 사람)은 1989년에 삭제되었다. 70, 80년대에 저항의식이나 개성의 표현으로 남성이 머리를 기르는 것을 규제하였으나 두발의 길이는 염색과 같이 개인의 자유의 영역이므로 법으로 규제할 것이 아니었다. 마찬가지로 저속의상의 착용과 관련하여 다른 사람의 옷차림이 '저속'한가 '개성'인가는 보는 사람의 느낌이나 감정의 문제이므로 윤리나 관습의 영역에 해당된다.

(4) 과다노출규정(제3조 제1항 제33호)의 내용(여러 사람의 눈에 뜨이는 곳에서 공공연하게 알몸을 지나치게 내놓거나 가려야 할 곳을 내놓아 다른 사람에게 부끄러운 느낌이나 불쾌감을 준 사람)에 대하여 명확성의 원칙에 위반된다는 헌법재판소의 위헌결정에 따라 '공개된 장소에서 공공연하게 성기·엉덩이 등 신체의 주요한 부위를 노출하여 다른 사람에게 부끄러운 느낌이나 불쾌감을 준 사람'으로 2017년에 개정

---

3) 경기일보 2015.8.24.자.('이런 때 유언비어는 이적 반국가 행위다. 경찰, 주동자 색출하고 이유 불문 구속하라' 기사) 참조.

되었다.

노출부위와 상대방이 느끼는 성적 수치심을 기준으로 노출에 대한 사회적 관념의 변화에 따라 탄력적으로 적용되어야 할 문제이다. 노출이 경범죄의 범위를 넘어서는 경우에는 형법상 공연음란행위에 해당될 수 있다.

【과다노출 규정에 대한 위헌결정】(아파트 앞 공원에서 일광욕을 위해 상의를 탈의한 사건에 대하여) 심판대상조항은 알몸을 '지나치게 내놓는' 것이 무엇인지 그 판단 기준을 제시하지 않아 무엇이 지나친 알몸노출행위인지 판단하기 쉽지 않고, '가려야 할 곳'의 의미도 알기 어렵다. 심판대상조항 중 '부끄러운 느낌이나 불쾌감'은 사람마다 달리 평가될 수밖에 없고, 노출되었을 때 부끄러운 느낌이나 불쾌감을 주는 신체부위도 사람마다 달라 '부끄러운 느낌이나 불쾌감'을 통하여 '지나치게'와 '가려야 할 곳' 의미를 확정하기도 곤란하다.

심판대상조항은 '선량한 성도덕과 성풍속'을 보호하기 위한 규정인데, 이러한 성도덕과 성풍속이 무엇인지 대단히 불분명하므로, 심판대상조항의 의미를 그 입법목적을 고려하여 밝히는 것에도 한계가 있다.

대법원은 '신체노출행위가 단순히 다른 사람에게 부끄러운 느낌이나 불쾌감을 주는 정도에 불과한 경우 심판대상조항에 해당한다.'라고 판시하나, 이를 통해서도 '가려야 할 곳', '지나치게'의 의미를 구체화 할 수 없다.

심판대상조항의 불명확성을 해소하기 위해 노출이 허용되지 않는 신체부위를 예시적으로 열거하거나 구체적으로 특정하여 분명하게 규정하는 것이 입법기술상 불가능하거나 현저히 곤란하지도 않다. 예컨대 이른바 '바바리맨'의 성기노출행위를 규제할 필요가 있다면 노출이 금지되는 신체부위를 '성기'로 명확히 특정하면 될 것이다.

따라서 심판대상조항은 죄형법정주의의 명확성원칙에 위배된다.[4]

(5) 112나 119에 거짓으로 범죄신고나 화재신고를 하는 경우 거짓신고행위(경범죄처벌법 제3조 제3항 2호)에 해당되지만 이런 장난전화로 공권력의 낭비가 초래되는 경우가 많아 상습적·반복적인 거짓신고행위에 대해서는 공무집행방해로 형사입건하고 민사상 손해배상을 청구하는 경우도 있다.

【112, 119 허위신고 강력 대응】2013년 만우절 당일 경찰에 접수된 허위 신고는 31건에 달했으나 2014년 6건, 2015년 5건, 2016년 9건, 2017년 12건을 기록했다.

---

4) 헌재결 2016헌가3, 2016.11.24.(전원재판부).

　경찰은 공권력 낭비를 막기 위해 허위신고를 선처하지 않는 '원스트라이크 아웃' 제도
를 도입한다는 방침이다. 이 제도가 도입되면 고의가 명백하고, 매우 긴박한 상황으로
위장, 경찰력 낭비가 심한 허위 신고라면 단 한 차례만으로도 처벌 대상이 된다. 상대적
으로 가벼운 허위 신고라도 상습성이 있으면 처벌 대상이다. … 한편 허위신고 대비 형사
처분 비율은 2012년 10.9%에 그쳤으나 2013년 24.4%, 2014년 81.4%, 2015년 93.3%로
급격히 높아지는 추세다.5)

【뉴스 속 사건사고】 허위신고행위

　2015년 9월 10일 청주의 ○○경찰서는 상습적으로 112에 허위신고를 한 혐의(위계에 의
한 공무집행방해)로 입건해 조사 중인 A씨를 상대로 손해배상 청구 소송을 제기했다고
밝혔다. A씨는 지난 7월 29일 오후 12시 6분쯤 "같은 아파트 주민이 흉기로 사람을 살해
했다"고 허위로 신고를 하는 등 지난 1월부터 7월까지 모두 92차례에 걸쳐 거짓 신고를
한 혐의를 받고 있다. 경찰은 신고를 받고 출동한 경찰관의 정신적 고통과 유류비 보전
명목 등으로 150만원의 손해배상을 청구했다.

　앞서 충북 ○○경찰서도 220차례 허위신고를 한 B씨(56)를 상대로 손해배상 청구 소
송을 냈었다. 청주지법 영동지원은 지난 2월 B씨에게 85만 8742원을 지급하라는 원고
승소판결을 내린 바 있다.6)

【112 발목잡는 황당한 신고】

　'배 불러 죽겠다' '휴대폰 메시지 무슨 뜻 …'

　'배가 너무 터지는 것 같아. 이제 조금 도와주면 안될까?'(신고자)

　'니들이 제일 낫더라. (이거) 범죄신고라고.'(신고자)

　경찰청이 11월 2일 긴급 범죄신고전화 '112의 날'을 하루 앞두고 공개한 '황당 신고'
녹취록 중 일부다. 자신의 배가 너무 부르니 경찰이 도와달라는 어이없는 신고 사례다.
휴대전화에 뜬 'USIM 카드 장착 후 재부팅'이라는 메시지가 무슨 뜻이냐며 112로 전화
를 걸었다가 통신사로 문의하라는 경찰의 답변에 '경찰서에서는 그걸 모르느냐'며 역정
을 내는 사람도 있다. 커피 자판기에서 잔돈이 나오지 않는다는 신고, 아래층 식당에서
고기를 구워 연기가 집에 들어온다는 신고 등 긴급한 범죄 상황과 관계없는 무분별한
신고 사례는 무궁무진했다. (중간생략) 1957년 서울·부산시경에서 첫 도입한 이래 '국
민의 비상벨'로 자리매김한 112는 최근 허위·장난전화와 황당한 신고 때문에 몸살을
앓고 있다. 지난해 112 신고 1877만 8105건 가운데 긴급 출동이 필요했던 신고(코드0·

5) 중앙일보 2108.4.1.자.
6) 경향신문 2015.9.10.자.

1)는 239만 1396건(12.7%)에 불과했고, 긴급하지 않지만 후속 출동이 필요한 신고(코드 2)는 799만6036건(42.6%)이었다. 반면 전체 44.7%에 해당하는 839만 673건은 출동이 필요 없는 단순 상담·민원성 신고(코드3)인 것으로 확인됐다.

경찰은 관할 업무가 아니어도 신고자가 경찰관 출동을 원하는 경우 어쩔 수 없이 출동해야 해 경찰력 낭비가 심각한 상황이라고 지적했다. 홈쇼핑으로 두유를 샀는데 하나가 상해 있었다는 식의 신고에도 일단 응대하고 봐야 하는 것이 경찰의 현실이다.[7]

Ⅳ. 경범죄의 처벌절차

경범죄를 처벌하는데 있어서는 다른 일반범죄와 달리 정식 형사재판절차에 의하지 않고 통고처분과 범칙금 납부, 즉결심판이라는 특별하고 간단한 절차에 의한다.

(1) 경찰서장 등은 경범죄를 범한 사람에게 범칙금을 부과하고 납부할 것을 통고한다.[8] 이에 따라 범칙금 납부통고서를 받은 사람은 10일 이내에 지정한 은행, 우체국 등에 납부하여야 한다. 납부기간에 범칙금을 납부하지 아니한 사람은 납부기간의 마지막 날의 다음 날부터 20일 이내에 통고받은 범칙금에 그 금액의 100분의 20을 더한 금액을 납부하여야 한다.

(2) 통고처분서 받기를 거부한 사람, 주거 또는 신원이 확실하지 아니한 사람, 그 밖에 통고처분을 하기가 매우 어려운 사람과 납부기간에 범칙금을 납부하지 아니한 사람(통고처분 불이행자)에 대해서는 경찰서장 등이 즉결심판을 청구하게 된다. 그러나 통고처분 불이행자가 즉결심판이 청구되기 전까지 통고받은 범칙금에 그 금액의 100분의 50을 더한 금액을 납부한 경우에는 즉결심판을 청구하지 않고, 즉결심판 청구 후 선고 전까지 납부한 경우에는 즉결심판을 취소한다.

(3) 법원의 즉결심판의 선고내용에 불복하면 선고일로부터 7일 이내에 정식재판을 청구할 수 있다.

---

7) 매일경제 2015.11.1.자.
8) 이러한 절차는 경범죄처벌법 제3조 제1항과 제2항의 범칙행위에 적용된다.

제2절 | 형법상 주요 범죄

형법에 개별범죄가 규정된 부분을 형법각칙이라고 하고 이를 연구하는 것을 형법각론이라 한다. 형법각칙은 사회생활에서 발생하는 수많은 범죄를 일정한 기준에 따라 분류하여 규정하고 있다. 범죄는 형법각칙에만 규정되어 있는 것이 아니다. 예를 들어 복사기에 의한 문서위조행위, 다른 사람의 자동차를 무단으로 사용하는 것과 같이 새롭게 처벌해야 할 필요성이 있는 새로운 범죄적 현상이 발생하게 되면 형법각칙에 범죄유형을 추가하기도 하지만, 인터넷에 의한 명예훼손행위, 휴대폰에 의한 여성의 신체촬영 등에 대한 새로운 특별형법을 제정하기도 한다. 우리의 입법현실은 많은 특별형법을 양산하고 있는 실정이다.

개별범죄는 대체로 범죄에 의하여 침해되는 법익, 즉 범죄를 처벌함으로써 보호하려는 법익을 기준으로 규정되어 있다. 형법각칙은 제87조부터 제372조까지 국가적 법익, 사회적 법익, 개인적 법익의 순서로 규정하고 있지만 국가우월주의보다 국민의 자유와 기본권이 우선되어야 한다는 사고에 따라 개인적 법익, 사회적 법익, 국가적 법익의 순서로 설명하기로 한다. 아래에서는 형법에 규정된 범죄 가운데 살인죄를 기본으로 개별범죄에 대한 내용이 어떻게 전개되는지 알아보고, 실생활에서 특히 알아두어야 할 범죄를 중심으로 설명하기로 한다.

제1관 살인죄

I. 보통살인죄

> 제250조(살인, 존속살해) ① 사람을 살해한 자는 사형, 무기 또는 5년 이상의 징역에 처한다.

연쇄살인사건이 종종 발생하는 요즘 살인죄가 무엇인지 모르는 이는 없지만, 법이론적으로 어려운 몇 가지 쟁점이 있고 제일 먼저 설명하는 범죄이므로 개별범죄의 범죄의 기본적인 성립요건을 살펴본다는 면에서 조금 자세히 언급한다.

살인죄 또는 보통살인죄는 사람의 생명을 단절하는 행위이다. 살인죄의 대상인 사람은 살아있는 사람이며 범인이 아닌 자연인을 말한다. 따라서 자살은 살인죄로 처벌되지 않는다. 인간생명은 절대적으로 보호되어야 하므로 사람의 육체적, 정신적, 경제적 능력은 고려되지 않고 생존가능성 또는 생존능력을 떠나 모두 동등하게 보호된다. 태아를 살해하는 행위는 낙태죄가 되며, 사자(死者)에 대해서는 사체손괴죄가 성립한다.

(1) **살인죄의 객체**   살인죄의 대상인 사람은 언제부터 언제까지 사람인가에 대하여 사람의 시기(始期)는 진통설, 일부노출설, 전부노출설, 독립호흡설이 있으나 진통설(분만개시설)이 통설이다. 분만이 개시된 시점을 말하며, 제왕절개시술의 경우는 자궁의 절개시가 출생시점이다. 한편 민법상 사람의 출생시기는 전부노출설에 의한다.

사람의 종기(終期)는 종전에는 맥박종지설(심폐사설)이 다수의 견해이었으나 최근에는 장기이식의 필요성과 관련하여 뇌사설이 유력해지고 있다.[9] 인간의 사망시점에 대한 판단은 윤리적, 종교적, 철학적 접근이 필요한 문제이며 의학적, 법적 기준에 의할 수만은 없다.

【판례】 사람의 생명과 신체의 안전을 보호법익으로 하고 있는 형법상의 해석으로서는 사람의 시기는 규칙적인 진통을 동반하면서 태아가 태반으로부터 이탈하기 시작한 때 다시 말하여 분만이 개시된 때(소위 진통설 또는 분만개시설)라고 봄이 타당하며 이는 형법 제251조(영아살해)에서 분만 중의 태아도 살인죄의 객체가 된다고 규정하고 있는 점을 미루어 보아도 그 근거를 찾을 수 있는 바이니 조산원이 분만 중인 태아를 질식사에 이르게 한 경우에는 업무상 과실치사죄가 성립한다.[10]

(2) **살인행위**   살해의 방법에는 제한이 없으며 유형적·무형적 방법, 적극적·소극적 방법, 작위·부작위,[11] 직접적·간접적 방법을 불문한다. 살인죄가 사

---

9) 이와 관련하여 '장기 등 이식에 관한 법률'이 제정되어 있다.
10) 대판 1982.10.12, 81도2621.
11) 부작위에 의한 살인에 관한 사건은 중학생인 피해자를 아파트에 유인하여 포박·감금한 후 수차례 그 방을 출입하던 중 피해자가 탈진상태가 되자 그대로 두면 죽을 것 같은 생각이 들어 병원에 옮기고 자수할 것인가, 그대로 두어 피해자가 죽으면 시체를 처리하고 범행을 계속할 것인가, 아니면 스스로 자살할 것인가 등을 고민하다가 그대로 나와 학교에 갔다가 와보니 피해자가 사망한 경우(대판 1982.11.23, 82도2024), 조카(10세)를 살해할 것을 마음먹고 저수지로 데리고 가 미끄러지기 쉬운 제방 쪽으로 유인하여 함께 걷다가 피해자가 물에 빠지자 구호하지 아니하여 피해자를 익사하게 한 경우(대판 1992.2.11, 91도2951), 피해자인 여성(46세)과 밤낚시를 하던 중 낚싯대 받침틀을 좌대 고무 패킹에 끼웠다가 다시 빼다가 왼쪽 팔

회적으로 관심을 끄는 경우는 주로 연쇄살인, 잔혹한 방법에 의한 살해, 어린이에 대한 살해 등이고 아래 사건처럼 부작위에 의해서도 살인죄가 성립할 수 있다. 세상의 관심이 되었던 살인사건을 소개하면 다음과 같다.

① 치과의사 모녀 살해사건: 1995년 6월 부인과 어린 딸을 살해하고 시체를 욕조에 넣은 뒤 범행을 숨기기 위하여 아파트에 불을 지른 혐의로 치과의사인 남편이 살인죄로 기소된 이 사건은 1심에서 사형이 선고되었지만, 대법원의 재상고까지 약 8년에 거친 재판 끝에 무죄가 선고되었다.12)

② 만삭부인 살해사건: 2011년 1월 만삭 부인을 욕실에서 목 졸라 죽인 혐의로 기소된 대학병원 레지던트에게 대법원에서 20년형의 유죄판결이 선고되었다.13)

③ 서래마을 영아살해사건: 2006년 7월 외국인이 주로 거주하는 서울 서래마을의 한 프랑스인 주택 냉동고에서 발견된 아기 시신 2구가 발견되었다. 부검 결과 질식사로 판명된 아이들을 누가 살해했는지 밝히기 위해 아이들의 부모가 누구인지 확인해야 했다. 시신을 발견한 집주인 남편 장-루이 쿠르조의 구강세포 시료는 확보했지만, 프랑스로 간 그의 부인 베로니크 쿠르조의 유전자는 직접 채취하기 곤란하게 되었다. 이에 국립과학수사연구소는 부인이 사용했던 칫솔 등에서 유전자를 채취하였고, 결국 부인은 자신이 아이들을 살해했다고 자백했다.

【세월호 선원에 대한 대법원 전원합의체 판결】14) 대량 인명사망사고에 대하여 부작위에 의한 살인을 대법관 전원일치로 인정한 사건으로서 그동안 '부작위에 의한 살인'을 인정한 사례가 거의 없었고 인정된 사건도 대부분 '계획적인 범행'에서 발생한 부작위에 의한 살인에 대한 것이었다. '구조조치' 및 '구조의무' 위반 여부에 관한 선박사고에서 부작위에 의한 살인을 인정한 최초의 판결이다.

세월호 선장의 부작위에 의한 살인 여부에 대해서는 선박의 총책임자인 선장으로서 포괄적이고 절대적인 권한을 가지고 당시 상황을 지배하고 있었고, 자신의 선내 대기 명령에 따라 선실 또는 복도에서 대기 중이던 승객 등에 대한 대피·퇴선명령만으로도 상당수 피해자들이 탈출이나 생존이 가능했다고 볼 수 있으며, 조타실 내 장비이용 등 쉬운

로 피해자의 엉덩이를 건드려 피해자를 깊이 2.5 미터에 달하는 낚시터에 빠지게 하였음에도 그대로 방치한 채 현장을 벗어나 익사하게 한 경우(대판 2009.12.24, 2009도10724)가 있다.
12) 대판 1998.11.13, 96도1783 참조.
13) 대판 2012.6.28, 2012도231 참조.
14) 대판 2015.11.2, 2015도6809(전원합의체). 이 판결에 대한 보다 자세한 내용은 http://www.scourt.go.kr/portal/news/NewsViewAction.work?gubun=6&seqnum=1068 '세월호 선원에 관한 전원합의체 판결 관련 보도자료.pdf' 참조.

방법만으로도 대피 및 퇴선명령은 충분히 가능했다. 그럼에도 불구하고 퇴선 후 구조조치를 전혀 하지 않아 승객 등의 탈출이 불가능한 결과를 초래하였고, 이러한 행위는 승객 등을 적극적으로 물에 빠뜨려 익사시키는 행위와 다름없으므로 살인행위와 동등하게 평가될 수 있다고 보았다.

살인의 미필적 고의의 인정 여부에 대해서는 선장으로서 지체할 경우 승객 등이 익사할 수밖에 없음을 충분히 예상하고도 구조세력의 퇴선요청마저 묵살하고 승객 등을 내버려둔 채 먼저 퇴선하였고, 이러한 행위는 승객 등의 안전에 대한 선장의 역할을 의식적이고 전면적으로 포기한 것으로 볼 수 있으며, 퇴선 직전이라도 승객 등에게 퇴선상황을 알려 피해를 줄일 수 있었음에도 그마저도 하지 않았고, 퇴선 후에도 해경에게 선내 상황 정보를 제공하지 않는 등 승객 등의 안전에 대하여 철저하게 무관심한 태도로 일관하면서 방관하였다는 점에서 살인의 미필적 고의를 인정하였다.

【부작위에 의한 살인(이른바 보라매병원사건)】[15]

① 사실관계: 피해자는 1997년 12월 4월 오후 2시경 술에 취한 채 화장실을 가다가 중심을 잃어 기둥에 머리를 부딪치고 시멘트 바닥에 넘어지면서 다시 머리를 바닥에 찧어 경막 외 출혈상을 입고 ○○병원으로 응급후송되었다. 피고인들을 포함한 의료진에 의하여 수술을 받고 중환자실로 옮겨져 의식이 회복되고 있었으나 뇌수술에 따른 뇌부종으로 자가호흡을 할 수 없는 상태에 있었으므로 호흡보조장치를 부착한 채 계속 치료를 받고 있었다. 피해자의 처 A는 여러 차례 피고인 B 등에게 집으로 퇴원시키겠다는 의사를 밝혔으나 위와 같은 피해자의 상태에 비추어 인공호흡장치가 없는 집으로 퇴원하게 되면 호흡을 제대로 하지 못하여 사망하게 될 것이라는 설명을 들었으므로 피해자를 집으로 퇴원시키면 호흡정지로 사망하게 된다는 사실을 명백히 알게 되었음에도, 피해자가 차라리 사망하는 것이 낫겠다고 생각한 나머지 피해자를 퇴원시키는 방법으로 살해할 것을 결의하고, 1997년 12월 6일 오후 2시와 6시경에 주치의인 피고인 B에게 도저히 더 이상의 치료비를 추가 부담할 능력이 없다는 이유로 퇴원을 요구하였다. 피고인들은 피해자를 집으로 퇴원시킬 경우 호흡이 어렵게 되어 사망하게 된다는 사실을 충분히 알고 있었는바, 피고인 C는 피해자의 처가 여러 차례의 설명과 만류에도 불구하고 치료비 등이 없다는 이유로 계속 퇴원을 고집하자 상사인 피고인 B에게 직접 퇴원 승낙

---

15) 대판 2004.6.24, 2002도995. 이와 관련하여 무의미한 연명치료를 중단할 수 있는가에 대한 민사판결은 대판 2009.5.21, 2009다17417(이른바 세브란스병원 김할머니 사건)을 참고. 이 사건을 계기로 임종과정에 있는 환자에게 하는 심폐소생술, 혈액 투석, 항암제 투여, 인공호흡기 착용 등 대통령으로 정하는 의학적 시술로서 치료효과 없이 임종과정의 기간만을 연장하는 연명의료를 중단하는 '호스피스·완화의료 및 임종 과정에 있는 환자의 연명의료 결정에 관한 법률(연명의료결정법)'이 2016년 1월 제정되어 2018년부터 시행되고 있다.

을 받도록 하라고 하였고, 피고인 B는 1997년 12월 6일 오전 10경 피고인 C로부터 위와 같은 원심공동피고인의 요구사항을 보고 받은 후, 자신을 찾아온 피해자의 처에게 피해자가 퇴원하면 사망한다고 설명하면서 퇴원을 만류하였으나 피해자의 처가 계속 퇴원을 요구하자 이를 받아들여 피고인 C에게 피해자의 퇴원을 지시하였다. 피해자의 처가 퇴원수속을 마치자 피고인 C는 피고인 D에게 피해자를 집까지 호송하도록 지시하였고, 그에 따라 같은 날 오후 2시경 피고인 D과 피해자의 처 등이 피해자를 중환자실에서 구급차로 옮겨 싣고 피해자의 집까지 데리고 간 다음, 피고인 D가 피해자의 처의 동의를 받아 피해자에게 부착하여 수동 작동 중이던 인공호흡보조장치와 기관에 삽입된 관을 제거하여 감으로써 그 무렵 피해자로 하여금 호흡정지로 사망에 이르게 하였다.

② 판결내용: 1심법원은 피고인 의사 등에 대해 실인죄의 공동정범을 인정하고 피해자의 처는 실인죄의 공범(교사범)으로 인정하였다. 그러나 항소심은 1심법원과는 반대로 피해자의 처를 실인죄의 정범으로 인정하였고, 의사들에게 실인죄의 공범(방조범)을 인정하였다. 이와 같이 보호자가 의학적 권고에도 불구하고 치료를 요하는 환자의 퇴원을 간청하여 담당 전문의와 주치의가 치료중단 및 퇴원을 허용하는 조치를 취함으로써 환자를 사망에 이르게 한 행위에 대하여 보호자, 담당 전문의 및 주치의가 부작위에 의한 실인죄의 공동정범으로 기소된 사건에서, 대법원은 '담당 전문의와 주치의에게 환자의 사망이라는 결과 발생에 대한 정범의 고의는 인정되나 환자의 사망이라는 결과나 그에 이르는 사태의 핵심적 경과를 계획적으로 조종하거나 저지·촉진하는 등으로 지배하고 있었다고 보기는 어려워 공동정범의 객관적 요건인 이른바 기능적 행위지배가 흠결되어 있다는 이유로 작위에 의한 실인방조죄만 성립한다.'고 판시하였다.

(3) 살인죄의 고의 살인죄가 성립하기 위해서는 객관적으로는 살해하는 행위, 주관적으로는 살해한다는 인식과 의사, 즉 고의가 필요하다. 고의가 있었는가 여부는 행위 당시의 상황 등을 고려하여 종합적으로 판단한다. 고의가 없으면 과실치사죄 여부가 논의된다. 살해의 고의로 살인행위를 하였으나 피해자가 사망하지 않으면 실인죄의 미수범이 성립한다. 실인죄에 대한 양형은 고의와 더불어 살해의 동기가 중요하게 작용한다.

판례상 살인의 고의가 인정되는 경우로는, ① 목이 긴 양말로 아이의 목을 감아서 졸라 실신시킨 후 현장을 떠난 경우, ② 각목과 쇠파이프로 머리와 몸을 마구 때리고 낫으로 팔과 다리를 마구 찌른 경우 ③ 칼로 복부나 목, 가슴을 찌른 경우 ④ 브래지어로 강간피해자의 목을 조른 경우 ⑤ 교통사고를 낸 후 중상을 입은 피해자를 외딴 곳에 버리고 도주한 경우 ⑥ 술에 취해 탈취한 버스를 운전하여 도로를 막고 있던 기동대원을 향하여 시속 50km의 속도로 돌진한 경우16) ⑦ 건장한 체격의 군인이 왜소한 체격의 피해자를 폭행하고 특히 급소인 목을 설골이 부러질 정도로 세게 졸라 사망하게 한 경우17) ⑧ 인체의 급소를 잘 알고 있는 무술교관 출신의 피고인이 무술의 방법으로 피해자의 울대(聲帶)를 가격하여 사망하게 한 경우18) 등이다.

【낙태하였지만 살아서 출생한 미숙아 살해】 산부인과 의사가 약물에 의한 유도분만의 방법으로 낙태시술을 하였으나 태아가 살아서 미숙아 상태로 출생하자 그 미숙아에게 염화칼륨을 주입하여 사망하게 한 경우, 염화칼륨 주입행위를 낙태를 완성하기 위한 행위에 불과한 것으로 볼 수 없고, 살아서 출생한 미숙아가 정상적으로 생존할 확률이 적다고 하더라도 그 상태에 대한 확인이나 최소한의 의료행위도 없이 적극적으로 염화칼륨을 주입하여 미숙아를 사망에 이르게 하였다면 의사에게는 미숙아를 살해하려는 범의가 인정된다.19)

II. 존속살해죄

제250조(살인, 존속살해) ② 자기 또는 배우자의 직계존속을 살해한 자는 사형, 무기 또는 7년 이상의 징역에 처한다.

(1) 존속살해죄의 가중처벌의 근거   존속살해죄는 자기 또는 배우자의 직계존속을 살해하는 범죄이다. 살인죄와 비교하여 범죄의 대상이 직계존속이라는 점, 반대로 범죄의 주체가 직계비속이라는 점에서 차이가 있다. 보통살인죄에 비하여 존속살해죄는 형이 더 무겁다. 그 이유는 부모를 살해하는 행위가 동양적 윤리관에 반하고, 자식의 패륜에 의하여 발생한다는 것을 근거로 한다. 그러나 헌법상 평등원칙의 위반의 여지가 있고, 존속에 의한 학대에 의하여 발생하기도 한다는 점에서 '7년 이상의 징역'을 추가하여 가중 정도를 완화하였다.20)

형법상 직계존속에 대한 범죄를 더 무겁게 처벌하는 경우는 상해죄, 폭행죄, 유기죄, 학대죄, 체포·감금죄, 협박죄 등이다.

---

16) 대판 1988.6.14, 86도692.
17) 대판 2001.3.9, 2000도5590.
18) 대판 2000.8.18, 2000도2231.
19) 대판 2005.4.15, 2003도2780.
20) 존속살해죄의 형량은 1995년에 개정되기 전에는 '사형 또는 무기징역'이었다.

【헌법재판소 결정】 존속살해죄의 평등원칙 위반 여부

조선시대 이래 현재에 이르기까지 존속살해죄에 대한 가중처벌은 계속되어 왔고, 그러한 입법의 배경에는 우리 사회의 효를 강조하는 유교적 관념 내지 전통사상이 자리 잡고 있는 점, 존속살해는 그 패륜성에 비추어 일반 살인죄에 비하여 고도의 사회적 비난을 받아야 할 이유가 충분한 점, 이 사건 법률조항의 법정형이 종래의 '사형 또는 무기징역'에서 '사형, 무기 또는 7년 이상의 징역'으로 개정되어 기존에 제기되었던 양형에 있어서의 구체적 불균형의 문제도 해소된 점을 고려할 때 이 사건 법률조항이 형벌체계상 균형을 잃은 자의적 입법으로서 평등원칙에 위반된다고 볼 수 없다.[21]

(2) 자기 또는 배우자의 직계존속의 개념   직계존속은 법률상 개념으로서, 자연적인 의미에서는 자신을 낳아준 부모이지만 '가족관계증명서'(종전의 호적)에 부모자식관계로 기재되지 않은 '사실상 직계존속'은 제외된다. 따라서 혼인신고 없는 남녀 사이에서 출산한 자식에 대하여 부(父)는 인지신고가 없는 한 사실상의 직계존속이다. 모(母)는 혼인 여부와 관계없이 출산 자체로 직계존속으로 인정된다. 입양의 경우도 법률상 직계존속으로 인정된다. 조부모, 외조부모나 그 이상의 존속도 생존하는 한 본죄의 객체가 된다. 계모자관계, 적모서자관계는 직계존비속 관계가 인정되지 않는다. 배우자의 직계존속(장인, 장모, 시부모)도 존속살해죄의 객체가 된다.

【판례】 피고인이 입양의 의사로 친생자 출생신고를 하고 자신을 계속 양육하여 온 사람을 살해한 경우

피해자 갑이 남편인 을과 공동으로 피고인 병을 입양할 의사로 1978년 병을 친생자로 출생신고를 하고 병을 양육하여 오다가 을이 1984년경 사망한 후에도 계속하여 병을 양육하여 왔는데 병이 갑을 살해한 경우, 병을 친생자로 한 출생신고는 갑과 병 사이에서도 입양신고로서 효력이 있으므로 병은 갑의 양자라고 할 것이고, 피고인이 피해자를

---

21) 헌재결 2013.7.25, 2011헌바267(전원재판부). 반대의견은 '이 사건 법률조항은, 배우자나 직계비속을 살해하는 경우, 또는 법적인 신분관계는 없으나 가해자와 특별한 은인관계에 있는 사람을 살해하는 경우 등은 일반 살인죄로 처벌하고, 심지어 직계존속이 치욕 은폐 등의 동기로 영아를 살해하는 경우는 처벌을 감경하는 것과는 달리, 직계존속을 살해하는 경우 양육이나 보호 여부, 애착관계의 형성 등을 묻지 아니하고 그 형식적 신분관계만으로 가중 처벌하는 것이다. 이는 헌법이 보장하는 민주적인 가족관계와 조화된다고 보기 어렵고, 범행동기 등을 감안하지 않고 일률적으로 형의 하한을 높여 합리적인 양형을 어렵게 하며, 비교법적으로도 그 예를 찾기 어려운 것으로서 차별의 합리성을 인정할 수 없으므로 평등의 원칙에 위반된다.'이다.

살해한 경우 존속살해죄가 성립한다.22)

Ⅲ. 영아살해죄

종전에는 형법 제251조에 직계존속이 치욕을 은폐하기 위하거나 양육할 수 없음을 예상하거나 특히 참작할 만한 동기로 인하여 분만중 또는 분만직후의 영아를 살해한 때에는 10년 이하의 징역에 처하도록 규정되었다. 부모가 임신, 출산하는 사정이나 경제적 사유를 고려하여 감경하여 처벌하였다. 그러나 최근 영아살해 행위가 빈발하여 생명을 경시하는 현상에 대처하고 저항 능력이 없거나 현저히 부족한 사회적 약자인 영아를 범죄로부터 두텁게 보호하고자 본죄를 폐지하여 보통의 살인죄로 처벌하게 되었다. 영아유기죄도 마찬가지로 삭제하였다.

Ⅳ. 촉탁 · 승낙에 의한 살인죄와 자살교사 · 방조죄

제252조(촉탁, 승낙에 의한 살인 등) ① 사람의 촉탁이나 승낙을 받아 그를 살해한 자는 1년 이상 10년 이하의 징역에 처한다.
② 사람을 교사하거나 방조하여 자살하게 한 자도 제1항의 형에 처한다.

이 범죄는 피해자인 상대방의 동의나 허락을 받아 살해하거나 자살자의 자살을 부추기거나 도와주었다는 점에서 비슷한 면이 있다. 우리나라의 자살률이 매우 높고 특히 자살카페 등 인터넷을 통하여 전혀 안면이 없는 사람과 만나 자살을 한다는 점에서 사회적으로 문제가 되고 있다. 이런 사건의 경우 자살교사 · 방조죄에 해당되는 경우가 많다.

【어떤 행위가 살인행위인가, 촉탁 · 승낙에 의한 살인인가 자살교사 · 방조행위인가를 구분하여야 하는 문제에 관한 판례】23)
① 사실관계: 피고인 A는 처인 피해자 B와 자살하기로 마음먹고 함께 여행을 떠났다가 모텔에서 술을 마시던 중, 화장실에서 압박붕대로 목을 매달아 자살 시도 중인 B를

---

22) 대판 2007.11.29, 2007도8333.
23) 대전지법 2012.11.13, 2012고합380.

발견하고 벽걸이의 위치가 낮아 쉽게 죽지 못할 것으로 생각하여 과도를 이용하여 압박붕대를 잘라 B를 내려 욕조 안에 옮겨 눕힌 후 베개로 그의 얼굴을 누르고 과도로 목 부위를 찔러 갑을 살해하였다.

② 이에 대하여 법원은 피고인 A가 이미 자살을 시도한 B를 발견하고 방치하거나 실행행위를 용이하게 하는 것을 넘어 B가 목을 매단 압박붕대를 칼로 끊고 그의 목 부위를 칼로 찔러 사망에 이르게 한 행위는 자살방조가 아닌 적극적인 살해행위에 해당하고, 나아가 B와 피고인 A가 함께 죽자는 말을 넘어서 B가 피고인 A에게 "자살을 시도하였지만 실패할 경우 자신을 죽여 달라."고 말하였는지까지는 인정할 자료가 없는 점 등 제반 사정에 비추어 B가 피고인 A에게 자신을 살해해 달라는 진지한 의사를 표명하였다고 볼 수 없다는 이유로, 자살방조죄 또는 촉탁살인죄가 아닌 살인죄를 인정하였다.

(1) 촉탁·승낙에 의한 살인죄 피해자가 먼저 부탁하여 살해하거나, 범인이 살해의 의사표시를 하였더니 피해자인 상대방이 동의한 경우를 말한다. 피해자의 의사에 반하지 않는 살해행위라는 점, 때로는 피해자를 돕는 생각에서 이루어진다는 점에서 가볍게 처벌되고 동의살인죄라고도 한다.

'촉탁', 즉 살해의 부탁은 자유로운 의사에 따라 명시적이고 진지한 의사표시이어야 한다. 그러므로 죽음이 무엇인가를 이해할 수 있는 능력과 자유롭게 의사를 결정할 수 있는 능력이 있는 자가 진지하게 자신을 살해해 달라고 요구하는 의사표시를 하여야 촉탁으로 인정될 수 있다. 따라서 삶과 죽음의 의미에 대한 의사결정능력이나 판단능력이 없는 정신병자나 유아의 촉탁, 승낙은 인정되지 않으므로 살인죄가 성립한다. 촉탁, 승낙은 진지하고 자유로운 의사표시이어야 하므로 농담으로 하거나, 술에 취하거나 약물에 중독된 상태인 경우에는 인정되지 않는다. 살해행위 자체를 피해자 아닌 자가 하였다는 점에서 자살교사방조죄와 차이가 있다.

(2) 자살교사·방조죄 사람을 교사, 방조하여 자살하게 하는 범죄로서 자살관여죄라고도 한다. 자살 자체는 처벌규정이 없으므로 자살자 본인은 자살이 성공하든 실패하든 처벌되지 않는다. 그러나 자살에 이르게 된 상황과 관련된 사람이 있거나 자살 현장에서 같이 자살한 사람이 살아난 경우에 문제될 수 있다. 이 범죄는 동반자살의 모습으로 종종 발생하는데 예전에는 남녀의 애정문제로 인한 합의정사(合意情死)가 많았지만 최근에는 '인터넷 자살사이트'와 관련하여 많이 발생하고 있다.

자살의 교사란 자살의 뜻이 없는 사람에게 자살을 결심하게 하는 행위이고, 자살

의 방조란 이미 자살을 결심한 사람에게 자살을 쉽게 하도록 도움을 주는 행위이
다. 그 방법에는 자살도구인 총, 칼 등을 빌려주거나 독약을 구해 주거나 조언이나
격려를 한다거나 기타 적극적, 소극적, 물질적, 정신적 방법이 모두 포함된다.[24]

【자살사이트 관련 사건】 ① 일명 '인터넷 자살 카페'의 개설자가 가입초대장을 발송하는
등의 방법으로 약 30명을 카페 회원으로 가입시킨 후, 회원들이 서로 자살의 당위성 및
자살 방법 등에 관한 정보를 교류하고 동반 자살자를 물색하며 자살 의지를 강화하고
그 실행을 용이하게 함으로써, 일부 회원이 자살하거나 미수에 그친 사안에서, 카페 개
설자에게 자살방조 및 자살방조미수의 죄책을 인정하고, 피고인과 일명 '인터넷 자살 카
페'의 회원들이 동반 자살할 의사로 수면제, 화덕 및 연탄, 청테이프 등을 구입하고 함
께 자살을 시도하였으나 다른 회원들은 일산화탄소 중독증으로 사망한 반면 피고인은
자살미수에 그친 사안에서, 피고인에게 자살방조죄의 성립을 인정한 사례[25]
　② 서울 관악경찰서는 2003년 8월 13일 인터넷 자살사이트에서 만난 자살 희망자들에
게 청산가리를 준 혐의(자살방조)로 정모(27)씨를 구속했다. 경찰에 따르면 정씨는 지난
3월 17일 인터넷 자살사이트에서 알게 된 김모(25)씨 등 2명에게 청산가리를 건네 김씨
등이 이를 먹고 자살하도록 도운 혐의를 받고 있다. 김씨 등은 실제 지난 3월 20일 서울
관악구 신림동 야산에서 청산가리를 먹고 숨진 채 발견됐다. 조사 결과 정씨는 자살사이
트에 접속했던 20대 미혼모에게도 공중전화 부스에 청산가리 캡슐을 놓고 가는 방법으
로 청산가리를 준 것으로 드러났다.[26]

【유서대필사건】 ① 대법원은 '피고인은 망인이 공소장에 기재된 상황에서 분신자살을 하
겠다는 생각을 갖고 있음을 알고 그 실행을 용이하게 도와주겠다는 의도로 1991.4.27.
경부터 같은 해 5.8.까지의 어느 날에 서울 어느 곳에서 리포트 용지에 검은 색 사인펜
으로 유서 2장을 작성하여 줌으로써 유서내용에 의하여 위 망인에게 그의 분신자살이
조국과 민족을 위한 행위로 미화될 것이며 사후의 장례의식을 포함한 모든 문제도 전국
민족민주운동연합에서 책임진다는 것을 암시하는 방법으로 분신자살의 실행을 용이하게
도와주어 망인의 자살을 방조하였다.'고 보아 유죄를 인정하였다.[27]
　② 자살자를 위하여 유서를 대필해 준 행위도 자살방조행위로 인정한 대법원의 판결
이지만 이에 대하여 최근 재심이 이루어져 '피고인이 갑 명의의 유서를 대필하여 주는

---

24) 대판 2005.6.10, 2005도1373.
25) 춘천지법 원주지원 2009.7.16, 2009고합30 판결.
26) 중앙일보 2003.8.13.자.
27) 대판 1992.7.24, 92도1148.

방법으로 갑의 자살을 방조하였다는 공소사실로 유죄판결을 받아 확정되었는데, 그 후 재심이 개시된 사안에서, 국립과학수사연구소 감정인 을이 유서와 피고인의 필적이 동일하다고 판단하는 근거로 내세우는 특징들 중 일부는 항상성 있는 특징으로 볼 수 없는 점 등 제반 사정을 종합하면 을이 작성한 감정서 중 유서와 피고인의 필적이 동일하다는 부분은 그대로 믿기 어렵고, 나머지 증거만으로는 공소사실이 합리적 의심의 여지가 없을 정도로 충분히 증명되었다고 볼 수 없다'고 보아 무죄를 인정하였다.[28]

V. 위계 · 위력에 의한 살인죄

> 제253조(위계 등에 의한 촉탁살인 등) 전조의 경우에 위계 또는 위력으로써 촉탁 또는 승낙하게 하거나 자살을 결의하게 한 때에는 제250조의 예에 의한다.

위계나 위력으로 피해자의 촉탁, 승낙을 받아 살해하거나 자살하게 한 경우에는 형을 감경하지 않고 살인행위로 평가하여 보통살인죄(또는 존속살해죄)로 처벌한다. 위계(僞計)란 동반자살할 의사가 없으면서도 있는 것처럼 속여서 자살하게 한 경우처럼 피해자의 착오나 부지(不知)를 이용한 경우다. 위력(威力)이란 칼로 위협하면서 자살하라고 강요하는 것처럼 저항할 수 없는 힘을 행사하여 자살하게 하는 경우이다. 이것은 사실상 살인행위라고 볼 수 있으므로 살인죄와 같게 처벌된다.

제 2 관 상해죄와 폭행죄

일상생활에서 다른 사람과 시비가 붙어 다투거나 싸우다보면 폭행이 이루어지고 사람을 다치게 할 수 있다. 이때 해당되는 폭행죄와 상해죄는 사람의 신체를 침해하는 범죄이다. 상해미수는 처벌되지만 폭행미수는 처벌규정이 없으므로 상해와 폭행을 구별하여야 한다. 그 구별기준에 관하여 상해죄는 신체의 완전성을 훼손하는 상해의 결과가 필요하지만 폭행죄는 '사람의 신체에 대한 일정한 힘'(이것을 형법이론에서는 어렵게 '유형력의 행사'라고 한다)을 사용하면 족하고 신체를 침해하는 결과발생이 필요하지 않다. 또 고의의 내용에 따라 구별되는데 처음부터 상해의 고의를 가지고 범행하였지만 폭행에 그치면 상해미수죄가 성립하고, 폭행만 하려고 했는데 상해가 발생하면 폭행치상죄가 성립한다.

---

28) 대판 2015.5.14, 2014도2946.

Ⅰ. 상해죄

> **제257조(상해, 존속상해)** ① 사람의 신체를 상해한 자는 7년 이하의 징역, 10년 이하의 자격정지 또는 1천만원 이하의 벌금에 처한다.
> ② 자기 또는 배우자의 직계존속에 대하여 제1항의 죄를 범한 때에는 10년 이하의 징역 또는 1천500만원 이하의 벌금에 처한다.

(1) **상해죄의 객체**　상해죄의 대상은 자기가 아닌 다른 사람의 신체이다. 따라서 자상행위(自傷行爲)는 병역법이나 군형법 등 특별법에 해당하는 경우29) 외에는 처벌되지 않는다. 병역기피를 목적으로 한 연예인, 유력층 자녀 등의 팔약근 힘주기방법에 의한 혈압상승, 정신병 허위진단, 정상치아의 인위적 발치 등의 행위는 병역법 위반이다. 보험금 지급을 목적으로 스스로 사고를 내 입원하는 경우에는 자상행위의 문제가 아니라 허위청구에 대하여 사기죄가 문제된다.

(2) **상해의 개념**　상해는 신체의 완전성을 훼손하거나 생리적 기능의 장애를 초래한 것이다. 몸에 상처가 나거나 먹고 자고 걷는 일상생활에 불편을 가져올 정도이면 상해가 문제된다. 피하출혈, 찰과상, 처녀막파열 등 신체적 상처, 성병과 같은 질병감염, 구토나 설사를 유발하는 행위, 수면장애나 실신, 외상 후 스트레스 장애 등도 상해가 될 수 있다. 모발, 손톱, 수염을 뽑거나 절단하는 행위는 구체적 상황과 정도에 따라 상해죄 또는 폭행죄에 해당될 수 있다.

【판례】 피해자를 피고인이 운영하는 초밥집으로 불러내어, 피고인과 그 공범들이 22:00 경부터 다음날 02:30경까지 사이에 회칼로 죽여버리겠다거나 소주병을 깨어 찌를 듯한 태도를 보이면서 계속하여 협박하다가 손바닥으로 피해자의 얼굴과 목덜미를 수회 때리자, 피해자가 극도의 공포감을 이기지 못하고 기절하였다가 피고인 등이 불러온 119 구급차 안에서야 겨우 정신을 차리고 인근 병원에까지 이송된 경우, 대법원은 오랜 시간 동안의 협박과 폭행을 이기지 못하고 실신하여 범인들이 불러온 구급차 안에서야 정신

---

29) 병역법 제86조(도망·신체손상 등) 병역의무를 기피하거나 감면받을 목적으로 도망가거나 행방을 감춘 경우 또는 신체를 손상하거나 속임수를 쓴 사람은 1년 이상 5년 이하의 징역에 처한다. 군형법 제41조(근무 기피 목적의 사술)에서는 근무를 기피할 목적으로 신체를 상해하거나, 근무를 기피할 목적으로 질병을 가장하거나 그 밖의 위계(僞計)를 한 사람을 처벌하고 있다.

을 차리게 되었다면, 외부적으로 어떤 상처가 발생하지 않았다고 하더라도 생리적 기능에 훼손을 입어 신체에 대한 상해가 있었다고 보았다.30)

(3) AIDS(후천성 면역결핍증)를 감염시킨 경우　AIDS감염환자가 감염사실을 감추고 헌혈이나 수혈, 성관계를 하여 다른 사람에게 AIDS를 감염시킨 경우 상해죄가 성립할 수 있다. 특히 AIDS는 현재의 의료수준에 있어서 불치나 난치의 질병이므로 중상해죄(제258조 제1항)에 해당되고 피감염자가 사망한 경우 상해치사죄가 성립될 수 있다. 본인이 감염된 사실을 모른 상태에서 감염시킨 경우에는 과실치사죄 또는 과실치상죄가 문제된다.31)

(4) 위법성의 문제　상해행위는 피해자의 승낙이 있거나 의사의 치료·수술, 징계행위의 경우 위법성이 부정될 수 있다. ① 피해자의 승낙에 의한 상해는 원칙적으로 위법성이 없지만 상해행위 자체가 사회상규나 공서양속에 위반하는 경우(민법 제103조)에는 위법하다. 운동경기 중 부상을 입히는 행위는 원칙적으로 위법하지 않으나 권투경기 중 귀를 물어뜯는 것과 같이 경기규칙 이외의 방법으로 상해를 입힌 경우에는 위법하다. ② 의사의 치료행위 또는 성형수술 등은 피해자의 승낙에 따른 행위, 업무로 인한 행위, 구성요건해당성이 없는 행위 등을 근거로 처벌하지 않는다. 그러나 병명, 수술과정, 수술 이후 증상 등에 대한 의사의 설명의무가 이행되고 피해자의 승낙이 있어야 적법하게 된다. ③ 징계행위는 징계권자에 의한 정당한 범위에서 이루어졌다면 적법한 행위가 된다. 그러나 상해의 결과가 있었다면 이미 정당한 징계권의 범위를 벗어난 것이라고 볼 수 있다. 징계행위에 대한 법적 근거규정도 체벌행위를 징계내용에 포함하고 있지 않으므로 부모나 교사에 의한 체벌행위는 허용될 수 없다.

【판례】 교사가 피해자인 학생이 욕설을 하였는지를 확인도 하지 못할 정도로 침착성과 냉정성을 잃은 상태에서 욕설을 하지도 아니한 학생을 오인하여 구타하였다면 그 교사가 비록 교육상 학생을 훈계하기 위하여 한 것이라고 하더라도 이는 징계권의 범위를 일탈한 위법한 폭력행위이다.32)

---

30) 대판 1996.12.10, 96도2529.
31) 후천성면역결핍증 예방법 제19조(감염인은 혈액 또는 체액을 통하여 다른 사람에게 전파매개행위를 하여서는 아니 된다)에서는 전파매개행위를 금지하고 있고 이에 위반한 경우 3년 이하의 징역에 처한다(제25조).
32) 대판 1980.9.9, 80도762.

【뉴스 속 사건사고】 모기업 전 대표가 화물연대 소속 탱크로리 운전기사 유모씨는 자신이 다니던 회사가 전 대표의 회사에 합병된 뒤 고용 승계와 차량 매각 문제로 마찰을 빚었고, 사무실에서 회사 임원 등 간부 7~8명이 지켜보는 가운데 알루미늄 야구방망이로 13대를 맞았다고 하고 전 대표는 유씨를 때린 뒤 탱크로리 가격 5000만원과 '매값'으로 2000만원을 건넸다.33)

(5) **중상해죄**   사람의 신체를 상해하여 생명에 대한 위험을 발생하게 하거나 불구 또는 불치나 난치의 질병에 이르게 하는 범죄이다(제258조). 치명상이나 생명이 위독한 중상 등은 생명에 대한 위험을 발생하게 하는 경우이고, 시력·청력 상실, 혀나 성기의 절단 등 신체의 주요부분이 절단되거나 기능이 상실되는 경우가 불구의 예이다. 신체 내부의 장기상실도 포함될 수 있다. 불치나 난치의 질병은 치료가 불가능하거나 현저히 곤란한 질병이다.

(6) **상해치사죄**   상해행위로 인하여 피해자가 사망한 경우에는 상해치사죄가 성립되고 처음부터 살인의 고의로 상해를 가한 경우에는 살인죄가 성립한다. 기본행위인 상해와 중한 결과인 사망 사이의 인과관계, 사망에 대한 예견가능성이 있어야 한다.

【판례】 피고인이 1993.10.3. 01:50경 피해자와 함께 낙산○○호텔 325호실에 투숙한 다음 손으로 피해자의 뺨을 수회 때리고 머리를 벽쪽으로 밀어 붙이며 붙잡고 방바닥을 뒹구는 등 하다가 피해자의 어깨를 잡아 밀치고 손으로 우측 가슴부위를 수회 때리고 멱살을 잡아 피해자의 머리를 벽에 수회 부딪치게 하고 바닥에 넘어진 피해자의 우측 가슴부위를 수회 때리고 밟아서 피해자에게 우측 흉골골절 및 우측 제2, 3, 4, 5, 6번 늑골골절상과 이로 인한 우측심장벽좌상과 심낭내출혈 등의 상해를 가함으로써, 피해자가 바닥에 쓰러진 채 정신을 잃고 빈사상태에 빠지자, 피해자가 사망한 것으로 오인하고 피고인의 위와 같은 행위를 은폐하고 피해자가 자살한 것처럼 가장하기 위하여, 같은 날 03:10경 피해자를 베란다로 옮긴 후 베란다 밑 약 13미터 아래의 바닥으로 떨어뜨려 피해자로 하여금 현장에서 좌측 측두부 분쇄함몰골절에 의한 뇌손상 및 뇌출혈 등으로 사망한 경우에 피고인의 이러한 행위는 포괄하여 단일의 상해치사죄에 해당한다.34)

---

33) 서울신문 2010.11.30.자 참조.
34) 대판 1994.11.4, 94도2361.

【판례】 피고인은 계속 교제하기를 원하는 자신의 제의를 피해자가 거절한다는 이유로 얼굴을 주먹으로 수회 때리자 피해자는 이에 대항하여 피고인의 손가락을 깨물고 목을 할퀴게 되었고, 이에 격분한 피고인이 다시 피해자의 얼굴을 수회 때리고 발로 배를 수회 차는 등 폭행을 하므로 피해자는 이를 모면하기 위하여 도로 건너편의 추어탕 집으로 도망가 도움을 요청하였으나, 피고인은 이를 뒤따라 도로를 건너간 다음 피해자의 머리카락을 잡아 흔들고 얼굴 등을 주먹으로 때리는 등 폭행을 가하였고, 이에 견디지 못한 피해자가 다시 도로를 건너 도망하자 피고인은 계속하여 쫓아가 주먹으로 피해자의 얼굴 등을 구타하는 등 폭행을 가하여 전치 10일간의 흉부피하출혈상 등을 가하였고, 피해자가 계속되는 피고인의 폭행을 피하려고 다시 도로를 건너 도주하다가 차량에 치여 사망한 경우 대법원은 피고인의 상해행위와 피해지의 사망 시이에 상당인과관계기 있다고 보았다.[35]

(7) 상해에 있어서 동시범의 특례

> 제263조(동시범) 독립행위가 경합하여 상해의 결과를 발생하게 한 경우에 있어서 원인된 행위가 판명되지 아니한 때에는 공동정범의 예에 의한다.

2인 이상이 서로 의사연락이 없이 상해나 폭행을 가한 경우 그 상해가 누구의 행위에 의하여 발생하였는지 증명되지 않으면 각자를 미수범으로 처벌하는 것이 원칙이다(제19조). 집단폭행의 경우 입증이 곤란한 경우가 많으므로 공동정범으로 처벌하기 위한 정책적 규정이다. 이 규정은 상해치사죄, 폭행치사죄에도 적용되지만 강간치상죄나 강도치상죄에는 적용되지 않는다.

II. 폭행죄

> 제260조(폭행, 존속폭행) ① 사람의 신체에 대하여 폭행을 가한 자는 2년 이하의 징역, 500만원 이하의 벌금, 구류 또는 과료에 처한다.
> ② 자기 또는 배우자의 직계존속에 대하여 제1항의 죄를 범한 때에는 5년 이하의 징역 또는 700만원 이하의 벌금에 처한다.
> ③ 제1항 및 제2항의 죄는 피해자의 명시한 의사에 반하여 공소를 제기할 수 없다.

---

35) 대판 1996.5.10, 96도529.

(1) **폭행죄에서의 폭행 개념**　　폭행죄는 사람의 신체에 대하여 폭행하는 것을 내용으로 한다. 폭행이 강도나 공갈 등 다른 범죄의 수단으로 사용되는 경우에는 별도로 폭행죄가 성립하지는 않는다. 폭행이란 신체에 대한 '유형력의 행사', 즉 사람에게 정신적, 육체적으로 고통을 주는 물리적인 힘을 사용하는 것이라고 할 수 있다. 대부분 신체에 대한 접촉에 의하여 이루어지지만 반드시 신체적 접촉이 필요한 것은 아니다. 구체적인 예로는 때리거나 밀거나 당기는 행위, 주먹이나 물건을 흔드는 행위, 고함이나 반복적 폭언, 침을 뱉는 행위, 마취시켜 정신을 혼미하게 하는 행위 등이다. 갑자기 큰 소리를 질러 놀라게 하는 것처럼 소음에 의하여도 가능하며, 밤늦게 전화를 반복적으로 걸고 끊는 행위 등도 폭행이다.

다른 사람과 말다툼하거나 금전이나 애정문제로 시비가 벌어지거나 가벼운 몸싸움을 하는 경우 폭행에 해당하는 경우가 있을 수 있지만 모두 폭행죄로 고소하는 것도 아니고 때로는 일정한 정도를 넘어서지 않는 한 사회생활상 보통 일어날 수 행위(사회상규에 반하지 않는 행위)로 취급되는 경우가 많다.

【폭행이 부정된 판례】 ① 피해자가 먼저 피고인에게 덤벼들고, 뺨을 꼬집고, 주먹으로 쥐어박았기 때문에 피고인이 상대방을 부둥켜 안은 행위를 유형력의 행사인 폭행으로 볼 수 없다.[36]

② 피해자가 시비를 걸려고 양팔을 잡는 것을 피하고자 몸을 틀어 뿌리친 것뿐인 행위는 이를 폭행에 해당한다고 할 수 없을 뿐만 아니라 설사 폭행에 해당한다고 하더라도 위 행위는 피해자의 불법한 공격으로부터 자신을 보호하고 이를 벗어나기 위하여 필요한 최소한도의 방어를 한 것으로서 사회상규에 어긋나지 아니하여 위법성이 없다.[37]

③ 상대방의 시비를 만류하면서 조용히 얘기나 하자며 그의 팔을 2, 3회 끈 사실만 가지고는 사람의 신체에 대한 불법한 공격이라고 볼 수 없어 형법 제260조 제1항 소정의 폭행죄에 해당한다고 볼 수 없다.[38]

폭행은 사람의 신체에 대해서 이루어져야 하고 물건에 대한 행위는 다른 범죄가 성립되는 것과는 별개로 폭행죄 자체가 성립하지는 않는다.

【사람에 대한 폭행으로 볼 수 없다는 판례】 ① 폭행이란 사람의 신체에 대하여 유형력

---

36) 대판 1977.2.8, 76도3758.
37) 대판 1985.10.8, 85도1915.
38) 대판 1986.10.14, 86도1796.

을 행사하는 것을 의미하는 것으로서 피고인이 피해자에게 욕설을 한 것만을 가지고 당연히 폭행을 한 것이라고 할 수는 없을 것이고, 피해자 집의 대문을 발로 찬 것이 막바로 또는 당연히 피해자의 신체에 대하여 유형력을 행사한 경우에 해당한다고 할 수도 없다.39)

  ② 피해자가 피고인을 만나주지 않는다는 이유로 시정된 탁구장문과 주방문을 부수고 주방으로 들어가 방문을 열어주지 않으면 모두 죽여 버린다고 폭언하면서 시정된 방문을 수회 발로 찬 피고인의 행위는 재물손괴죄 또는 숙소안의 자에게 해악을 고지하여 외포케 하는 단순협박죄에 해당함은 별론으로 하고, 단순히 방문을 발로 몇 번 찼다고 하여 그것이 피해자들의 신체에 대한 유형력의 행사로는 볼 수 없어 폭행죄에 해당한다 할 수 없다.40)

  (2) 종교적 치료행위(안수기도, 무당의 굿)로 인하여 사람이 죽거나 다치는 경우가 종종 있다. 안수기도행위의 구체적 내용 및 상황, 결과에 따라 폭행치사상죄, 상해치사죄가 성립할 수 있다.

  【판례】 안수기도는 환자의 환부나 머리에 손을 얹고 또는 약간 누르면서 환자를 위해 병을 낫게 하여 달라고 하나님께 간절히 기도함으로써 병의 치유함을 받는다는 일종의 종교적 행위이고 그 목적 또한 정당하겠으나, 기도행위에 수반하는 신체적 행위가 단순히 손을 얹거나 약간 누르는 정도가 아니라 그것이 지나쳐서 가슴과 배를 반복하여 누르거나 때려 그로 인하여 사망에 이른 것과 같은 정도의 것이라면 이는 사람의 신체에 대한 유형력의 행사로서 폭행의 개념에 속하는 행위이다.41)

  (3) **폭행치사상죄**   폭행으로 인하여 사람을 죽게 하거나 상해를 입힌 때에는 폭행치사죄, 폭행치상죄가 성립한다(제262조). 폭행행위가 있었고 상해나 사망의 결과가 있다고 언제나 성립되는 것은 아니고, 구체적인 상황에 따라 폭행과 상해, 사망 사이의 인과관계, 상해나 사망에 대한 행위자의 예견가능성이 인정되어야 한다.

---

39) 대판 1991.1.29, 90도2153.
40) 대판 1984.2.14, 83도3186.
41) 대판 1994.8.23, 94도1484. 84세 여자 노인과 11세의 여자 아이를 상대로 안수기도를 함에 있어서 그들을 바닥에 반드시 눕혀 놓고 기도를 한 후 "마귀야 물러가라", "왜 안 나가느냐"는 등 큰 소리를 치면서 한 손 또는 두 손으로 그들의 배와 가슴 부분을 세게 때리고 누르는 등의 행위를 여자 노인에게는 약 20분간, 여자아이에게는 약 30분간 반복하여 그들을 사망하게 하여 중과실치사죄로 인정된 사건은 대판 1997.4.22, 97도538.

【판례】① 피고인들이 공동하여 피해자를 폭행하여 당구장 3층에 있는 화장실에 숨어 있던 피해자를 다시 폭행하려고 피고인 갑은 화장실을 지키고, 피고인 을은 당구치는 기구로 문을 내려쳐 부수자 위협을 느낀 피해자가 화장실 창문 밖으로 숨으려다가 실족하여 떨어짐으로써 사망한 경우에는 피고인들의 위 폭행행위와 피해자의 사망 사이에는 인과관계가 있다고 할 것이므로 폭행치사죄의 공동정범이 성립된다.42)

② 피해자의 머리를 한번 받고 경찰봉으로 때린 구타행위와 피해자가 외상성 뇌경막하 출혈로 사망할 때까지 사이 약 20여 시간이 경과하였다 하더라도 그 사이 피해자는 머리가 아프다고 누워 있었고 그 밖에 달리 사망의 중간요인을 발견할 자료가 없다면 위 시간적 간격이 있었던 사실만으로 피고인의 구타와 피해자의 사망 사이에 인과관계가 없다고 할 수 없다.43)

③ 속칭 '생일빵'을 한다는 명목 하에 피해자를 가격하여 사망한 사건에서, 폭행과 사망 간에 인과관계는 인정되지만 폭행 당시 피해자의 사망을 예견할 수 없었다는 이유로 폭행치사죄에 대하여 무죄를 인정하였다.44)

④ 고등학교 교사인 피고인이 3학년 학생인 피해자가 민방공훈련에 불참하였다는 이유를 들어 주의를 환기시킴에 있어 왼쪽 뺨을 한번 살짝 때린 사실이 있고, 이 순간 피해자가 뒤로 넘어지면서 머리를 지면에 부딪혀 우측 측두골 부위에 선상골절상을 입고 지주막하출혈 및 뇌좌상을 일으켜 사망한 것은 사실이나, 피해자가 위와 같이 뒤로 넘어진 것은 피고인으로부터 뺨을 맞은 탓이 아니라 평소의 허약상태에서 온 급격한 뇌압상승 때문이었고, 또 위 사망의 원인이 된 측두골 골절이나 뇌좌상은 보통 사람의 두개골은 3 내지 5mm인데 비하여 피해자는 0.5mm 밖에 안되는 비정상적인 얇은 두개골이었고 또 뇌수종이 있었던데 연유한 것이라는 사실과, 피고인은 이 피해자가 다른 학생에 비하여 체질이 허약함은 알고 있었으나 위와 같은 두뇌의 특별이상이 있음은 미처 알지 못하였던 것이라고 인정되므로 피고인의 행위와 피해자의 사망 사이에는 인과관계가 없거나 피해자의 사망의 결과발생에 대하여 피고인의 예견가능성이 없었다.45)

---

42) 대판 1990.10.16, 90도1786.
43) 대판 1984.12.11, 84도2347.
44) 대판 2010.5.27, 2010도2680.
45) 대판 1978.11.28, 78도1961.

제3관 과실치사상죄

Ⅰ. 과실치사상죄

> 제266조(과실치상) ① 과실로 인하여 사람의 신체를 상해에 이르게 한 자는 500만원 이하의 벌금, 구류 또는 과료에 처한다.
> ② 제1항의 죄는 피해자의 명시한 의사에 반하여 공소를 제기할 수 없다.
> 제267조(과실치사) 과실로 인하여 사람을 사망에 이르게 한 자는 2년 이하의 금고 또는 700만원 이하의 벌금에 처한다.

과실치상죄는 과실로 사람의 신체를 상해하는 범죄이고, 과실치사죄는 과실로 사람을 사망하게 하는 범죄이다. 상해나 사망에 대하여 과실, 즉 주의의무 위반과 예견가능성이 있어야 성립되는 범죄이고 처음부터 상해나 사망에 대한 고의가 있으면 상해죄, 살인죄 등이 성립된다.

본죄는 일상생활을 하는 가운데 사소한 시비나 다툼의 와중에 종종 발생한다. 따라서 형법은 과실치상죄를 피해자의 명시한 의사에 반하여 공소를 제기할 수 없도록 규정하고 있다(반의사불벌죄). 즉 피해자의 의사에 따라 처벌 여부가 좌우된다. 그러므로 가해자는 피해자에게 용서를 구하거나 금전적으로 배상하여 '처벌을 원하지 않는다'는 합의서를 받는 관행이 있는 것이다.

【'당기시오'로 표시된 출입문을 세게 밀어 70대 사망】 '당기시오'라는 안내가 붙어있는 출입문을 강하게 밀었다가 밖에 서 있던 행인을 넘어뜨려 숨지게 한 혐의로 기소된 A씨가 1심에서는 무죄선고를 받았으나 항소심에서는 유죄가 인정되었다.

2020년 10월 오전 8시께 50대 A씨는 충남 아산시 한 건물 지하에서 1층 출입문으로 올라오던 중 출입문 밖에 서 있던 여성 B(76)씨를 강타했고 도로 바닥에 넘어지게 했고 B씨는 외상성 뇌출혈 등으로 그 자리에서 사망했다. 당시 출입문에는 불투명한 시트지가 붙어있는 데다가 출입문 안쪽에는 '당기시오'라는 팻말이 부착되어 있었다. 검찰은 A씨가 문을 당기라는 표시가 돼 있었지만 제대로 주변을 살피지 않고 세게 밀어 주의의무를 다하지 않았다고 주장했다. 1심 재판부는 '출입문이 반투명 유리로 돼 있어 주의해서 보지 않으면 사람이 있음을 알아차리기 어렵고 피해자는 건물 밖에서 40초가량 서성거렸는데 건물 안에 있는 사람이 이 같은 행동을 예견하기 어렵고, 출입문을 열면서 다치는 것까지는 사회 통념상 예견할 수 있다고 하더라도 그 충격으로 바닥에 쓰러져 뒷

머리를 부딪혀 사망하는 것은 이례적인 일이어서 예견하기 어려워 보인다'며 A씨에게 무죄를 선고했다.

검찰은 항소하였고 항소심에서 과실치사 혐의를 주위적 공소사실(주된 범죄사실)로, 과실치상 혐의를 예비적 공소사실로 추가해 공소장을 변경했다.

2심 재판부는 과실치사 혐의는 무죄로 판단했지만, '부주의하게 출입문을 열다 피해자를 충격해 뇌출혈 등의 상해를 입게 한 죄책이 가볍지 않다'며 '사고 발생 직후 피해자에 대한 구호조치를 한 점과 유족과 합의한 점 등을 고려했다'며 과실치상 혐의에 대해서는 유죄로 인정하고 벌금 100만원에 집행유예 1년을 선고했다. A는 이에 불복하여 상고하였다.[46]

【'헹가래' 판례】바다에 면한 수직경사가 암반 위로 이끼가 많이 끼어 매우 미끄러운 곳에서 당시 폭풍주의보가 발효 중이어서 평소보다 높은 파도가 치고 있던 상황에서 피해자와 같은 내무반원인 피고인 등 여러 사람이 곧 전역할 병사 갑을 손발을 붙잡아 헹가래를 쳐서 장남삼아 바다에 빠뜨리려고 하다가 그가 발버둥치자 갑의 발을 붙잡고 있던 피해자가 몸의 중심을 잃고 미끄러지면서 바다에 빠져 사망한 경우 갑을 헹가래쳐서 바다에 빠뜨리려고 한 행위와 피해자가 바다에 빠져 사망한 결과와의 사이에는 인과관계가 있으며, 이런 경우 결과발생에 관한 예견가능성도 있다고 할 것이므로 갑을 붙들고 헹가래치려고 한 피고인들로서는 비록 피해자가 위와 같이 헹가래치려고 한 일행 중의 한 사람이었다고 하여도 피해자의 사망에 대하여 과실책임을 면할 수 없다.[47]

이와 관련하여 학생들 사이에서 장난으로 헹가래를 치다 부상이 초래되는 경우가 있다. 형사처벌과는 별개로 보호감독자인 부모나 학교의 민사상 책임이 문제될 수 있다.

【뉴스 속 사건사고】헹가래치다 전신마비' 부모에 배상판결

고교 졸업식날 후배들이 졸업축하 헹가래를 치다 선배에게 중상을 입혔다면 후배 학생들의 부모에게 60%의 배상책임이 있다는 판결이 나왔다. 서울지법 민사합의41부는 고교 졸업식 때 헹가래를 받다 허리 등을 다쳐 사지가 영구마비되는 중상을 입은 정모씨(20) 가족이 학교법인 고려○○학원과 후배들의 부모 등을 상대로 낸 손해배상 청구소송에서 "부모들은 연대해서 2억여원을 지급하라"며 원고 일부승소 판결했다. 재판부는 판결문에

---

46) 서울경제 2023년 11월 26일자.
47) 대판 1990.11.13, 90도2106.

서 "피고 부모들은 자녀들에게 다른 사람이 상해를 입을 만한 위험한 행동을 하지 않도록 일상적인 지도, 조언 등의 감독·교육의무가 있음에도 이를 게을리해 사고가 났다"며 "다만 정씨도 자청해 헹가래에 응한 잘못이 있는 점을 감안, 피고 부모들의 책임을 60%로 제한한다"고 밝혔다. 재판부는 "그러나 학교법인의 경우 졸업식에 앞서 교내 서클회장 등을 소집, 위험한 행동을 하지 말도록 안전지도를 했고 우연히 벌어진 이 사고를 예측할 수 있었다고 보기 어려워 직무집행상의 과실책임을 물을 수 없다"고 덧붙였다. 정씨 가족은 고교 졸업식날 정씨가 동아리 후배들의 헹가래를 받다가 허리 등을 크게 다쳐 사지마비가 되자 5억여원의 손해배상 청구소송을 냈다.[48]

【'교실유리창청소' 판례】 남임교사가 학교방침에 따라 학생들에게 교실청소를 시켜왔고 유리창을 청소할 때는 교실 안쪽에서 닦을 수 있는 유리창만을 닦도록 지시하였는데도 유독 피해자만이 수업시간이 끝나자마자 베란다로 넘어 갔다가 밑으로 떨어져 사망하였다면 담임교사에게 그 사고에 대한 어떤 형사상의 과실책임을 물을 수 없다.[49]

【판례】 중앙선에 서서 도로횡단을 중단한 피해자의 팔을 갑자기 잡아끌고 피해자로 하여금 도로를 횡단하게 만든 피고인으로서는 무단횡단을 하는 도중에 지나가는 차량에 충격당하여 피해자가 사망하는 교통사고가 발생할 가능성이 있으므로, 이러한 경우에는 피고인이 피해자의 안전을 위하여 차량의 통행 여부 및 횡단 가능 여부를 확인하여야 할 주의의무가 있다 할 것이므로, 피고인으로서는 위와 같은 주의의무를 다하지 않은 이상 교통사고와 그로 인한 피해자의 사망에 대하여 과실책임을 면할 수 없다.[50]

【판례】 피고인들이 자신들과 함께 술을 마시고 만취되어 의식이 없는 피해자를 부축하여 학교선배인 장○○의 자취집에 함께 가서 촛불을 가져 오라고 하여 장○○이 가져온 촛불이 켜져 있는 방안에 이불을 덮고 자고 있는 피해자를 혼자 두고 나옴에 있어 그 촛불이 피해자의 발로부터 불과 약 70 내지 80cm 밖에 떨어져 있지 않은 곳에 마분지로 된 양초갑 위에 놓여져 있음을 잘 알고 있었던 피고인들로서는 당시 촛불을 켜놓아야 할 별다른 사정이 엿보이지 아니하고 더욱이 피고인들 외에는 달리 피해자를 돌보아 줄 사람도 없었던 터이므로 술에 취한 피해자가 정신없이 몸부림을 치다가 발이나 이불자락으로 촛불을 건드리는 경우 그것이 넘어져 불이 이불이나 비닐장판 또는 벽지 등에 옮겨붙어 화재가 발생할 가능성이 있고, 또한 화재가 발생하는 경우 화재에 대처할 능

---

48) 국민일보 2002.10.22.자.
49) 대판 1989.3.28, 89도108.
50) 대판 2002.8.23, 2002도2800.

력이 없는 피해자가 사망할 가능성이 있음을 예견할 수 있으므로 이러한 경우 피해자를 혼자 방에 두고 나오는 피고인들로서는 촛불을 끄거나 양초가 쉽게 넘어지지 않도록 적절하고 안전한 조치를 취하여야 할 주의의무가 있다 할 것인바, 비록 피고인들이 직접 촛불을 켜지 않았다 할지라도 위와 같은 주의의무를 다하지 않은 이상 피고인들로서는 이 사건 화재발생과 그로 인한 피해자의 사망에 대하여 과실책임을 면할 수는 없다.[51]

【'골프장 캐디 치상사건' 판례】골프와 같은 개인 운동경기에 참가하는 자는 자신의 행동으로 인해 다른 사람이 다칠 수도 있으므로, 경기규칙을 준수하고 주위를 살펴 상해의 결과가 발생하는 것을 미연에 방지해야 할 주의의무가 있고, 이러한 주의의무는 경기보조원에 대하여도 마찬가지이다. 다만, 운동경기에 참가하는 자가 경기규칙을 준수하는 중에 또는 그 경기의 성격상 당연히 예상되는 정도의 경미한 규칙위반 속에 상해의 결과를 발생시킨 것으로서 사회적 상당성의 범위를 벗어나지 아니하는 행위라면 과실치상죄가 성립하지 않는다고 할 것이지만, 골프경기를 하던 중 골프공을 쳐서 아무도 예상하지 못한 자신의 등 뒤편으로 보내어 등 뒤에 있던 경기보조원(캐디)에게 상해를 입힌 경우에는 주의의무를 현저히 위반한 것이다.[52]

II. 업무상과실 · 중과실 치사상죄

제268조(업무상과실 · 중과실 치사상) 업무상 과실 또는 중대한 과실로 사람을 사망이나 상해에 이르게 한 자는 5년 이하의 금고 또는 2천만원 이하의 벌금에 처한다.

업무상과실 · 중과실 치사상죄는 업무상 과실이나 중대한 과실로 사람을 사람하게 하거나 신체를 상해하는 범죄이다. 사람을 죽거나 다치게 할 우려가 있는 업무에 종사하는 자는 높은 주의의무가 요구되고 결과에 대한 예견가능성이 높기 때문에 가중하여 처벌한다.

현대 산업사회에서는 교통, 의료, 건설이나 공장 등 산업시설과 같이 생명 · 신체에 대한 위험적 요소를 지닌 업무가 증가하고 있다. 따라서 고의는 없지만 사람을 죽거나 다치게 할 수 있는 사고가 빈발하기 때문에 전체범죄 가운데 이러한 업무와 관련된 과실범죄의 비율이 증가하고 있는 실정이다. 본죄를 이해하는 데에

는 법적으로 업무라는 것이 어떤 의미인지에 대한 이해가 필요하며, 과실과 관련된 일반적 사례, 의료사고, 건설사고 등을 중심으로 살펴보고 교통사고에 대해서는 별도로 설명하기로 한다.

(1) **업무의 개념** 형법적 측면에서 업무라는 것은 사람이 사회생활을 하면서 계속적이고 반복적으로 할 생각을 가지고 하는 일을 말한다.[53] 식사나 수면, 산책, 가사활동은 사회생활이 아니므로 업무가 아니다. 그러나 파출부로서 남의 집안일을 해주는 경우에는 가사활동도 직업활동이므로 업무가 된다. 계속적으로 할 생각이었으면 그 업무를 한 첫 번째 행위도 업무가 된다. 예를 들어 의사가 개입 첫날에 의료사고를 발생시킨 경우에도 업무로 인정된다. 반드시 어떤 이익을 얻거나 영업적 행위이어야 업무가 되는 것은 아니고 출퇴근이나 여행을 하기 위하여 운전하는 것도 업무이다.

(2) 건설사고와 관련해서 많은 사람이 사망한 대형사건은 삼풍백화점 붕괴사고와 성수대교 붕괴사고이다. 백화점 건물 지붕이 무너진 삼풍백화점사건의 경우 건물 붕괴의 원인이 건축계획의 수립, 건축설계, 건축공사공정, 건물 완공 후의 유지관리 등에 있어서의 과실이 복합적으로 작용한 데에 있다고 보아 각 단계별 관련자들을 모두 업무상과실치사상죄의 공동정범으로 처벌하였다.[54] 다리 중간의 교각상판이 떨어진 성수대교 붕괴사고에서는 교량 건설회사의 트러스 제작 책임자, 교량공사 현장감독, 발주 관청의 공사감독 공무원 등에게 업무상과실치사상, 업무상과실일반교통방해, 업무상과실자동차추락죄를 인정하였고, 교량의 유지·관리 책임을 맡고 있던 서울시 도로국 및 산하 동부건설사업소 소속 공무원들에게도 교량 제작 시공자들과의 공동과실 책임을 인정하였다.[55]

(3) 학교교사의 책임

교사가 징계의 목적으로 회초리로 학생들의 손바닥을 때리기 위해 회초리를 들

---

53) 형법상 '업무'란 직업 또는 계속적으로 종사하는 사무나 사업을 말하고, 여기서 '사무' 또는 '사업'은 단순히 경제적 활동만을 의미하는 것이 아니라 널리 사람이 그 사회생활상의 지위에서 계속적으로 행하는 일체의 사회적 활동을 의미한다(대판 2009.11.19, 2009도4166(전원합의체)).
54) 대판 1996.8.23, 96도1231.
55) 대판 1997.11.28, 97도1740 및 대판 1997.11.28, 97도1741 참조.

어 올리는 순간에 그것을 구경하기 위해서 옆으로 고개를 돌려 일어나는 다른 학생의 눈을 찔러서 오른쪽 눈이 실명된 경우, 대법원은 교사로서는 직접 징계당하는 학생의 옆에 있는 다른 학생이 징계 당하는 것을 구경하기 위하여 고개를 돌려 뒤에서 다가서거나 옆자리에서 일어나는 것까지 예견할 수는 없고 교사가 교육의 목적으로 학생을 징계하기 위하여 매질하는 경우에 반드시 한 사람씩 불러내어서 해야 할 주의의무가 있다고도 할 수 없으므로 업무상 과실치상죄에 해당되지 않는다고 보았다.56)

(4) 의료사고

의료기관에 종사하는 의사나 간호사는 시술 및 치료과정에서 발생한 환자의 사망이나 상해에 대하여 업무상 주의를 적절히 기울이지 못하면 형사책임이 문제되는 경우가 있다.

【의료사고 관련 판례】① 자기집 안방에서 취침하다가 일산화탄소(연탄가스) 중독으로 병원 응급실에 후송되어 온 환자를 진단하여 일산화탄소 중독으로 판명하고 치료한 담당의사에게 회복된 환자가 이튿날 퇴원할 당시 자신의 병명을 문의하였는데도 의사가 아무런 요양방법을 지도하여 주지 아니하여, 환자가 일산화탄소에 중독되었던 사실을 모르고 퇴원 즉시 사고 난 자기 집 안방에서 다시 취침하다 전신피부파열 등 일산화탄소 중독을 입은 것이라면, 의사에게는 그 원인 사실을 모르고 병명을 문의하는 환자에게 그 병명을 알려주고 이에 대한 주의사항인 피해장소인 방의 수선이나 환자에 대한 요양의 방법 기타 건강관리에 필요한 사항을 지도하여 줄 요양방법의 지도의무가 있는 것이므로 이를 태만한 것으로서 의사로서의 업무상과실이 있고, 이 과실과 재차의 일산화탄소 중독과의 사이에 인과관계가 있다고 보아야 한다.57)

② 담당 의사가 췌장 종양 제거수술 직후의 환자에 대하여 1시간 간격으로 4회 활력징후를 측정하라고 지시를 하였는데, 일반병실에 근무하는 간호사 A가 중환자실이 아닌 일반병실에서는 그러할 필요가 없다고 생각하여 2회만 측정한 채 3회차 이후 활력징후를 측정하지 않았고, A와 근무교대한 간호사 B 역시 자신의 근무시간 내 4회차 측정시각까지 활력징후를 측정하지 아니하였는데, 환자가 그 시각으로부터 약 10분 후 심폐정지상태에 빠졌다가 이후 약 3시간이 지나 과다출혈로 사망한 사건에서, 1시간 간격으로 활력징후를 측정하였더라면 출혈을 조기에 발견하여 수혈, 수술 등 치료를 받고 환자가 사망하지 않

---

56) 대판 1985.7.9, 84도822.
57) 대판 1991.2.12, 90도2547.

앉을 가능성이 충분하다고 보일 뿐 아니라, 간호사 A와 B는 의사의 지시를 수행할 의무가 있음에도 3회차 측정시각 이후 4회차 측정시각까지 활력징후를 측정하지 아니한 업무상 과실이 있다.58)

③ 산후조리원에 입소한 신생아가 출생 후 10일 이상이 경과하도록 계속하여 수유량 및 체중이 지나치게 감소하고 잦은 설사 등의 이상증세를 보임에도 불구하고, 산후조리원의 신생아 집단관리를 맡은 책임자가 의사나 한의사 등의 진찰을 받도록 하지 않아 신생아가 탈수 내지 괴사성 장염으로 사망한 사건에서, 일반인에 의해 제공되는 산후조리 업무와는 달리 신생아의 집단관리 업무를 책임지는 사람으로서는 신생아의 건강관리나 이상증상에 관하여 일반인보다 높은 수준의 지식을 갖추어 신생아를 위생적으로 관리하고 건강상태를 면밀히 살펴 이상증세가 보이면 의사나 한의사 등 전문가에게 진료를 받도록 하는 등 적절한 조치를 취하여야 할 업무상 주의의무가 있고, 집단관리 책임자가 산모에게 신생아의 이상증세를 즉시 알리고 적절한 조치를 구하여 산모의 지시를 따른 것만으로는 업무상 주의의무를 다하였다고 볼 수 없으므로 신생아 사망에 대한 업무상 과실치사의 책임이 인정된다.59)

④ 야간 당직간호사가 담당 환자의 심근경색 증상을 당직의사에게 제대로 보고하지 않음으로써 당직의사가 필요한 조치를 취하지 못한 채 환자가 사망한 사건에서, 당직의사는 응급실에서 응급환자를 위주로 진료를 하는 한편, 당직간호사는 중환자실 또는 일반병실에 입원한 환자들의 상태, 활력징후(혈압, 맥박, 호흡, 체온 등)를 세심하게 관찰하고 이상이 있을 경우 당직의사에게 보고하여 당직의사가 중환자실 또는 일반병실의 환자도 진료하기로 되어 있던 병원의 야간당직 운영체계상 당직간호사에게 환자의 사망을 예견하거나 회피하지 못한 업무상 과실이 인정되고, 당직의사에게는 업무상 과실을 인정하기 어렵다.60)

⑤ 간호사가 의사의 처방에 의한 정맥주사(Side Injection 방식)를 의사의 입회 없이 간호실습생(간호학과 대학생)에게 실시하도록 하여 발생한 의료사고에 대하여, 간호사가 '진료의 보조'를 함에 있어서는 모든 행위 하나하나마다 항상 의사가 현장에 입회하여 일일이 지도·감독하여야 한다고 할 수는 없고, 경우에 따라서는 의사가 진료의 보조행위 현장에 입회할 필요 없이 일반적인 지도·감독을 하는 것으로 족한 경우도 있을 수 있고, 보조행위인지 여부는 보조행위의 유형에 따라 일률적으로 결정할 수는 없고 구체적인 경우에 있어서 그 행위의 객관적인 특성상 위험이 따르거나 부작용 혹은 후유증이 있을 수 있는지, 당시의 환자 상태가 어떠한지, 간호사의 자질과 숙련도는 어느 정도인

---

58) 대판 2010.10.28, 2008도8606.
59) 대판 2007.11.16, 2005도1796.
60) 대판 2007.9.20, 2006도294.

지 등의 여러 사정을 참작하여 개별적으로 결정하여야 한다. 그러나 이 사건의 경우 의사로 하여금 그 스스로 직접 주사를 하거나 또는 직접 주사하지 않더라도 현장에 입회하여 간호사의 주사행위를 직접 감독할 업무상 주의의무가 있다고 보기 어렵다.[61]

⑥ 간호사가 다른 환자에게 수혈할 혈액을 당해 환자에게 잘못 수혈하여 환자가 사망한 사건에서, 의사 A가 근무하는 병원에서는 인턴의 수가 부족하여 수혈의 경우 두 번째 이후의 혈액봉지는 인턴 대신 간호사가 교체하는 관행이 있었다고 하더라도, 수혈은 종종 그 과정에서 부작용을 수반하는 의료행위이므로 수혈을 담당하는 의사는 혈액형의 일치 여부는 물론 수혈의 완성 여부를 확인하고, 수혈 도중에도 세심하게 환자의 반응을 주시하여 부작용이 있을 경우 필요한 조치를 취할 준비를 갖추는 등의 주의의무가 있다. 그리고 의사는 전문적 지식과 기능을 가지고 환자의 전적인 신뢰 하에서 환자의 생명과 건강을 보호하는 것을 업으로 하는 자로서, 그 의료행위를 시술하는 기회에 환자에게 위해가 미치는 것을 방지하기 위하여 최선의 조치를 취할 의무를 지고 있고, 간호사로 하여금 의료행위에 관여하게 하는 경우에도 그 의료행위는 의사의 책임 하에 이루어지는 것이고 간호사는 그 보조자에 불과하므로, 의사는 당해 의료행위가 환자에게 위해가 미칠 위험이 있는 이상 간호사가 과오를 범하지 않도록 충분히 지도·감독을 하여 사고의 발생을 미연에 방지하여야 할 주의의무가 있고, 이를 소홀히 한 채 만연히 간호사를 신뢰하여 간호사에게 당해 의료행위를 일임함으로써 간호사의 과오로 환자에게 위해가 발생하였다면 의사 A는 업무상과실치사의 책임을 면할 수 없다.[62]

⑦ 한의사인 피고인이 피해자에게 문진하여 과거 봉침을 맞고도 별다른 이상반응이 없었다는 답변을 듣고 부작용에 대한 충분한 사전 설명 없이 환부인 목 부위에 봉침시술을 하였는데, 피해자가 시술 직후 쇼크반응을 나타내는 상해를 입은 사건에서, 여러 사정에 비추어 피고인이 봉침시술에 앞서 설명의무를 다하였더라도 피해자가 반드시 봉침시술을 거부하였을 것이라고 볼 수 없으므로, 피고인의 설명의무 위반과 피해자의 상해 사이에 상당인과관계를 인정하기 어렵다.[63]

제 4 관 낙태죄 문제 : 낙태(임신중지)의 자유와 제한

임신한 여성이 인신을 중지 또는 중단할 권리(낙태권)가 있는가에 관하여 국내외적으로 많은 논란이 있다. 이는 단순히 해당 여성의 문제일 뿐만 아니라 가족관계, 사회적·종교적·철학적 문제, 국가의 인구정책과도 관련되어 있다.

61) 대판 2003.8.19, 2001도3667.
62) 대판 1998.2.27, 97도2812.
63) 대판 2011.4.14, 2010도10104.

(1) 종전의 형법규정에서는 낙태행위에 대하여 매우 엄격한 태도를 취하고 있었다. 즉 임신한 여성이 스스로 낙태하는 행위(자기낙태죄), 그 여성의 동의를 받거나 받지 않고 낙태하는 행위(동의낙태죄, 부동의낙태죄), 의사 등에 의하여 이루어지는 낙태행위(업무상 동의낙태죄) 모두를 처벌하였다(형법 제269조, 제270조). 다만 모자보건법 제14조(인공임신중절수술의 허용한계)에서는 의사는 임신 24주일 이내에서 다음의 어느 하나의 사유에 해당하는 경우에만 본인과 (사실혼관계의) 배우자의 동의를 받아 수술을 할 수 있었다.

① 본인이나 배우자가 대통령령으로 정하는 우생학적(優生學的) 또는 유전학적 정신장애나 신체질환(연골무형성증, 낭성섬유증 및 그 밖의 유전성 질환으로서 그 질환이 태아에 미치는 위험성이 높은 질환)이 있는 경우
② 본인이나 배우자가 대통령령으로 정하는 전염성 질환(풍진, 톡소플라즈마증 및 그 밖에 의학적으로 태아에 미치는 위험성이 높은 전염성 질환)이 있는 경우
③ 강간 또는 준강간(準强姦)에 의하여 임신된 경우
④ 법률상 혼인할 수 없는 혈족 또는 인척 간에 임신된 경우
⑤ 임신의 지속이 보건의학적 이유로 모체의 건강을 심각하게 해치고 있거나 해칠 우려가 있는 경우

(2) 사회현실은 법률규정의 엄격한 처벌내용과 다르게 진행되었다. 1960년 이후 인구의 폭발적 증가(이른바 '베이비붐시대')로 인하여 국가적으로 산아제한정책이 시행되었고 이에 따라 낙태죄는 사실상 적용되지 않는 사문화규정이 되어버렸다. 그러나 생명보호를 중시하는 윤리적, 종교적, 철학적 주장에 따라 낙태를 제한하려는 움직임이 지속되었고(태아의 생명권 중시, pro-life), 최근에는 출생률감소에 따른 인구감소에 대한 우려로 이를 제한하는 국가적, 사회적 움직임이 크게 증가하고 있다. 더불어 난임시술에 대한 의료적 지원 등의 방법으로 출산을 장려하는 의료정책으로 방향이 전환되고 있다. 반면에 임신한 여성의 자기결정권(임신중지권, 또는 임신중단권, pro-choice)에 관한 주장도 무시할 수 없게 되었다.

(3) 한편 형법의 낙태죄 규정에 관한 헌법소원사건에 대하여 헌법재판소는 합헌의 태도를 취해오다가 2019년 4월 11일에 형법 제269조 제1항 등 위헌소원사건에서 헌법불합치결정을 내리고 2020년 12월 31일을 시한으로 입법자가 개정할 때까지만 효력을 유지하는 것으로 선고하였다(2017헌바127). 그러나 현재까지 국회에

서 새로운 법조항을 입법하지 못하는 직무유기로 낙태는 불법도 아닌 합법도 아닌 상황으로 여성들은 위험한 낙태와 원치 않는 영아 출산, 영아살해나 유기행위를 하게 되는 상황이다. 무엇보다도 성교육을 포함한 사전피임, 사후피임을 인정하는 동시에 안전하게 출산하고 양육할 수 있는 정책적 지원이 중요한 시기가 되었다.

【헌법재판소의 형법 제269조 제1항 등 위헌소원사건】 낙태죄사건

　[재판관 유남석, 재판관 서기석, 재판관 이선애, 재판관 이영진의 헌법불합치의견]

　자기낙태죄 조항은 모자보건법이 정한 예외를 제외하고는 임신기간 전체를 통틀어 모든 낙태를 전면적·일률적으로 금지하고, 이를 위반할 경우 형벌을 부과함으로써 임신의 유지·출산을 강제하고 있으므로, 임신한 여성의 자기결정권을 제한한다.

　자기낙태죄 조항은 태아의 생명을 보호하기 위한 것으로서, 정당한 입법목적을 달성하기 위한 적합한 수단이다.

　임신·출산·육아는 여성의 삶에 근본적이고 결정적인 영향을 미칠 수 있는 중요한 문제이므로, 임신한 여성이 임신을 유지 또는 종결할 것인지 여부를 결정하는 것은 스스로 선택한 인생관·사회관을 바탕으로 자신이 처한 신체적·심리적·사회적·경제적 상황에 대한 깊은 고민을 한 결과를 반영하는 전인적(全人的) 결정이다.

　현 시점에서 최선의 의료기술과 의료 인력이 뒷받침될 경우 태아는 임신 22주 내외부터 독자적인 생존이 가능하다고 한다. 한편 자기결정권이 보장되려면 임신한 여성이 임신 유지와 출산 여부에 관하여 전인적 결정을 하고 그 결정을 실행함에 있어서 충분한 시간이 확보되어야 한다. 이러한 점들을 고려하면, 태아가 모체를 떠난 상태에서 독자적으로 생존할 수 있는 시점인 임신 22주 내외에 도달하기 전이면서 동시에 임신 유지와 출산 여부에 관한 자기결정권을 행사하기에 충분한 시간이 보장되는 시기(이하 착상 시부터 이 시기까지를 '결정가능기간'이라 한다)까지의 낙태에 대해서는 국가가 생명보호의 수단 및 정도를 달리 정할 수 있다고 봄이 타당하다.

　낙태갈등 상황에서 형벌의 위하가 임신종결 여부 결정에 미치는 영향이 제한적이라는 사정과 실제로 형사처벌되는 사례도 매우 드물다는 현실에 비추어 보면, 자기낙태죄 조항이 낙태갈등 상황에서 태아의 생명 보호를 실효적으로 하지 못하고 있다고 볼 수 있다.

　낙태갈등 상황에 처한 여성은 형벌의 위하로 말미암아 임신의 유지 여부와 관련하여 필요한 사회적 소통을 하지 못하고, 정신적 지지와 충분한 정보를 제공받지 못한 상태에서 안전하지 않은 방법으로 낙태를 실행하게 된다.

　모자보건법상의 정당화사유에는 다양하고 광범위한 사회적·경제적 사유에 의한 낙태갈등 상황이 전혀 포섭되지 않는다. 예컨대, 학업이나 직장생활 등 사회활동에 지장이

있을 것에 대한 우려, 소득이 충분하지 않거나 불안정한 경우, 자녀가 이미 있어서 더 이상의 자녀를 감당할 여력이 되지 않는 경우, 상대 남성과 교제를 지속할 생각이 없거나 결혼 계획이 없는 경우, 혼인이 사실상 파탄에 이른 상태에서 배우자의 아이를 임신했음을 알게 된 경우, 결혼하지 않은 미성년자가 원치 않은 임신을 한 경우 등이 이에 해당할 수 있다.

자기낙태죄 조항은 모자보건법에서 정한 사유에 해당하지 않는다면 결정가능기간 중에 다양하고 광범위한 사회적·경제적 사유를 이유로 낙태갈등 상황을 겪고 있는 경우까지도 예외 없이 전면적·일률적으로 임신의 유지 및 출산을 강제하고, 이를 위반한 경우 형사처벌하고 있다.

따라서, 자기낙태죄 조항은 입법목적을 달성하기 위하여 필요한 최소한의 정도를 넘어 임신한 여성의 자기결정권을 제한하고 있어 침해의 최소성을 갖추지 못하였고, 태아의 생명 보호라는 공익에 대하여만 일방적이고 절대적인 우위를 부여함으로써 법익균형성의 원칙도 위반하였으므로, 과잉금지원칙을 위반하여 임신한 여성의 자기결정권을 침해한다.

자기낙태죄 조항과 동일한 목표를 실현하기 위하여 임신한 여성의 촉탁 또는 승낙을 받아 낙태하게 한 의사를 처벌하는 의사낙태죄 조항도 같은 이유에서 위헌이라고 보아야 한다.

자기낙태죄 조항과 의사낙태죄 조항에 대하여 각각 단순위헌결정을 할 경우, 임신 기간 전체에 걸쳐 행해진 모든 낙태를 처벌할 수 없게 됨으로써 용인하기 어려운 법적 공백이 생기게 된다. 더욱이 입법자는 결정가능기간을 어떻게 정하고 결정가능기간의 종기를 언제까지로 할 것인지, 결정가능기간 중 일정한 시기까지는 사회적·경제적 사유에 대한 확인을 요구하지 않을 것인지 여부까지를 포함하여 결정가능기간과 사회적·경제적 사유를 구체적으로 어떻게 조합할 것인지, 상담요건이나 숙려기간 등과 같은 일정한 절차적 요건을 추가할 것인지 여부 등에 관하여 앞서 헌법재판소가 설시한 한계 내에서 입법재량을 가진다.

따라서 자기낙태죄 조항과 의사낙태죄 조항에 대하여 단순위헌 결정을 하는 대신 각각 헌법불합치 결정을 선고하되, 다만 입법자의 개선입법이 이루어질 때까지 계속적용을 명함이 타당하다.

[재판관 이석태, 재판관 이은애, 재판관 김기영의 단순위헌의견]

헌법불합치의견이 지적하는 기간과 상황에서의 낙태까지도 전면적·일률적으로 금지하고, 이를 위반한 경우 형사처벌하는 것은 임신한 여성의 자기결정권을 침해한다는 점에 대하여 헌법불합치의견과 견해를 같이한다. 다만 여기에서 더 나아가 이른바 '임신 제1삼분기(first trimester, 대략 마지막 생리기간의 첫날부터 14주 무렵까지)'에는 어떠한 사유를 요구함이 없이 임신한 여성이 자신의 숙고와 판단 아래 낙태할 수 있도록 하여야 한다는 점, 자기낙태죄 조항 및 의사낙태죄 조항에 대하여 단순위헌결정을 하여야 한다는 점에서 헌법불합치의견과 견해를 달리 한다.

임신한 여성이 임신의 유지 또는 종결에 관하여 한 전인격적인 결정은 그 자체가 자기결정권의 행사로서 원칙적으로 보장되어야 한다. 다만 이러한 자기결정권도 태아의 성장 정도, 임신 제1삼분기를 경과하여 이루어지는 낙태로 인한 임신한 여성의 생명·건강의 위험성 증가 등을 이유로 제한될 수 있다.

한편, 임신한 여성의 안전성이 보장되는 기간 내의 낙태를 허용할지 여부와 특정한 사유에 따른 낙태를 허용할지 여부의 문제가 결합한다면, 결과적으로 국가가 낙태를 불가피한 경우에만 예외적으로 허용하여 주는 것이 되어 임신한 여성의 자기결정권을 사실상 박탈하게 될 수 있다.

그러므로 태아가 덜 발달하고, 안전한 낙태 수술이 가능하며, 여성이 낙태 여부를 숙고하여 결정하기에 필요한 기간인 임신 제1삼분기에는 임신한 여성의 자기결정권을 최대한 존중하여 그가 자신의 존엄성과 자율성에 터 잡아 형성한 인생관·사회관을 바탕으로 자신이 처한 상황에 대하여 숙고한 뒤 낙태 여부를 스스로 결정할 수 있도록 하여야 한다.

심판대상조항들은 임신 제1삼분기에 이루어지는 안전한 낙태조차 일률적·전면적으로 금지함으로써, 과잉금지원칙을 위반하여 임신한 여성의 자기결정권을 침해한다.

자유권을 제한하는 법률에 대하여, 기본권의 제한 그 자체는 합헌이나 그 제한의 정도가 지나치기 때문에 위헌인 경우에도 헌법불합치결정을 해야 한다면, 법률이 위헌인 경우에는 무효로 선언되어야 한다는 원칙과 그에 기초한 결정형식으로서 위헌결정의 존재 이유가 사라진다. 심판대상조항들이 예방하는 효과가 제한적이고, 형벌조항으로서의 기능을 제대로 하지 못하고 있으므로, 이들 조항이 폐기된다고 하더라도 극심한 법적 혼란이나 사회적 비용이 발생한다고 보기 어렵다. 반면, 헌법불합치결정을 선언하고 사후입법으로 이를 해결하는 것은 형벌규정에 대한 위헌결정의 효력이 소급하도록 한 입법자의 취지에도 반할 뿐만 아니라, 그 규율의 공백을 개인에게 부담시키는 것으로서 가혹하다. 또한 앞서 본 바와 같이 심판대상조항들 중 적어도 임신 제1삼분기에 이루어진 낙태에 대하여 처벌하는 부분은 그 위헌성이 명확하여 처벌의 범위가 불확실하다고 볼 수 없다. 심판대상조항들에 대하여 단순위헌결정을 하여야 한다.

[재판관 조용호, 재판관 이종석의 합헌의견]

태아와 출생한 사람은 생명의 연속적인 발달과정 아래 놓여 있다고 볼 수 있으므로, 인간의 존엄성의 정도나 생명 보호의 필요성과 관련하여 태아와 출생한 사람 사이에 근본적인 차이가 있다고 보기 어렵다. 따라서 태아 역시 헌법상 생명권의 주체가 된다.

태아의 생명권 보호라는 입법목적은 매우 중대하고, 낙태를 원칙적으로 금지하고 이를 위반할 경우 형사처벌하는 것 외에 임신한 여성의 자기결정권을 보다 덜 제한하면서 태아의 생명 보호라는 공익을 동등하게 효과적으로 보호할 수 있는 다른 수단이 있다고 보기 어렵다.

태아의 생명권을 보호하고자 하는 공익의 중요성은 태아의 성장 상태에 따라 달라진다고 볼 수 없으며, 임신 중의 특정한 기간 동안에는 임신한 여성의 인격권이나 자기결정권이 우선하고 그 이후에는 태아의 생명권이 우선한다고 할 수도 없다.

다수의견이 설시한 '사회적·경제적 사유'는 그 개념과 범위가 매우 모호하고 그 사유의 충족 여부를 객관적으로 확인하기도 어렵다. 사회적·경제적 사유에 따른 낙태를 허용할 경우 현실적으로 낙태의 전면 허용과 동일한 결과를 초래하여 일반적인 생명경시 풍조를 유발할 우려가 있다.

이처럼 자기낙태죄 조항으로 인하여 임신한 여성의 자기결정권이 어느 정도 제한되는 것은 사실이나, 그 제한의 정도가 자기낙태죄 조항을 통하여 달성하려는 태아의 생명권 보호라는 중대한 공익에 비하여 결코 크다고 볼 수 없으므로, 자기낙태죄 조항은 법익균형성 원칙에도 반하지 아니한다.

의사낙태죄 조항은 그 법정형의 상한 자체가 높지 않을 뿐만 아니라, 선고유예 또는 집행유예 선고의 길이 열려 있으므로, 책임과 형벌 간의 비례원칙에 위배되지 아니한다. 태아의 생명을 보호해야 하는 업무에 종사하는 자가 태아의 생명을 박탈하는 시술을 한다는 점에서 비난가능성 또한 크므로, 의사낙태죄 조항에 대하여 동의낙태죄(제269조 제2항)와 달리 벌금형을 규정하지 아니한 것이 형벌체계상의 균형에 반하여 헌법상 평등원칙에 위배된다고도 할 수 없다.

따라서 자기낙태죄 조항 및 의사낙태죄 조항은 모두 헌법에 위반되지 아니한다(헌재결 2019.4.11, 2017헌바127).

제 5 관 유기죄와 학대죄

제271조(유기, 존속유기) ① 나이가 많거나 어림, 질병 그 밖의 사정으로 도움이 필요한 사람을 법률상 또는 계약상 보호할 의무가 있는 자가 유기한 경우에는 3년 이하의 징역 또는 500만원 이하의 벌금에 처한다.
② 자기 또는 배우자의 직계존속에 대하여 제1항의 죄를 지은 경우에는 10년 이하의 징역 또는 1천500만원 이하의 벌금에 처한다.

③ 제1항의 죄를 지어 사람의 생명에 위험을 발생하게 한 경우에는 7년 이하의 징역에 처한다.

④ 제2항의 죄를 지어 사람의 생명에 위험을 발생하게 한 경우에는 2년 이상의 유기징역에 처한다.

제272조(영아유기) 직계존속이 치욕을 은폐하기 위하거나 양육할 수 없음을 예상하거나 특히 참작할 만한 동기로 인하여 영아를 유기한 때에는 2년 이하의 징역 또는 300만원 이하의 벌금에 처한다(삭제하여 폐지됨).

제273조(학대, 존속학대) ① 자기의 보호 또는 감독을 받는 사람을 학대한 자는 2년 이하의 징역 또는 500만원 이하의 벌금에 처한다.

② 자기 또는 배우자의 직계존속에 대하여 전항의 죄를 범한 때에는 5년 이하의 징역 또는 700만원 이하의 벌금에 처한다.

제274조(아동혹사) 자기의 보호 또는 감독을 받는 16세 미만의 자를 그 생명 또는 신체에 위험한 업무에 사용할 영업자 또는 그 종업자에게 인도한 자는 5년 이하의 징역에 처한다. 그 인도를 받은 자도 같다.

Ⅰ. 유기죄

(1) 유기죄의 개념

유기죄란 어떤 사정으로 인하여 타인의 도움을 필요로 한 사람을 법률상이나 계약상으로 보호할 의무있는 사람이 유기하는(돌보지 않는) 범죄이다. 예를 들어 늙은 부모나 어린 자녀를 돌보아야 할 법적 의무가 있는 사람이 그 부모나 아이를 버리거나 집에 놓아두고 떠나버리는 경우이다. 전통적인 대가족사회에서 핵가족사회로 변화하면서 점점 개인 중심의 경향에 대처하기 위한 규정이다.

(2) 유기죄의 주체

유기죄를 범할 수 있는 자는 나이가 많거나 어림, 질병 그 밖의 사정으로 도움이 필요한 사람을 보호할 법률상, 계약상 의무있는 보호의무자이다. 법률상 보호의무는 예컨대 민법상 친권자의 자녀에 대한 보호의무 등이고 계약상 보호의무는 유치원교사의 보호의무 등이다.

법률이나 계약이 아닌 관습이나 사회통념에 의하여도 보호의무가 인정될 수 있는가에 대하여는 긍정설, 부정설의 대립이 있으나 판례와 다수견해는 부정설의 입장이다. 따라서 하숙생과 집주인 사이, 등산하다 우연히 동행하게 된 등반객 사이

등의 경우에는 보호의무가 인정되지 않는다. 우리의 경우 이러한 사건에서는 경범
죄처벌법 제3조 제1항 6호(도움이 필요한 사람 등의 신고불이행)[64] 정도가 적용될 뿐
이다. 이에 반하여 서양에서는 '착한 사마리아인 조항'(the good samarian clause)[65]
이라 하여 성경의 내용[66]에 따라 보호의무가 인정되는 것과 상이하다.

【음주 후 동행한 사람의 동사사건】 피고인은 1976.1.26. 16:00경 피해자 송○○(41세)와
함께 길을 가다가 우연히 만나 동행하여 마차 4리를 향하여 가던 중 술에 취하였던 탓
으로 도로 위에서 실족하여 2미터 아래 개울로 미끌어 떨어져 약 5시간 가량 잠을 자다
가 술과 잠에서 깨어난 피고인과 피해자는 도로 위로 올라가려 하였으나 야간이므로 도
로로 올라가는 길을 발견치 못하여 개울 아래위로 헤매던 중 피해자는 후두부 타박상
을 입어서 정상적으로 움직이기가 어렵게 되었고 피고인은 도로로 나오는 길을 발견하고
혼자 도로 위로 올라와 피해자를 놓아둔 채 귀가하였다. 당시 영하 15도의 추운 날씨이
고 40미터 떨어진 곳에 민가가 있었으나 피해자는 그대로 방치되어 약 4, 5시간 후 심장
마비로 사망한 경우 대법원은 "현행 형법은 유기죄에 있어서 법률상 또는 계약상의 의무
있는 자만을 유기죄의 주체로 규정하고 있어 명문상 사회상규상의 보호책임을 관념할 수
없다고 하겠으니 유기죄의 죄책을 인정하려면 보호책임이 있게 된 경위 사정관계등을 설
시하여 구성요건이 요구하는 법률상 또는 계약상보호의무를 밝혀야 하고 설혹 동행자가
구조를 요하게 되었다 하여도 일정거리를 동행한 사실만으로서는 피고인에게 법률상 계
약상의 보호의무가 있다고 할 수 없으니 유기죄의 주체가 될 수 없다."고 판단하였다.[67]

(3) 유기죄의 객체

나이가 많거나 어리거나 질병이나 그 밖의 사정으로 도움이 필요한 사람으로서

---

64) 경범죄처벌법 제3조 제1항 6호(도움이 필요한 사람 등의 신고불이행) 자기가 관리하고 있는
곳에 도움을 받아야 할 노인, 어린이, 장애인, 다친 사람 또는 병든 사람이 있거나 시체 또
는 사산아가 있는 것을 알면서 이를 관계 공무원에게 지체 없이 신고하지 아니한 사람.
65) 프랑스형법 제63조 제2항과 같이 위험에 처해 있는 사람을 구조해 주어도 자기가 위험에
빠지지 않음에도 불구하고 자의로 구조하지 않는 자를 처벌하는 조항을 의미한다. 서양의
대부분 국가에서 채택되는 규정이다.
66) 어떤 사람이 예루살렘에서 여리고로 내려가다가 강도들을 만났다. 강도들이 그의 옷을 벗기
고 상처를 입혀 거의 죽게 된 것을 버려두고 갔다. 마침 한 제사장이 그 길로 내려가다가
그 사람을 보고 피해 지나갔다. 이와 같이 레위사람도 그 곳에 이르러 그 사람을 보고 피해
지나갔다. 그러나 한 사마리아인이 그 길로 지나가다가 그를 보고 측은한 마음이 들어 가까
이 가서 그 상처에 감람유와 포도주를 붓고 싸맨 후에 자기 짐승에 태워 여관으로 데리고
가서 돌봐주었다. 다음날 그는 두 데나리온을 꺼내어 여관주인에게 주며 "이 사람을 돌봐주
시오. 비용이 더 들면 내가 돌아오는 길에 갚겠소"라고 말했다(누가복음 10장 30절).
67) 대판 1977.1.11, 76도3419.

생명이나 신체의 안전을 유지하기 위해서는 다른 사람의 도움이 필요한 사람을 말한다. ① 노유(老幼)란 노령인 자나 어린아이를 말하지만 반드시 획일적인 연령에 의하는 것이 아니라 구체적인 상황에 따라 판단된다. ② 질병이란 교통사고를 당한 사람, 병원에 입원중인 사람, 정신병자 등 육체적 질병, 정신적 질병을 포함한다. ③ 기타 사정의 경우는 출산중인 임신부, 만취자, 의식불명자 등이다.

(4) 유기의 방법

유기한다는 것은 생명, 신체에 대한 위험이 초래될 수 있는 보호없는 상태로 두는 것을 말한다. 예를 들어 아이나 노모를 산속에 두고 내려온다든지, 어린아이를 혼자 집에 두고 떠나버리는 경우, 병실에 있으면서 중환자를 돌보지 않는 경우이다.

【종교와 유기치사】 전격성간염에 걸려 장내출혈의 증세까지 생긴 만11세 남짓한 그 딸을 병원으로 데리고 다니면서 치료를 받게 함에 있어 의사들이 당시의 의료기술상 최선의 치료방법이라고 하면서 권유하는 수혈을 자신이 믿는 종교인 여호와의 증인의 교리에 어긋난다는 이유로 시종일관 완강히 거부하여 그 딸로 하여금 의학상의 적정한 치료를 받지 못하도록 하여 딸을 유기하고 그로 인해 장내출혈 때문에 사망한 사건에 대하여 유기치사죄를 인정하였다.[68]

(5) 존속유기와 영아유기[69]

존속유기죄는 존속살해죄와 같은 취지로 가중처벌하는 것이며, 영아유기죄는 영아살해죄와 같은 이유로 폐지하였다.

【빚더미 집에 치매 노모 버린 '현대판 고려장'】 90대 모친 버린 60대 아들, 연락받고도 모른 척…법원 "인륜 저버린 범죄"[70]

빚더미에 허덕이다 집이 경매에 넘어가자 치매를 앓는 91세 노모를 남겨놓고 집값 몫으로 받은 수억 원을 챙겨 떠나버린(존속유기) '비정한 아들' 김씨는 1심에서 징역 1년 2개월의 실형을 선고받았다.

김씨는 빚을 갚지 못해 모친과 함께 살던 집이 경매에 넘어가 낙찰되자 경매배당금 2억

---

68) 대판 1980.9.24, 79도1387.
69) 이에 대해서는 존속살해죄와 영아살해죄를 참조.
70) 연합뉴스 2017.2.16.자.

8천만 원을 받고 혼자 이사했다. 기존 주거지에 홀로 남겨진 모친은 치매를 앓는 데다 몸의 중심도 잡지 못해 혼자 일상생활을 할 수 없는 상태였다. 김씨는 이런 모친을 남겨두고 2년간 잠적했다. 심지어 지역 사회복지사로부터 '모친이 주거지에서 강제 퇴거할 예정이고 화상을 입어 보호자의 도움이 필요하다'는 연락을 수차례 받고서도 모른 척 한 것으로 드러났다.

【공원 화장실에 신생아 유기한 비정한 20대 모(母) 검거】 광주 광산경찰은 자신이 낳은 아이를 공원 화장실에 버리고 달아난 혐의(영아유기)로 A(24·여)씨를 붙잡아 조사 중이다. A씨는 공원 여자화장실에 신생아를 버리고 달아난 혐의를 받고 있다. 아기는 인근을 지나다가 울음소리를 듣고 화장실에 들어간 주민에 의해 발견됐으며 생명에는 지장이 없는 것으로 확인됐다.[71]

II. 학대죄

학대란 정신적, 육체적 고통을 주는 것으로서 외출하기 위하여 아이를 어두운 지하실에 장시간 가두어 두는 경우, 밥을 굶기는 경우, 신체상태에 맞지 않는 가혹한 훈련을 지속적으로 시키는 경우, 대소변을 가리지 못한다고 어린 아이를 닭장에 가두고 전신을 구타하는 행위[72] 등이다.

학대죄의 주체는 유기죄와 달리 법률상, 계약상 보호의무가 있는 자에 한정되는 것이 아니라 조리나 관습, 사회통념상의 보호의무도 포함된다.

III. 아동혹사죄

자기가 보호하거나 감독하는 16세 미만의 자를 생명이나 신체에 위험한 업무에 사용하는 영업자 또는 그 종사자에게 인도하는 범죄이고 그 인도를 받은 사람도 동일하게 처벌된다. 어린 아이를 겨울에 육도 위에서 구걸을 시키는 사람에게 넘긴다든지, 서커스단이나 위험한 공사장에 넘기는 경우이다.

아동학대행위에 대해서는 아동학대범죄의 처벌 등에 관한 특례법(아동학대처벌

---

71) 연합뉴스 2015.12.15.자.
72) 대판 1969.2.4, 68도1793.

법)이 적용된다. 18세 미만의 사람(아동)에 대하여 보호자(친권자, 후견인, 아동을 보호·양육·교육하거나 그러한 의무가 있는 자 또는 업무·고용 등의 관계로 사실상 아동을 보호·감독하는 자)가 아동학대범죄(폭행, 상해, 유기, 체포·감금, 협박, 약취·유인, 강간·강제추행 등 성범죄, 모욕·명예훼손 등의 범죄)를 하는 경우에 적용된다(제2조).

아동학대란 보호자를 포함한 성인이 아동의 건강 또는 복지를 해치거나 정상적 발달을 저해할 수 있는 신체적·정신적·성적 폭력이나 가혹행위를 하는 것과 아동의 보호자가 아동을 유기하거나 방임하는 것을 말한다.

최근 학생에게 말로 질책이나 꾸지람을 하거나 꿀밤을 때렸다고 이유로 아동학대로 고소하는 사건에서 교사의 교권에 대한 보호가 문제되고 있다. 이에 따라 유아교육법과 초·중등교육법에 따른 교원의 정당한 교육활동과 학생생활지도는 아동학대로 보지 아니하도록 하고, 교육현장의 특수성을 감안하여 지방자치단체장은 교육감이 의견을 제출하는 경우 아동학대사례의 판단에 참고하여야 하며, 사법경찰관이나 검사는 교육감이 의견을 제출하는 경우 아동학대범죄 사건을 수사하거나 결정할 때 교육감의 의견을 참고하도록 하도록 개정하였다(제2조, 제11조의2, 제17조의3).

【초등학생 제자에 '딱밤' 때려 법정 선 교사에 무죄 선고】울산 모 초등학교 교사인 40대 A씨는 2022년 5월 수업 중 1학년 학생 B양 머리에 '딱밤'을 때린 혐의로 기소됐다. A씨는 당시 B양이 수업에 집중하지 않자 머리를 1회 쳤다. 또 수학 문제 답을 틀린 다른 학생 7명에게도 머리를 치거나 밀었다. 이 사실은 B양이 집에 돌아와 어머니에게 말하면서 알려졌고, 수사시관은 A씨의 행위가 아이들 정신건강과 발달에 해를 끼쳐 정서적으로 학대한 것으로 보고 아동학대범죄의 처벌 등에 관한 특례법 위반 혐의로 기소하였다. 이에 대해 울산지법 형사3단독 재판부는 '피고인이 손이나 손가락으로 밀거나 치는 방식이어서 강도가 약해 보이고, 부모나 자식, 친구들 사이에서도 놀이 벌칙으로 있을 수 있는 정도'라며 아동학대에 해당한다거나 학대 고의가 있다고 단정할 수 없다고 보아 무죄를 선고하였다.73)

---

73) 연합뉴스 2023년 12월 4일자.

제6관 협박과 강요의 죄

I. 협박의 죄

> **제283조(협박, 존속협박)** ① 사람을 협박한 자는 3년 이하의 징역, 500만원 이하의 벌금, 구류 또는 과료에 처한다.
> ② 자기 또는 배우자의 직계존속에 대하여 제1항의 죄를 범한 때에는 5년 이하의 징역 또는 700만원 이하의 벌금에 처한다.
> ③ 제1항 및 제2항의 죄는 피해자의 명시한 의사에 반하여 공소를 제기할 수 없다.
> **제284조(특수협박)** 단체 또는 다중의 위력을 보이거나 위험한 물건을 휴대하여 전조제1항, 제2항의 죄를 범한 때에는 7년 이하의 징역 또는 1천만원 이하의 벌금에 처한다.

협박죄는 사람을 협박함으로써 성립되는 범죄이다. 반의사불벌죄이다. 협박이란 사람에게 공포심을 느끼게 할 만한 해악을 고지하는 것을 말한다. 상대방이 현실적으로 공포심을 가졌는가는 불문한다. 협박은 단순한 경고(警告)와 구별하여야 한다. 천재지변이나 길흉화복을 말하는 것은 협박이 아니다. 협박의 내용을 행위자가 실현하려는 의사는 불필요하다. 해악을 고지하는 방법은 언어, 거동, 문서 등을 불문하여 묵시적이거나 부작위에 의한 고지도 가능하다.

【판례】 지서에 연행된 피고인이 경찰관으로부터 반공법위반 혐의사실을 추궁당하고 뺨까지 얻어맞게 되자 술김에 흥분하여 항의조로 '내가 너희들의 목을 자른다. 내 동생을 시켜서라도 자른다.'라고 말하였다 하여 당시 피고인에게 협박죄를 구성할 만한 해악을 고지할 의사가 있었다고 볼 수 없다.[74]

빚을 갚으라고 독촉하면서 감정적으로 협박에 해당하는 말을 하는 경우가 실제로 많다. 즉 정당한 권리행사의 와중에 협박이 문제되는 경우가 있다. 행위의 목적과 수단과의 상관관계를 고려하여 사회상규에 반하지 않으면 위법성이 조각되지만 실질적으로 권리남용으로 평가되는 경우에는 범죄가 성립한다.

【권리행사와 협박】 피해자가 공소외 갑을 대리하여 동인 소유의 여관을 피고인에게 매도하고 피고인으로부터 계약금과 잔대금 일부를 수령하였는데 그 후 갑이 많은 부채로 도피해 버리고 동인의 채권자들이 채무변제를 요구하면서 위 여관을 점거하여 피고인에게

---

74) 대판 1972.8.29, 72도1565.

여관을 명도하기가 어렵게 되자 피고인은 피해자에게 여관을 명도해 주던가 명도소송비용을 내놓지 않으면 고소하여 구속시키겠다고 말한 경우 피고인이 매도인의 대리인인 위 피해자에게 위 여관의 명도 또는 명도소송비용을 요구한 것은 매수인으로서 정당한 권리행사라 할 것이며 위와 같이 다소 위협적인 말을 하였다고 하여도 이는 사회통념상 용인될 정도의 것으로서 협박으로 볼 수 없다.[75)]

Ⅱ. 강요의 죄

> 제324조(강요) ① 폭행 또는 협박으로 사람의 권리행사를 방해하거나 의무없는 일을 하게 한 자는 5년 이하의 징역 또는 3천만원 이하의 벌금에 처한다.
> ② 단체 또는 다중의 위력을 보이거나 위험한 물건을 휴대하여 제1항의 죄를 범한 자는 10년 이하의 징역 또는 5천만원 이하의 벌금에 처한다.
> 제324조의2(인질강요) 사람을 체포·감금·약취 또는 유인하여 이를 인질로 삼아 제3자에 대하여 권리행사를 방해하거나 의무없는 일을 하게 한 자는 3년 이상의 유기징역에 처한다.
> 제324조의6(형의 감경) 제324조의2 또는 제324조의3의 죄를 범한 자 및 그 죄의 미수범이 인질을 안전한 장소로 풀어준 때에는 그 형을 감경할 수 있다.

(1) 강요죄[76)]란 단순히 '그 무엇을' 강요한다고 성립하는 것이 아니라 사람의 '권리행사를 방해하거나 의무없는 일'을 강요하는 경우에 성립한다. 사람의 자유로운 의사결정과 의사실현의 자유를 침해하는 범죄이다. 강요죄는 폭행 또는 협박으로 사람의 권리행사를 방해하거나 의무 없는 일을 하게 하는 범죄이다. 사람의 정신적 의사의 자유를 침해한다는 점에서 협박죄와 본질적으로 동일하다. 그러나 협박죄가 의사결정의 자유를 보호법익으로 하는 반면, 강요죄는 의사활동의 자유를 보호법익으로 하는 범죄라는 점에서 차이가 있으며 협박죄의 가중된 형태라고도 볼 수 있다.

【여권의 강제회수】 형법 제324조 소정의 폭력에 의한 권리행사방해죄(즉 강요죄)는 폭행 또는 협박에 의하여 권리행사가 현실적으로 방해되어야 할 것인바, 피해자의 해외도피를

---

75) 대판 1984.6.26, 84도648.
76) 강요죄는 형법상 재산죄의 일종인 '제37장 권리행사를 방해하는 죄'에 규정되고 있으나 본질적으로 인격적 법익, 즉 자유에 대한 죄이므로 협박죄와 같은 성격으로 본다. 또한 제37장에 「친족간의 특례규정」이 있지만 강요죄에는 적용되지 않는다.

방지하기 위하여 피해자를 협박하고 이에 피해자가 겁을 먹고 있는 상태를 이용하여 동인 소유의 여권을 교부하게 하여 피해자가 그의 여권을 강제 회수당하였다면 피해자가 해외여행을 할 권리는 사실상 침해되었다고 볼 것이므로 권리행사방해죄의 기수로 보아야 한다.[77]

(2) 강요의 방법

강요의 수단은 폭행(신체에 대한 유형력의 행사) 또는 협박(해악의 고지, 해를 끼치겠다고 알리는 것)이다. 폭행에 의한 강요의 예로는 때리거나 약물로 마취하거나 밧줄로 묶거나 붙잡거나 감금하는 경우 등이다. 고속도로에서 추월하기 위해 비키라고 하면서 헤드라이트를 켜고 경적을 울리며 바짝 뒤쫓아오는 행위 등이다. 협박에 의한 경우의 예로는 상점에서 물건을 훔친 미성년자를 사무실로 데려가 말을 듣지 않으면 고소하겠다고 하면서 성관계를 강요한 경우, 부하직원에게 성관계에 불응하면 해고하겠다고 하는 경우 등이다.

【군대에서의 '얼차려'】 상사 계급의 피고인이 병사들에 대해 수시로 폭력을 행사해 와 신체에 위해를 느끼고 겁을 먹은 상태에 있던 병사들에게 청소 불량 등을 이유로 40분 내지 50분간 머리박아(속칭 '원산폭격')를 시키거나 양손을 깍지 낀 상태에서 약 2시간 동안 팔굽혀펴기를 50~60회 정도 하게 한 경우 강요죄에 해당한다.[78]

(3) 강요의 내용

강요하는 대상은 상대방의 권리행사를 방해하거나 의무없는 일을 하게 하는 것이다. 재산적이나 비재산적 권리가 모두 포함된다. 강요행위는 작위(무엇을 하라고 하는 것)와 부작위(무엇을 하지 말라고 하는 것), 법률행위(계약서를 쓰라고 하는 것)와 사실행위(매일 와서 인사를 하고 가라고 하는 것) 등 제한이 없다. 사회생활상 일정한 권리를 가진 자가 타인에게 강제를 하는 경우가 많다. 특히 민사채권채무관계에서 그러하다. 따라서 사회상규에 반하는 행위인가 하는 것이 문제될 수 있다. 이에 있어서 행위자의 주관적 목표를 고려하여 구체적으로 판단하여야 한다. 즉 목적과 수단의 상관관계에 따라서 판단하여야 한다.

---

77) 대판 1985.6.25, 84도2083.
78) 대판 2006.4.27, 2003도4151.

【판례에 나타난 예】계약포기서나 소송 취하서를 쓰라고 강요하는 경우, 매도의사가 없는 소유자에게 부동산을 팔 것을 강요하는 협박행위, 여권을 강제로 빼앗아 해외여행을 못가게 하는 행위, 어떤 사람을 해고하라고 강요하거나 의무없는 사죄광고를 내라고 강요하는 경우, 갑자기 브레이크를 밟아 뒷차 운전자가 급브레이크를 밟게 하는 행위 등이다.

【소비자불매운동】피고인이, 갑 주식회사가 특정 신문들에 광고를 편중했다는 이유로 기자회견을 열어 갑 회사에 대하여 불매운동을 하겠다고 하면서 특정 신문들에 대한 광고를 중단할 것과 다른 신문들에 대해서도 특정 신문들과 동등하게 광고를 집행할 것을 요구하고 갑 회사 인터넷 홈페이지에 '갑 회사는 앞으로 특정 언론사에 편중하지 않고 동등한 광고 집행을 하겠다'는 내용의 팝업창을 띄우게 한 경우, 불매운동의 목적, 그 조직과정 및 규모, 대상 기업으로 갑 회사 하나만을 선정한 경위, 기자회견을 통해 공표한 불매운동의 방법 및 대상 제품, 갑 회사 직원에게 고지한 요구사항의 구체적인 내용, 위 공표나 고지행위 당시의 상황, 그에 대한 갑 회사 경영진의 반응, 위 요구사항에 응하지 않을 경우 갑 회사에 예상되는 피해의 심각성 등 제반 사정을 고려할 때, 피고인의 행위는 갑 회사의 의사결정권자로 하여금 그 요구를 수용하지 아니할 경우 불매운동이 지속되어 영업에 타격을 입게 될 것이라는 겁을 먹게 하여 의사결정 및 의사실행의 자유를 침해한 것으로 강요죄나 공갈죄의 수단으로서의 협박에 해당한다.[79]

(4) 인질 관련 범죄

테러범죄 또는 유괴범죄에 대하여 형법이 신설한 규정이다. 약취·유인죄와 인질강도죄도 현행 형법상 이러한 범죄적 성격을 지니고 있다.

'인질로 삼아'의 의미는 인질의 생명·신체에 대한 안전에 관한 제3자의 우려·염려를 이용하여 석방 또는 생명·신체에 대한 안전을 보장하는 대가로 제3자를 강요하기 위하여 자유를 구속하는 행위이다. 미수범은 처벌된다.

인질을 석방한 경우 형을 감경하는 규정은 인질을 보호하기 위한 형사정책적 규정이다. 중지미수와의 차이점으로는 자의성을 요구하지 않는다는 점, 즉 기수범에게도 적용된다는 것과 임의적 감경에 그친다는 것이다. 인질상해·치상죄의 경우에는 형의 감경규정이 적용되지만 인질살해·치사죄의 경우에는 형의 감경규정이 적용되지 않는다.

---

79) 대판 2013.4.11., 2010도13774.

제 7 관 체포 · 감금죄

제276조(체포, 감금, 존속체포, 존속감금) ① 사람을 체포 또는 감금한 자는 5년 이하의 징역 또는 700만원 이하의 벌금에 처한다.
② 자기 또는 배우자의 직계존속에 대하여 제1항의 죄를 범한 때에는 10년 이하의 징역 또는 1천500만원 이하의 벌금에 처한다.

Ⅰ. 체포 · 감금죄의 의미

사람을 불법으로 체포 · 감금하여 신체활동의 자유를 침해하는 범죄이다. 신체활동의 자유는 잠재적인 신체활동의 자유를 의미하므로 수면 중인 자, 무의식상태에 있는 자에 대해서도 성립한다.

체포란 사람의 신체를 직접적으로 속박하는 경우로서 손을 묶는다든지, 손목을 비틀어 움직이지 못하게 하는 경우이다. 감금이란 일정한 장소 밖으로 나가지 못하게 하는 행위이다. 방에 가두고 문을 잠그는 행위이다. 수치심이나 공포심을 이용해서도 감금행위를 할 수 있다. 예를 들어 옷을 빼앗아 알몸으로 방에 놓아둔다든지, 승용차를 고속으로 몰아 탈출을 어렵게 하는 경우에도 감금죄가 성립한다. 피해자가 부분적으로 행동의 자유가 있어도 범죄는 성립한다. 예를 들어 큰 건물의 출입문만 잠가두고 그 건물 안은 자유롭게 돌아다니게 하는 경우에도 감금죄가 성립한다.

피해자가 체포, 감금된 사실을 인식하지 못한 경우에도 범죄가 성립할 수 있다. 예를 들어 잠들어 있는 사람이 있는 방의 문을 잠갔다가 깨어나기 전에 문을 열어놓은 경우이다.

Ⅱ. 체포 · 감금죄의 기수시기의 문제

체포 · 감금죄는 체포, 감금행위가 일정한 시간동안 계속되어야 하는 범죄이다(이를 계속범이라고 한다). 따라서 순간적으로 붙잡고 있거나 가두어두는 행위는 폭행 등만 문제될 수 있다. 어느 정도 지속이 되어야 하는 문제는 행위의 구체적인 상황, 주변환경, 시간 등에 의하여 구체적으로 판단된다.

【강간미수와 감금죄와의 관계】 가. 강간죄의 성립에 언제나 직접적으로 또 필요한 수단으로서 감금행위를 수반하는 것은 아니므로 감금행위가 강간미수죄의 수단이 되었다 하여 감금행위는 강간미수죄에 흡수되어 범죄를 구성하지 않는다고 할 수는 없는 것이고, 그때에는 감금죄와 강간미수죄는 일개의 행위에 의하여 실현된 경우로서 형법 제40조의 상상적 경합관계에 있다.

　　나. 피고인이 피해자가 자동차에서 내릴 수 없는 상태에 있음을 이용하여 강간하려고 결의하고, 주행중인 자동차에서 탈출불가능하게 하여 외포케 하고 50킬로미터를 운행하여 여관 앞까지 강제연행한 후 강간하려다 미수에 그친 경우 위 협박은 감금죄의 실행의 착수임과 동시에 강간미수죄의 실행의 착수라고 할 것이다.[80)]

제 8 관 약취 · 유인, 인신매매의 죄

Ⅰ. 약취 · 유인죄의 의미

사람을 약취 또는 유인하여 자기 또는 제3자의 실력적 지배하에 두어 그 사람의 자유로운 생활관계를 침해하는 범죄이다. 약취란 폭행, 협박을 수단으로 하는 것이고, 유인이란 기망이나 유혹을 수단으로 하는 것이다. 실력적 지배란 피해자의 신체에 대한 사실상, 물리적 지배로서 피해자가 자유로운 의사결정을 할 수 없는 상태를 말한다. 구체적으로 다음과 같은 범죄유형이 있다.

Ⅱ. 미성년자 약취 · 유인죄

제287조(미성년자의 약취, 유인) 미성년자를 약취 또는 유인한 자는 10년 이하의 징역에 처한다.

성인에 대한 단순약취유인행위는 처벌되지 않으며 미성년자에 대한 경우만 본죄가 성립한다. 미성년자의 자유뿐만 아니라 보호자의 보호권도 침해하는 범죄이

---

80) 대판 1983.4.26, 83도323.

므로 미성년자가 동의하더라도 보호자의 동의가 없으면 범죄가 성립한다. 좋아하는 성인여성에게 경치가 멋진 곳을 구경시켜준다고 하고서 자기부모에게 소개시키는 장소에 데려간 경우에는 죄가 되지 않지만 부모에게 제대로 보살핌을 받지 못하는 아이를 자기 집에 데려가는 경우에는 범죄가 성립된다.

이에 대하여는 베트남 국적의 여성이 한국인 남편과 결혼하여 아이를 출산한 후 남편과의 별거로 13개월된 아이를 데리고 베트남으로 입국한 사건이 문제되었다.

【베트남 여성의 자녀 약취 사건】81)

① 베트남 국적 여성인 피고인이 남편 갑의 의사에 반하여 생후 약 13개월 된 아들 을을 주거지에서 데리고 나와 약취하고 이어서 베트남에 함께 입국함으로써 을을 국외에 이송하였다고 하여 국외이송약취 및 피약취자국외이송으로 기소된 사안에서, 제반 사정을 종합할 때 피고인이 을을 데리고 베트남으로 떠난 행위는 어떠한 실력을 행사하여 을을 평온하던 종전의 보호·양육 상태로부터 이탈시킨 것이라기보다 친권자인 모로서 출생 이후 줄곧 맡아왔던 을에 대한 보호·양육을 계속 유지한 행위에 해당하여, 이를 폭행, 협박 또는 불법적인 사실상의 힘을 사용하여 을을 자기 또는 제3자의 지배하에 옮긴 약취행위로 볼 수는 없다는 이유로, 피고인에게 무죄를 인정한 원심판단을 정당하다고 한 사례.

② [다수의견] 형법 제287조의 미성년자약취죄, 제288조 제3항 전단[구 형법(2013. 4. 5. 법률 제11731호로 개정되기 전의 것을 말한다. 이하 같다) 제289조 제1항에 해당한다]의 국외이송약취죄 등의 구성요건요소로서 약취란 폭행, 협박 또는 불법적인 사실상의 힘을 수단으로 사용하여 피해자를 그 의사에 반하여 자유로운 생활관계 또는 보호관계로부터 이탈시켜 자기 또는 제3자의 사실상 지배하에 옮기는 행위를 의미하고, 구체적 사건에서 어떤 행위가 약취에 해당하는지 여부는 행위의 목적과 의도, 행위 당시의 정황, 행위의 태양과 종류, 수단과 방법, 피해자의 상태 등 관련 사정을 종합하여 판단하여야 한다. 한편 미성년자를 보호·감독하는 사람이라고 하더라도 다른 보호감독자의 보호·양육권을 침해하거나 자신의 보호·양육권을 남용하여 미성년자 본인의 이익을 침해하는 때에는 미성년자에 대한 약취죄의 주체가 될 수 있는데, 그 경우에도 해당 보호감독자에 대하여 약취죄의 성립을 인정할 수 있으려면 그 행위가 위와 같은 의미의 약취에 해당하여야 한다. 그렇지 아니하고 폭행, 협박 또는 불법적인 사실상의 힘을 사용하여 그 미성년자를 평온하던 종전의 보호·양육 상태로부터 이탈시켰다고 볼 수 없는 행위에 대하여까지 다른 보호감독자의 보호·양육권을 침해하였다는 이유로 미성년자에

81) 대판 2013.6.20, 2010도14328(전원합의체).

대한 약취죄의 성립을 긍정하는 것은 형벌법규의 문언 범위를 벗어나는 해석으로서 죄형법정주의의 원칙에 비추어 허용될 수 없다. 따라서 부모가 이혼하였거나 별거하는 상황에서 미성년의 자녀를 부모의 일방이 평온하게 보호·양육하고 있는데, 상대방 부모가 폭행, 협박 또는 불법적인 사실상의 힘을 행사하여 그 보호·양육 상태를 깨뜨리고 자녀를 탈취하여 자기 또는 제3자의 사실상 지배하에 옮긴 경우, 그와 같은 행위는 특별한 사정이 없는 한 미성년자에 대한 약취죄를 구성한다고 볼 수 있다. 그러나 이와 달리 미성년의 자녀를 부모가 함께 동거하면서 보호·양육하여 오던 중 부모의 일방이 상대방 부모나 그 자녀에게 어떠한 폭행, 협박이나 불법적인 사실상의 힘을 행사함이 없이 그 자녀를 데리고 종전의 거소를 벗어나 다른 곳으로 옮겨 자녀에 대한 보호·양육을 계속하였다면, 그 행위가 보호·양육권의 남용에 해당한다는 등 특별한 사정이 없는 한 설령 이에 관하여 법원의 결정이나 상대방 부모의 동의를 얻지 아니하였다고 하더라도 그러한 행위에 대하여 곧바로 형법상 미성년자에 대한 약취죄의 성립을 인정할 수는 없다.

　[대법관 신영철, 대법관 김용덕, 대법관 고영한, 대법관 김창석, 대법관 김신의 반대의견] 공동친권자인 부모 중 일방이 상대방과 동거하며 공동으로 보호·양육하던 유아를 국외로 데리고 나간 행위가 약취죄의 '약취행위'에 해당하는지를 판단하려면, 우선 폭행, 협박 또는 사실상의 힘을 수단으로 사용하여 유아를 범인 또는 제3자의 사실상 지배하에 옮겼는지, 그로 말미암아 다른 공동친권자의 보호·양육권을 침해하고, 피해자인 유아를 자유로운 생활관계 또는 보호관계로부터 이탈시켜 그의 이익을 침해하였는지를 따져 볼 필요가 있다. 부모 중 일방이 상대방과 동거하며 공동으로 보호·양육하던 유아를 국외로 데리고 나갔다면, '사실상의 힘'을 수단으로 사용하여 유아를 자신 또는 제3자의 사실상 지배하에 옮겼다고 보아야 함에 이론이 있을 수 없다. 친권은 미성년 자녀의 양육과 감호 및 재산관리를 적절히 함으로써 그의 복리를 확보하도록 하기 위한 부모의 권리이자 의무의 성격을 갖는 것으로서, 민법 제909조에 의하면, 친권은 혼인관계가 유지되는 동안에는 부모의 의견이 일치하지 아니하거나 부모 일방이 친권을 행사할 수 없는 등 예외적인 경우를 제외하고는 부모가 공동으로 행사하는 것이 원칙이고(제2항, 제3항), 이혼하려는 경우에도 상대방과의 협의나 가정법원의 결정을 거치지 아니한 채 일방적으로 상대방의 친권행사를 배제하는 것은 허용되지 않는다(제4항). 따라서 공동친권자인 부모의 일방이 상대방의 동의나 가정법원의 결정이 없는 상태에서 유아를 데리고 공동양육의 장소를 이탈함으로써 상대방의 친권행사가 미칠 수 없도록 하였다면, 이는 특별한 사정이 없는 한 다른 공동친권자의 유아에 대한 보호·양육권을 침해한 것으로서 민법을 위반한 행위라고 할 것이다. 그뿐 아니라 유아로서도 다른 공동친권자로부터 보호·양육을 받거나 받을 수 있는 상태에서 배제되는 결과를 강요당하게 되어 유아의 이익을 현저히 해치게 될 것이므로 그 점에서도 위법성을 면할 수 없다. 따라서 어느 모로

보나 부모의 일방이 유아를 임의로 데리고 가면서 행사한 사실상의 힘은 특별한 사정이 없는 한 불법적이라고 할 것이며, 특히 장기간 또는 영구히 유아를 데리고 간 경우에는 그 불법성이 훨씬 더 크다는 점을 부인할 수 없을 것이다.

III. 추행, 간음, 영리목적 약취 · 유인죄

> **제288조(영리등을 위한 약취, 유인, 매매등)** ① 추행, 간음 또는 영리의 목적으로 사람을 약취 또는 유인한 자는 1년 이상의 유기징역에 처한다.

추행의 목적(피해자를 추행의 주체 또는 객체로 하는 경우), 간음의 목적(결혼이 아닌 성교의 목적으로 한 경우), 영리의 목적(종업원으로 사용하는 등 경제적 목적인 경우) 등으로 약취, 유인하는 경우이다. 미성년자도 범죄대상이 된다.

IV. 노동력 착취, 성매매와 성적 착취, 장기적출 목적의 약취 · 유인죄

> **제288조(추행 등 목적 약취, 유인 등)** ② 노동력 착취, 성매매와 성적 착취, 장기적출을 목적으로 사람을 약취 또는 유인한 사람은 2년 이상 15년 이하의 징역에 처한다.

노동인력 및 성매매와 장기적출을 목적으로 한 약취유인행위를 처벌하기 위한 규정이다.

V. 국외이송목적 약취 · 유인, 피약취 · 유인자 국외이송죄

> **제288조(추행 등 목적 약취, 유인 등)** ③ 국외에 이송할 목적으로 사람을 약취 또는 유인 하거나 약취 또는 유인된 사람을 국외에 이송한 사람도 제2항과 동일한 형으로 처벌한다.

대한민국 영역 외로 이송할 목적으로 사람을 약취유인하는 행위로서 피해자는 성년, 미성년, 기혼, 미혼, 남녀를 불문한다.

VI. 인신매매죄

> 제289조(인신매매) ① 사람을 매매한 사람은 7년 이하의 징역에 처한다.
> ② 추행, 간음, 결혼 또는 영리의 목적으로 사람을 매매한 사람은 1년 이상 10년 이하의 징역에 처한다.
> ③ 노동력 착취, 성매매와 성적 착취, 장기적출을 목적으로 사람을 매매한 사람은 2년 이상 15년 이하의 징역에 처한다.
> ④ 국외에 이송할 목적으로 사람을 매매하거나 매매된 사람을 국외로 이송한 사람도 제3항과 동일한 형으로 처벌한다.

사람의 매매 자체나 추업에 사용할 목적으로 부녀를 매매하는 범죄이다. 이른바 '인신매매'를 말한다. 부녀가 스스로 추업에 종사하기를 원하는 경우는 해당되지 않는다. 매매한 자란 매수한 자와 매도한 자를 모두 포함한다. 보호자나 친권자도 범죄자가 될 수 있다. 부녀란 '여자'의 의미로서 성년, 미성년, 기혼, 미혼을 불문한다. 아내도 남편에 의해서 매매의 대상이 될 수 있다.

제 9 관 명예훼손죄와 모욕죄

> 제307조(명예훼손) ① 공연히 사실을 적시하여 사람의 명예를 훼손한 자는 2년 이하의 징역이나 금고 또는 500만원 이하의 벌금에 처한다.
> ② 공연히 허위의 사실을 적시하여 사람의 명예를 훼손한 자는 5년 이하의 징역, 10년 이하의 자격정지 또는 1천만원 이하의 벌금에 처한다. ☞ 반의사불벌죄
> 제308조(사자의 명예훼손) 공연히 허위의 사실을 적시하여 사자(死者)의 명예를 훼손한 자는 2년 이하의 징역이나 금고 또는 500만원 이하의 벌금에 처한다. ☞ 친고죄
> 제309조(출판물등에 의한 명예훼손) ① 사람을 비방할 목적으로 신문, 잡지 또는 라디오 기타 출판물에 의하여 제307조 제1항의 죄를 범한 자는 3년 이하의 징역이나 금고 또는 700만원 이하의 벌금에 처한다.
> ② 제1항의 방법으로 제307조 제2항의 죄를 범한 자는 7년 이하의 징역, 10년 이하의 자격정지 또는 1천500만원 이하의 벌금에 처한다. ☞ 반의사불벌죄
> 제310조(위법성의 조각) 제307조 제1항의 행위가 진실한 사실로서 오로지 공공의 이익에 관한 때에는 처벌하지 아니한다.
> 제311조(모욕) 공연히 사람을 모욕한 자는 1년 이하의 징역이나 금고 또는 200만원 이하의 벌금에 처한다. ☞ 친고죄

제312조(고소와 피해자의 의사) ① 제308조와 제311조의 죄는 고소가 있어야 공소를 제기할 수 있다.
② 제307조와 제309조의 죄는 피해자의 명시한 의사에 반하여 공소를 제기할 수 없다.

Ⅰ. 명예에 관한 죄

사람은 정신적, 윤리적 가치체로서 사회생활을 하는 가운데 명예를 가지고 있다. 명예에 관한 죄는 이러한 개인의 명예를 침해하는 범죄이다. 이에 대해서는 명예훼손죄와 모욕죄가 있다.

(1) 명예의 개념

명예는 개념적으로 ① 내적 명예(태어나면서부터 사람이 갖게 되는 윤리적, 사회적인 인격적 가치체) ② 외적 명예(어떤 개인에 대한 사회적 평가) ③ 명예감정(주관적 명예개념으로서 자신에 대하여 갖는 스스로의 주관적 평가) 등으로 구분되는데, 내적 명예는 인간존엄성과 관련된 것으로서 훼손당할 성질의 것이 아니며, 명예감정은 각자에 따라 다르므로 보호하기 어렵다. 따라서 형법상 명예에 관한 죄는 외적 명예를 보호하기 위한 것이다. 그러므로 유아, 정신병자, 법인은 명예감정은 없지만 형법상 보호되는 것이다.

(2) 명예의 주체

① 자연인: 자연인은 명예의 주체가 되므로 명예훼손의 대상이 된다. 정신병자라고 하여 모욕이 허용될 수는 없는 것이다. 사망한 사람은 원칙적으로 명예의 주체가 될 수 없지만, '사자(死者)에 대한 명예훼손죄'의 대상이 된다. 가족이나 가문의 명예는 인정되지 않는다. 이러한 경우 그 집단의 특정인에 대한 명예훼손이 성립할 수 있다.

② 법인 기타의 단체: 회사 등의 법인은 명예훼손의 피해자가 될 수 있다. 정당, 노동조합, 상공회의소 등도 단체성이 인정되므로 보호대상이다. 그러나 단순한 친목단체나 사교단체(~동창회, ~사랑하는 모임)는 제외된다. 또 구성원이 특정되지 않은 집단명칭(~검사들, ~정치인들, ~공무원들, ~장사꾼들)은 명예훼손의 대상이 될 수 없지만, 구성원의 특정이 가능한 경우(~지역 출신 국회의원, ~시청 공무원)에는 명예의 주체가 될 수 있다.

【주위 사정을 종합하여 피해자를 특정할 수 있는 허위사실의 적시행위와 명예훼손죄의 성립】82) 명예훼손죄가 성립하려면 반드시 사람의 성명을 명시하여 허위의 사실을 적시하여야만 하는 것은 아니므로 사람의 성명을 명시한바 없는 허위사실의 적시행위도 그 표현의 내용을 주위사정과 종합판단하여 그것이 어느 특정인을 지목하는 것인가를 알아차릴 수 있는 경우에는 그 특정인에 대한 명예훼손죄를 구성한다.

【피해자를 집합적 명사로 표현한 경우, 명예훼손죄가 성립하는지 여부】83) 명예훼손죄는 어떤 특정한 사람 또는 인격을 보유하는 단체에 대하여 그 명예를 훼손함으로써 성립하는 것이므로 그 피해자는 특정한 것임을 요하고, 다만 서울시민 또는 경기도민이라 함과 같은 막연한 표시에 의해서는 명예훼손죄를 구성하지 아니한다 할 것이지만, 집합적 명사를 쓴 경우에도 그것에 의하여 그 범위에 속하는 특정인을 가리키는 것이 명백하면, 이를 각자의 명예를 훼손하는 행위라고 볼 수 있다.

　<사실관계> 3.19 동지회 소속 교사들이 학생들을 선동하여 무단하교를 하게 하였다고 적시하고 있는 사실, 이 사건 고등학교의 교사는 총 66명으로서 그 중 약 37명이 3.19 동지회 소속 교사들인 사실, 위 학교의 학생이나 학부모, 교육청 관계자들은 3.19 동지회 소속 교사들이 누구인지 알고 있는 사실을 인정한 다음, 그렇다면 3.19 동지회는 그 집단의 규모가 비교적 작고 그 구성원이 특정되어 있으므로 피고인이 3.19 동지회 소속 교사들에 대한 허위의 사실을 적시함으로써 3.19 동지회 소속 교사들 모두에 대한 명예가 훼손되었다고 할 것이고, 따라서 3.19 동지회 소속 교사인 피해자의 명예 역시 훼손되었다고 보아야 할 것…

II. 명예훼손죄

(1) 의미　　　명예훼손죄(제307조)는 공연히 사실 또는 허위사실을 공개적으로 적시(지적)하여 타인의 명예를 훼손하는 죄이다. 반의사불벌죄이며, 허위의 사실로 인한 경우 더 무겁게 처벌된다.

(2) 공연성("공연히")　　　공연히란 '공공연하게'의 의미이며, '불특정 또는 다수인이 인식할 수 있는 상태'를 말한다. 따라서 명예훼손의 언급을 듣는 사람이 정해지지 않았다면(불특정하다면) 그 인원수는 문제되지 않으며, 반대로 다수인이 듣

---

82) 대판 1982.11.9, 82도1256.
83) 대판 2000.10.10, 99도5407.

는 상황이라면 특정되어 한정된 사람에게 언급하더라도 범죄가 성립한다.

【전파성이론】 공연성 개념과 관련하여 특정한 개인 또는 소수의 사람에게 유포하였다고 하여도 그 사람들에 의하여 불특정 또는 다수인에게 전파되거나 유포될 가능성이 있으면 공연성이 있다는 이론을 전파성이론이라고 한다.

전파성이론에 따른 판례에 따라 공연성이 인정된 경우는 ① 직장의 전산망의 전자게시판에 타인의 명예를 훼손하는 내용의 글을 게시한 경우 ② 행정서사 사무실에게 행정서사, 그의 직원 및 직원의 처가 있는 자리에서 같은 교회에 다니는 피해자의 명예를 훼손한 경우 ③ 피고인이 저녁 5시경 남의 집 문 앞에서 피해자의 시어머니를 포함한 2명이 있는 자리에시 피해자에게 "시커멓게 생긴 놈하고 붙어다닌다. 점방 마치면 여관에 가서 누워 자고 아침에 들어온다"고 말한 경우 등이며 전파가능성이 없어 공연성이 부정된 경우는 ① 피고인이 지서장, 피해자의 종형, 지서직원 4명 등 6, 7명이 있는 경찰지서에서 피해자의 절도사실을 지적한 경우 ② 식당 내의 방안에서 피해자의 친척에게 피해자와 다른 여자가 불륜관계에 있다는 허위내용을 말한 경우 등이다.

【인터넷 '1대1 대화'도 명예훼손죄】 대법원 "불특정 다수에 전파될 우려" 판결

개인 블로그의 비공개 대화방에서 상대방으로부터 비밀을 지키겠다는 말을 듣고 일대일로 대화하였다고 하더라도, 그 사정만으로 대화 상대방이 대화내용을 불특정 또는 다수에게 전파할 가능성이 없다고 할 수 없으므로, 명예훼손죄의 요건인 공연성을 인정할 여지가 있다고 본 사례.[84]

【뉴스 속 사건사고】 의경 앞에서 경찰에 폭언 '유죄'[85]

시민이 의경 앞에서 경찰관에게 폭언을 했다면 형사상 유죄라는 판결이 나왔다. 서울지방법원은 경찰관이 모범택시 운전사의 불친절 신고를 받아주지 않는다며 폭언을 한 이모씨에 대해 모욕죄를 적용해 벌금 20만원을 선고했다. 재판부는 피해 경찰관이 친고죄에 해당하는 모욕죄로 고소했고 의경들이 듣는 가운데 폭언을 한 만큼 이씨에 대해 유죄를 선고한다고 밝혔다. 이씨는 모 경사가 모범택시 불친절 신고를 받아주지 않자 의경들이 듣는 가운데 폭언을 했고 피해 경찰관이 이씨를 고소해 검찰에서 벌금 50만원에 약식기소되자 정식재판을 청구했다.

(3) 사실의 적시　　사실은 허위이든 진실이든 특정인의 사회적 가치 내지 평

---

84) 대판 2008.2.14, 2007도8155.
85) YTN 2003.9.4.자.

가가 침해될 가능성이 있는 구체적인 성질의 것을 말한다. 대개 과거나 현재의 사실을 의미하지만, 미래의 일도 과거 또는 현재에 기초하여 언급하면 사실의 적시에 해당한다. 지적하는 사실이 진실이어도 처벌되고 허위의 사실인 경우에는 가중처벌된다. 또한 누구나 알고 있는 사실(공지의 사실)이나 일부사람은 알고 있는 사실이라고 하여도 명예가 더욱 침해된다면 범죄가 성립한다.

【출판물에 의한 명예훼손】 명예훼손죄가 성립하기 위하여는 반드시 숨겨진 사실을 적발하는 행위만에 한하지 아니하고 이미 사회의 일부에 잘 알려진 사실이라고 하더라도 이를 적시하여 사람의 사회적 평가를 저하시킬 만한 행위를 한 때에는 명예훼손죄를 구성한다.86)

진실한 사실의 적시에 의한 명예훼손죄는 최근 성폭력 피해를 폭로하는 미투운동을 계기로 개정해야 한다는 움직임이 있다. 즉 적시된 사실의 공익성과 무관하게 표현의 자유, 국제적 추세 등을 고려하여 폐지하고 민사상 손해배상의 문제로 보아야 한다는 의견이 있다.

'적시'한다는 의미는 어떤 사람의 사회적 가치평가가 저하될 수 있는 내용의 사실을 지적하는 것으로서 방법상 언어, 문서, 그림, 사진 등 제한이 없다.

(4) 위법성조각(명예훼손이 정당화되는 경우, 제310조)

민주국가에서 비판의 자유, 표현의 자유가 개인의 명예보호와 충돌하는 경우의 그 비판이 '공공의 이익을 위한 진실하고 공정한 것'이면 정당화되는 경우이다.

【판례】 ① 신학대학교의 교수가 출판물 등을 통하여 종교단체인 구원파를 이단으로 비판하는 과정에서 특정인을 그 실질적 지도자로 지목하여 명예를 훼손하는 사실을 적시하였으나 비방의 목적에서라기보다는 공공의 이익을 위하여 한 행위라고 판단한 사례87)
② 교회담임목사를 출교처분한다는 취지의 교단 산하 재판위원회의 판결문은 성질상 교회나 교단 소속신자들 사이에서는 당연히 전파, 고지될 수 있는 것이므로 위 판결문을 복사하여 예배를 보러온 신도들에게 배포한 행위에 의하여 그 목사의 개인적인 명예가 훼손된다 하여도 그것은 진실한 사실로서 오로지 교단 또는 그 산하교회 소속신자들의 이익에 관한 때에 해당하거나 적어도 사회상규에 위배되지 아니하는 행위에 해당하여 위

---

86) 대판 1994.4.12, 93도3535.
87) 대판 1996.4.12, 94도3309.

법성이 없다.[88]

【학생회장 입후자의 음주운전 사실을 SNS에 게시한 경우】 대학교 총학생회장인 피고인이 총학생회 주관의 농활 사전답사 과정에서 피해자를 비롯한 학생회 임원진의 음주 및 음주운전 사실이 있었음을 계기로 음주운전 및 이를 묵인하는 관행을 공론화하여 '총학생회장으로서 음주운전을 끝까지 막지 못하여 사과드립니다.'라는 제목의 글을 써 페이스북 등에 게시함으로써 음주운전자로 특정된 피해자의 명예를 훼손하였다는 내용으로 기소된 사건에서, 대법원은 게시글의 전체적인 취지·내용에 비추어 중요한 부분은 '피해자가 술을 마신 상태에서 음주운전을 하였고 피고인도 이를 끝까지 제지하지 않았으며, 피고인 역시 음주운전 차량에 동승하였다.'는 점으로서 객관적 사실과 합치되므로, 비록 피해자가 마신 술의 종류·양과 같은 세부적 부분이 객관적 사실과 정확히 일치하지 않더라도 게시글의 중요한 부분은 '진실한 사실'에 해당하는 점, 피고인은 사회적으로 음주운전에 엄격해진 분위기와 달리 농활 과정의 관성적인 음주운전 문화가 해당 개인은 물론 농활에 참여한 학내 구성원 등의 안전을 위협하고 이로 인해 총학생회의 자치활동에마저 부정적인 사회적 인식을 초래할 수 있다는 문제의식 아래 게시글을 올린 것으로 보이므로, 게시글은 주된 의도·목적의 측면에서 공익성이 충분히 인정되는 점, 게시글을 올린 시점이 피해자의 음주운전 행위일로부터 약 4개월이 경과되었고, 피해자의 단과대학 학생회장 출마 시점으로부터 약 2주일 전이라는 점에서 그 의도·목적상 피해자의 출마와 관련성이 있다고 볼 여지도 있으나, 게시글의 중요 부분은 객관적인 사실로서 피해자의 준법의식·도덕성·윤리성과 직결되는 부분이어서 단과대학 학생회장으로서의 적격 여부와 상당한 관련성이 있을 뿐만 아니라 단과대학 구성원 전체의 관심과 이익에 관한 사항에 해당하는 점 등을 종합하면, 피고인의 행위는 형법 제310조에 따라 위법성이 조각된다고 보았다.[89]

Ⅲ. 사자에 대한 명예훼손죄

사자(死者)에 대한 명예훼손죄(제308조)는 공연히 허위사실을 적시하여 사망한 사람의 명예를 훼손하는 범죄이다. '허위사실'의 적시만 처벌된다. 사실에 기초하여 역사적 인물에 대한 객관적 비판은 허용되어야 하기 때문이다. 또 모욕적 언사

---

88) 대판 1989.2.14, 88도899.
89) 대판 2023.2.2, 2022도13425.

의 경우에는 처벌되지 않는다. 이미 사망한 사람에 대한 행위이어야 하므로 명예
훼손 당시 생존하였으나 이후 사망한 경우에는 그 배우자, 가족 등에 의하여 고소
당할 수 있다. 본죄는 친고죄이며 사자의 친족 또는 자손이 고소권자이다.

Ⅳ. 출판물 등에 의한 명예훼손죄

출판물에 의한 명예훼손죄(제309조)는 신문, 방송 등 보도매체는 확산성이 있으
므로 비방의 목적을 가지고 신문, 잡지, 방송, 라디오 기타 출판물 등에 의하여
사실 및 허위사실을 지적하여 명예를 훼손하면 더 무겁게 처벌된다.

출판물이어야 하므로 인쇄물이 아닌 단순한 복사물은 이에 해당되지 않고 명예
훼손죄(제307조)의 문제가 된다. 따라서 컴퓨터 워드프로세서로 작성되어 프린트된
A4 용지 7쪽 분량의 인쇄물은 형법 제309조 제1항 소정의 '기타 출판물'에 해당
하지 않는다.[90)]

Ⅴ. 모욕죄

모욕죄(제311조)는 공연히 사람을 모욕하는 범죄로서 사실의 적시를 필요로 하
지 않는다. 즉 구체적 사실의 적시가 아닌 단순한 추상적 판단이나 경멸적 의사표
시를 함으로써 성립된다. 예를 들어 "도둑놈, 미친년, 사기꾼, 난봉꾼" 등이다. 침
을 뱉거나 손가락을 치켜 올리는 등 거동에 의해서도 가능하다. 친고죄이다.

Ⅵ. 사이버공간에서의 명예훼손

최근 인터넷공간의 확대로 인하여 사이버공간에서의 명예훼손이 문제되고 있다.
이러한 행위에 대해서는 정보통신망법(정보통신망 이용촉진 및 정보보호에 관한 법률)
에 의하여 처벌된다.

---

90) 대판 2000.2.11, 99도3048.

> 정보통신망 이용촉진 및 정보보호에 관한 법률 제70조 (벌칙) ① 사람을 비방할 목적으로 정보통신망을 통하여 공공연하게 사실을 드러내어 다른 사람의 명예를 훼손한 자는 3년 이하의 징역이나 금고 또는 2천만원 이하의 벌금에 처한다.
> ② 사람을 비방할 목적으로 정보통신망을 통하여 공공연하게 거짓의 사실을 드러내어 다른 사람의 명예를 훼손한 자는 7년 이하의 징역, 10년 이하의 자격정지 또는 5천만원 이하의 벌금에 처한다.
> ③ 제1항과 제2항의 죄는 피해자가 구체적으로 밝힌 의사에 반하여 공소를 제기할 수 없다.

명예훼손행위만 처벌되고, 모욕행위에 대하여는 처벌되지 않는 것이 아니라 형법에 의하여 처벌될 수 있다. 반의사불벌죄이다.

제 10 관 신용훼손죄, 업무방해죄, 경매 · 입찰방해죄

I. 신용훼손죄

> 제313조(신용훼손) 허위의 사실을 유포하거나 기타 위계로써 사람의 신용을 훼손한 자는 5년 이하의 징역 또는 1천500만원 이하의 벌금에 처한다.

허위의 사실을 유포하거나 기타 위계로써 사람의 경제적 신용을 떨어뜨리는 행위이다. 명예가 사람에 대한 사회적, 인격적 평가를 뜻하는 반면, 신용은 사람에 대한 경제적 상태나 평가를 말한다. 사회적 명예뿐만 아니라 경제적 신용(경제적 명예)도 중요하므로 처벌하는 것이다.

'신용'이란 사람의 지불능력 또는 지불의사에 대한 사회적 신뢰를 말한다. '허위사실의 유포'란 객관적 사실과 다른 과거나 현재의 사실을 다른 사람들에게(불특정 또는 다수인에게) 전파하는(퍼트리는) 행위이다. '위계'(僞計)란 다른 사람을 착오에 빠지게 하여 판단을 그르치게 하는 것이다.

【판례】 은행 본점 앞으로 '피해자가 대출금 이자를 연체하여 그 은행의 지점장이 3,000만 원의 연체이자를 대납하였다'는 내용을 기재한 편지를 보냈으나 실제로는 지점장이 연체이자를 대납한 사실이 없는 경우 신용훼손죄가 성립한다.[91]

---

91) 대판 2006.12.7, 2006도3400.

II. 업무방해죄

> **제314조(업무방해)** ① 제313조의 방법 또는 위력으로써 사람의 업무를 방해한 자는 5년 이하의 징역 또는 1천500만원 이하의 벌금에 처한다.

　허위의 사실을 유포하거나 위계 또는 위력으로써 사람의 업무를 방해하는 범죄이다. '업무'란 사람이 사회생활상의 지위에 기하여 반복적으로나 계속적으로 행하는 사무나 사업을 말한다. 각종 영업이나 장사, 회사의 근무, 운전 등이다. 불법한 일이나 반사회적인 경우(윤락행위, 무면허의료행위 등)는 보호받는 업무가 될 수 없지만, 법에 의한 정당한 허가가 없어도 업무로 인정될 수 있다(허가 없이 길거리에서 노점상이나 포장마차 영업을 하는 경우).

　대리시험이나 논문을 대필하게 하여 제출하는 것도 업무방해죄가 성립할 수 있다. 시험주관기관이 국가기관인 경우에는 위계에 의한 공무집행방해죄가 문제된다. 이른바 '커닝'이라는 시험부정행위도 마찬가지이다. 다만 학교에서의 시험부정행위는 종전에 관행이나 애교로서 취급되고 있지만 법적으로 엄격하게 평가하면 업무방해죄에 해당되는 것이다. 노동쟁의 중의 파업과 관련하여 사용자에 대한 업무방해가 문제되기도 한다.

　【사이버大 시험 부정행위 7명 첫 사법처리】 사이버 공간에서 시험 부정행위(커닝)로 사법처리된 첫 사례가 나왔다. 서울지검 컴퓨터수사부는 인터넷을 통한 사이버대학의 시험을 보면서 커닝을 한 서 모씨(29·회사원) 등 사이버대생 7명을 적발, 업무방해 혐의로 각각 벌금 100만~150만원에 약식기소했다. 검찰에 따르면 서씨 등은 서울 강남의 PC방에 모여 기말고사를 치르면서 과목당 2~3문제에서 최고 20문항의 답을 서로 알려줘 대학의 학생평가 업무를 방해한 혐의다. 사이버대학측은 이에 대해 "오픈북 시험이어서 서로 상의해 시험을 봤다고 해서 업무를 방해당했다고 보지 않으며 부정행위를 사법처리하는 것 자체가 적절치 않다"고 밝혔다. 그러나 검찰은 "대학의 한 분야로 자리잡은 사이버대학의 학생평가제도에 경종을 울리는 차원에서 처벌했으며 업무방해는 방해의 위험성만 있으면 범죄가 성립한다"고 설명했다.[92]

　【입학시험문제 유출】 교수인 피고인 갑이 출제교수들로부터 대학원신입생전형시험문제를

제출받아 피고인 을, 병에게 그 시험문제를 알려주자 그들이 답안쪽지를 작성한 다음 이를 답안지에 그대로 베껴 써서 그 정을 모르는 시험감독관에게 제출한 경우, 위계로써 입시감독업무를 방해한 것이므로 업무방해죄에 해당한다.[93]

【논문대필】 ① 석사학위논문의 작성·제출자가 직접 작성한 것인지 또는 타인에 의하여 대작된 것인지 여부를 판별하는 기준

일반적으로 석사학위논문 정도의 학술적 저작물을 작성함에 있어서는 논문작성 과정에서 타인으로부터 외국서적의 번역이나 자료의 통계처리 등 단순하고 기술적인 조력을 받는 것은 허용된다고 보아야 할 것이나, 그 작성자로서는 학위논문의 작성을 통하여 논문의 체제나 분류방법 등 논문 작성방법을 배우고, 지도교수가 중점적으로 지도하여 정립한 논문의 틀에 따라 필요한 문헌이나 자료를 수집하여 분석, 정리한 다음 이를 논문의 내용으로 완성하는 것이 가장 중요한 일이라 할 것이므로, 비록 논문작성자가 지도교수의 지도에 따라 논문의 제목, 주제, 목차 등을 직접 작성하였다고 하더라도 자료를 분석, 정리하여 논문의 내용을 완성하는 일의 대부분을 타인에게 의존하였다면 그 논문은 논문작성자가 주체적으로 작성한 논문이 아니라 타인에 의하여 대작된 것이라고 보아야 한다.

② 타인에 의하여 대작된 논문이라고 본 사례

단순히 통계처리와 분석, 또는 외국자료의 번역과 타자만을 타인에게 의뢰한 것이 아니라 전체 논문의 초안작성을 의뢰하고, 그에 따라 작성된 논문의 내용에 약간의 수정만을 가하여 제출하였음이 인정된다는 이유로 업무방해죄에 대하여 무죄를 선고한 원심판결을 파기한 사례.[94]

【노동쟁의 중의 직장점거】 보험회사의 노조 쟁의대책위원회의 총무가 쟁의대책위원 등과 공모공동하여, 일요일을 제외한 1주일 동안 매일 약 1,500명 내지 약 2,000명의 노조원들을 동원하여 18:00경에 회사 건물 1층 로비에서 정기적으로 당일 참가노조원의 총회를 갖고, 나머지 시간에는 쟁의대책위원회에서 지정한 대로 위 건물 1층 로비, 5층 계약부 영업장 등의 사무실 앞 복도 등에 플래카드를 걸고 대자보를 붙이고 각 농성장에서 다수의 인원으로 농성장을 점거하여 고객 및 근무사원들의 통행을 방해하고, 구호, 노래 등의 제창과 앰프와 꽹과리 등의 사용 등으로 각종 소음을 발생시키고, 영업대 등을 점거하거나 사무실 진입을 시도하면서 관리직사원들과 몸싸움과 욕설 등을 하고, 복도를 점거하고 출입문을 다중의 힘으로 봉쇄하여 감금하는 등의 방법으로 점거농성을 하였다

---

93) 대판 1991.11.12, 91도2211.
94) 대판 1996.7.30, 94도2708.

면, 위의 쟁의행위는 직장 또는 사업장 시설의 전면적 또는 배타적인 점거에 해당할 뿐 아니라 폭력에 의한 업무저해행위까지도 수반한 것이어서 쟁의행위의 정당성의 한계를 벗어난 것이므로 업무방해죄를 구성한다.95)

【이른바 '위장취업사건'】 회사가 공원모집을 함에 있어 학력, 경력을 기재한 이력서와 주민등록등본, 생활기록부 및 각서 등 서류를 교부받고, 응모자를 상대로 문제를 출제하여 시험을 보게 한 것은 단순히 응모자의 노동력을 평가하기 위한 것만이 아니라 노사 간의 신뢰 형성 및 기업질서 유지를 위한 응모자의 지능과 경험, 교육 정도, 정직성 및 직장에 대한 적응도 등을 감안하여 위 회사의 근로자로서 고용할 만한 적격자인지 여부를 결정하기 위한 자료를 얻기 위함인 것으로 인정되는데 피고인이 노동운동을 하기 위하여 노동현장에 취업하고자 하나, 자신이 대학교에 입학한 학력과 국가보안법위반죄의 처벌 전력 때문에 쉽사리 입사할 수 없음을 알고, 타인 명의로 허위의 학력과 경력을 기재한 이력서를 작성하고, 동인의 고등학교 생활기록부 등 서류를 작성 제출하여 시험에 합격하였다면, 피고인은 위계에 의하여 위 회사의 근로자로서의 적격자를 채용하는 업무를 방해하였다고 본 사례96)

【민원실에서 행패를 부린 경우 업무방해죄가 성립되는가?】 지방경찰청 민원실에서 민원인들이 진정사건의 처리와 관련하여 지방경찰청장과의 면담 등을 요구하면서 이를 제지하는 경찰관들에게 큰소리로 욕설을 하고 행패를 부린 행위에 대하여 업무방해죄로 기소된 사건에서, (원래는 공무집행방해죄가 문제되는 사건인데 공무집행방해죄는 폭행, 협박이 있어야 성립하지만 그 정도에 해당하지 않아 업무방해죄로 기소한 사건이다) 대법원은 형법이 업무방해죄와는 별도로 공무집행방해죄를 규정하고 있는 것은 사적 업무와 공무를 구별하여 공무에 관해서는 공무원에 대한 폭행, 협박 또는 위계의 방법으로 그 집행을 방해하는 경우에 한하여 처벌하겠다는 취지라고 보아야하기 때문에 공무원이 직무상 수행하는 공무를 방해하는 행위에 대해서는 이 사건처럼 경찰관들의 수사 관련 업무를 방해한 것이라는 이유로 업무방해죄로 처벌할 수는 없다고 보았다.97)

【소비자불매운동과 업무방해죄】 ① 소비자가 구매력을 무기로 상품이나 용역에 대한 자신들의 선호를 시장에 실질적으로 반영하기 위한 집단적 시도인 소비자불매운동은 본래 '공정한 가격으로 양질의 상품 또는 용역을 적절한 유통구조를 통해 적절한 시기에 안전하게 구입하거나 사용할 소비자의 제반 권익을 증진할 목적'에서 행해지는 소비자보호

---

95) 대판 1991.6.11, 91도383.
96) 대판 1992.6.9, 91도2221.
97) 대판 2009.11.19, 2009도4166(전원합의체).

운동의 일환으로서 헌법 제124조를 통하여 제도로서 보장되나, 그와는 다른 측면에서 일반 시민들이 특정한 사회, 경제적 또는 정치적 대의나 가치를 주장·옹호하거나 이를 진작시키기 위한 수단으로서 소비자불매운동을 선택하는 경우도 있을 수 있고, 이러한 소비자불매운동 역시 반드시 헌법 제124조는 아니더라도 헌법 제21조에 따라 보장되는 정치적 표현의 자유나 헌법 제10조에 내재된 일반적 행동의 자유의 관점 등에서 보호받을 가능성이 있으므로, 단순히 소비자불매운동이 헌법 제124조에 따라 보장되는 소비자 보호운동의 요건을 갖추지 못하였다는 이유만으로 이에 대하여 아무런 헌법적 보호도 주어지지 아니한다거나 소비자불매운동에 본질적으로 내재되어 있는 집단행위로서의 성격과 대상 기업에 대한 불이익 또는 피해의 가능성만을 들어 곧바로 형법 제314조 제1항의 업무방해죄에서 말하는 위력의 행사에 해당한다고 단정하여서는 아니 된다. 다만 그 소비자불매운동이 헌법상 보장되는 정치적 표현의 자유나 일반적 행동의 자유 등의 점에서도 전체 법질서상 용인될 수 없을 정도로 사회적 상당성을 갖추지 못한 때에는 그 행위 자체가 위법한 세력의 행사로서 형법 제314조 제1항의 업무방해죄에서 말하는 위력의 개념에 포섭될 수 있고, 그러한 관점에서 어떠한 소비자불매운동이 위력에 의한 업무방해죄를 구성하는지 여부는 해당 소비자불매운동의 목적, 불매운동에 이르게 된 경위, 대상 기업의 선정이유 및 불매운동의 목적과의 연관성, 대상 기업의 사회·경제적 지위와 거기에 비교되는 불매운동의 규모 및 영향력, 불매운동 참여자의 자발성, 불매운동 실행과정에서 다른 폭력행위나 위법행위의 수반 여부, 불매운동의 기간 및 그로 인하여 대상 기업이 입은 불이익이나 피해의 정도, 그에 대한 대상 기업의 반응이나 태도 등 제반 사정을 종합적·실질적으로 고려하여 판단하여야 한다.

② 인터넷카페의 운영진인 피고인들이 카페 회원들과 공모하여, 특정 신문들에 광고를 게재하는 광고주들에게 불매운동의 일환으로 지속적·집단적으로 항의전화를 하거나 광고주들의 홈페이지에 항의글을 게시하는 등의 방법으로 광고중단을 압박함으로써 위력으로 광고주들 및 신문사들의 업무를 방해하였다는 내용으로 기소된 사안에서, 원심이 피고인들이 벌인 불매운동의 목적, 그 조직과정, 대상 기업의 선정경위, 불매운동의 규모 및 영향력, 불매운동의 실행 형태, 불매운동의 기간, 대상 기업인 광고주들이 입은 불이익이나 피해의 정도 등에 비추어 피고인들의 위 행위가 광고주들의 자유의사를 제압할 만한 세력으로서 위력에 해당한다고 본 것은 정당하나, 나아가 피고인들의 행위로 신문사들이 실제 입은 불이익이나 피해의 정도, 그로 인하여 신문사들의 영업활동이나 보도에 관한 자유의사가 제압될 만한 상황에 이르렀는지 등을 구체적으로 심리하여 살펴보지 아니한 채, 신문사들에 대한 직접적인 위력의 행사가 있었다고 보아 유죄를 인정한 원심판결에 업무방해죄의 구성요건인 위력의 대상 등에 관한 법리를 오해하여 심리를 다하지 아니한 잘못이 있다고 한 사례.

Ⅲ. 컴퓨터 등 업무방해죄

> 제314조 ② 컴퓨터등 정보처리장치 또는 전자기록등 특수매체기록을 손괴하거나 정보처리
> 장치에 허위의 정보 또는 부정한 명령을 입력하거나 기타 방법으로 정보처리에 장애를 발
> 생하게 하여 사람의 업무를 방해한 자도 제1항의 형과 같다.

컴퓨터범죄의 일종으로서 컴퓨터 자체나 기록장치를 손괴하거나 기록된 정보를 파괴, 변경, 삭제함으로써 업무를 방해하는 범죄이다.

【팝업창을 자동으로 띄우게 만든 경우】 피고인들이 불특정 다수의 인터넷 이용자들에게 배포한 '업링크솔루션'이라는 프로그램은, 갑 회사의 네이버 포털사이트 서버가 이용자의 컴퓨터에 정보를 전송하는 데에는 아무런 영향을 주지 않고, 다만 이용자의 동의에 따라 위 프로그램이 설치된 컴퓨터 화면에서만 네이버 화면이 전송받은 원래 모습과는 달리 피고인들의 광고가 대체 혹은 삽입된 형태로 나타나도록 하는 것에 불과하므로, 이것만으로는 정보처리장치의 작동에 직접·간접으로 영향을 주어 그 사용목적에 부합하는 기능을 하지 못하게 하거나 사용목적과 다른 기능을 하게 하였다고 볼 수 없어 컴퓨터 등 장애 업무방해죄로 의율할 수 없다.[98]

【검색순위를 조작한 경우】 형법 제314조 제2항의 '컴퓨터 등 장애 업무방해죄'가 성립하기 위해서는 가해행위 결과 정보처리장치가 그 사용목적에 부합하는 기능을 하지 못하거나 사용목적과 다른 기능을 하는 등 정보처리에 장애가 현실적으로 발생하였을 것을 요하나, 정보처리에 장애를 발생하게 하여 업무방해의 결과를 초래할 위험이 발생한 이상, 나아가 업무방해의 결과가 실제로 발생하지 않더라도 위 죄가 성립한다. 따라서 포털사이트 운영회사의 통계집계시스템 서버에 허위의 클릭정보를 전송하여 검색순위 결정 과정에서 위와 같이 전송된 허위의 클릭정보가 실제로 통계에 반영됨으로써 정보처리에 장애가 현실적으로 발생하였다면, 그로 인하여 실제로 검색순위의 변동을 초래하지는 않았다 하더라도 '컴퓨터 등 장애 업무방해죄'가 성립한다.[99]

【홈페이지 관리자의 아이디와 비밀번호의 무단변경】 대학의 컴퓨터시스템 서버를 관리하던 피고인이 전보발령을 받아 더 이상 웹서버를 관리 운영할 권한이 없는 상태에서, 웹서

---

98) 대판 2010.9.30, 2009도12238.
99) 대판 2009.4.9, 2008도11978.

버에 접속하여 홈페이지 관리자의 아이디와 비밀번호를 무단으로 변경한 행위는, 피고인
이 웹서버를 관리 운영할 정당한 권한이 있는 동안 입력하여 두었던 홈페이지 관리자의
아이디와 비밀번호를 단지 후임자 등에게 알려 주지 아니한 행위와는 달리, 정보처리장치
에 부정한 명령을 입력하여 정보처리에 현실적 장애를 발생시킴으로써 피해 대학에 업무
방해의 위험을 초래하는 행위에 해당하여 컴퓨터 등 장애 업무방해죄를 구성한다.[100]

Ⅳ. 경매 · 입찰방해죄

> **제315조(경매, 입찰의 방해)** 위계 또는 위력 기타 방법으로 경매 또는 입찰의 공정을 해
> 한 자는 2년 이하의 징역 또는 700만원 이하의 벌금에 처한다

사전에 경매나 입찰참가자들이 가격을 담합하여 응찰하는 행위와 같이 경매나
입찰의 공정한 진행을 방해하는 범죄이다. 다만 지나친 경쟁을 방지하기 위하여 의
사타진과 절충을 한 것에 불과한 경우에는 성립되지 않는다.

제 11 관 비밀침해의 죄

> **제316조(비밀침해)** ① 봉함 기타 비밀장치한 사람의 편지, 문서 또는 도화를 개봉한 자는
> 3년 이하의 징역이나 금고 또는 500만원 이하의 벌금에 처한다.
> ② 봉함 기타 비밀장치한 사람의 편지, 문서, 도화 또는 전자기록 등 특수매체기록을 기술
> 적 수단을 이용하여 그 내용을 알아낸 자도 제1항의 형과 같다.
> **제317조(업무상비밀누설)** ① 의사, 한의사, 치과의사, 약제사, 약종상, 조산사, 변호사, 변
> 리사, 공인회계사, 공증인, 대서업자나 그 직무상 보조자 또는 차등의 직에 있던 자가 그
> 직무처리 중 지득한 타인의 비밀을 누설한 때에는 3년 이하의 징역이나 금고, 10년 이하의
> 자격정지 또는 700만원 이하의 벌금에 처한다.
> ② 종교의 직에 있는 자 또는 있던 자가 그 직무상 지득한 사람의 비밀을 누설한 때에도
> 전항의 형과 같다.
> **제318조(고소)** 본장의 죄는 고소가 있어야 공소를 제기할 수 있다.

---

100) 대판 2006.3.10, 2005도382.

Ⅰ. 개인의 사생활과 비밀보호

사생활의 비밀과 자유는 헌법상 보장된 기본권이며 이를 침해하는 경우 형법은 비밀침해죄와 업무상 비밀누설죄로 처벌하고 있다. 두 죄 모두 친고죄이다. 정보통신과 관련된 비밀침해행위는 '정보통신망 이용촉진 및 정보보호등에 관한 법률'에 의하여 처벌된다.

> **제23조(개인정보의 수집 제한 등)** ① 정보통신서비스 제공자는 사상, 신념, 가족 및 친인척관계, 학력(學歷)·병력(病歷), 기타 사회활동 경력 등 개인의 권리·이익이나 사생활을 뚜렷하게 침해할 우려가 있는 개인정보를 수집하여서는 아니 된다. 다만, 제22조 제1항에 따른 이용자의 동의를 받거나 다른 법률에 따라 특별히 수집 대상 개인정보로 허용된 경우에는 필요한 범위에서 최소한으로 그 개인정보를 수집할 수 있다.
> ② 정보통신서비스 제공자는 이용자의 개인정보를 수집하는 경우에는 정보통신서비스의 제공을 위하여 필요한 범위에서 최소한의 개인정보만 수집하여야 한다.
> ③ 정보통신 서비스 제공자는 이용자가 필요한 최소한의 개인정보 이외의 개인정보를 제공하지 아니한다는 이유로 그 서비스의 제공을 거부하여서는 아니 된다. 이 경우 필요한 최소한의 개인정보는 해당 서비스의 본질적 기능을 수행하기 위하여 반드시 필요한 정보를 말한다.

한편 통신비밀보호법은 ① 우편물의 검열, ② 타인간의 대화의 녹음이나 청취, ③ 전기통신의 감청 및 공개되지 아니한 타인간의 대화내용의 공개 및 누설행위를 처벌하고 있다.[101]

이른바 남의 대화내용을 몰래 녹음하는 행위, 즉 도청행위는 통신비밀보호법에 의하여 처벌된다. 이 법에서는 일정한 요건에 해당하는 경우 법원의 허가(감청허가장)를 얻어 적법하게 대화내용을 청취할 수 있지만(이것을 '감청'이라고 한다), 사인이 함부로 남의 대화를 녹음하는 행위는 범죄가 된다. 예를 들어 배우자의 불륜이 의심된다고 집이나 승용차에 녹음기를 설치하는 행위 등이다.[102] 도청행위는 '공개되지 않은' 타인 사이의 대화를 녹음하는 행위이므로 청중 앞에서의 연설을 녹

---

101) 통신비밀보호법 제3조 제1항, 제14조 제1항, 제16조 제1항.
102) 이혼소송 중인 아내의 통화내용을 몰래 녹음한 사건에 대하여 서울고법 형사1부는 통신비밀보호법 위반 혐의로 기소된 나모(48)씨에 항소심에서 1심과 같이 징역 6개월에 자격정지 1년의 선고를 유예하였다(조선일보, "법원, 아내 통화 몰래 녹음한 40대 남성에 "자식 잘 키우라"며 선처", 2015.10.21.자 참조).

음하는 것은 도청이 아니다. 또 자기와 다른 사람 사이의 대화를 녹음하는 행위도 '타인 사이'의 대화가 아니므로 도청이 아니다. 빚을 갚지 않는 채무자에 대한 증거를 수집하기 위하여 채권자가 채무자와 채무관계에 대한 대화를 하면서 몰래 녹음하여 증거로 제출하는 것은 가능하다. 다만 마취되기 전에 환자가 미리 녹음기를 켜두어 수술 도중의 의료진 사이의 대화를 녹음하는 경우에는 '대화상태'가 아니므로 수술실의 CCTV의 설치 문제와 별도로 불법녹음의 소지가 있다.

【제3자가 통화연결상태에 있는 휴대폰을 이용하여 공개되지 않은 타인간의 대화를 청취 · 녹음한 사건】 피고인이 한겨레신문사 빌딩에서 휴대폰의 녹음기능을 작동시킨 상태로 재단법인 정수장학회(이하 '정수장학회'라고 한다)의 이사장실에서 집무 중이던 정수장학회 이사장인 ○○○의 휴대폰으로 전화를 걸어 ○○○과 약 8분간의 전화통화를 마친 후 상대방에 대한 예우차원에서 바로 전화통화를 끊지 않고 ○○○이 전화를 먼저 끊기를 기다리던 중, 평소 친분이 있는 문화방송 기획홍보본부장 △△△이 ○○○과 인사를 나누면서 문화방송 전략기획부장 □□□을 소개하는 목소리가 피고인의 휴대폰을 통해 들려오고, 때마침 ○○○이 실수로 휴대폰의 통화종료 버튼을 누르지 아니한 채 이를 이사장실 내의 탁자 위에 놓아두자, ○○○의 휴대폰과 통화연결상태에 있는 자신의 휴대폰 수신 및 녹음기능을 이용하여 이 사건 대화를 몰래 청취하면서 녹음한 사건에서, 대화에 원래부터 참여하지 않은 제3자가, 통화연결상태에 있는 휴대폰을 이용하여 일반 공중이 알 수 있도록 공개되지 아니한 타인간의 발언을 녹음하거나 전자장치 또는 기계적 수단을 이용하여 청취하는 것은 통신비밀보호법위반에 해당한다.103)

【3인 간의 대화에 있어서 그 중 한 사람이 그 대화를 녹음하는 경우】 통신비밀보호법 제3조 제1항이 "공개되지 아니한 타인간의 대화를 녹음 또는 청취하지 못한다"라고 정한 것은, 대화에 원래부터 참여하지 않는 제3자가 그 대화를 하는 타인들 간의 발언을 녹음해서는 아니 된다는 취지이다. 3인 간의 대화에 있어서 그 중 한 사람이 그 대화를 녹음하는 경우에 다른 두 사람의 발언은 그 녹음자에 대한 관계에서 '타인 간의 대화'라고 할 수 없으므로, 이와 같은 녹음행위가 통신비밀보호법 제3조 제1항에 위배된다고 볼 수는 없다.104)

---

103) 대판 2016.5.12, 2013도15616.
104) 대판 2006.10.12, 2006도4981.

【제3자가 전화통화자 중 일방만의 동의를 얻어 통화내용을 녹음한 경우】전화통화 당사
자의 일방이 상대방 모르게 통화내용을 녹음하는 것은 여기의 감청에 해당하지 아니하
지만(따라서 전화통화 당사자의 일방이 상대방 몰래 통화내용을 녹음하더라도, 대화 당
사자 일방이 상대방 모르게 그 대화내용을 녹음한 경우와 마찬가지로 동법 제3조 제1
항 위반이 되지 아니한다), 제3자의 경우는 설령 전화통화 당사자 일방의 동의를 받고
그 통화내용을 녹음하였다 하더라도 그 상대방의 동의가 없었던 이상, 사생활 및 통신
의 불가침을 국민의 기본권의 하나로 선언하고 있는 헌법규정과 통신비밀의 보호와 통
신의 자유신장을 목적으로 제정된 통신비밀보호법의 취지에 비추어 이는 동법 제3조 제1
항 위반이 된다고 해석하여야 할 것이다(이 점은 제3자가 공개되지 아니한 타인간의 대
화를 녹음한 경우에도 마찬가지이다).105)

II. 비밀침해죄

비밀침해죄는 ① 봉함 기타 비밀장치한 사람의 편지, 문서 또는 도화를 개봉하
는 행위 ② 봉함 기타 비밀장치한 사람의 편지, 문서, 도화 또는 전자기록 등 특
수매체기록을 기술적 수단을 이용하여 알아내는 행위를 함으로써 성립한다.

비밀의 구체적 내용이 무엇이든 보호된다. 본죄의 객체로서의 편지는 우편물이
보통이지만 인편에 의한 것도 해당된다. 문서는 글이나 부호에 의한 의사표현물이
면 일기, 원고, 메모 등도 해당된다. 도화(圖畵)란 사진이나 도표를 말하며 의사표현
이 내용일 필요는 없다. 기념사진 같은 것이 해당된다. 전자기록 등 특수매체기록
에서 전자기록은 전기적 기록, 자기적 기록을 말하며, 광학기록은 특수매체기록에
해당한다. 녹음테이프, 녹화필름, 마이크로필름, 컴퓨터디스켓, CD-ROM, DVD 등
이다.

비밀침해죄의 대상에 해당되려면 위의 편지, 문서, 도화가 '봉함 기타 비밀장치'
되어 있어야 한다. 봉함이란 다른 사람이 쉽게 알 수 없도록 편지나 문서에 직접
장치를 하는 것으로서 풀로 붙이거나 끈으로 묶는 경우 등이다. 비밀장치는 봉함
이 아닌 다른 방법으로 내용을 알 수 없도록 하는 장치를 말한다. 다른 용기에
넣는 경우도 포함된다. 예를 들어 금고에 넣거나 함이나 서랍에 넣고 열쇠로 잠그
는 경우이다. 그러나 방안에 두고 방문을 잠근 경우는 해당되지 않는다. 비밀장치

---

105) 대판 2002.10.8, 2002도123.

없이 누구든지 열람이 가능한 엽서, 포스터는 본죄의 대상이 아니다.

본죄의 행위는 개봉하는 경우(제1항)와 기술적 수단을 이용하여 그 내용을 알아
내는 것(제2항)이 있다. 개봉이란 봉함이나 비밀방치를 제거하여 내용을 알 수 있
는 상태로 만드는 것이다. 개봉함으로써 범죄는 기수가 되며 내용을 알아야 하는
것은 아니다. 기술적 수단을 이용하는 경우는 프로그램을 통해 비밀번호를 알아내
거나,106) 투시기를 통하여 내용을 파악하는 경우 등이다. 그러나 단순히 불빛에
비춰 내용을 보는 것은 기술적 수단에 해당되지 않는다.

개봉의 고의가 없는 경우, 즉 자기에게 온 편지인 줄 잘못 알고 열어본 경우에
는 범죄가 성립되지 않는다. 또 친권자는 친권의 행사로서 자녀의 우편물을 개봉
할 수 있다. 본죄는 친고죄이므로 피해자의 고소가 필요한데, 발송되거나 도착하거
나를 불문하고 발신인과 수신인 모두 피해자가 된다.

Ⅲ. 업무상 비밀누설죄

업무상 비밀누설죄는 조문에 열거된 자들은 타인의 사생활과 관련된 업무자이
며, 의뢰인은 업무자가 사적 비밀사항을 외부에 노출시키지 않으리라는 신뢰관계
에 있게 되는데 그러한 신뢰에 위반한 경우에 처벌하는 범죄이다.

행위주체는 ① 의사, 한의사, 치과의사, 약제사, 약종상, 조산사, 변호사, 변리사,
공인회계사, 공증인, 대서업자나 그 직무상 보조자 또는 차등의(그러한) 직에 있던
자와 ② 종교의 직에 있는 자 또는 있던 자(목사, 신부, 승려)이다. 상담사, 법무사
등도 신뢰관계가 전제되지만 본죄의 주체에는 해당되지 않는다. 다만 세무사는 세
무사법(제11조, 제22조)에 의하여 처벌된다.

행위객체는 업무처리 중 직무상 지득한(知得한, 알게 된) 타인의 비밀이다. 비밀이
라고 하기 위해서는 일정하게 제한된 사람에게만 알려져 있는 사실로서 다른 사람
에게 전파되지 않음으로써 그 비밀의 주체에게 이익이 되는 사실을 말한다. 예를
들어 산부인과에서의 인공임신중절수술사실, 비뇨기과에서의 성병치료사실 등이다.

행위로서 누설이라는 것은 비밀내용을 알지 못한 사람에게 그 내용을 알게 하
는 것이다. 공공연하게 누설할 필요는 없으므로 비밀유지를 부탁하면서 말하여도

---

106) 이 경우는 정보통신망 이용촉진 및 정보보호에 관한 법률 제24조, 제49조, 제62조 등에 의
하여 처벌된다.

("너만 알고 있어")도 누설이다. 일정한 경우에는 피해자의 부모나 배우자, 자녀 등 가족에게 말하여도 누설이 될 수 있다.

일정한 전염성이나 감염성 질환의 경우에는 법령이나 긴급피난으로서 관공서에 신고하거나 보고하는 것이 허용된다. 피해자의 고소가 필요한 친고죄이다.

제 12 관 주거침입의 죄

> 제319조(주거침입, 퇴거불응) ① 사람의 주거, 관리하는 건조물, 선박이나 항공기 또는 점유하는 방실에 침입한 자는 3년 이하의 징역 또는 500만원 이하의 벌금에 처한다.
> ② 전항의 장소에서 퇴거요구를 받고 응하지 아니한 자도 전항의 형과 같다.
> 제320조(특수주거침입) 단체 또는 다중의 위력을 보이거나 위험한 물건을 휴대하여 전조의 죄를 범한 때에는 5년 이하의 징역에 처한다.
> 제321조(주거·신체 수색) 사람의 신체, 주거, 관리하는 건조물, 자동차, 선박이나 항공기 또는 점유하는 방실을 수색한 자는 3년 이하의 징역에 처한다.
> 제322조(미수범) 본장의 미수범은 처벌한다.

Ⅰ. 주거침입죄

(1) 헌법상 주거의 자유는 기본권이며, 주거는 평온과 안전이 확보되어야 하는 공간이다. 주거침입죄는 주거에 대한 사실상의 평온을 보호하는 것이므로 법적인 주거권이 없는 경우에도 인정될 수 있다. 따라서 임대차계약이 종료했다고 하더라고 임차인이 아직 거주하고 있다면 주거권자는 여전히 임차인이므로 임대인이 임의로 들어가면 주거침입죄가 성립할 수 있다.

【대법 "임차인, 열쇠 보관했다면 점유권 상실아냐"】 임차인이 세들어 살던 집에서 짐을 뺐더라도 보증금을 돌려받지 않은 채 열쇠를 계속 보관했다면 점유권을 상실한 것이 아니라는 대법원 판결이 나왔다. 대법원 2부는 이사를 간 후에 자신이 살았던 주택에 들어가 출입문 열쇠를 다른 것으로 교체한 혐의(건조물침입 등)로 기소된 신모씨(66)에 대해 무죄를 선고한 원심을 확정했다고 밝혔다. 재판부는 "임차인 신씨가 지난 2008년 8월 4일 주택에서 짐을 옮기기는 했으나 출입문 열쇠를 계속 보관하여 점유를 잃지 않았다고 판단한 원심에 위법이 있다고 보기 어렵다"고 밝혔다. 신씨는 지난 2005년 서울 지

상 건물 3층에 대해 권모씨로부터 임대차보증금 6000만원에 임차하는 계약을 체결한 뒤 전입신고를 마치고 거주하고 있었다. 하지만 이후 신씨는 임대인 권씨가 2008년 5월 건물을 매도하는 과정에서 임대차 보증금 일부만을 지급하자 짐을 빼고 출입문 열쇠는 본인이 보관했다. 1심과 2심 재판부는 "신씨가 이 사건 주택에서 이사를 갔지만 그 출입문 열쇠를 계속 보관하고 있어 점유를 상실하지는 않았고 임대차보증금을 모두 반환받지 못했으므로 자신이 점유하는 이 사건 주택에 들어간 행위를 타인이 관리하는 건조물에 침입한 행위라고 볼 수 없다"며 무죄를 선고했다.107)

(2) 행위객체로서 주거침입의 대상은 사람의 주거, 관리하는 건조물, 선박이나 항공기 또는 점유하는 방실이다. 사람의 주거란 일상생활에 사용되는 장소를 말한다. 반드시 사람이 현존할 필요는 없으며, 외출이나 여행 등으로 일시적으로 비워둔 집도 주거이다. 부속공간인 지하실, 부엌, 마당도 주거에 포함된다. 영구적인 주거용일 필요는 없고 임시텐트, 주거용 캠핑차량도 해당된다. 빌라나 아파트 등 공용주택의 계단도 주거에 해당된다.

【공용주택의 계단이나 복도도 주거인가】 ① 주거침입죄에서 주거란 단순히 가옥 자체만을 말하는 것이 아니라 그 정원 등 위요지를 포함한다. 따라서 다가구용 단독주택이나 다세대주택·연립주택·아파트 등 공동주택 안에서 공용으로 사용하는 계단과 복도는, 주거로 사용하는 각 가구 또는 세대의 전용 부분에 필수적으로 부속하는 부분으로서 그 거주자들에 의하여 일상생활에서 감시·관리가 예정되어 있고 사실상의 주거의 평온을 보호할 필요성이 있는 부분이므로, 특별한 사정이 없는 한 주거침입죄의 객체인 '사람의 주거'에 해당한다. ② 다가구용 단독주택인 빌라의 잠기지 않은 대문을 열고 들어가 공용 계단으로 빌라 3층까지 올라갔다가 1층으로 내려온 사안에서, 주거인 공용 계단에 들어간 행위가 거주자의 의사에 반한 것이라면 주거에 침입한 것이라고 보아야 한다는 이유로, 주거침입죄를 구성하지 않는다고 본 원심판결을 파기한 사례.108)

관리하는 건조물이란 주거로 사용하지는 않지만 다른 사람의 출입을 막기 위한 인적 설비(경비원 배치)나 물적 설비(출입문을 잠가둔 경우)가 갖추어진 장소를 말한다. 창고나 공장, 교회, 대학강의실109) 등이다. 출입통제는 출입을 완전히 막는 설

---

107) 경향신문 2012.11.27.자.
108) 대판 2009.8.20, 2009도3452.
109) 대판 1992.9.25, 92도1520(일반적으로 대학교의 강의실은 그 대학 당국에 의하여 관리되면서 그 관리업무나 강의와 관련되는 사람에 한하여 출입이 허용되는 건조물이지 널리 일반인에

비가 있을 필요는 없으므로 일반인의 출입이 어느 정도 허용되는 경우라도 관리하는 건조물이 될 수 있다. 점유하는 방실(房室, 방이나 호실)이란 일정한 건물 안에 사실상 지배하는 개별적인 공간으로서 오피스텔, 호텔, 여관의 개별 호실이나 연구실, 하숙방, 사무실 등이다.

【타워크레인 또는 공사현장에 침입한 행위】 ① 타워크레인은 동력을 사용하여 중량물을 매달아 상하 및 좌우로 운반하는 것을 목적으로 하는 기계 또는 기계장치로서 구조상 철골로 된 수직기둥(마스트) 위에 기사 1명이 의자에 앉아서 작업을 하는 조종석이 있고 투명한 창문으로 둘러져 있는 0.5평이 채 안 되는 운전실과 철제 난간들이 설치되어 있을 뿐 따로 기둥이나 벽이 있는 공간이 난 방실은 있지 아니하므로 건조물침입죄의 객체인 건조물에 해당하지 아니한다. ② 이 사건 공사현장에는 컨테이너 박스 등으로 가설된 현장사무실 또는 경비실이 설치되어 있었지만 피고인들이 위 각 현장사무실 또는 경비실 자체에 들어가지 아니하였다면, 피고인 등이 공사현장의 구내에 들어간 행위를 위 각 공사현장 구내에 있는 건조물인 위 각 현장사무실 또는 경비실에 침입한 행위로 볼 수 없다.110)

(3) 주거침입죄의 행위로서 침입이란 주거권자의 의사에 반하여 신체가 위의 장소에 들어가는 것을 말한다. 신체의 침입이 없는 주거공간에 대한 침해행위, 예를 들어 담 넘어 이웃집을 엿본다든지, 사진을 찍는 것은 주거침입죄가 성립되지 않는다. 다만 도청의 경우는 통신비밀보호법에 의하여 처벌된다. 어떤 저항을 물리치고 들어갈 필요는 없으며 몰래 들어가거나 공개적으로 들어가더라도 침입이다.

백화점, 공원, 은행 등 일반적으로 출입이 허가된 건물에 대해서는 주거침입죄가 성립하지 않는다. 그러나 허용된 시간이 아닌 심야시간에 들어간다든지, 허용된 방법(출입문으로 통행)이 아닌 방법(창문을 뜯고 들어가는 경우)에는 주거침입이 된다.

【여객터미널의 침입】 피고인이 침입했다는 인천의 주식회사 연안여객터미널 건물이 일반적으로 출입이 허가된 것이라 하여도 출입이 금지된 시간에 원심 설시와 같이 그 건물 담벽에 있던 드럼통을 딛고 담벽을 넘어 들어간 후 그곳 터미널 마당에 있던 아이스박스통과 삽을 같은 건물 화장실 유리창문 아래에 놓고 올라가 위 유리창문을 연 후 이

게 개방되어 누구나 자유롭게 출입할 수 있는 곳은 아니다). 피고인들 및 공소외인 34명은 공동하여 진주전문대생들과의 충돌을 예상하여 그 범행의 도구로 쓰일 쇠파이프 42개, 최루탄 4발을 나누어 들고, 그 대학당국의 허락을 받지 않은 채 몇 명씩 분산하여 위 대학 씨동 101호 강의실에 침입한 사건이다.
110) 대판 2005.10.7, 2005도5351.

를 통해 들어간 것과 같은 경우에는 그 침입방법 자체가 일반적인 허가에 해당되지 않는 것이 분명하게 나타난 것이라 할 것이므로 이와 같은 경우에는 건조물침입죄가 성립되는 것이다.111)

【영업장소의 공용 계단과 복도 출입】 다방, 당구장, 독서실 등의 영업소가 들어서 있는 건물 중 공용으로 사용되는 계단과 복도는 주야간을 막론하고 관리자의 명시적 승낙이 없어도 누구나 자유롭게 통행할 수 있는 곳이라 할 것이므로 관리자가 1층 출입문을 특별히 시정하지 않는 한 범죄의 목적으로 위 건물에 들어가는 경우 이외에는 그 출입에 관하여 관리자나 소유자의 묵시적 승낙이 있다고 봄이 상당하여 그 출입행위는 주거침입죄를 구성하지 않는다.112)

(4) 주거권자의 의사

주거권자의 의사에 따라 들어간 경우에는 주거침입죄가 성립하지 않는다. 그러나 평소 출입이 허용된 사람이라도 주거권자의 명시적, 묵시적 의사에 반한 경우에는 범죄가 성립한다. 따라서 일반적으로 출입이 허용된 장소라도 범죄목적으로 들어간 경우(절취의 목적, 대리시험의 목적, 폭행의 목적, 도청장치를 설치하려는 목적)에는 범죄가 성립된다.

하나의 주거에 대하여 주거권자가 여러 명이 있는 경우에 어느 일방에 의사에 반하면 다른 주거권자의 승낙을 받아서 출입하여도 주거침입죄가 성립된다는 것이 종전의 판례였다. 예를 들어 간통죄가 폐지된 이후 부인이 간통의 상대방을 자기 집으로 들어오게 하였는데 남편이 주거침입죄로 고소하는 경우이다. 이에 대하여 대법원은 판례를 변경하여 주거침입죄가 성립되지 않는다고 보았다.

① 남편 갑의 부재중에 갑의 아내 을과 혼외 성관계를 가질 목적으로 을이 열어 준 현관 출입문을 통하여 갑과 을이 공동으로 거주하는 아파트에 들어간 사건에서, 피고인이 을로부터 현실적인 승낙을 받아 통상적인 출입방법에 따라 주거에 들어갔으므로 주거의 사실상 평온상태를 해치는 행위태양으로 주거에 들어간 것이 아니어서 주거에 침입한 것으로 볼 수 없고, 피고인의 주거 출입이 부재중인 갑의 의사에 반하는 것으로 추정되더라도 주거침입죄의 성립 여부에 영향을 미치지 않는다.113)

---

111) 대판 1990.3.13, 90도173.
112) 대판 1985.2.8, 84도2917.
113) 대판 2021.9.9., 2020도12630(전원합의체).

② 피고인들이 공모하여, 갑, 을이 운영하는 각 음식점에서 인터넷 언론사 기자 병을 만나 식사를 대접하면서 병이 부적절한 요구를 하는 장면 등을 확보할 목적으로 녹음·녹화장치를 설치하거나 장치의 작동 여부 확인 및 이를 제거하기 위하여 각 음식점의 방실에 들어감으로써 갑, 을의 주거에 침입하였다는 내용으로 기소된 사건에서, 피고인들이 각 음식점 영업주로부터 승낙을 받아 통상적인 출입방법에 따라 각 음식점의 방실에 들어간 것은 주거침입죄에서 규정하는 침입행위에 해당하지 아니하고, 설령 다른 손님인 병과의 대화 내용과 장면을 녹음·녹화하기 위한 장치를 설치하거나 장치의 작동 여부 확인 및 이를 제거할 목적으로 각 음식점의 방실에 들어갔더라도, 그러한 사정만으로는 피고인들에게 주거침입죄가 성립하지 않는다.[114]

【평소 출입하던 사람의 비정상적 방법에 의한 출입】 주거침입죄는 사실상의 주거의 평온을 보호법익으로 하는 것이므로 그 거주자 또는 관리자가 건조물 등에 거주 또는 관리할 권한을 가지고 있는가 여부는 범죄의 성립을 좌우하는 것이 아니고, 그 거주자나 관리자와의 관계 등으로 평소 그 건조물에 출입이 허용된 사람이라 하더라도 주거에 들어간 행위가 거주자나 관리자의 명시적 또는 추정적 의사에 반함에도 불구하고 감행된 것이라면 주거침입죄는 성립하며, 출입문을 통한 정상적인 출입이 아닌 경우 특별한 사정이 없는 한 그 침입 방법 자체에 의하여 위와 같은 의사에 반하는 것으로 보아야 한다.[115]

【화장실 용변칸의 주거침입】 ① 타인의 주거에 거주자의 의사에 반하여 들어가는 경우는 주거침입죄가 성립하며 이 때 거주자의 의사라 함은 명시적인 경우뿐만 아니라 묵시적인 경우도 포함되고 주변사정에 따라서는 거주자의 반대의사가 추정될 수도 있다. ② 피고인이 피해자가 사용중인 공중화장실의 용변칸에 노크하여 남편으로 오인한 피해자가 용변칸 문을 열자 강간할 의도로 용변칸에 들어간 것이라면 피해자가 명시적 또는 묵시적으로 이를 승낙하였다고 볼 수 없어 주거침입죄에 해당한다.[116]

본죄의 미수범은 처벌한다. 그러나 주거의 평온을 해친다면 반드시 신체의 전부가 들어가야 기수가 되는 것은 아니다. 따라서 혼자 사는 여자의 집 창문으로 얼굴을 들이밀거나, 옷을 훔치려고 담 너머로 손을 뻗어 넣은 경우에도 주거침입죄

---

114) 대판 2022.3.24., 2017도18272(전원합의체).
115) 대판 1995.9.15, 94도3336. 피고인이 피해자와 이웃 사이어서 평소 그 주거에 무상출입하던 관계에 있었다 하더라도 범죄의 목적으로 피해자의 승낙없이 그 주거에 들어간 경우에는 주거침입죄가 성립된다(대판 1983.7.12, 83도1394).
116) 대판 2003.5.30, 2003도1256.

의 기수가 된다.

【창문으로 얼굴을 들이민 경우 주거침입죄】 1993.9.22. 00:10경 대전 중구 소재피해자의 집에서 그녀를 강간하기 위하여 그 집 담벽에 발을 딛고 창문을 열고 안으로 얼굴을 들이미는 등의 행위를 하였다면 피고인이 자신의 신체의 일부가 집 안으로 들어간다는 인식하에 하였더라도 주거침입죄의 범의는 인정되고, 또한 비록 신체의 일부만이 집 안으로 들어갔다고 하더라도 사실상 주거의 평온을 해하였다면 주거침입죄는 기수에 이르렀다.117)

II. 퇴거불응죄

본죄는 일단 적법하게 주거에 들어갔거나 또는 과실로 잘못 들어간 경우(예를 들어 자기 집인 줄 알고 들어간 경우)에 주거권자의 퇴거요구(나가라는 요구)를 받고도 퇴거하지 않는 경우에 성립되는 부작위범이다.

임대차계약이 종료하여 임대인으로부터 퇴거요구를 받고 퇴거하지 않더라도 퇴거불응죄가 성립하지 않는다. 주거권자는 여전히 임차인이며, 퇴거요구는 민사소송에서의 건물명도소송으로 해결되는 것이다.

【예배방해의 목적으로 교회에 들어간 경우】 예배의 목적이 아니라 교회의 예배를 방해하여 교회의 평온을 해할 목적으로 교회에 출입하는 것이 판명되어 위 교회 건물의 관리주체라고 할 수 있는 교회당회에서 피고인에 대한 교회출입금지의결을 하고, 이에 따라 위 교회의 관리인이 피고인에게 퇴거를 요구한 경우 피고인의 교회출입을 막으려는 위 교회의 의사는 명백히 나타난 것이기 때문에 이에 기하여 퇴거요구를 한 것은 정당하고 이에 불응하여 퇴거를 하지 아니한 행위는 퇴거불응죄에 해당한다.118)

---

117) 대판 1995.9.15, 94도2561.
118) 대판 1992.4.28, 91도2309.

제 13 관 재산범죄

I. 재산범죄의 개념과 범위

　형법상 재산과 관련된 범죄는 절도죄와 강도죄, 사기죄와 공갈죄, 횡령죄와 배임죄, 손괴죄, 장물죄, 권리행사방해죄 등 다양하다. 이러한 범죄는 일정한 재산이나 재산적 이익을 취득하여야 성립하는 범죄이다. 각 범죄는 성립요건의 차이가 인정되므로 구별할 필요가 있다. 일상생활에서 다른 범죄보다도 많이 문제되고 본의 아니게 자신의 행위가 범죄로 평가되기도 하므로 유의하여야 한다.

　재산죄에 대해서 이해하기 위해서는 각 재산죄의 특징을 이해하기 위한 재산죄의 분류, 재산죄의 객체로서의 재물과 재산상 이익의 개념, 형법상 점유의 개념, 불법영득의 의사, 친족상도례 등에 대한 이해가 필요하다. 이하에서는 일상생활에서 자주 나타나거나 문제되는 재산범죄현상에 대하여 이해하는 데 필요한 최소한의 설명만 하기로 한다.

II. 절도죄와 강도죄

> 제329조(절도) 타인의 재물을 절취한 자는 6년 이하의 징역 또는 1천만원 이하의 벌금에 처한다.
> 제333조(강도) 폭행 또는 협박으로 타인의 재물을 강취하거나 기타 재산상의 이익을 취득하거나 제3자로 하여금 이를 취득하게 한 자는 3년 이상의 유기징역에 처한다.

1. 절도죄

(1) 구　별

　절도와 강도는 다른 사람이 소유하는 재물을 취득하는 범죄이지만, 절도죄는 피해자가 의식하지 못하는 중에 재물을 가져가는 범죄임에 반하여 강도죄는 폭행, 협박으로 피해자를 위협하여 재물을 탈취하는 범죄이다. 또한 강도죄는 채무연기, 이자면제 등 재산상 이익도 그 대상이 된다는 점에서 차이가 있다.

(2) 형법상 재물의 개념

제346조(동력) 본장의 죄에 있어서 관리할 수 있는 동력은 재물로 간주한다.

재물이란 일반적으로 물건을 말한다. 그러나 형법상 재산범죄의 대상이 되는 재물에는 전기, 열기, 냉기 등 관리할 수 있는 동력도 재물에 해당한다. 따라서 전기를 무단으로 끌어다 난방하는, 이른바 도전(盜電)은 절도죄가 성립한다. 다만 다른 사람의 전화기를 무단으로 사용하는 경우에는 재물을 취득하는 행위라고 볼 수 없으므로 절도죄는 성립하지 않는다.

【전화기 무단 사용】 타인의 전화기를 무단으로 사용하여 전화통화를 하는 행위는 전기통신사업자가 그가 갖추고 있는 통신선로, 전화교환기 등 전기통신설비를 이용하고 전기의 성질을 과학적으로 응용한 기술을 사용하여 전화가입자에게 음향의 송수신이 가능하도록 하여 줌으로써 상대방과의 통신을 매개하여 주는 역무, 즉 전기통신사업자에 의하여 가능하게 된 전화기의 음향송수신기능을 부당하게 이용하는 것으로, 이러한 내용의 역무는 무형적인 이익에 불과하고 물리적 관리의 대상이 될 수 없어 재물이 아니라고 할 것이므로 절도죄의 객체가 되지 아니한다.[119]

(3) 농촌사회에서의 '서리'는 예전에는 추억거리였고 애교로 여겨졌지만, 이제는 타인의 재물을 훔치는 절도행위가 된다.

【정도 넘은 수박서리하다 자율방범대원에 덜미】 제주경찰서는 차량을 동원, 정도를 넘어 수박을 서리한 황○○(46. 서귀포시 도순동), 정○○씨(33. 하원동) 등 모두 3명을 특수절도 혐의로 입건하고 차량을 무면허 운전한 황씨에 대해서는 도로교통법위반 혐의를 추가하였다.

경찰에 따르면 이들은 0시께 베스타 승합차를 타고 북제주군 애월읍 고내리 문모씨(39. 애월읍 고내리) 밭에 가 수박 31덩이를 몰래 훔쳐 나오다가 순찰중인 현○○씨(34) 등 신엄리 자율방범대원 8명에게 덜미를 잡혔다.

이들은 경찰에서 '수박을 한 두덩이만 서리할 생각이었는데 도가 지나쳤다'며 선처를 호소했는데 밭주인 문씨는 '황씨 일행이 수박 줄기 등을 마구 밟아 수박밭 7백평을 모두 버려놓았다'며 밭떼기 거래가격인 평당 3천원씩 피해 보상을 요구하였다.[120]

---

119) 대판 1998.6.23, 98도700.
120) 연합뉴스 1997.7.2.자.

(4) 공유(공동소유)나 공동점유의 경우

여러 사람이 동업을 하다가 동업을 그만두면서 영업에 사용했던 물품이나 집기를 합의를 거쳐 나누지 않고 어느 한 사람이 일방적으로 가져가면 절도죄가 문제될 수 있다. 동업을 하면서 각각의 물건에 대하여 소유관계를 명시하는 특별한 합의가 없는 한, 동업에 출연한 물건은 공유로 추정되는 경우가 많다. 공유는 각각의 물건에 대하여 지분에 따라 각자 소유권을 갖는 것이므로 일방적으로 가져가 버리면 절도죄가 성립한다.

비슷한 경우로서 여러 사람이 물건을 공동으로 점유하는 경우에 그 중 한 사람이 그 물건을 가져간 경우에는 구체적인 상황에 따라 성립되는 범죄가 달라진다. ① 동등한 공동점유관계로 평가되는 경우에는 동업자의 경우에는 일방적으로 물건을 가져가면 절도죄가 성립한다. ② 상하관계에 의한 공동점유관계의 경우에는, 즉 가게 주인과 종업원의 경우에서 종업원은 물건의 점유권이 인정되지 않으므로 횡령죄가 아니라 절도죄가 성립한다. ③ 다만 이러한 경우에도 종업원이 업무처리의 독자성이 인정되는 경우에는 종업원의 점유가 인정되므로 횡령죄가 성립할 수 있다.

(5) 친족간의 범행(친족상도례)

절도행위가 일정한 친족간에 이루어진 경우에는 친족의 범위에 따라 ① 형벌을 면제하는 경우 ② 친고죄로 하는 경우 ③ 공범의 경우 친족상도례의 적용이 배제되어 처벌되는 경우가 있다. 이를 친족상도례(親族相盜例)라고 한다.

> 제328조(친족간의 범행과 고소) ① 직계혈족, 배우자, 동거친족, 동거가족 또는 그 배우자간의 제323조의 죄는 그 형을 면제한다.
> ② 제1항 이외의 친족간에 제323조의 죄를 범한 때에는 고소가 있어야 공소를 제기할 수 있다.
> ③ 전2항의 신분관계가 없는 공범에 대하여는 전2항을 적용하지 아니한다.

이러한 특례의 취지는 가족간의 일정한 재산범죄는 법이 개입하지 않고 도덕적으로 해결할 수 있도록 하기 위함이다. 이 규정이 적용되는 범죄는 절도죄와 사기죄, 공갈죄, 횡령죄, 배임죄, 장물죄, 권리행사방해죄가 있다. 그러나 강도죄, 손괴죄, 점유강취죄, 준점유강취죄 등은 폭력성이 있는 범죄행위이므로 친족상도례가 적용되지 않는다.

　손자가 할아버지 소유의 농업협동조합 예금통장을 절취하여 할아버지가 거래하는 금융기관에 설치된 현금자동지급기에 예금통장을 넣고 현금자동지급기에 넣고 조작하는 방법으로 예금 잔고를 자신의 거래 은행 계좌로 이체한 사건에서, 대법원은 그 범행으로 인한 '피해자는 이체된 예금 상당액의 채무를 이중으로 지급해야 할 위험에 처하게 되는 할아버지가 거래하고 있는 금융기관'이라 할 것이고, 거래 약관의 면책 조항이나 채권의 준점유자에 대한 법리 적용 등에 의하여 위와 같은 범행으로 인한 피해가 최종적으로는 예금 명의인인 친척에게 전가될 수 있다고 하여, 자금이체 거래의 직접적인 당사자이자 이중지급 위험의 원칙적인 부담자인 거래 금융기관을 컴퓨터 등 사용사기 범행의 피해자에 해당하지 않는다고 볼 수는 없으므로, 친족 사이의 범행을 전제로 하는 친족상도례를 적용할 수 없다[121]고 판단하였다.

　이러한 친족간의 범행에 관한 규정은 범인과 피해물건의 소유자 및 점유자 모두에게 친족관계가 있는 경우에만 적용되는 것이며, 단지 절도범인과 피해물건의 소유자 사이에서만 친족관계가 있거나 절도범인과 피해물건의 점유자 사이에서만 친족관계가 있는 경우에는 그 적용이 없다.[122] 또한 친족과 같이 범행을 저질렀지만 친족관계가 없는 공범은 친족상도례의 적용을 받지 못한다.

【친구와 짜고 아버지 돈 훔친 '철없는 아들'】 최모(19)군은 고등학교를 중퇴하면서 아버지와 갈등을 겪었다. 학교에 가지 않는 최군이 미운 아버지는 용돈을 주지 않았고, 아들은 그런 아버지를 이해하기 어려웠다. 그러던 중 최군은 군에서 제대한 형에게 아버지가 평상시 돈을 숨겨둔 장소를 알려주면서 "언제든 용돈을 가져다 쓰라"고 하는 것을 엿들었다. 최군은 며칠 뒤 친구 A(19)군에게 "우리 집 장판 아래에 수표가 있는데 창문을 열어 놓을 테니 도둑이 훔쳐간 것처럼 하자. 장갑과 마스크를 착용하고 오라"는 문자메시지를 보냈다. 마스크와 장갑을 끼고 나타난 A군은 최군과 함께 계획했던 범행을 실행에 옮겼다. 100만원짜리 수표 2장을 훔쳐 달아났다. 하지만 아버지가 설치해 둔 폐쇄회로(CCTV)에 범행 장면이 찍히면서 덜미를 잡혔다.[123]

　아들인 최군은 친아버지의 돈을 훔쳤기 때문에 친족상도례(직계혈족 형면제)에 따라 처벌받지 않지만 아들의 친구는 절도죄로 처벌된다.

---

121) 대판 2007.3.15, 2006도2704.
122) 대판 2014.9.25, 2014도8984; 대판 1980.11.11, 80도131.
123) 세계일보 2013.5.2.자.

2. 자동차 등 불법사용죄

> **제331조의2(자동차등 불법사용)** 권리자의 동의없이 타인의 자동차, 선박, 항공기 또는 원동기장치자전차를 일시 사용한 자는 3년 이하의 징역, 500만원 이하의 벌금, 구류 또는 과료에 처한다.

다른 사람의 물건을 훔칠 의사는 없이 잠시 사용하고 돌려주는 경우에는 불법영득의 의사가 없으므로 절도죄가 성립하지 않는다. 이것을 보통 '사용절도'라고 한다. 그러나 자동차, 선박, 항공기 등은 이동성이 많고 고가이므로 특별히 처벌하는 규정을 두고 있다.

타인의 자동차, 선박, 항공기, 원동기장치자전차 등 일정한 교통수단을 점유자나 소유자 등의 권리자의 승낙 없이 무단으로 일시적으로 사용함으로써 성립한다. 일시 사용한 경우에만 본죄로 처벌되므로 위 대상물을 장기간 사용하거나 일시 사용이라고 하더라도 찾을 수 없는 곳에 방치해버린 경우에는 절도죄가 성립한다.

【판례】 삼촌이 운영하는 카센터 종업원으로 근무하는 자가 동네친구와 함께 놀다가 카센터에 갔는데 삼촌은 없고 삼촌친구가 차를 세워놓고 카센터에서 잠을 자고 있어 열쇠를 가지고 나와 운전한 사건에서 차량을 반환할 의사로 피해자의 동의 없이 일시 사용한 경우이므로 특수절도죄가 아닌 자동차등불법사용죄를 적용해야 한다고 보았다.[124]

【소유자의 승낙 없이 오토바이를 타고 가서 다른 장소에 버린 경우, 자동차등불법사용죄가 아닌 절도죄로 판단된 사건】 자동차등불법사용죄는 타인의 자동차 등의 교통수단을 불법영득의 의사 없이 일시 사용하는 경우에 적용되는 것으로서 불법영득의사가 인정되는 경우에는 절도죄로 처벌할 수 있을 뿐 본죄로 처벌할 수 없다 할 것이며, 절도죄의 성립에 필요한 불법영득의 의사라 함은 권리자를 배제하고 타인의 물건을 자기의 소유물과 같이 이용, 처분할 의사를 말하고 영구적으로 그 물건의 경제적 이익을 보유할 의사임은 요치 않으며 일시사용의 목적으로 타인의 점유를 침탈한 경우에도 이를 반환할 의사 없이 상당한 장시간 점유하고 있거나 본래의 장소와 다른 곳에 유기하는 경우에는 이를 일시 사용하는 경우라고는 볼 수 없으므로 영득의 의사가 없다고 할 수 없다.[125]

위에 규정되지 않는 교통수단이나 다른 물건(노트북, 휴대폰)을 무단으로 사용한

---

124) 대판 1998.9.4, 98도2181.
125) 대판 2002.9.6, 2002도3465.

경우에는 범죄가 되지 않는다. 절도는 원래 타인의 '소유권'을 침해하는 것인데 사용절도는 타인의 물건을 '사용'하기만 하고 소유권을 침해할 의사가 없는 경우라는 의미이다.

3. 준강도죄

> 제335조(준강도) 절도가 재물의 탈환을 항거하거나 체포를 면탈하거나 죄적을 인멸할 목적으로 폭행 또는 협박을 가한 때에는 전2조의 예(강도죄)에 의한다.

절도범이 물건을 훔쳐 나오다 발각되어 피해자가 물건을 되찾으려는데 저항한다거나 경찰관이 체포하려고 하자 이를 벗어나기 위하거나 죄적, 즉 범죄의 증거를 없앨 목적으로 폭행이나 협박행위를 한 경우에는 강도죄의 성립요건인 폭행, 협박과 재물을 강제로 빼앗는 행위(강취)와 순서만 바뀌었을 뿐 유사하므로 강도에 준하여, 즉 강도죄로 처벌한다.

【준강도 관련 판례】 ① 절도가 체포를 면탈할 목적으로 상대방의 왼쪽 손바닥을 1회 입으로 깨물어 전치 1주일을 요하는 좌측 수장교상을 입힌 경우에는 이는 상대방의 체포의 공격력을 억압할 수 있을 정도의 폭행이라 할 것이다.[126] ② 갑이 을과 공모하여 타인의 재물을 절취하려다 미수에 그친 이상 을이 체포를 면탈하려고 경찰관에게 상해를 가할 때 갑이 비록 거기에는 가담하지 아니하였다고 하더라도 을의 행위를 예견하지 못한 것으로 볼 수 없는 한 준강도상해의 죄책을 면할 수 없다.[127] ③ 오토바이를 끌고 가다가 추격하여 온 피해자에게 먹살을 잡히게 되자 체포를 면탈할 목적으로 피해자의 얼굴을 주먹으로 때리고, 놓아주지 아니하면 죽여버리겠다고 협박한 경우에는 그 같은 폭행, 협박은 피해자의 반항을 억압하기 위한 수단으로써 일반적, 객관적으로 가능하다고 인정되는 정도의 폭행, 협박에 해당한다고 볼 수 있으므로 준강도죄를 구성한다.[128]

4. 특수절도죄, 특수강도죄

야간에 사람의 주거, 관리하는 건조물, 선박이나 항공기 또는 점유하는 방실에

---

126) 대판 1967.9.19, 67도1015.
127) 대판 1989.3.28, 88도2291.
128) 대판 1983.3.8, 82도2838.

침입하거나 흉기를 휴대하거나 2인 이상이 합동하여 절도죄, 강도죄를 범하면 특수절도죄, 특수강도죄로 형을 가중하여 처벌한다.

5. 인질강도죄

> 제336조(인질강도) 사람을 체포 · 감금 · 약취 또는 유인하여 이를 인질로 삼아 재물 또는 재산상의 이익을 취득하거나 제3자로 하여금 이를 취득하게 한 자는 3년 이상의 유기징역에 처한다.

Ⅲ. 사기죄와 공갈죄

> 제347조(사기) ① 사람을 기망하여 재물의 교부를 받거나 재산상의 이익을 취득한 자는 10년 이하의 징역 또는 2천만원 이하의 벌금에 처한다.
> ② 전항의 방법으로 제3자로 하여금 재물의 교부를 받게 하거나 재산상의 이익을 취득하게 한 때에도 전항의 형과 같다.
> 제350조(공갈) ① 사람을 공갈하여 재물의 교부를 받거나 재산상의 이익을 취득한 자는 10년 이하의 징역 또는 2천만원 이하의 벌금에 처한다.
> ② 전항의 방법으로 제3자로 하여금 재물의 교부를 받게 하거나 재산상의 이익을 취득하게 한 때에도 전항의 형과 같다.

1. 구 별

사기죄와 공갈죄는 다른 사람의 하자있는 의사표시에 의하여 재물 또는 재산상 이익의 교부를 받는다는 점에서 동일하다. 그러나 사기죄는 속인다는 기망행위에 의하여, 공갈죄는 폭행, 협박으로 다른 사람에게 두려움을 갖게 하는 행위(이를 '공갈'이라 한다)에 의하여 이루어진다는 점에서 구별된다.

공갈죄는 강도죄와 동일하게 폭행, 협박을 수단으로 하지만 폭행, 협박의 정도가 낮은 경우이다. 즉 피해자의 의사에 의한 재물의 교부나 이전으로 평가되면 공갈죄가 성립되지만, 피해자의 의사가 개입할 여지가 없이 재물이 이전된 경우에는 강도죄가 성립한다. 예를 들어 회사의 비위사실을 수사기관에 알리겠다거나 신문기사에 싣겠다고 위협하여 돈을 받아낸 경우에는 공갈죄이지만 흉기로 위협하여 돈을 내놓으라고 한 경우에는 강도죄가 성립한다.

일반적으로 공갈이란 용어를 '거짓말'의 의미로 사용하지만 형법적으로는 폭행, 협박에 의한 재물의 취득(갈취)의 뜻으로 사용된다.

2. 사기죄가 문제되는 경우

우리의 잘못된 관행 중 하나로 꾀병이나 허위입원 등으로 부당하게 보험금을 수령하는 경우가 빈번하고 특히 교통사고에서 그러하다. 오히려 그렇게 하지 못하면 요령 없는 사람으로 취급하기도 하지만 이러한 행위는 원칙적으로 사기죄가 성립하지만 보험사기에 대해서는 보험사기방지특별법이 적용된다. 보험사기 적발 금액은 2010년 3,746억원에서 2014년 5,997억원으로 지속적으로 증가하고 있듯이 보험사기의 증가는 보험회사의 경영 악화뿐만 아니라 보험료 인상에 따른 선량한 보험계약자들에게 피해를 입히게 된다는 이유로 제정되었다.

【보험사기방지특별법 시행(2016년 9월)】 이 법에서 보험사기란 보험사고의 발생, 원인 또는 내용에 관하여 보험자를 기망하여 보험금을 청구하는 행위를 말한다(제2조).

제8조(보험사기죄) 보험사기행위로 보험금을 취득하거나 제3자에게 보험금을 취득하게 한 자는 10년 이하의 징역 또는 5천만원 이하의 벌금에 처한다.
제9조(상습범) 상습으로 제8조의 죄를 범한 자는 그 죄에 정한 형의 2분의 1까지 가중한다.
제10조(미수범) 제8조 및 제9조의 미수범은 처벌한다.
제11조(보험사기죄의 가중처벌) ① 제8조 및 제9조의 죄를 범한 사람은 그 범죄행위로 인하여 취득하거나 제3자로 하여금 취득하게 한 보험금의 가액(이하 이 조에서 "보험사기 이득액"이라 한다)이 5억원 이상일 때에는 다음 각 호의 구분에 따라 가중처벌한다.
  1. 보험사기이득액이 50억원 이상일 때: 무기 또는 5년 이상의 징역
  2. 보험사기이득액이 5억원 이상 50억원 미만일 때: 3년 이상의 유기징역
② 제1항의 경우 보험사기이득액 이하에 상당하는 벌금을 병과할 수 있다.

【보험금 노리고 수천만원짜리 외제 자전거 사고 조작】 2016년 자전거 수리·판매점을 운영하던 이씨는 고가 외제 자전거를 이용해 가짜 사고를 내면 보험금을 한몫 챙길 수 있다고 생각해 함께 자전거동호회 활동을 하던 김모(38)씨를 끌어들였다. 이들은 이씨가 매장에 보유하던 약 2,000만원짜리, 1,200만원짜리, 600만원짜리 등 자전거 3대를 이용해 범행했다. 이들은 송파구 한강공원 주차장에서 자전거 세 대를 나란히 세워놓은 뒤 김씨가 차를 후진해 들이받고, 생각보다 파손 정도가 약하자 이씨가 발로 마구 밟거나 바닥에 질질 끌어 파손하는 수법으로 첫 번째 범행을 저질렀다. 이 사고로 이들은 보험

사로부터 보험금 1,600만원을 챙겼다. 이들은 보험사기 의심을 피하고자 주범 이씨의 지인인 이모(36)씨와 유모(34·여)씨를 동원해 보험사 측에 "김씨가 자동차를 후진하다가 이씨와 유씨가 세워놓은 자전거를 실수로 들이받았다"고 말했다.

이들은 이후 두 번째 가짜 사고를 냈다. 이번에는 김씨가 직장동료로부터 소개받은 강모(47)씨를 동원했다. 강씨가 잠원동의 한 도로에서 운전석 문을 열고 내리는 순간, 이씨가 자전거를 타고 가다가 문에 부딪히는 수법을 썼다. 이 사고로 이씨는 치료비용 380만원을 챙기고 자전거 파손 비용 2,000만원을 청구했다. 그러나 고가의 자전거로 또 사고가 나자 보험사 측이 경찰에 수사를 의뢰했고, 경찰 수사로 2년에 걸친 범행이 드러났다.

경찰은 사기 및 보험사기방지특별법 위반 혐의로 이모(41)씨 등 6명을 불구속 입건했다.[129]

사기는 상대방의 착오를 일으키는 기망행위가 있어야 하므로 무임승차 사실 자체를 승무원이 전혀 몰랐다면 사기죄는 성립하지 않지만, 승차권이 있는 듯이 행동하며 탑승한 경우에는 사기죄가 성립한다. 기망행위는 부작위에 의해서도 성립되므로 무전취식행위도 사기죄가 될 수 있다. 요금을 선불로 받는 경우에는 이런 일이 발생하기 어려울 것이지만, 먼저 음식대금이나 숙박비가 있는 것처럼 행세하여 음식을 주문하여 먹거나 숙박한 경우에 문제된다.

(1) 지하철에서 불구자로 거짓 행세하여 구걸하거나, 불우이웃돕기 모금을 거짓으로 하여 기부금을 받는 '구걸사기', '기부금사기'는 사기죄가 성립될 수 있다.

(2) 물건을 살 것처럼 이것저것 꺼내 보여 달라고 하고 고르는 척하다가 주인이 정신없는 틈에 물건을 가지고 나간 경우를 책략절도라고 하는데 이 경우는 사기죄가 아니라 절도죄가 성립한다.

【책략절도사례】 피고인이 피해자 경영의 금방에서 마치 귀금속을 구입할 것처럼 가장하여 피해자로부터 순금목걸이 등을 건네받은 다음 화장실에 갔다 오겠다는 핑계를 대고 도주한 것이라면 위 순금목걸이 등은 도주하기 전까지는 아직 피해자의 점유하에 있었다고 할 것이므로 이를 절도죄로 의율 처단한 것은 정당하다.[130]

---

129) 서울경제 2018.5.31.자.
130) 대판 1994.8.12, 94도1487.

【문맹자를 속인 경우】피고인이 피해자에게 백미 100가마를 변제한다고 말하면서 10가마의 백미보관증을 100가마의 보관증이라고 속여 교부하고 한문판독능력이 없는 피해자가 이를 100가마의 보관증으로 믿고 교부받았다고 하더라도 나머지 90가마의 채무가 소멸할리 없고 피고인이 위 채무를 면탈하였다고 할 수 없어 이로 인하여 재산상의 이익을 취득하였다고 할 수 없을 것이므로 이익사기죄에 해당한다고 할 수 없다.131)

(3) 상인들이 물건을 팔면서 과장광고를 하거나 그 물건의 품질이나 성능을 부풀리는 말을 하는 것은 상거래상 어느 정도 인정되는 것이므로 사기죄가 성립하지 않는다. 그러나 물건의 가격이나 품질에 대한 일반의 신뢰가 기대되는 대형매장의 경우에는 문제가 될 수 있다. 원래 책정된 정상판매가는 80만원인데 가격표에 100만원이라고 표시하면서 20% 할인 판매하여 80만원이라고 하는 경우이다. 이른바 '백화점의 사기세일사건'이 대표적인 예이다.

【백화점 변칙세일사건】판매전술의 일환으로 종전에 출하한 일이 없던 신상품에 대하여 첫 출하시부터 할인가격을 표시하여 막바로 세일에 들어가는 이른바 변칙세일

① 사기죄의 요건으로서의 기망은 널리 재산상의 거래관계에 있어서 서로 지켜야 할 신의와 성실의 의무를 저버리는 모든 적극적 및 소극적 행위로서 사람으로 하여금 착오를 일으키게 하는 것을 말하며 사기죄의 본질은 기망에 의한 재물이나 재산상 이익의 취득에 있고, 상대방에게 현실적으로 재산상 손해가 발생함을 그 요건으로 하지 아니하는바, 일반적으로 상품의 선전, 광고에 있어 다소의 과장, 허위가 수반되는 것은 그것이 일반 상거래의 관행과 신의칙에 비추어 시인될 수 있는 한 기망성이 결여된다고 하겠으나 거래에 있어서 중요한 사항에 관하여 구체적 사실을 거래상의 신의성실의 의무에 비추어 비난받을 정도의 방법으로 허위로 고지한 경우에는 과장, 허위광고의 한계를 넘어 사기죄의 기망행위에 해당한다.

② 현대산업화 사회에 있어 소비자가 갖는 상품의 품질, 가격에 대한 정보는 대부분 생산자 및 유통업자의 광고에 의존할 수밖에 없고 백화점과 같은 대형유통업체에 대한 소비자들의 신뢰(정당한 품질, 정당한 가격)는 백화점 스스로의 대대적인 광고에 의하여 창출된 것으로서 이에 대한 소비자들의 신뢰와 기대는 보호되어야 한다고 할 것인바, 종전에 출하한 일이 없던 신상품에 대하여 첫 출하시부터 종전가격 및 할인가격을 비교표시하여 막바로 세일에 들어가는 이른바 변칙세일은 진실규명이 가능한 구체적 사실인 가격조건에 관하여 기망이 이루어진 경우로서 그 사술의 정도가 사회적으로 용인될 수

---

131) 대판 1990.12.26, 90도203.

있는 상술의 정도를 넘은 것이어서 사기죄의 기망행위를 구성한다.

③ 피고인이 백화점의 직원으로 통상적인 업무처리과정에서 위 변칙세일에 통상적인 업무처리과정에서 접하게 되었다 할지라도 피고인에게 백화점을 위한 불법영득의 의사가 있었다고 본 사례.132)

【허위·과장광고】 식육식당을 경영하는 자가 음식점에서 한우만을 취급한다는 취지의 상호를 사용하면서 광고선전판, 식단표 등에도 한우만을 사용한다고 기재한 경우, '한우만을 판매한다'는 취지의 광고가 식육점 부분에만 한정하는 것이 아니라 음식점에서 조리·판매하는 쇠고기에 대한 광고로서 음식점에서 쇠고기를 먹는 사람들로 하여금 그 곳에서는 한우만을 판매하는 것으로 오인시키기에 충분하므로, 이러한 광고는 진실규명이 가능한 구체적인 사실인 쇠갈비의 품질과 원산지에 관하여 기망이 이루어진 경우로서 그 사술의 정도가 사회적으로 용인될 수 있는 상술의 정도를 넘는 것이고, 따라서 피고인의 기망행위 및 편취의 범의를 인정하기에 넉넉하다고 본 사례133)

(4) 성매매의 대가, 즉 화대(花代)를 줄 의사가 없으면서 지불하겠다고 속여서 성관계를 하고 화대를 지급하지 않은 경우 사기죄가 성립될 것인지에 대해서 성매매계약 자체가 사회질서에 반하므로 화대계약 자체도 무효이고 사기죄는 성립하지 않는다고 할 수 있지만 대법원은 사기죄를 인정한다.

【화대계약 판례】 일반적으로 부녀와의 성행위 자체는 경제적으로 평가할 수 없고, 부녀가 상대방으로부터 금품이나 재산상 이익을 받을 것을 약속하고 성행위를 하는 약속 자체는 선량한 풍속 기타 사회질서에 위반한 사항을 내용으로 하는 법률행위로서 무효이나, 사기죄의 객체가 되는 재산상의 이익이 반드시 사법상 보호되는 경제적 이익만을 의미하지 아니하고, 부녀가 금품 등을 받을 것을 전제로 성행위를 하는 경우 그 행위의 대가는 사기죄의 객체인 경제적 이익에 해당하므로, 부녀를 기망하여 성행위 대가의 지급을 면하는 경우 사기죄가 성립한다.134)

법원에 허위의 증거를 제출하여 법원으로부터 확정판결을 받아 소유권이전등기를 하거나 강제집행을 하는 경우에는 소송사기(삼각사기)라고 하며 사기죄가 성립한다.

---

132) 대판 1992.9.14, 91도2994.
133) 대판 1997.9.9, 97도1561.
134) 대판 2001.10.23, 2001도2991.

3. 컴퓨터 등 사용사기죄

> **제347조의2(컴퓨터등 사용사기)** 컴퓨터등 정보처리장치에 허위의 정보 또는 부정한 명령을 입력하거나 권한 없이 정보를 입력·변경하여 정보처리를 하게 함으로써 재산상의 이익을 취득하거나 제3자로 하여금 취득하게 한 자는 10년 이하의 징역 또는 2천만원 이하의 벌금에 처한다.

컴퓨터 등 사용사기죄는 재산변동에 관한 사무가 사람의 개입 없이 컴퓨터 등에 의하여 기계적·자동적으로 처리되는 경우가 증가함에 따라 이를 악용하여 불법적인 이익을 취하는 행위도 증가하였으나 이들 새로운 유형의 행위는 사람에 대한 기망행위나 상대방의 처분행위 등을 수반하지 않아 기존 사기죄로는 처벌할 수 없다는 점 등을 고려하여 신설한 규정이다. 여기서 '정보처리'는 사기죄에서 피해자의 처분행위에 상응하므로 입력된 허위의 정보 등에 의하여 계산이나 데이터의 처리가 이루어짐으로써 직접적으로 재산처분의 결과를 초래하여야 하고, 행위자나 제3자의 '재산상 이익 취득'은 사람의 처분행위가 개재됨이 없이 컴퓨터 등에 의한 정보처리 과정에서 이루어져야 한다.[135]

훔친 현금카드의 비밀번호를 입력하여 다른 계좌로 이체하는 행위가 해당된다. 반면에 훔친 카드로 직접 현금을 인출하면 절도죄가 성립한다.

【절도죄와 컴퓨터 등 사용사기죄의 구별】 훔친 다른 사람의 신용카드를 이용하여 현금지급기에서 (직접 현금을 인출하지 않고) 자신의 통장으로 계좌이체를 한 행위는 컴퓨터 등 정보처리장치에 권한 없이 정보를 입력하여 정보처리를 하게 한 컴퓨터 등 사용사기죄에 해당되고 절도죄는 성립하지 않는다(절도죄는 재물만을 범죄의 객체로 하고 있다.) 한편 먼저 계좌이체를 한 다음에 현금지급기에서 (자기 통장으로 계좌이체된) 현금을 인출한 행위는 자신의 신용카드나 현금카드를 이용한 것이어서 이러한 현금인출이 현금지급기 관리자의 의사에 반한다고 볼 수 없어 절취행위에 해당하지 않으므로 절도죄를 구성하지 않는다.[136]

---

135) 대판 2014.3.13, 2013도16099. 피고인이 갑 주식회사에서 운영하는 전자복권구매시스템에서 은행환불명령을 입력하여 가상계좌 잔액이 1,000원 이하로 되었을 때 복권 구매명령을 입력하면 가상계좌로 복권 구매요청금과 동일한 액수의 가상현금이 입금되는 프로그램 오류를 이용하여 잔액을 1,000원 이하로 만들고 다시 복권 구매명령을 입력하는 행위를 반복함으로써 피고인의 가상계좌로 구매요청금 상당의 금액이 입금되게 한 사안이다. 프로그램 자체에서 발생하는 오류를 적극적으로 이용하여 사무처리의 목적에 비추어 정당하지 아니한 사무처리를 하게 한 행위로서 '부정한 명령의 입력'에 해당한다고 보았다.

136) 대판 2008.6.12, 2008도2440.

4. 준사기죄

> **제348조(준사기)** ① 미성년자의 사리분별력 부족 또는 사람의 심신장애를 이용하여 재물을 교부받거나 재산상 이익을 취득한 자는 10년 이하의 징역 또는 2천만원 이하의 벌금에 처한다.
> ② 제1항의 방법으로 제3자로 하여금 재물을 교부받게 하거나 재산상 이익을 취득하게 한 경우에도 제1항의 형에 처한다.

5. 편의시설부정이용죄

> **제348조의2(편의시설부정이용)** 부정한 방법으로 대가를 지급하지 아니하고 자동판매기, 공중전화 기타 유료자동설비를 이용하여 재물 또는 재산상의 이익을 취득한 자는 3년 이하의 징역, 500만원 이하의 벌금, 구류 또는 과료에 처한다.

유료자동설비란 대가를 지급하면 일정한 서비스(용역)를 제공하는 장치를 말한다. 공중전화기, 게임기, 놀이기구 등이다. 물건이 나오는 장치는 자동판매기에 해당한다. 하이패스 요금소를 상습적으로 무임통과하는 행위, 지폐에 테이프를 붙인 후 넣어 자판기를 이용하고 지폐를 다시 잡아당겨 꺼내는 행위 등이 이에 해당된다.

【남의 전화카드를 훔쳐 사용한 경우】 편의시설부정이용의 죄는 부정한 방법으로 대가를 지급하지 아니하고 자동판매기, 공중전화 기타 유료자동설비를 이용하여 재물 또는 재산상의 이익을 취득하는 행위를 범죄구성요건으로 하고 있는데, 타인의 전화카드(한국통신의 후불식 통신카드)를 절취하여 전화통화에 이용한 경우에는 통신카드서비스 이용계약을 한 피해자가 그 통신요금을 납부할 책임을 부담하게 되므로, 이러한 경우에는 피고인이 '대가를 지급하지 아니하고' 공중전화를 이용한 경우에 해당한다고 볼 수 없어 편의시설부정이용의 죄를 구성하지 않는다(절도죄만 성립한다).[137)]

【'인형뽑기 싹쓸이', 절도 아닌 기술】 인형뽑기방에서 약 2시간 만에 인형 200여개를 뽑아간 '인형 싹쓸이' 사건에 대해 경찰이 "절도가 아니다"라고 결론짓고 불기소 의견으로 사건을 종료했다. 인형뽑기방 업주의 기계 '확률 조작'도 없었던 것으로 확인했다.
경찰은 당시 이들의 행동이 처벌 대상인지, 처벌 대상이라면 절도인지, 사기인지, 영업방해인지 등을 놓고 고민을 거듭했다. 경찰은 대학 법학과 교수와 변호사 등 전문가로

---

137) 대판 2001.9.25, 2001도3625.

구성된 '○○지방경찰청 법률자문단' 자문을 통해 "처벌할 수 없다"는 결론에 이르렀다. 법률자문단은 이들의 뽑기 실력이 '개인 기술'이라는 점을 일부 인정했다.

인형을 싹쓸이한 이들이 특정한 방식으로 조이스틱을 움직여 집게 힘을 세게 만든 것은 오작동을 유도한 것으로 볼 수 있지만, 집게를 정확한 위치에 놔서 집게가 힘을 제대로 쓸 수 있도록 한 것은 이들 만의 '기술'이라는 설명이다. 이씨 등이 매번 성공한 것이 아니라는 점도 경찰이 절도로 보지 않은 이유 중 하나다. 이들은 1만원당 12번 시도해 3~8번 성공했다. 조이스틱 조작 방식으로 인형이 뽑힐 확률이 높아지긴 했지만 '때로는 인형이 뽑히고 때로는 뽑히지 않는' 소위 '확률게임'으로서 인형뽑기 게임의 본질을 해치지 않는 수준이었다. 경찰은 이를 "(조이스틱 조작과 인형뽑기 성공 사이에) 확률이 개입돼 절도로 보기 어렵다"고 설명했다.[138]

6. 부당이득죄

> 제349조(부당이득) ① 사람의 곤궁하고 절박한 상태를 이용하여 현저하게 부당한 이익을 취득한 자는 3년 이하의 징역 또는 1천만원 이하의 벌금에 처한다.
> ② 제1항의 방법으로 제3자로 하여금 부당한 이익을 취득하게 한 경우에도 제1항의 형에 처한다.

경제거래에 있어서 상대방의 어려운 상황을 잘 이용하여 이득을 얻는 것이 유능하다고도 평가된다. 도덕적 비난은 별개로 하더라도 범죄가 되는 것은 아니다. 그러나 상대방이 극히 어려운 곤경에 빠져있는데 그것을 이용하여 매우 부당한 이익을 얻은 경우 부당이득죄가 성립한다. 판례는 '궁박'이라는 것은 '급박한 곤궁'을 의미하는 것으로서, 피해자가 궁박한 상태에 있었는지 여부는 거래당사자의 신분과 상호간의 관계, 피해자가 처한 상황의 절박성의 정도 등 제반 상황을 종합하여 구체적으로 판단하여야 할 것이고, 특히 부동산의 매매와 관련하여 피고인이 취득한 이익이 현저하게 부당한지 여부는 우리 헌법이 규정하고 있는 자유시장경제질서와 여기에서 파생되는 계약자유의 원칙을 바탕으로 피고인이 당해 토지를 보유하게 된 경위 및 보유기간, 주변 부동산의 시가, 가격결정을 둘러싼 쌍방의 협상과정 및 거래를 통한 피해자의 이익 등을 종합하여 구체적으로 신중하게 판단하여야 한다[139]고 본다.

---

138) 서울신문 2017.4.16.자.
139) 대판 2005.4.15, 2004도1246.

사회적으로 특히 문제가 되는 것은 이른바 '알박기'이다. 어떤 지역의 토지개발 사업정보를 미리 입수한 자가 그 사업에 필수적인 토지의 일부분을 미리 구입해 놓은 다음 시가의 수십 배를 요구하는 경우가 있다.

【'알박기'사건】 개발사업 등이 추진되는 사업부지 중 일부의 매매와 관련된 이른바 '알박기' 사건에서 부당이득죄의 성립 여부가 문제되는 경우, 그 범죄의 성립을 인정하기 위해서는 피고인이 피해자의 개발사업 등이 추진되는 상황을 미리 알고 그 사업부지 내의 부동산을 매수한 경우이거나 피해자에게 협조할 듯한 태도를 보여 사업을 추진하도록 한 후에 협조를 거부하는 경우 등과 같이, 피해자가 궁박한 상태에 빠지게 된 데에 피고인이 적극적으로 원인을 제공하였거나 상당한 책임을 부담하는 정도에 이르러야 한다. 이러한 정도에 이르지 않은 상태에서 단지 개발사업 등이 추진되기 오래 전부터 사업부지 내의 부동산을 소유하여 온 피고인이 이를 매도하라는 피해자의 제안을 거부하다가 수용하는 과정에서 큰 이득을 취하였다는 사정만으로 함부로 부당이득죄의 성립을 인정해서는 안 된다고 보아, 아파트 건축사업이 추진되기 수년 전부터 사업부지 내 일부 부동산을 소유하여 온 피고인이 사업자의 매도 제안을 거부하다가 인근 토지 시가의 40배가 넘는 대금을 받고 매도한 사건에서 부당이득죄의 성립을 부정하였다.140)

【부당이득죄로 인정된 경우】 형법상 부당이득죄에 있어서 현저하게 부당한 이익인지 여부를 판단함에 있어서는 단순히 시가와 이익 사이의 배율로만 판단할 것은 아니고, 이익 자체의 절대적인 액수도 고려하여야 할 것인바, 피고인은 주택조합이 피고인 소유의 부동산에 아파트단지를 건축하려는 사정을 알고는 낙찰허가결정까지 이루어진 위 부동산을 공범들로부터 자금을 끌어들여 경매를 취소시킨 후 이를 조합에 되팔아 이익을 분배하기로 공모한 다음 조합에 거액을 요구하며 협상을 끌다가 결국 사업승인신청이 반려될 위기에 놓인 조합의 궁박한 상태를 이용하여 시가 14억 7,000만 원 상당의 부동산을 32억 6,000만 원에 매도함으로써 그 차액 상당의 현저하게 부당한 이익을 취득한 것이다.141)

---

140) 대판 2009.1.15, 2008도8577.
141) 서울중앙지법 2004.2.17, 2004노412 판결(확정).

Ⅳ. 횡령죄와 배임죄

> **제355조(횡령, 배임)** ① 타인의 재물을 보관하는 자가 그 재물을 횡령하거나 그 반환을 거부한 때에는 5년 이하의 징역 또는 1천500만원 이하의 벌금에 처한다. ☞ 횡령죄
> ② 타인의 사무를 처리하는 자가 그 임무에 위배하는 행위로써 재산상의 이익을 취득하거나 제3자로 하여금 이를 취득하게 하여 본인에게 손해를 가한 때에도 전항의 형과 같다. ☞ 배임죄

1. 구 별

사회생활상 다른 사람의 물건을 보관하거나 타인의 사무를 처리해주는 업무가 많다. 이 경우 보관자가 그 물건을 임의로 소비, 반환거부, 은닉 등을 하게 되면 횡령죄가 성립한다. 또 타인의 일을 해주는 자가 그 일을 맡긴 취지에 반하여 손해를 가한 때에는 배임죄가 성립한다.

예를 들어 회사원이 회사자금을 몰래 빼돌려 주식투자 등으로 소비하면 횡령죄가 성립한다. 은행원이 뒷돈을 받고 담보도 없이 요건이 되지 않는 대출을 해주어 채권부실을 초래하면 배임죄가 성립한다.

【부동산을 이중매매한 매도인의 배임죄】 부동산 매매계약에서 계약금만 지급된 단계에서는 어느 당사자나 계약금을 포기하거나 그 배액을 상환함으로써 자유롭게 계약의 구속력에서 벗어날 수 있다. 그러나 중도금이 지급되는 등 계약이 본격적으로 이행되는 단계에 이른 때에는 계약이 취소되거나 해제되지 않는 한 매도인은 매수인에게 부동산의 소유권을 이전해 줄 의무에서 벗어날 수 없다. 따라서 이러한 단계에 이른 때에 매도인은 매수인에 대하여 매수인의 재산보전에 협력하여 재산적 이익을 보호·관리할 신임관계에 있게 된다. 그때부터 매도인은 배임죄에서 말하는 '타인의 사무를 처리하는 자'에 해당한다고 보아야 한다. 그러한 지위에 있는 매도인이 매수인에게 계약 내용에 따라 부동산의 소유권을 이전해 주기 전에 그 부동산을 제3자에게 처분하고 제3자 앞으로 그 처분에 따른 등기를 마쳐 준 행위는 매수인의 부동산 취득 또는 보전에 지장을 초래하는 행위이다. 이는 매수인과의 신임관계를 저버리는 행위로서 배임죄가 성립한다.142)

---

142) 대판 2018.5.17, 2017도4027(전원합의체).

【고가물에 대한 보관책임】 범죄에 관한 사항은 아니지만 목욕탕이나 숙박업소에 가면 다음과 같은 문구가 있다.

> 상법 제153조(고가물에 대한 책임) 화폐, 유가증권, 그 밖의 고가물(高價物)에 대하여는 고객이 그 종류와 가액(價額)을 명시하여 임치하지 아니하면 공중접객업자는 그 물건의 멸실 또는 훼손으로 인한 손해를 배상할 책임이 없다.

이는 고가의 물건이라면 미리 주인이 주의해서 보관할 수 있는데 주인에게 맡겨두지 않으면 그러한 주의를 기울일 수 없었고, 그 물건의 존재 여부나 가격에 대하여 입증이 문제되기 때문에 처음부터 배상책임을 부정하는 것이다.

2. 점유이탈물횡령죄

> 제360조(점유이탈물횡령) ① 유실물, 표류물 또는 타인의 점유를 이탈한 재물을 횡령한 자는 1년 이하의 징역이나 300만원 이하의 벌금 또는 과료에 처한다.
> ② 매장물을 횡령한 자도 전항의 형과 같다.

절도죄는 다른 사람이 점유하고 있는 다른 사람 소유의 물건을 훔치는 범죄인 반면, 점유이탈물횡령죄는 다른 사람이 점유를 상실한(점유를 이탈한, 잃어버린) 다른 사람 소유의 물건을 취득하는 범죄이다. 두 범죄 모두 타인 소유의 물건에 대한 범죄이나 피해자가 점유하고 있는가 아닌가에 따라 차이가 있다. 한편 다른 사람이 버린 물건 또는 주인 없는 물건(산짐승) 등과 같은 무주물(無主物, 소유자가 없는 물건)은 먼저 점유하는 자에게 소유권이 인정된다(무주물 선점).

잃어버린 물건, 범죄피해자가 놓고 간 물건에 대해서는 구체적인 경우에 따라 판단된다. 다른 사람이 길을 가다 잃어버린 물건의 경우 소유자가 포기했다고 볼 수 있는 경우에는 범죄가 성립되지 않지만 대부분은 점유이탈물횡령죄가 문제된다.

【고속버스 승객이 차내에 있는 유실물을 가져 간 경우】 고속버스 운전사는 고속버스의 관수자로서 차내에 있는 승객의 물건을 점유하는 것이 아니고 승객이 잊고 내린 유실물을 교부받을 권능을 가질 뿐이므로 유실물을 현실적으로 발견하지 않는 한 이에 대한 점유를 개시하였다고 할 수 없고, 그 사이에 다른 승객이 유실물을 발견하고 이를 가져갔다면 절도에 해당하지 아니하고 점유이탈물횡령에 해당한다.[143]

---

143) 대판 1993.3.16, 92도3170.

【승객이 놓고 내린 지하철의 전동차 바닥이나 선반 위에 있던 물건】 승객이 놓고 내린 지하철의 전동차 바닥이나 선반 위에 있던 물건을 가지고 간 경우, 지하철의 승무원은 유실물법상 전동차의 관수자로서 승객이 잊고 내린 유실물을 교부받을 권능을 가질 뿐 전동차 안에 있는 승객의 물건을 점유한다고 할 수 없고, 그 유실물을 현실적으로 발견하지 않는 한 이에 대한 점유를 개시하였다고 할 수도 없으므로, 그 사이에 위와 같은 유실물을 발견하고 가져간 행위는 점유이탈물횡령죄에 해당함은 별론으로 하고 절도죄에 해당하지는 않는다.144)

【당구장에서 주운 반지】 당구장의 당구대 밑에서 어떤 사람이 잃어버린 금반지를 피고인이 주워서 손가락에 끼고 다니다가 그 소유자가 나타나지 않고 용돈이 궁하여 전당포에 전당잡힌 사건에서 대법원은 어떤 물건을 잃어버린 장소가 이 사건 당구장과 같이 타인의 관리 아래 있을 때에는 그 물건은 일응 그 관리자의 점유에 속한다 할 것이고, 이를 그 관리자가 아닌 제3자가 취거하는 것은 유실물횡령이 아니라 절도죄에 해당한다고 보았다.145)

【강간피해자의 물건】 강간을 당한 피해자가 도피하면서 현장에 놓아두고 간 손가방은 점유이탈물이 아니라 사회통념상 피해자의 지배하에 있는 물건이라고 보아야 할 것이므로 피고인이 그 손가방 안에 들어 있는 피해자 소유의 돈을 꺼낸 소위는 절도죄에 해당한다.146)

3. 유실물법

길에서 주운 현금 등을 경찰서에 신고하여 맡긴 경우 유실물법이 적용된다. 이때 물건의 주인이 찾아간 경우 습득자는 일정한 보상금을 청구할 수 있다.

> 유실물법 제4조 물건을 반환받는 자는 물건가액의 100분의 5 이상 100분의 20 이하의 범위에서 보상금을 습득자에게 지급하여야 한다. 다만, 국가·지방자치단체와 그 밖에 대통령령으로 정하는 공공기관은 보상금을 청구할 수 없다.
> 제6조(비용 및 보상금의 청구기한) 제3조의 비용과 제4조의 보상금은 물건을 반환한 후 1개월이 지나면 청구할 수 없다.

---

144) 대판 1999.11.26, 99도3963.
145) 대판 1988.4.25, 88도409.
146) 대판 1984.2.28, 84도38.

유실물을 주인이 6개월 이내에 찾아가지 않은 경우에는 습득자가 소유권을 취득하게 된다.

> 민법 제253조(유실물의 소유권취득) 유실물은 법률에 정한 바에 의하여 공고한 후 6개월 내에 그 소유자가 권리를 주장하지 아니하면 습득자가 그 소유권을 취득한다.

은행직원이 착오로 송금하거나 과다지급한 경우에 수령자가 반환하지 않으면 점유이탈물 횡령죄 또는 사기죄가 성립될 수 있다. 음식점이나 상점에서 잔돈을 받은 경우 과다지급된 경우도 마찬가지이다.

【'환전실수 6만달러' 안돌려준 고객 집행유예】 은행원의 환전 실수를 이용해 부당이득을 얻은 행위는 유죄라는 법원 판결이 나왔다. 서울중앙지법 형사10단독 판사는 은행원의 실수로 받은 5만4000싱가포르달러를 가로챈 혐의(사기)로 기소된 IT 사업가 이 모씨(51)에게 징역 6월에 집행유예 1년, 사회봉사 80시간을 선고했다고 밝혔다. 법원에 따르면 이씨는 강남의 한 은행 창구에서 한국돈 500만원을 6000싱가포르달러로 환전해 달라고 요구했다. 당시 은행 창구 직원이 실수로 6000달러가 아닌 6만싱가포르달러를 건네는 바람에 이씨는 원래 돈보다 5만4000달러(당시 환율로 약 4380만원)를 더 받게 됐다. 실수를 깨달은 은행은 이후 이씨에게 돈을 돌려 달라고 연락했지만 이씨는 '그 액수에 해당하는 돈이 봉투에 든 사실도 몰랐고, 돈도 봉투째 잃어버렸다'며 잔액 반환을 거부했다. 은행의 신고로 수사에 착수한 경찰은 이씨의 휴대전화를 압수 분석해 1000달러짜리 지폐 수십 장을 찍은 사진과 동영상이 삭제된 사실을 확인했다. 이씨는 처음에는 자신의 혐의를 모두 부인했으나 법정에서 자백한 후 은행과 합의했다. 이 판사는 '이씨는 은행원의 실수를 이용해 부당 이득을 얻으려 했다'며 이씨의 범죄 혐의를 인정한 후 '피고인에게 집행유예를 선고하되 잘못을 조금이나마 뉘우치는 계기를 갖도록 사회봉사명령을 부과한다'고 밝혔다.[147]

【은행원 실수로 '횡재'한 돈 모두 갚아야】 은행원이 숫자를 잘못 입력해 계좌에 거액이 입금되는 '횡재'를 한 사람이 돈을 다 써버린 뒤 은행이 반납을 요구하자 갖고 있던 부동산까지 친척 앞으로 명의를 넘겨 '가진 재산이 없다'고 버텼지만 법원 판결로 전액을 물게 됐다. 다단계 금융사업을 하는 정모(61)씨는 K은행에 개설한 자신의 외화예금계좌에 우연히 4만달러가 들어와 이중 3만7천여달러를 생활비와 빚을 갚는데 썼다. 본래 이

---

147) 매일경제 2015.10.18.자.

돈은 미국 마이애미 국제은행 의뢰로 뉴욕은행에서 국내업체에 송금될 돈인데 은행직원
이 계좌번호 '832'를 '823'으로 잘못 입력해 정씨 계좌에 입금된 것. K은행은 정씨에게
'4만달러가 잘못 입금됐다'며 반환을 요구했지만 정씨는 '다단계 사업으로 들어온 돈인
줄 알고 대부분 써버렸다'며 반환을 거부했다. 정씨는 반환요구를 받은 이틀 뒤 자신의
유일한 재산인 4층 연립주택까지 친척 앞으로 명의를 넘기며 4만달러를 갚을 수 있는
재산이 없다는 것이었다. 은행측이 정씨를 상대로 부당이득금 반환소송을 제기하자 정
씨는 '4만달러가 잘못 입금된 사실을 모른 채 돈을 쓴 선의의 수익자이므로 민법 747조
에 따라 현재 가진 재산범위에서만 반환하겠다'고 주장했다.

　사건을 맡은 서울지법 민사87단독판사는 '법률상 원인없이 남의 재산을 얻어 손해를 끼
친 경우 취득한 재산의 소비 여부를 불문하고 반환해야 한다'며 '피고는 친척에게 넘긴
부동산을 되찾아오고 은행에 5천234만원(4만달러)을 지급하라'고 판결했다고 밝혔다.[148]

V. 장물죄

제362조(장물의 취득, 알선 등) ① 장물을 취득, 양도, 운반 또는 보관한 자는 7년 이하
의 징역 또는 1천500만원 이하의 벌금에 처한다.
② 전항의 행위를 알선한 자도 전항의 형과 같다.
제364조(업무상과실, 중과실) 업무상과실 또는 중대한 과실로 인하여 제362조의 죄를 범
한 자는 1년 이하의 금고 또는 500만원 이하의 벌금에 처한다.
제365조(친족간의 범행) ① 전3조의 죄를 범한 자와 피해자간에 제328조제1항, 제2항의
신분관계가 있는 때에는 동조의 규정을 준용한다.
② 전3조의 죄를 범한 자와 본범간에 제328조제1항의 신분관계가 있는 때에는 그 형을
감경 또는 면제한다. 단, 신분관계가 없는 공범에 대하여는 예외로 한다.

　장물죄는 다른 사람(본범)이 불법하게 획득한 재물의 처분에 관여하는 범죄이다.
장물임을 알고 취득, 양도, 운반하거나 보관하는 행위를 처벌한다. 취득할 당시에
는 장물인 줄 몰랐다가 나중에 알고도 계속 보관하면 장물보관죄가 성립한다. 장
물죄는 과실범을 처벌하지 않으나 업무관계상 장물을 취급하게 될 소지가 많은
고물상업자, 귀금속상점 등의 경우에는 업무상 과실에 의한 장물 취득 등을 처벌
한다. 재산범죄 가운데 과실을 처벌하는 유일한 경우이다.

---

148) 중앙일보 2003.7.26.자. 이것은 민사사건이다.

VI. 손괴죄

> 제366조(재물손괴 등) 타인의 재물, 문서 또는 전자기록 등 특수매체기록을 손괴 또는 은
> 닉 기타 방법으로 그 효용을 해한 자는 3년 이하의 징역 또는 700만원 이하의 벌금에 처
> 한다.
> 제370조(경계침범) 경계표를 손괴, 이동 또는 제거하거나 기타 방법으로 토지의 경계를 인
> 식불능하게 한 자는 3년 이하의 징역 또는 500만원 이하의 벌금에 처한다.

손괴행위로서 '기타 방법'이란 손괴 또는 은닉에 준하는 정도의 유형력을 행사
하여 재물 등의 효용을 해하는 행위를 의미하고, '재물의 효용을 해한다'는 것은
사실상으로나 감정상으로 그 재물을 본래의 사용목적에 제공할 수 없게 하는 상
태로 만드는 것을 말하며, 일시적으로 그 재물을 이용할 수 없거나 구체적 역할을
할 수 없는 상태로 만드는 것도 포함한다.[149]

【주차된 차량의 앞뒤를 장애물로 막아 운행하지 못하게 한 경우】 피고인이 평소 자신이
굴삭기를 주차하던 장소에 연락처도 남겨 놓지 않은 차량이 주차되어 있는 것을 발견하
고 차량 앞에 철근콘크리트 구조물을, 뒤에 굴삭기 크러셔를 바짝 붙여 놓아 약 17~18
시간 동안 차량을 운행할 수 없게 된 경우, 차량 앞뒤에 쉽게 제거하기 어려운 구조물
등을 붙여 놓은 행위는 차량에 대한 유형력 행사로 보기에 충분하고, 차량 자체에 물리
적 훼손이나 기능적 효용의 멸실 내지 감소가 발생하지 않았더라도 피해자가 위 구조물
로 인해 차량을 운행할 수 없게 됨으로써(피해자가 112신고를 하여 출동한 경찰관 2명
과 함께 장애물을 제거해보려고 하였으나 실패하였다) 일시적으로 본래의 사용목적에
이용할 수 없게 된 이상 피해 차량 자체에 물리적 훼손이나 기능적 효용의 멸실 내지
감소가 발생하지 않았다고 하더라도, 차량 본래의 효용을 해한 경우로서 손괴죄가 성립
한다.[150]

(1) 손괴죄의 경우 과실범은 처벌되지 않지만 손괴미수행위는 처벌된다. 동물은
생명체이고 어떤 사람에게는 가족만큼 소중하게 여겨지지만 법적으로는 물건, 즉
재물로 취급된다. 다른 사람 소유의 동물을 죽이면 손괴죄가 성립하게 된다.

---

149) 대판 2016.11.25, 2016도9219.
150) 대판 2021.5.7, 2019도13764.

【동물보호법상 동물학대행위】 동물을 죽이거나 상해 입히는 경우 형법상 손괴죄와 별개로 동물보호법의 적용을 받는다. 한편 동물을 민법상 물건의 개념에서 제외하려는 의견도 있다.

> 제10조(동물학대 등의 금지) ① 누구든지 동물을 죽이거나 죽음에 이르게 하는 다음 각호의 행위를 하여서는 아니 된다.
> 1. 목을 매다는 등의 잔인한 방법으로 죽음에 이르게 하는 행위
> 2. 노상 등 공개된 장소에서 죽이거나 같은 종류의 다른 동물이 보는 앞에서 죽음에 이르게 하는 행위
> 3. 동물의 습성 및 생태환경 등 부득이한 사유가 없음에도 불구하고 해당 동물을 다른 동물의 먹이로 사용하는 행위
> 4. 그 밖에 사람의 생명·신체에 대한 직접적인 위협이나 재산상의 피해 방지 등 농림축산식품부령으로 정하는 정당한 사유 없이 동물을 죽음에 이르게 하는 행위
> ② 누구든지 동물에 대하여 다음 각 호의 행위를 하여서는 아니 된다.
> 1. 도구·약물 등 물리적·화학적 방법을 사용하여 상해를 입히는 행위. 다만, 해당 동물의 질병 예방이나 치료 등 농림축산식품부령으로 정하는 경우는 제외한다.
> 2. 살아있는 상태에서 동물의 몸을 손상하거나 체액을 채취하거나 체액을 채취하기 위한 장치를 설치하는 행위. 다만, 해당 동물의 질병 예방 및 동물실험 등 농림축산식품부령으로 정하는 경우는 제외한다.
> 3. 도박·광고·오락·유흥 등의 목적으로 동물에게 상해를 입히는 행위. 다만, 민속경기 등 농림축산식품부령으로 정하는 경우는 제외한다.
> 4. 동물의 몸에 고통을 주거나 상해를 입히는 다음 각 목에 해당하는 행위
> 가. 사람의 생명·신체에 대한 직접적 위협이나 재산상의 피해를 방지하기 위하여 다른 방법이 있음에도 불구하고 동물에게 고통을 주거나 상해를 입히는 행위
> 나. 동물의 습성 또는 사육환경 등의 부득이한 사유가 없음에도 불구하고 동물을 혹서·혹한 등의 환경에 방치하여 고통을 주거나 상해를 입히는 행위
> 다. 갈증이나 굶주림의 해소 또는 질병의 예방이나 치료 등의 목적 없이 동물에게 물이나 음식을 강제로 먹여 고통을 주거나 상해를 입히는 행위
> 라. 동물의 사육·훈련 등을 위하여 필요한 방식이 아님에도 불구하고 다른 동물과 싸우게 하거나 도구를 사용하는 등 잔인한 방식으로 고통을 주거나 상해를 입히는 행위
> ③ 누구든지 소유자 등이 없이 배회하거나 내버려진 동물 또는 피학대동물 중 소유자 등을 알 수 없는 동물에 대하여 다음 각 호의 어느 하나에 해당하는 행위를 하여서는 아니 된다.
> 1. 포획하여 판매하는 행위
> 2. 포획하여 죽이는 행위
> 3. 판매하거나 죽일 목적으로 포획하는 행위
> 4. 소유자 등이 없이 배회하거나 내버려진 동물 또는 피학대동물 중 소유자등을 알 수 없는 동물임을 알면서 알선·구매하는 행위

④ 소유자 등은 다음 각 호의 행위를 하여서는 아니 된다.
1. 동물을 유기하는 행위
2. 반려동물에게 최소한의 사육공간 및 먹이 제공, 적정한 길이의 목줄, 위생·건강 관리를 위한 사항 등 농림축산식품부령으로 정하는 사육·관리 또는 보호의무를 위반하여 상해를 입히거나 질병을 유발하는 행위
3. 제2호의 행위로 인하여 반려동물을 죽음에 이르게 하는 행위
⑤ 누구든지 다음 각 호의 행위를 하여서는 아니 된다.
1. 제1항부터 제4항까지(제4항 제1호는 제외한다)의 규정에 해당하는 행위를 촬영한 사진 또는 영상물을 판매·전시·전달·상영하거나 인터넷에 게재하는 행위. 다만, 동물보호 의식을 고양하기 위한 목적이 표시된 홍보 활동 등 농림축산식품부령으로 정하는 경우에는 그러하지 아니하다.
2. 도박을 목적으로 동물을 이용하는 행위 또는 동물을 이용하는 도박을 행할 목적으로 광고·선전하는 행위. 다만, 「사행산업통합감독위원회법」 제2조 제1호에 따른 사행산업은 제외한다.
3. 도박·시합·복권·오락·유흥·광고 등의 상이나 경품으로 동물을 제공하는 행위
4. 영리를 목적으로 동물을 대여하는 행위. 다만, 「장애인복지법」 제40조에 따른 장애인 보조견의 대여 등 농림축산식품부령으로 정하는 경우는 제외한다.

(2) 이웃하는 토지 사이에는 토지의 경계를 구분해주는 표지가 있기 마련이다. 이것을 부당하게 훼손하거나 이동시켜 그 경계를 불명확하게 하는 행위가 경계침범죄이다. 다만 경계침범행위 자체로 토지소유권의 범위가 달라지지는 않는다. 경계침범은 특히 농촌지역에서 종종 문제되기도 한다.

【민법상 상린관계】 이웃하는 토지의 소유자나 이용자는 다른 사람의 생활을 방해해서는 안 된다는 민법상 상린관계의 규정이 적용된다.

민법 제217조(매연등에 의한 인지에 대한 방해금지) ① 토지소유자는 매연, 열기체, 액체, 음향, 진동 기타 이와 유사한 것으로 이웃 토지의 사용을 방해하거나 이웃 거주자의 생활에 고통을 주지 아니하도록 적당한 조처를 할 의무가 있다.
② 이웃 거주자는 전항의 사태가 이웃 토지의 통상의 용도에 적당한 것인 때에는 이를 인용할 의무가 있다.

【계표의 손괴 등의 행위가 있더라도 토지경계의 인식불능의 결과가 발생하지 않은 경우】
경계침범죄는 단순히 계표를 손괴하는 것만으로는 부족하고 계표를 손괴, 이동 또는 제거하거나 기타 방법으로 토지의 경계를 인식불능하게 함으로써 비로소 성립되며 계표의 손괴, 이동 또는 제거 등은 토지의 경계를 인식불능케 하는 방법의 예시에 불과하여 이

와 같은 행위의 결과로서 토지의 경계가 인식불능케 됨을 필요로 하고 동 죄에 대하여
는 미수죄에 관한 규정이 없으므로 계표의 손괴 등의 행위가 있더라도 토지경계의 인식
불능의 결과가 발생하지 않은 한 본죄가 성립될 수 없다.151)

【건물의 처마가 타인소유의 가옥지붕 위로 나오게 한 경우】 피고인이 건물을 신축하면서
그 건물의 1층과 2층 사이에 있는 처마를 피해자소유의 가옥 지붕위로 나오게 한 사실
만으로는 양 토지의 경계가 인식불능되었다고 볼 수 없으므로 경계침범죄의 구성요건에
해당하지 아니한다.152)

VII. 권리행사방해죄

제323조(권리행사방해) 타인의 점유 또는 권리의 목적이 된 자기의 물건 또는 전자기록등
특수매체기록을 취거, 은닉 또는 손괴하여 타인의 권리행사를 방해한 자는 5년 이하의 징
역 또는 700만원 이하의 벌금에 처한다.
제325조(점유강취, 준점유강취) ① 폭행 또는 협박으로 타인의 점유에 속하는 자기의 물
건을 강취한 자는 7년 이하의 징역 또는 10년 이하의 자격정지에 처한다.
② 타인의 점유에 속하는 자기의 물건을 취거함에 당하여 그 탈환을 항거하거나 체포를
면탈하거나 죄적을 인멸할 목적으로 폭행 또는 협박을 가한 때에도 전항의 형과 같다.
제327조(강제집행면탈) 강제집행을 면할 목적으로 재산을 은닉, 손괴, 허위양도 또는 허위
의 채무를 부담하여 채권자를 해한 자는 3년 이하의 징역 또는 1천만원 이하의 벌금에 처
한다.

(1) 권리행사방해죄는 다른 사람의 점유나 권리관계의 대상이 된 자신의 물건
등을 임의로 가져가거나 숨기거나 손괴하여 그 물건에 대한 다른 사람의 권리행
사를 방해하는 행위이다. 예를 들어 다른 사람에 물건을 담보로 맡겨두고 돈을 빌
린 사람이 돈을 갚지 않고 몰래 그 물건을 가져와 버린 경우이다. 점유강취죄는
위의 권리행사방해의 행위를 폭행이나 협박으로 한 경우이다.

(2) 강제집행면탈죄는 채무를 부담하여 강제집행을 당하게 된 사람이 이를 피할
목적으로 강제집행의 대상이 되는 재산을 숨기거나 손괴하거나 허위로 다른 사람
에게 넘기거나, 있지도 않은 허위채무를 부담하여 채권자의 권리행사를 방해하는

---

151) 대판 1991.9.10, 91도856.
152) 대판 1984.2.28, 83도1533.

범죄이다. 대개 빚을 지게 되어 갚지 못하고 있다가 강제집행을 당할 즈음에 재산을 허위로 남의 명의로 이전시키는 행위를 많이 하는 현실이지만 범죄가 되는 행위이다.

【가등기 형식의 허위양도】이혼을 요구하는 처로부터 재산분할청구권에 근거한 가압류 등 강제집행을 받을 우려가 있는 상태에서 남편이 이를 면탈할 목적으로 허위의 채무를 부담하고 소유권이전청구권보전가등기를 경료한 경우, 강제집행면탈죄가 성립한다.153)

제14관 공안을 해하는 죄

I. 공공의 안전에 관한 죄

1. 범죄단체조직·가입죄

제114조(범죄단체 등의 조직) 사형, 무기 또는 장기 4년 이상의 징역에 해당하는 범죄를 목적으로 하는 단체 또는 집단을 조직하거나 이에 가입 또는 그 구성원으로 활동한 사람은 그 목적한 죄에 정한 형으로 처벌한다. 다만, 형을 감경할 수 있다.

사형, 무기 또는 장기 4년 이상의 징역에 해당하는 범죄를 목적으로 하는 단체 또는 집단을 조직하거나 이에 가입 또는 그 구성원으로 활동함으로써 성립한다. 단체나 집단의 조직 및 가입, 활동행위는 그 단체가 목적으로 한 범죄에 대해 규정한 형벌로 처벌한다. 예를 들어 살인을 목적으로 한 단체를 조직, 가입한 자는 살인죄의 형벌로 처벌된다. 목적으로 한 범죄를 실제로 실행하였는가는 범죄의 성립요건이 아니다. 즉 의도하는 범죄행위를 예비단계에서 특별히 처벌하는 것이다.154) 범죄단체를 조직하고 그 조직을 통하여 실제로 범죄를 범한 경우에는 실행한 행위에 대한 범죄행위가 별도로 성립한다. 그 정도의 범죄단체에는 이르지 못하였으나 그 위험성이 큰 범죄집단을 조직한 경우에도 본죄가 성립한다.

범죄단체는 단체의 명칭, 규약이 있어야 하거나 단체 결성식, 가입식 등의 특별

---

153) 대판 2008.6.26, 2008도3184.
154) 예비행위는 일반적으로 살인예비음모죄(형법 제255조)처럼 특별한 규정이 없는 한 처벌되지 않는다.

한 절차가 있어야 하는 것은 아니다. 다만 최소한의 통솔체계가 있으면 범죄단체로서의 성격이 인정된다.

【'범죄를 목적으로 하는 단체'의 의미】① 형법 제114조 제1항 소정의 '범죄를 목적으로 하는 단체'라 함은 특정다수인이 일정한 범죄를 수행한다는 공동목적 아래 이루어진 계속적인 결합체로서 단순한 다중의 집합과는 달라 단체를 주도하는 최소한의 통솔체제를 갖추고 있어야 함을 요하는바, 피고인들이 각기 소매치기의 범죄를 목적으로 그 실행행위를 분담하기로 약정하였으나 위에서 본 계속적이고 통솔체제를 갖춘 단체를 조직하였거나 그와 같은 단체에 가입하였다고 볼 증거가 없다는 이유로 무죄를 선고한 조치는 정당하다.155)

② 피고인들이 불특정 다수의 피해자들에게 전화하여 금융기관 등을 사칭하면서 신용등급을 올려 낮은 이자로 대출을 해주겠다고 속여 신용관리비용 명목의 돈을 송금받아 편취할 목적으로 보이스피싱 사기 조직을 구성하고 이에 가담하여 조직원으로 활동함으로써 범죄단체를 조직하거나 이에 가입·활동하였다는 내용으로 기소된 사안에서, 위 보이스피싱 조직은 보이스피싱이라는 사기범죄를 목적으로 구성된 다수인의 계속적인 결합체로서 총책을 중심으로 간부급 조직원들과 상담원들, 현금인출책 등으로 구성되어 내부의 위계질서가 유지되고 조직원의 역할 분담이 이루어지는 최소한의 통솔체계를 갖춘 형법상의 범죄단체에 해당하고, 보이스피싱 조직의 업무를 수행한 피고인들에게 범죄단체 가입 및 활동에 대한 고의가 인정되며, 피고인들의 보이스피싱 조직에 의한 사기범죄 행위가 범죄단체 활동에 해당한다.156)

【범죄단체의 구성 또는 가입죄에 해당한다고 한 사례】피고인들이 수괴, 간부 가입자를 구분할 수 있을 정도의 지휘통솔체계를 갖춘 단체를 구성하고 또는 이에 가입한 후 피고인 갑으로부터 단체생활에 필요한 자금 등을 제공받고, 싸움에 대비하여 수시로 단체 및 개인훈련을 실시하는 한편 피고인 갑의 사주를 받거나 고향의 선배들을 괴롭히는 자들을 응징한다는 명목 등으로 위 단체구성 후 1년 10개월 동안 16건에 걸쳐 강도상해 및 폭력행위(상해, 협박 등)를 자행하여 왔다면 그 과정에서 생활비절감 등의 편의상 함께 모여 단체생활을 한 일면이 있다고 인정된다거나 위 단체의 명칭이 수사단계에서야 비로소 붙여진 것이라 하더라도 피고인들의 위와 같은 소위는 결국 폭력을 목적으로 한 범죄단체를 구성 또는 이에 가입한 죄에 해당된다.157)

---

155) 대판 1981.11.24, 81도2608.
156) 대판 2017.10.26, 2017도8600.
157) 대판 1987.10.13, 87도1240.

2. 소요죄(騷擾罪)

> **제115조(소요)** 다중이 집합하여 폭행, 협박 또는 손괴의 행위를 한 자는 1년 이상 10년 이하의 징역이나 금고 또는 1천500만원 이하의 벌금에 처한다.

다중이 집합하여, 즉 여럿이 모여 폭행, 협박 또는 손괴행위를 하는 범죄이다. 다중이라는 것은 조직적 결합체가 아닌 '그 숫자를 정확히 알 수 없는 정도의 인원이 장소적으로 집결'한 경우를 말한다. 보통 '한 지방의 평온, 안전'을 해할 수 있는 정도라고 한다. 다중의 일부만 폭행, 협박, 손괴행위를 하더라도 다중에 속한 전체 개개인이 범죄행위자가 된다. 다만 연좌농성이나 불복종은 여기의 행위에 해당하지 않는다.

본죄는 헌법상 인정되는 집회·결사의 자유와 충돌될 가능성이 있으므로 법적용상 신중함이 요청된다. 노동자의 노동쟁의행위가 법률상 허용된 범위를 초과하는 경우에 문제될 수 있는데 최근 노동자단체의 광화문광장에서의 집회가 그 사례이다.

【민주노총 위원장에 대해 29년 만에 소요 혐의 적용】 경찰이 한○○(53) 민주노총 위원장에 대해 소요 혐의를 추가로 적용해 검찰에 송치했다. 수사기관이 소요 혐의를 적용한 건 29년 만이다. 서울지방경찰청 특별수사본부는 이날 "그동안 수사 과정에서 한 위원장이 서울 도심에서 벌어진 '1차 민중총궐기' 집회 때의 각종 불법 폭력시위를 기획·주도한 사실을 확인한 데 따른 것"이라고 배경을 설명했다. … 소요 혐의가 추가 적용됨에 따라 한 위원장의 혐의는 구속영장에 적시된 금지통고집회주최·해산명령불응·일반교통방해·특수공무집행방해치상 등 8개에서 9개로 늘어났다. 한 위원장은 이를 포함해 올해 들어 23차례 법을 위반한 것으로 확인됐다.

일각에서는 사실상 사문화된 법조항(소요죄)을 한 위원장에게 무리하게 적용하는 것이라는 비판도 있다. 실제로 소요 혐의로 기소되는 건 전두환 정권 시절인 1986년 '5·3 인천사태' 이후 처음이다. 검찰은 그해 5월 인천 지역에서 '직선제 개헌' 시위를 벌인 재야 인사와 학생 등 129명을 구속했다. 당시 서울노동운동연합 지도위원이던 김○○ 전 경기도지사 등에게 소요 혐의가 적용됐다. 한편 경찰은 현재 체포영장이 발부된 이○○ 사무총장, 배○○ 조직쟁의실장 등 민주노총 핵심 지도부에 대해서도 신병을 확보하는 대로 소요 혐의 등을 적용해 사법 처리할 계획이다.158)

---

158) 중앙일보 2015.12.19.자.

3. 다중불해산죄(多衆不解散罪)

> 제116조(다중불해산) 폭행, 협박 또는 손괴의 행위를 할 목적으로 다중이 집합하여 그를 단속할 권한이 있는 공무원으로부터 3회 이상의 해산명령을 받고 해산하지 아니한 자는 2년 이하의 징역이나 금고 또는 300만원 이하의 벌금에 처한다.

폭행이나 협박을 하거나 시설이나 물건을 파괴할 목적으로 모여 있는 많은 사람에 대하여 그것을 단속할 권한이 있는 공무원으로부터 3회 이상의 해산명령을 받고 해산하지 않는 행위이다. 단속할 권한 있는 공무원이란 경찰관처럼 해산명령권[159]을 가진 공무원을 말한다. 해산명령 자체는 적법하여야 하며, 해산은 자발적이어야 하므로 체포를 면하기 위하여 흩어지는 것은 해산에 해당하지 않는다.

【집회 및 시위에 관한 법률 제10조 등 위헌제청】[160] 야간옥외집회

<판시사항> 해가 뜨기 전이나 해가 진 후의 옥외집회(이하 '야간옥외집회'라 한다)를 금지하고, 일정한 경우 관할경찰관서장이 허용할 수 있도록 한 '집회 및 시위에 관한 법률'(이하 '집시법'이라 한다) 제10조 중 "옥외집회" 부분과 이에 위반한 경우의 처벌규정인 집시법 제23조 제1호 중 "제10조 본문의 옥외집회" 부분(이하 두 조항을 합하여 '이 사건 법률조항들'이라 한다)이 헌법에 위반하여 집회의 자유를 침해하는지 여부(적극)

<결정요지 중 위헌의견>

헌법 제21조 제2항은, 집회에 대한 허가제는 집회에 대한 검열제와 마찬가지이므로 이를 절대적으로 금지하겠다는 헌법개정권력자인 국민들의 헌법가치적 합의이며 헌법적 결단이다. 또한 위 조항은 헌법 자체에서 직접 집회의 자유에 대한 제한의 한계를 명시한 것이므로 기본권 제한에 관한 일반적 법률유보조항인 헌법 제37조 제2항에 앞서서, 우선적이고 제1차적인 위헌심사기준이 되어야 한다. 헌법 제21조 제2항에서 금지하고 있는 '허가'는 행정권이 주체가 되어 집회 이전에 예방적 조치로서 집회의 내용·시간·장소 등

---

159) 경찰관직무집행법 제6조 (범죄의 예방과 제지) ① 경찰관은 범죄행위가 목전에 행하여지려고 하고 있다고 인정될 때에는 이를 예방하기 위하여 관계인에게 필요한 경고를 발하고, 그 행위로 인하여 인명·신체에 위해를 미치거나 재산에 중대한 손해를 끼칠 우려가 있어 긴급을 요하는 경우에는 그 행위를 제지할 수 있다.

참고로 종전에는 제2항에 '경찰관은 범죄발생의 위험이 현저한 가택에 대한 방범을 계도하기 위하여 필요하다고 인정될 때에는 관계인의 동의를 얻어 가택을 방문·계도할 수 있다. 이 경우 그 방문이유를 알리고 신분을 표시하는 증표를 제시하여야 하며, 관계인의 사생활이 방해되지 아니하도록 특별히 유의하여야 한다.'는 규정이 있었으나 1988년에 삭제되었다. 그러나 최근 가정폭력과 자살 등이 문제되어 경찰의 가택진입에 대한 논의가 있다.

160) 헌재결 2009.9.24, 2008헌가25.

을 사전심사하여 일반적인 집회금지를 특정한 경우에 해제함으로써 집회를 할 수 있게 하는 제도, 즉 허가를 받지 아니한 집회를 금지하는 제도를 의미한다.

집시법 제10조 본문은 야간옥외집회를 일반적으로 금지하고, 그 단서는 행정권인 관할 경찰서장이 집회의 성격 등을 포함하여 야간옥외집회의 허용 여부를 사전에 심사하여 결정한다는 것이므로, 결국 야간옥외집회에 관한 일반적 금지를 규정한 집시법 제10조 본문과 관할 경찰서장에 의한 예외적 허용을 규정한 단서는 그 전체로서 야간옥외집회에 대한 허가를 규정한 것이라고 보지 않을 수 없고, 이는 헌법 제21조 제2항에 정면으로 위반된다. 따라서 집시법 제10조 중 "옥외집회" 부분은 헌법 제21조 제2항에 의하여 금지되는 허가제를 규정한 것으로서 헌법에 위반되고, 이에 위반한 경우에 적용되는 처벌조항인 집시법 제23조 제1호 중 "제10조 본문의 옥외집회" 부분도 헌법에 위반된다.

4. 공무원자격사칭죄

제118조(공무원자격의 사칭) 공무원의 자격을 사칭하여 그 직권을 행사한 자는 3년 이하의 징역 또는 700만원 이하의 벌금에 처한다.

공무원의 자격을 사칭하여 직권을 행사하는 범죄로서, 공무원이 다른 공무원의 자격을 사칭하는 경우도 포함된다. 공무원만이 행사할 수 있는 권한사항, 예컨대 세금을 징수하거나, 체포를 하는 것 등을 함부로 행사하는 것을 말한다. 반대로 경찰관이라고 사칭하고 친구의 빚을 갚으라고 독촉하는 행위는 빚독촉은 경찰의 권한이 아니므로 본죄에 해당하지 않는다.

'직권을 행사'하여야 한다는 의미는, 사칭한 공무원의 권한을 행사하여야 범죄가 성립하며 단순히 공무원임을 사칭하는 것은 경범죄(범죄처벌법 제1조 제8호 관명사칭)에 해당한다. 공무원신분증을 위조하여 공무원자격을 사칭하는 경우에는 별도로 공문서위조죄 및 위조공문서행사죄가 성립한다.

II. 폭발물에 관한 죄

제119조(폭발물사용) ① 폭발물을 사용하여 사람의 생명, 신체 또는 재산을 해하거나 그 밖에 공공의 안전을 문란하게 한 자는 사형, 무기 또는 7년 이상의 징역에 처한다.
② 전쟁, 천재지변 그 밖의 사변에 있어서 제1항의 죄를 지은 자는 사형이나 무기징역에 처한다.

③ 제1항과 제2항의 미수범은 처벌한다.

제172조(폭발성물건파열) ① 보일러, 고압가스 기타 폭발성 있는 물건을 파열시켜 사람의 생명, 신체 또는 재산에 대하여 위험을 발생시킨 자는 1년 이상의 유기징역에 처한다.

② 제1항의 죄를 범하여 사람을 상해에 이르게 한 때에는 무기 또는 3년 이상의 징역에 처한다. 사망에 이르게 한 때에는 무기 또는 5년 이상의 징역에 처한다.

제173조의2(과실폭발성물건파열등) ① 과실로 제172조 제1항, 제172조의2 제1항, 제173조 제1항과 제2항의 죄를 범한 자는 5년 이하의 금고 또는 1천500만원 이하의 벌금에 처한다.

② 업무상과실 또는 중대한 과실로 제1항의 죄를 범한 자는 7년 이하의 금고 또는 2천만원 이하의 벌금에 처한다.

폭발물은 많은 사람의 생명, 신체나 재산을 침해할 수 있고 또 그 피해가 크므로 사회적으로 문제가 된다. 특히 최근에는 개인이 폭발물을 직접 제작하는 경우가 있고 테러행위에서 폭발물이 많이 이용되므로 이에 대한 대책이 필요한 현실이다. 그 밖에 폭발물사용 예비, 음모, 선동죄(제120조), 전시, 비상시 폭발물제조, 수입, 수출, 수수, 소지죄(제121조)의 규정이 있다.

1. 폭발물사용죄

폭발물이란 자체 내의 폭발장치에 의하여 폭약을 급격하게 파열시켜 생명, 신체, 재산을 해할 수 있는 물건을 말한다. 예를 들어 수류탄, 다이너마이트, 시한폭탄 등이다. 사제(私製)폭탄도 해당되나 소총의 실탄발사는 폭발물의 폭발이 아니다. 폭발물을 사용한다는 것은 폭발물을 폭발시키는 것을 말한다.

예전에 데모나 시위에서 많이 사용되는 화염병은 '화염병 등의 처벌에 관한 법률'이 제정되어 별도로 처벌하고 있다.[161] 이 법 제2조에 따르면 화염병이란 '유

---

161) 제3조(화염병의 사용) ① 화염병을 사용하여 사람의 생명·신체 또는 재산을 위험에 빠트린 사람은 5년 이하의 징역 또는 500만원 이하의 벌금에 처한다.

② 제1항의 미수범은 처벌한다.

제4조(화염병의 제조·소지 등) ① 화염병을 제조하거나 보관·운반·소지한 사람은 3년 이하의 징역 또는 300만원 이하의 벌금에 처한다.

② 화염병의 제조에 쓸 목적으로 유리병이나 그 밖의 용기에 휘발유나 등유, 그 밖에 불붙기 쉬운 물질을 넣은 물건으로서 이에 발화장치나 점화장치를 하면 화염병이 되는 것을 보관·운반·소지한 사람도 제1항과 같이 처벌한다.

③ 화염병의 제조에 쓸 목적으로 화염병을 사용할 위험이 있는 장소에서 그 제조에 사용되는 물건 또는 물질을 보관·운반·소지한 사람은 1년 이하의 징역 또는 100만원 이하의 벌금에 처한다.

리병이나 그 밖의 용기에 휘발유나 등유, 그 밖에 불붙기 쉬운 물질을 넣고 그 물질이 흘러나오거나 흩날리는 경우 이것을 연소(燃燒)시키기 위하여 발화장치 또는 점화장치를 한 물건으로서 사람의 생명·신체 또는 재산에 위해(危害)를 끼치는 데에 사용되는 것'을 말한다.

【2011년 5월 서울역, 강남터미널 물품보관함 연쇄폭발사건】

<판결이유 중 발췌> ㉠ 이 사건 제작물은 유리꽃병 내부에 휴대용 부탄가스통을 넣고 유리꽃병과 부탄가스 용기 사이의 두께 약 1㎝의 공간에 폭죽에서 분리한 화약을 채운 후, 발열체인 니크롬선이 연결된 전선을 유리꽃병 안의 화약에 꽂은 다음 전선을 유리꽃병 밖으로 연결하여 타이머와 배터리를 연결하고, 유리꽃병의 입구를 청테이프로 막은 상태에서, 타이머에 설정된 시각에 배터리의 전원이 연결되면 발열체의 발열에 의해 화약이 점화되는 구조로 만들어진 사실, ㉡ 피고인 1은 이 사건 제작물을 만들어 20ℓ 크기의 배낭 2개에 나누어 넣은 다음, 공소외인을 시켜 서울역과 강남고속터미널의 물품보관함에 1개씩 넣고 문을 잠가 놓은 사실, ㉢ 이 사건 제작물은 배낭 속에 들어 있는 채로 물품보관함 안에 들어 있었으므로 유리꽃병이 화약의 연소로 깨지더라도 그 파편이 외부로 비산할 가능성은 없었고, 이 사건 제작물에 들어 있는 부탄가스 용기는 내압이 상승할 경우 용기의 상부 및 바닥의 만곡부분이 팽창하면서 측면이 찢어지도록 설계되어 있어 부탄가스통 자체의 폭발은 발생하지 않고, 설사 외부 유리병이 파쇄되더라도 그 파편의 비산거리가 길지는 않은 구조인 사실, ㉣ 실제로 이 사건 제작물 중 강남고속터미널 물품보관함에 들어 있던 것은 연소될 당시 '펑'하는 소리가 나면서 물품보관함의 열쇠구멍으로 잠시 불꽃과 연기가 나왔으나, 물품보관함 자체는 내부에 그을음이 생겼을 뿐 찌그러지거나 손상되지 않았고 그 내부에 압력이 가해진 흔적도 식별할 수 없으며, 서울역 물품보관함에 들어 있던 것은 연소될 당시 '치치치'하는 소리가 나면서 열쇠구멍에서 약 5초간 불꽃이 나온 후 많은 연기가 나왔으나 폭발음은 들리지 않은 사실 등을 알 수 있고, 그 밖에 이 사건 제작물의 폭발작용 그 자체에 의하여 사람의 생명, 신체 또는 재산에 해를 입게 하였다거나, 공안을 문란하게 하였다고 볼 만한 자료는 없다.

<대법원의 판단> ① 형법 제119조 폭발물사용죄에서 '폭발물'의 의미 및 어떠한 물건이 폭발물에 해당하는지 판단하는 기준

형법 제119조 제1항에서 규정한 폭발물사용죄는 폭발물을 사용하여 공안을 문란하게 함으로써 성립하는 공공위험범죄로서 개인의 생명, 신체 등과 아울러 공공의 안전과 평온을 보호법익으로 하는 것이고, 법정형이 사형, 무기 또는 7년 이상의 징역으로 범죄의 행위 태양에 해당하는 생명, 신체 또는 재산을 해하는 경우에 성립하는 살인죄, 상해죄, 재물손괴죄 등의 범죄를 비롯한 유사한 다른 범죄에 비하여 매우 무겁게 설정되어 있을

뿐 아니라, 형법은 제172조에서 '폭발성 있는 물건을 파열시켜 사람의 생명, 신체 또는 재산에 대하여 위험을 발생시킨 자'를 처벌하는 폭발성물건파열죄를 별도로 규정하고 있는데 그 법정형은 1년 이상의 유기징역으로 되어 있다. 이와 같은 여러 사정을 종합해 보면, 폭발물사용죄에서 말하는 폭발물이란 폭발작용의 위력이나 파편의 비산 등으로 사람의 생명, 신체, 재산 및 공공의 안전이나 평온에 직접적이고 구체적인 위험을 초래할 수 있는 정도의 강한 파괴력을 가지는 물건을 의미한다. 따라서 어떠한 물건이 형법 제119조에 규정된 폭발물에 해당하는지는 폭발작용 자체의 위력이 공안을 문란하게 할 수 있는 정도로 고도의 폭발성능을 가지고 있는지에 따라 엄격하게 판단하여야 한다.

② 피고인이 자신이 제작한 폭발물을 배낭에 담아 고속버스터미널 등의 물품보관함 안에 넣어 두고 폭발하게 함으로써 공안을 문란하게 하였다고 하여 폭발물사용으로 기소된 사안에서, 피고인이 제작한 물건의 구조, 그것이 설치된 장소 및 폭발 당시의 상황 등에 비추어, 위 물건은 폭발작용 자체에 의하여 공공의 안전을 문란하게 하거나 사람의 생명, 신체 또는 재산을 해할 정도의 성능이 없거나, 사람의 신체 또는 재산을 경미하게 손상시킬 수 있는 정도에 그쳐 사회의 안전과 평온에 직접적이고 구체적인 위험을 초래하여 공공의 안전을 문란하게 하기에는 현저히 부족한 정도의 파괴력과 위험성만을 가진 물건이므로 형법 제172조 제1항에 규정된 '폭발성 있는 물건'에는 해당될 여지가 있으나 이를 형법 제119조 제1항에 규정된 '폭발물'에 해당한다고 볼 수는 없는데도, 위 제작물이 폭발물에 해당한다고 보아 폭발물사용죄가 성립한다고 한 원심판결에 법리오해의 위법이 있다.

2. 폭발성물건파열죄

폭발성물건이란 보일러, 석유, 가스탱크처럼 급격히 파열하여 물건을 파괴하는 성질을 가진 물질을 말한다. 자체 내에 폭발장치가 없다는 점에서 폭발물과 다르다.

Ⅲ. 방화와 실화의 죄

방화와 실화(失火)의 죄는 고의나 과실로 불을 놓아 ① 현주건조물 ② 공용건조물 ③ 일반건조물 ④ 일반물건을 불태우는(소훼, 燒毀하는) 범죄이다. 최근 대구지하철방화사건, 남대문방화사건처럼 화재는 사람과 재산에 대한 피해가 매우 크므로 공공위험범죄로서 처벌한다. 범죄심리의 측면에서도 방화범죄는 '묻지마범죄'의 형태나 사회나 주변에 대한 불만의 표출로 나타나는 경우가 많다.

【연쇄방화범】 방화는 연쇄살인과 밀접한 연관성을 갖고 있다. 세계적으로 악명 높은 연쇄살인범 가운데 유년 시절 방화를 저지른 경우가 많다. 연쇄살인범의 살인에는 성적 충동이 개입하는 경우가 보통이다. 그들에게는 방화도 성적 대리만족을 위한 수단이다. 그러나 방화 동기는 그렇게 단순하지 않다. 영웅심리와 열등감 및 사회적 복수심 등이 복합적으로 작용한다. 돈을 노리거나 정치적 목적을 지닌 방화도 있다. 정신분석학자들은 방화를 일종의 '충동조절 장애'로 본다. 대다수 방화범이 내성적이고 소심한 성격의 소유자라는 사실도 주목된다. 겉으로는 극히 평범하게 보이는 사람들이 연쇄방화의 늪에 빠져들 수 있다. … 특히 산불 방화범들은 다른 동기보다 주위의 시선을 끌거나 관심과 인정을 받고자 하는 영웅심리를 공통적으로 갖고 있었다고 한다. … 울산 동구 봉대산 일대에서 지난 16년 동안 90여 차례의 산불을 낸 혐의를 받고 있는 '봉대산 불다람쥐' 가 드디어 검거됐다. 범인이 50대의 평범한 대기업 직원이라는 점이 놀랍다. 범인은 경찰에서 "금전문제 등으로 가정불화가 있거나 하면 불을 지르곤 했다"고 진술했다. "현장 인근에서 연기가 피어오르는 모습을 보거나 소방헬기 소리를 들으면 마음이 후련하고 편안해졌다"고도 했다. 연쇄방화범의 전형적인 도착적 심리 상태를 잘 보여준다.[162]

방화관련범죄는 고의에 의한 방화죄, 과실에 의한 실화죄가 있는데 화재의 대상이 사람의 존재하거나 공용의 시설인가 아니면 단순한 물건인가, 소유가 자기 것인가 다른 사람의 것인가, 사람이 죽거나 다쳤는가의 결과 등에 따라 처벌이 달라진다.[163]

> 제164조(현주건조물등에의 방화) ① 불을 놓아 사람이 주거로 사용하거나 사람이 현존하는 건조물, 기차, 전차, 자동차, 선박, 항공기 또는 지하채굴시설을 불태운 자는 무기 또는 3년 이상의 징역에 처한다.
> ② 제1항의 죄를 지어 사람을 상해에 이르게 한 경우에는 무기 또는 5년 이상의 징역에 처한다. 사망에 이르게 한 경우에는 사형, 무기 또는 7년 이상의 징역에 처한다.
> 제165조(공용건조물 등에의 방화) 불을 놓아 공용(公用)으로 사용하거나 공익을 위해 사용하는 건조물, 기차, 전차, 자동차, 선박, 항공기 또는 지하채굴시설을 불태운 자는 무기 또는 3년 이상의 징역에 처한다.
> 제166조(일반건조물 등에의 방화) ① 불을 놓아 제164조와 제165조에 기재한 외의 건조

---

162) 세계일보 2011.3.27.자.
163) 산림에 대한 방화나 실화에 대해서는 '산림자원의 조성 및 관리에 관한 법률(제7조)로 규율된다.

물, 기차, 전차, 자동차, 선박, 항공기 또는 지하채굴시설을 불태운 자는 2년 이상의 유기징역에 처한다.

② 자기 소유인 제1항의 물건을 불태워 공공의 위험을 발생하게 한 자는 7년 이하의 징역 또는 1천만원 이하의 벌금에 처한다.

제167조(일반물건에의 방화) ① 불을 놓아 제164조부터 제166조까지에 기재한 외의 물건을 불태워 공공의 위험을 발생하게 한 자는 1년 이상 10년 이하의 징역에 처한다.

② 제1항의 물건이 자기 소유인 경우에는 3년 이하의 징역 또는 700만원 이하의 벌금에 처한다.

제168조(연소) ① 제166조 제2항 또는 전조 제2항의 죄를 범하여 제164조, 제165조 또는 제166조 제1항에 기재한 물건에 연소한 때에는 1년 이상 10년 이하의 징역에 처한다.

② 전조 제2항의 죄를 범하여 전조 제1항에 기재한 물건에 연소한 때에는 5년 이하의 징역에 처한다.

제169조(진화방해) 화재에 있어서 진화용의 시설 또는 물건을 은닉 또는 손괴하거나 기타 방법으로 진화를 방해한 자는 10년 이하의 징역에 처한다.

제170조(실화) ① 과실로 제164조 또는 제165조에 기재한 물건 또는 타인 소유인 제166조에 기재한 물건을 불태운 자는 1천500만원 이하의 벌금에 처한다.

② 과실로 자기 소유인 제166조의 물건 또는 제167조에 기재한 물건을 불태워 공공의 위험을 발생하게 한 자도 제1항의 형에 처한다.

제171조(업무상실화, 중실화) 업무상과실 또는 중대한 과실로 인하여 제170조의 죄를 범한 자는 3년 이하의 금고 또는 2천만원 이하의 벌금에 처한다.

(1) 현주건조물 등 방화죄(제164조)는 불을 놓아 사람의 주거로 사용하거나 사람이 현존하는 건조물, 기차, 전차, 자동차, 선박, 항공기, 광갱(광산의 갱도)을 소훼(불태움)하는 범죄이다. 이러한 물건에 대한 방화는 사람이 죽거나 다칠 가능성이 높기 때문에 무겁게 처벌한다.

'사람이 주거에 사용'한다는 것은 범인 아닌 사람이 일상생활의 장소로 사용하는 것을 말한다. 범인만이 거주하는 집에 불을 놓은 경우에는 자기소유 건조물방화죄(제166조 제2항)가 성립한다. 비어있는 농가주택이나 영업을 중단하고 문을 잠근 여관은 주거에 사용하는 것이 아니다. 그러나 일시적으로라도 사용하면 주거에 사용하는 것이고, 주거로 사용되고 있다면 방화할 시점에 사람이 현존할 필요는 없다. 따라서 모두 외출중인 주택에 방화하더라도 본죄가 성립한다.

'사람이 현존'한다는 것은 건조물 안에 사람이 들어가 있는 상태를 말한다. 즉 방화시에 사람이 있으면 평소 주거용도로 사용하는 건조물 등이 아니더라도 본죄가 성립한다. 선박, 항공기 등은 크기가 문제되는 것이 아니라 주거용이거나 사람이 현존하면 본죄의 대상이 된다.

불을 놓아 소훼한다는 것은 불을 질러 태운다는 의미이다. 방화의 방법으로는 직접 건조물 등에 불을 놓거나, 나무에 불을 붙여 집안에 던지는 것과 같이 매개물을 통하여 불을 놓거나를 불문한다.

【홧김에 서적 등을 마당에 내어 놓고 불태운 행위】 피고인이 동거하던 공소외인과 가정불화가 악화되어 헤어지기로 작정하고 홧김에 죽은 동생의 유품으로 보관하던 서적 등을 뒷마당에 내어 놓고 불태워 버리려 했던 점이 인정될 뿐 피고인이 위 공소외인 소유의 가옥을 불태워 버리겠다고 결의하여 불을 놓았다고 볼 수 없다면 피고인의 위 소위를 가리켜 방화의 범의(고의)가 있었다고 할 수 없다.164)

방화죄가 기수가 되는 시점에 대하여 독립연소설, 효용상실설, 중요부분연소개시설, 일부손괴설 등이 있으나 판례는 불이 매개물을 떠나 목적물에서 독립하여 연소할 수 있는 상태에 이르렀을 때 방화죄의 기수로 보는 독립연소설에 의한다. 일반인의 시각에서는 집이 불타 무너지면 기수가 되는 것이 아닌가 생각할 수 있지만 화재의 성질상 불이 목적물에 붙게 되면 기수가 된다.

【현주건조물방화죄의 기수시기】 피해자의 사체 위에 옷가지 등을 올려놓고 불을 붙인 천 조각을 던져서 그 불길이 방안을 태우면서 천정에까지 옮겨 붙었다면 도중에 진화되었다고 하더라도 일단 천정에 옮겨 붙은 때에 이미 현주건조물방화죄의 기수에 이른 것이다.165)

(2) 공용건조물 등 방화죄(제165조)는 각종 관공서건물, 공공도서관 등 공용 또는 공익에 이용되는 건조물 등이 행위객체이므로, 동시에 사람의 주거에 사용되는 경우에는 현주건조물 등 방화죄가 성립한다. 일반건조물 등 방화죄(제166조)는 위 제164, 165조에 해당하지 않는 건조물, 기차, 전차, 자동차, 선박, 항공기 또는 광갱의 경우에 성립한다. 그 물건이 자기의 소유물인 경우에는(제2항) 공공의 위험이 발생하면 처벌된다. 일반물건방화죄(제167조)는 불을 놓아 위의 3개 범죄에 기재된 이외의 물건을 불태우는 범죄로서 공공이 위험을 발생시켜야 성립한다. 그 물건이 타인의 것인 경우에는 제1항, 자기의 소유물인 경우에는 제2항으로 처벌된다.

【무주물에 불을 놓아 공공의 위험을 발생시킨 경우】 노상에서 전봇대 주변에 놓인 재활

---

164) 대판 1984.7.24, 84도1245.
165) 대판 2007.3.16, 2006도9164.

용품과 쓰레기 등에 불을 놓아 소훼한 사안에서, 그 재활용품과 쓰레기 등은 '무주물'로서 형법 제167조 제2항에 정한 '자기 소유의 물건'에 준하는 것으로 보아야 하므로, 여기에 불을 붙인 후 불상의 가연물을 집어넣어 그 화염을 키움으로써 전선을 비롯한 주변의 가연물에 손상을 입히거나 바람에 의하여 다른 곳으로 불이 옮아붙을 수 있는 공공의 위험을 발생하게 하였다면, 일반물건방화죄가 성립한다.166)

(3) 연소죄(延燒罪, 제168조)는 자기 소유의 일반건조물이나 자기 소유의 일반물건에 대한 방화행위로 인하여 타인 소유의 건조물 등에 불이 옮겨 붙은 경우(이를 연소라고 한다)에 성립하는 범죄이다. 타인 소유의 건조물 등에 연소되는 것에 대하여 과실이 있는 경우를 말하며 처음부터 고의로 불을 옮겨 붙게 한 경우에는 연소죄가 아니라 각각 해당 범죄가 바로 성립한다.

(4) 진화방해죄(제169조)는 화재가 발생한 때에 진화용의 시설이나 물건을 은닉, 손괴하거나 다른 방법으로 진화를 방해하는 행위이다. 소화전, 소방차, 소화기 등이 이에 해당한다. 진화방해는 예를 들어 소방차의 통행을 막는다든지 화재신고를 못하도록 한다든지, 소방관의 진화활동을 방해하는 행위 등이다.

(5) 실화죄는 단순실화죄(제170조)와 업무상 실화·중실화죄(제171조)가 있다. 업무관계에서 화기를 취급하는 사람에 의한 업무상 실화와 중대한 과실이 있는 실화는 더 무겁게 처벌된다. 과실이 있었는가에 대한 판단은 구체적인 사건에 있어서 개별적인 사실관계에 대한 판단에 의한다.167)

【전기차단기를 내리지 않아 전기합선으로 불이 난 경우】실화죄가 성립하기 위하여는 일반적으로 요구되는 주의의무의 태만으로 현주건조물 등을 소훼하여야 하는바 피고인 소유건물이 축조된 지 약 15년이 지나 노후되고 그 안에 설치된 전선도 비교적 오래된 상태이었으며, 그 건물 안에 위치한 두 개의 점포가 같은 전선을 사용함에 따라 전기사용량이 비교적 많았다고 하더라도, 합선이나 누전 등을 예상할 수 있는 보다 구체적인 어떤 특별한 사정이 존재하지 않는다면 일반적으로 당연히 합선 등의 사고발생을 예상하여 이를 방지하기 위한 조치를 취할 주의의무가 있다고 할 수는 없으므로, 또 집을 비

---

166) 대판 2009.10.15, 2009도7421.
167) 경범죄처벌법 제3조 제1항 제22호의 위험한 불씨 사용행위(충분한 주의를 하지 아니하고 건조물, 수풀, 그 밖에 불붙기 쉬운 물건 가까이에서 불을 피우거나 휘발유 또는 그 밖에 불이 옮아붙기 쉬운 물건 가까이에서 불씨를 사용한 사람)가 실화로 연결되는 경우가 많다.

우면서 전기차단기를 내려서 전기가 옥내로 들어오지 않도록 하지 아니함으로써 전기의 합선으로 인한 화재가 발생하였다 하더라도, 이를 위 실화죄의 구성요건인 과실에 해당한다고는 하기 어렵다.[168]

【중국음식점 주인이 주방의 조리대 주변과 환풍구의 인화성 기름찌꺼기 등을 제대로 청소하지 않아 화덕에 남아 있던 불씨가 환풍구를 통하여 건물 전체에 번져 건물이 소훼된 사건】 중국음식점 주인은 주방에서 화덕의 취급을 소홀히 하면 주방조리대 주변과 환풍구 등에 묻어 있던 기름찌꺼기에 불이 붙어 화재가 발생할 수 있다는 사실을 잘 알고 있으므로, 화덕의 불을 완전히 끄고 가스밸브를 잠그는 등 안전조치를 취하여 화재의 발생을 미리 막아야 할 주의의무가 있음에도 불구하고, 이를 게을리 하여 평소에 조리대 주변과 환풍구의 기름찌꺼기 등 불이 쉽게 붙을 수 있는 이물질들을 청소하거나 조리 후 화덕의 불씨 등이 남아 환풍기에 옮겨 붙지는 않았는지 충분히 확인하는 등의 조치를 취하지 아니한 과실로, 그 무렵 화덕에 남아 있던 불씨가 환풍구 기름찌꺼기에 붙게 하고 불길이 환풍구를 따라 올라가 플라스틱 환풍구 연결통로를 통하여 그 건물 전체에 번지게 하여 소훼하였다면 실화의 죄책이 인정된다.[169]

Ⅳ. 일수(溢水)와 수리(水利)의 죄

제177조(현주건조물등에의 일수) ① 물을 넘겨 사람이 주거에 사용하거나 사람이 현존하는 건조물, 기차, 전차, 자동차, 선박, 항공기 또는 광갱을 침해한 자는 무기 또는 3년 이상의 징역에 처한다.
② 제1항의 죄를 범하여 사람을 상해에 이르게 한 때에는 무기 또는 5년 이상의 징역에 처한다. 사망에 이르게 한 때에는 무기 또는 7년 이상의 징역에 처한다.
제178조(공용건조물 등에의 일수) 물을 넘겨 공용 또는 공익에 공하는 건조물, 기차, 전차, 자동차, 선박, 항공기 또는 광갱을 침해한 자는 무기 또는 2년 이상의 징역에 처한다.
제179조(일반건조물 등에의 일수) ① 물을 넘겨 전 2조에 기재한 이외의 건조물, 기차, 전차, 자동차, 선박, 항공기 또는 광갱 기타 타인의 재산을 침해한 자는 1년 이상 10년 이하의 징역에 처한다.
② 자기의 소유에 속하는 전항의 물건을 침해하여 공공의 위험을 발생하게 한 때에는 3년 이하의 징역 또는 700만원 이하의 벌금에 처한다.
③ 제176조의 규정은 본조의 경우에 준용한다.

---

168) 서울형사지법 1991.7.2, 91노331 제4부 판결(확정).
169) 서울중앙지법 2004.9.23, 2003고정1496 판결(항소).

제180조(방수방해) 수재(水災)에 있어서 방수용의 시설 또는 물건을 손괴 또는 은닉하거나 기타 방법으로 방수를 방해한 자는 10년 이하의 징역에 처한다.
제181조(과실일수) 과실로 인하여 제177조 또는 제178조에 기재한 물건을 침해한 자 또는 제179조에 기재한 물건을 침해하여 공공의 위험을 발생하게 한 자는 1천만원 이하의 벌금에 처한다.
제184조(수리방해) 둑을 무너뜨리거나 수문을 파괴하거나 그 밖의 방법으로 수리(水利)를 방해한 자는 5년 이하의 징역 또는 700만원 이하의 벌금에 처한다.

불에 의하여 공공의 위험을 발생시키는 방화죄나 실화죄와 마찬가지로 본죄는 물에 의하여 공공의 위험을 발생시키는 범죄이다. 해일이나 홍수 또는 제방의 붕괴에서 보듯이 물에 의하여 사람이나 재산에 대한 피해가 매우 클 수 있다. 물과 불의 차이가 있다는 점을 제외하면 범죄구조는 비슷하다.

(1) 현주건조물 등 일수, 일수치상·치사죄(제177조)는 물을 넘겨 주거에 사용하거나 사람의 현존하는 건조물, 기차, 전차, 자동차, 선박, 항공기 또는 광갱을 침해하는 범죄이다. '물을 넘긴다', 즉 일수란 제방 등에 의하여 통제되는 물을 방출시켜 통제가 불가능하게 하는 것을 말한다. 둑을 무너뜨리거나 수문을 열어놓는 것이 이에 해당된다. 공용건조물 등 일수죄(제178조), 일반건조물 등 일수죄(제179조)는 물을 넘긴다는 점을 제외하고는 방화죄의 경우와 동일하다.

(2) 방수(防水)방해죄(제180조)는 진화방해죄에 상응하는 죄로서, 수재시 방수용의 시설이나 물건을 손괴, 은닉 기타의 방법으로 방수활동을 방해하는 범죄이다. 공무원의 방수활동에 대한 단순한 협조거부는 '경범죄처벌법170)의 처벌대상이다.

(3) 과실일수죄(제181조)는 실화죄와 비교되는 범죄이고, 수리방해죄(제184조)는 제방을 무너뜨리거나 수문을 파괴하거나 기타 방법으로 수리를 방해하는 범죄이다. 수리권을 보호하는 것인데 수리권의 구체적인 근거는 법령, 계약이나 관습에 의한 경우가 포함된다. 결궤(決潰)란 제방을 헐거나 무너뜨려 가두어둔 물을 일시에 방출시키는 행위이다.

---

170) 경범죄처벌법 제3조 제1항 제29호(공무원 원조불응) 눈·비·바람·해일·지진 등으로 인한 재해, 화재·교통사고·범죄, 그 밖의 급작스러운 사고가 발생하였을 때에 현장에 있으면서도 정당한 이유 없이 관계 공무원 또는 이를 돕는 사람의 현장출입에 관한 지시에 따르지 아니하거나 공무원이 도움을 요청하여도 도움을 주지 아니한 사람.

【수리방해죄의 의미: 하수관을 막은 경우】농촌주택에서 배출되는 생활하수의 배수관 (소형 PVC관)을 토사로 막아 하수가 내려가지 못하게 한 사건에서 법원은 수리방해죄에서의 '수리'라 함은, 관개용·목축용·발전이나 수차 등의 동력용·상수도의 원천용 등 널리 물이라는 천연자원을 사람의 생활에 유익하게 사용하는 것을 가리키고(다만, 형법 제185조의 교통방해죄 또는 형법 제195조의 수도불통죄의 경우 등 다른 규정에 의하여 보호되는 형태의 물의 이용은 제외될 것이다), 수리를 방해한다 함은 제방을 무너뜨리거나 수문을 파괴하는 등 위 조문에 예시된 것을 포함하여 저수시설, 유수로나 송·인수시설 또는 이들에 부설된 여러 수리용 장치를 손괴·변경하거나 효용을 해침으로써 수리에 지장을 일으키는 행위를 가리키며, 나아가 수리방해죄는 타인의 수리권을 보호법익으로 하므로 수리방해죄가 성립하기 위하여는 법령, 계약 또는 관습 등에 의하여 타인의 권리에 속한다고 인정될 수 있는 물의 이용을 방해하는 것이어야 한다.

원천 내지 자원으로서의 물의 이용이 아니라, 하수나 폐수 등 이용이 끝난 물을 배수로를 통하여 내려보내는 것은 형법 제184조 소정의 수리에 해당한다고 할 수 없고, 그러한 배수 또는 하수처리를 방해하는 행위는, 특히 그 배수가 수리용의 인수와 밀접하게 연결되어 있어서 그 배수의 방해가 직접 인수에까지 지장을 초래한다는 등의 특수한 경우가 아닌 한, 수리방해죄의 대상이 될 수 없다.171)

【농촌마을사람들의 저수지 사용권】피고인이 전북 김제군 소재 1940평을 매수하여 그 소유권을 취득하게 되자, 이를 논으로 경작할 목적으로 1966.4.25. 10:00경 위 유지의 제방 약 3미터 가량을 삽으로 파서 결궤하여 그 유지에 담겨져 있는 물을 전부 흘러내려 보내어서 그 유지의 밑에 있는 경작자들로 하여금 위 유지의 저수를 이용할 수 없게 한 사건에서, 대법원은 몽리민들이 계속하여 20년 이상 평온 공연하게 본건 유지의 물을 사용하여 소유농지를 경작하여 왔다면 그 유지의 물을 사용할 권리가 있다고 할 것이므로 그 권리를 침해하는 행위는 수리방해죄를 구성한다172)고 판단하였다.

V. 교통방해의 죄

제185조(일반교통방해) 육로, 수로 또는 교량을 손괴 또는 불통하게 하거나 기타 방법으로 교통을 방해한 자는 10년 이하의 징역 또는 1천500만원 이하의 벌금에 처한다.
제186조(기차, 선박 등의 교통방해) 궤도, 등대 또는 표지를 손괴하거나 기타 방법으로

---

171) 대판 2001.6.26, 2001도404.
172) 대판 1968.2.20, 67도1677.

기차, 전차, 자동차, 선박 또는 항공기의 교통을 방해한 자는 1년 이상의 유기징역에 처한다.
제187조(기차 등의 전복 등) 사람의 현존하는 기차, 전차, 자동차, 선박 또는 항공기를
전복, 매몰, 추락 또는 파괴한 자는 무기 또는 3년 이상의 징역에 처한다.
제188조(교통방해치사상) 제185조 내지 제187조의 죄를 범하여 사람을 상해에 이르게 한
때에는 무기 또는 3년 이상의 징역에 처한다. 사망에 이르게 한 때에는 무기 또는 5년 이
상의 징역에 처한다.
제189조(과실, 업무상과실, 중과실) ①과실로 인하여 제185조 내지 제187조의 죄를 범한
자는 1천만원 이하의 벌금에 처한다.
② 업무상과실 또는 중대한 과실로 인하여 제185조 내지 제187조의 죄를 범한 자는 3년
이하의 금고 또는 2천만원 이하의 벌금에 처한다.

교통소통을 방해하거나 각종 교통설비를 손괴하는 행위를 처벌하는 범죄이다.
오늘날 교통의 중요성이 커지는 것만큼 교통방해행위로 처벌되는 경우가 많아질
수 있다. 본죄는 현실적으로 교통이 방해받지 않더라도 방해받을 위험성이 있으면
처벌된다. 최근에는 보복운전이나 폭주족의 행위가 문제되는 경우가 많다.

(1) 일반교통방해죄의 대상은 육로, 수로 또는 교량이다. 육로란 불특정 다수인
이나 차량 등의 통행에 사용되는 공공성이 있는 육상도로를 말하며, 사유지인 도
로라도 무관하다. 수로는 선박의 항해에 이용되는 바다, 강, 호수의 해상로를 말
한다. 교량은 일반의 통행에 사용되는 것이며 육교도 포함된다. 본죄의 행위는 이
러한 목적물을 손괴, 불통하게 하거나 기타 방법으로 교통을 방해하는 것이다. 차
량이 왕래하는 도로 한 가운데 자동차를 세워 놓은 것이 해당된다. 또 운전자를
폭행하여 통행을 차단하거나, 교통표지판을 제거하는 행위, 고속도로 위에 위험한
물건을 던져놓은 행위, 도로를 역주행하는 행위도 포함된다.

【아파트 앞 무단주차로 교통방해】 아파트 입구에 차를 둬 교통흐름을 방해하고, 신고를
받고 출동한 경찰을 폭행한 박모씨(71)에게 벌금 500만원이 확정됐다. 대법원은 일반교
통방해, 공무집행방해, 도로교통법위반(음주측정 거부)으로 기소된 박씨에게 벌금 500만
원을 선고한 원심을 확정했다고 밝혔다. 박씨는 지난 2008년 경남 마산시의 한 아파트
단지 앞에 둔 자신의 차를 옮겨달라는 주민센터 직원의 요구에, 아파트 후문 입구 도로
한 가운데로 차를 옮겨 교통을 방해한 혐의를 받았다. 이후 신고를 받은 경관이 출동
해 '차를 빼지 않으면 교통방해죄로 현행범 체포하겠다'고 하자 욕설을 하며 주먹으로
경관을 폭행했으며, 경관이 요구한 음주측정도 거부했다. 이에 대해 박씨는 '차량 흐름
이 크게 방해받은 것은 아니다'고 주장했다. 당시 주차로 인해 차량 1대가 겨우 다닐

수 있는 공간만 있었다. 하지만 대법원은 '자동차의 통행이 완전히 불가능하게 된 것은 아니라는 사정만으로 일반교통방해죄에 해당하지 않는다 할 수 없다'고 판단했다.173)

【인천공항 터미널 승하차장 주차사건】인천국제공항여객터미널 1층 5A번 버스정류장 앞 노상에서, 공항리무진 버스 외의 다른 차의 주차가 금지된 구역에 카니발 밴 차량을 40분 가량 세워두고 호객 영업을 하는 방법으로 그 곳을 통행하는 버스의 교통을 곤란하게 함으로써 육로의 교통을 방해하였다고 하여 형법 제185조의 일반교통방해죄로 기소된 사건에서, 피고인이 카니발 밴 차량을 40분 가량 주차한 장소는 위 여객터미널 도로 중에서 공항리무진 버스들이 승객들을 승·하차시키는 장소로서 일반 차량들의 주차가 금지된 구역이기는 하지만 위와 같이 주차한 장소의 옆 차로를 통하여 다른 차량들이 충분히 통행할 수 있었을 것으로 보이고, 피고인의 위와 같은 주차행위로 인하여 공항리무진 버스가 출발할 때 후진을 하여 차로를 바꾸어 진출해야 하는 불편을 겪기는 하였지만 통행이 불가능하거나 현저히 곤란하게 한 것으로 볼 수 없어 형법 제185조의 일반교통방해죄를 구성하지 않는다174)고 판단하였다.

(2) 기차 등의 교통방해죄는 일반교통방해죄와 행위객체의 측면에서 구별된다. 궤도란 일반교통에 제공하기 위하여 지상에 설치된 궤도를 말하며 반드시 철도법상의 궤도만 한정되지 않는다. 표지란 교통신호나 안전운행을 위하여 설치된 교통시설물을 말한다. 교통신호등, 건널목 차단기 등을 손괴하거나 선로에 위험한 물건을 놓은 행위가 이에 해당한다.

【기찻길에서 자살시도 50대 '기차교통방해' 실형】수원지법은 기찻길에서 자살을 시도해 열차 통행을 방해한 혐의(기차교통방해 등)로 기소된 A(51)씨에게 징역 6월을 선고했다. 재판부는 판결문에서 '기차의 안전이 침해될 경우 자칫 대형 참사로 이어질 수 있고 열차를 이용하는 다수의 시민들에게 큰 불편을 초래할 수 있다는 점에서 피고인의 범행은 사안이 가볍지 않다'고 밝혔다. 이어 '형법이 기차교통방해죄에 대해 일반교통방해죄보다 무거운 형을 규정하고 있지만 피고인이 처지를 비관한 나머지 충동적으로 범행을 저지른 점, 열차 운행 지연 시간이 상당히 짧은 점 등을 고려했다'고 선고이유를 설명했다. A씨는 새벽 천안역내 경부선 상행선 선로 위에서 처지를 비관해 자살하려고 선로 위해 누운 뒤 이를 제지하는 철도 경찰관에게 욕을 하고 다시 선로 위에 뛰어든 혐의로 기소

---

173) 매일경제 2012.9.20.자.
174) 대판 2009.7.9, 2009도4266.

됐다. 당시 천안역을 통과하려던 부산발 서울행 열차는 이로 인해 역에 진입하기 전에 정차해 사고로 이어지지 않았지만 2분여간 열차 운행이 지연됐다.[175)]

제15관 공공의 신용에 관한 죄

통화에 관한 죄 , 문서에 관한 죄, 인장에 관한 죄가 이에 해당된다. 화폐와 문서, 도장은 경제거래에 필수적인 요소인데 이것을 위조, 변조하여 유통하게 되면 한 국가의 신용이 흔들리게 되므로 실무상으로도 중대범죄로 취급된다.

Ⅰ. 통화에 관한 죄

제207조(통화의 위조 등) ① 행사할 목적으로 통용하는 대한민국의 화폐, 지폐 또는 은행권을 위조 또는 변조한 자는 무기 또는 2년 이상의 징역에 처한다.
② 행사할 목적으로 내국에서 유통하는 외국의 화폐, 지폐 또는 은행권을 위조 또는 변조한 자는 1년 이상의 유기징역에 처한다.
③ 행사할 목적으로 외국에서 통용하는 외국의 화폐, 지폐 또는 은행권을 위조 또는 변조한 자는 10년 이하의 징역에 처한다.
④ 위조 또는 변조한 전 3항 기재의 통화를 행사하거나 행사할 목적으로 수입 또는 수출한 자는 그 위조 또는 변조의 각 죄에 정한 형에 처한다.
제208조(위조통화의 취득) 행사할 목적으로 위조 또는 변조한 제207조 기재의 통화를 취득한 자는 5년 이하의 징역 또는 1천500만원 이하의 벌금에 처한다.
제210조(위조통화취득 후의 지정행사) 제207조에 기재한 통화를 취득한 후 그 정을 알고 행사한 자는 2년 이하의 징역 또는 500만원 이하의 벌금에 처한다.
제211조(통화유사물의 제조 등) ① 판매할 목적으로 내국 또는 외국에서 통용하거나 유통하는 화폐, 지폐 또는 은행권에 유사한 물건을 제조, 수입 또는 수출한 자는 3년 이하의 징역 또는 700만원 이하의 벌금에 처한다.
② 전항의 물건을 판매한 자도 전항의 형과 같다.
제212조(미수범) 제207조, 제208조와 전조의 미수범은 처벌한다.
제213조(예비, 음모) 제207조 제1항 내지 제3항의 죄를 범할 목적으로 예비 또는 음모한 자는 5년 이하의 징역에 처한다. 단, 그 목적한 죄의 실행에 이르기 전에 자수한 때에는 그 형을 감경 또는 면제한다.

---

175) 연합뉴스 2013.1.19.자.

1. 본죄의 의의

통화에 관한 죄는 화폐의 중요성에 비추어 화폐에 대한 각종 위조, 변조행위 등을 처벌하는 것이다. 종전에는 일부 전문위조범에 의하여 저질러졌으나 최근에는 복사기술의 발달로 인하여 일반인에 의한 화폐위조행위가 증가하고 있다. 그러나 통화위조행위는 국가의 경제적 신용을 중대하게 침해하는 범죄로서 매우 엄격하게 처벌된다. 국내통화 뿐만 아니라 외국통화에 대한 범죄도 처벌하며 위조, 변조행위 이외에 위조통화의 취득, 수입, 수출 등의 행위도 처벌된다.

2. 통화위조 · 변조죄

본죄의 대상은 대한민국의 통화이다. 통화란 금액이 표시된 지급수단으로서 국가나 발행권자에 의하여 강제적인 통용력이 부여된 것이다. 화폐, 지폐, 주화, 한국은행권이 이에 해당된다. 강제통용력이 없는 기념주화, 옛날화폐는 통화에 해당하지 않는다.

위조란 통화발행권이 없는 자가 통화와 유사한 모습을 갖춘 물건을 제작하는 것을 말한다. 무엇을 재료로 하였는가는 문제되지 않으며 기존 통화와의 유사성을 갖는 외관을 갖추는가가 문제된다. 진정통화(정상적인 진화)와 혼동을 일으킬 정도이어야 위조가 된다. 그 정도에 미치지 못하는 경우에는 통화유사물제조죄(제211조)나 통화위조미수죄가 성립한다. 기존의 진화를 여러 조각으로 나눈 뒤 모자이크식으로 합성하여 만든 행위도 위조에 해당한다.

【시신 노잣돈에 쓰려 지폐 위조한 장례지도사 입건】 지폐를 위조해 시신 노잣돈에 사용한 장례지도사들이 경찰에 붙잡혔다. 경기도 분당경찰서는 컬러복사기를 이용해 만원권 지폐를 위조해 사용한 혐의로 장례지도사 이모(53)씨 등 3명을 불구속 입건했다고 밝혔다. 경찰에 따르면 이씨 등은 성남시 분당구 한국마사회 분당지점 경마장에서 컬러복사기로 복사한 1만원권 지폐 9장 중 2장을 택시비 등에 사용한 혐의를 받고 있다. 이들은 경찰에서 "시신 염을 할 때 노잣돈 용도로 돈을 복사했다"고 진술했다. 경찰은 컬러복사기와 위조지폐 1만원권 3장을 압수하는 한편 이들의 여죄를 캐고 있다.176)

---

176) CBS노컷뉴스 2013.3.20.자.

【컬러복사기로 위조지폐 만든 20대 영장】 울산 남부경찰서는 컬러복사기로 위조지폐를 만들어 사용한 혐의(통화위조 등)로 안모(20)씨에 대해 구속영장을 신청했다. 안씨는 울산시 남구 신정동의 한 편의점에 들어가 문화상품권 6만원어치를 1만원권 위조지폐로 구입한 혐의를 받고 있다. 안씨는 이튿날에도 남구 달동의 슈퍼마켓에서 800원짜리 음료수를 1만원권 위조지폐로 사고 거스름돈을 챙겼으며 같은 동네 편의점에서도 위조지폐를 사용한 것으로 드러났다. 안씨는 이에 앞서 남구 신정동 자신의 어머니가 사는 원룸에 컬러복사기를 설치하고 1만원권 위조지폐 20매를 만들었다고 경찰은 밝혔다. 경찰의 한 관계자는 "안씨는 특별한 직업이 없는데 용돈이 필요해 범행했다고 진술했다"고 말했다.[177]

【통화위조로 인정되기 위한 위조의 정도】 피고인들이 한국은행발행 일만원권 지폐의 앞, 뒷면을 전자복사기로 복사하고 비슷한 크기로 잘라 진정한 지폐와 유사한 형태로 만들어낸 사실은 인정되나, 증거에 의하면 그 복사상태가 정밀하지 못하고 진정한 통화의 색채를 갖추지 못한 흑백으로만 되어 있어 이는 객관적으로 진정한 것으로 오인할 정도에 이르지 못한 것에 불과하며 실제로 공소외 김00(행사의 상대방)은 야간에 택시 안에서도 이를 진정한 것으로 오인한바 없으니 피고인들이 위조행사하였다는 위조통화는 통화위조죄와 그 행사죄의 객체가 될 수 없어 피고인들의 소위는 통화위조죄와 위조통화행사죄를 구성하지 않는다.[178]

변조란 진화에 가공을 하여 위화를 진화처럼 보이게 하는 것을 말한다. 그러므로 진화처럼 보이게 하는 것이 아닌 가공행위는 변조에 해당하지 않는다. 예를 들어 주화(동전)을 자동판매기에 맞도록 크거나 작게 만들어 사용하는 것은 변조행위가 아니다.

【500원 동전을 일본 500엔 동전크기로 깎은 사건】 한국은행발행 500원짜리 주화와 일본국의 500¥짜리 주화는 그 재질 및 크기가 유사하여 한국은행발행 500원짜리 주화의 표면을 깎아내어 일본국의 500¥짜리 주화의 무게와 같도록 하면 이를 일본국의 자동판매기 등에 투입하여 일본국의 500¥짜리 주화처럼 사용할 수 있는 사실, 이에 착안한 피고인들은 한국은행발행 500원짜리 주화를 매집한 다음, 일부는 앞면의 학 문양 부분을 선반으로 깎아내고 그 나머지는 일본에서 가공하기로 하여 그 전부를 일본국에 밀반출한 사실, 이와 같이 가공한 주화는 그 이전의 주화와 비교하여, 앞면의 학 문양 일부가 깎여나가 무게가 약간 줄어들었을 뿐이고 그 크기와 모양, 앞면의 다른 문양 및 500원

---

177) 연합뉴스 2013.4.4.자.
178) 대판 1986.3.25, 86도255.

이라는 액면이 표시된 뒷면의 문양은 그대로 남아있어 동일한 경우에, 대법원은 피고인
들이 한국은행발행 500원짜리 주화의 표면 일부를 깎아내어 손상을 가하였지만 그 크기
와 모양 및 대부분의 문양이 그대로 남아 있어, 이로써 기존의 500원짜리 주화의 명목
가치나 실질가치가 변경되었다거나, 객관적으로 보아 일반인으로 하여금 일본국의 500
¥짜리 주화로 오신케 할 정도의 새로운 화폐를 만들어 낸 것이라고 볼 수 없고, 일본국
의 자동판매기 등이 위와 같이 가공된 주화를 일본국의 500¥짜리 주화로 오인한다는
사정만을 들어 그 명목가치가 일본국의 500¥으로 변경되었다거나 일반인으로 하여금 일
본국의 500¥짜리 주화로 오신케 할 정도에 이르렀다고 볼 수도 없다[179]고 판단하였다.

본죄가 성립되기 위한 주관적 구성요건으로는 위조 · 변조의 고의와 행사의 목
적이 있어야 한다. 즉 본죄가 성립하기 위해서는 첫째, 통화를 위조 또는 변조한
다는 고의가 필요하다. 둘째 위화를 진화처럼 사용하겠다는 목적(이를 '행사의 목적'
이라고 한다)이 있어야 한다. 제3자가 사용하게 하는 것도 포함되지만 단순히 복사
기의 성능을 실험하기 위해서나 자신의 모조기술을 보이기 위한 행위는 범죄가
성립하지 않는다.

3. 외국통화 위조 · 변조죄

본죄는 행사할 목적으로 내국에서 유통하는 외국의 통화(화폐, 지폐, 은행권)를
위조 또는 변조하거나(제2항), 행사할 목적으로 외국에서 통용하는 외국의 통화를
위조 또는 변조함으로써 성립한다(제3항). 예를 들어 우리나라에서 미국 달러화를
위조, 변조하거나 미국에서 미국달러화를 위조, 변조하는 행위를 하면 성립한다.

4. 위조 · 변조통화행사죄, 수입 · 수출죄

본죄는 위조나 변조된 대한민국이나 외국의 통화를 행사하거나, 행사할 목적으
로 수입 또는 수출함으로써 성립한다. 행사란 위조나 변조된 통화를 진정한 것으
로(진짜 화폐로) 사용하는 것을 말하며, 행사의 목적이나 동기는 불문한다. 위조화
폐를 물건구입대금으로 지불하거나 기부금으로 주거나 애인에게 용돈으로 사용하
라고 증여하거나, 자동판매기에 투입하는 행위가 이에 해당된다. 또한 위조화폐인

---

179) 대판 2002.1.11, 2000도3950.

줄 모르는 다른 사람에게 위조화폐를 건네주면서 물건을 사오라고 시키는 행위도 처벌된다.

통화를 위조, 변조한 자가 위조화폐를 다시 사용하게 되면 통화위조죄와 위조통화행사죄가 각각 성립한다. 또한 위조통화를 사용하여 물건을 구입하면 위조통화행사죄와 사기죄가 각각 성립한다.

5. 위조 · 변조통화 취득죄

본죄는 행사할 목적으로 위조, 변조된 대한민국이나 외국의 통화를 취득하는 범죄이다. '취득한다'는 것은 유상이든 무상이든 불문하고 위조통화를 자기의 점유로 옮겨 놓은 것을 말한다. 따라서 매매나 증여같이 합법적 방법과 훔치는 것과 같이 불법적인 방법 모두 본죄가 성립한다.

6. 위조 · 변조통화 취득 후 지정(知情)행사죄

본죄는 처음에는 위조나 변조된 통화임을 모르고 취득한 후에 비로소 그 사정을 알고(知情) 그 통화를 사용하는 범죄이다. 위조나 변조된 통화를 모르고 취득한 사람은 자신이 손해를 입지 않기 위하여 다시 사용하는 경우가 있을 수 있으므로 처벌은 하지만 형을 감경하여 처벌한다. 다만 사기죄도 성립할 것인가에 대해서는 논란이 있다.

【위조지폐로 담배 구입하려 한 20대】경기 수원남부경찰서는 복사한 만원짜리를 사용하려 한 정모씨(20)을 위조통화취득후지정행사죄 등의 혐의로 붙잡아 조사 중이다. 정씨는 오후 11시55분께 문모씨(55. 여)가 운영하는 담배가게에서 복합기로 복사한 1만원권 지폐를 사용하려한 혐의를 받고 있다. 경찰조사 결과 정씨는 아버지가 장식용으로 복사해 냉장고에 붙여둔 것을 용돈이 없어 가지고 나와 이같은 범행을 저지른 것으로 드러났다.[180]

7. 통화유사물 제조, 수입, 수출, 판매죄

본죄는 판매할 목적으로 내국 또는 외국에서 통용하거나 유통하는 통화유사물

180) 뉴시스 2007.1.30.자.

을 제조, 수입, 수출하거나 판매하는 범죄이다. '통화유사물'이란 진화(진정한 화폐)
와 유사한 외관은 갖추었지만 위조·변조라고 할 정도의 유사성을 지니지 못한 것
을 말한다. 즉 일반인이 진화라고 믿을 만한 정도에 이르지 못한 일종의 통화모조
품을 말한다.

【10원짜리 동전 녹여 팔아 2억원 번 일당 적발】 한국은행법[181] 위반사건
  10원짜리 동전 600만개를 녹여 구리성분을 추출해 되판 일당 8명이 경찰에 붙잡혔다.
경기 분당경찰서는 융해공장 업주 이모씨(57)와 동전 중간수집책 이모씨(53) 등 2명을
한국은행법 위반 혐의로 구속하고, 동전 수집책 이모씨(50)와 융해공장 직원 최모씨(51)
등 6명을 불구속 입건했다. 구형 10원짜리 동전은 지름 22.86㎜, 무게 4.06g으로, 구리
(65%)와 아연(35%)으로 합금 제조됐다. 화폐로서의 가치는 10원이지만, 녹여서 금속으
로 팔 경우 2.5배에 달하는 25원 가량의 가치가 있다고 경찰은 설명했다. 이씨 등은 지
난 6개월 동안 전국 은행을 돌며 수집한 10원짜리 동전 600만개(24t)를 녹여 구리를
추출한 뒤 되팔아 2억원 상당의 부당이득을 취한 혐의를 받고 있다. 융해공장 업주 이
씨는 중간수집책 이씨가 모아온 동전을 녹여 구리 상태로 관련 업계에 팔거나, 수도계
량기용 부품 등으로 만들어 판매한 것으로 조사됐다. 중간수집책 이씨는 수집책 이씨가
전국 은행을 돌며 모아 온 10원짜리 동전을 1.5배가량 웃돈을 주고 매입했으며, 30%의
이득을 남기고 공장업주 이씨에게 판매해왔다. 공장업주 이씨는 중간수집책으로부터 공
급받은 동전을 녹여 70%의 이익을 남긴 것으로 파악됐다. 구형 10원짜리 동전 100만원
어치가 250만원 상당의 가치가 있다고 봤을 때 수집책 이씨는 100만원을 구형 동전으로
바꿔 중간수집책에 넘기면서 50만원을 벌었으며, 중간수집책 이씨는 30만원, 공장주 이
씨는 70만원을 챙긴 셈이다. 공장업주 이씨 등 이번에 검거된 일당 가운데 5명은 지난
해에도 같은 범죄로 경찰에 검거돼 처벌받았지만, 처벌 수위가 낮아 같은 범행을 반복했
다고 경찰은 설명했다. 한국은행법은 주화를 훼손하면 6개월 이하의 징역 또는 500만원
이하 벌금에 처하도록 하고 있다. 공장업주 이씨의 경우 지난해 범죄에서 징역 4월형을
선고받는데 그쳤으며, 2013년 같은 범죄로 검거됐을 땐 징역 4월에 집행유예 2년을 선
고받은 것으로 전해졌다. 경찰은 한 은행 관계자로부터 "누군가 신형 동전은 입금하고,
구형 동전만 수집해갔다"는 제보를 접수, 수사에 착수해 이씨 일당을 붙잡았다.

---

181) 한국은행법 제53조의2(주화의 훼손금지) 누구든지 한국은행의 허가 없이 영리를 목적으로
  주화를 다른 용도로 사용하기 위하여 융해·분쇄·압착, 그 밖의 방법으로 훼손하여서는
  아니 된다.
  제105조의2(벌칙) 제53조의2를 위반하여 주화를 훼손한 자는 6개월 이하의 징역 또는 500
  만원 이하의 벌금에 처한다.

II. 유가증권, 우표와 인지에 관한 죄

어음, 수표 등의 유가증권이나 우표, 인지는 문서의 성질을 가지기도 하지만 오늘날에는 화폐로서의 성격이 강하므로 통화에 관한 죄에 유사하게 처벌한다.

> **제214조(유가증권의 위조 등)** ① 행사할 목적으로 대한민국 또는 외국의 공채증서 기타 유가증권을 위조 또는 변조한 자는 10년 이하의 징역에 처한다.
> ② 행사할 목적으로 유가증권의 권리의무에 관한 기재를 위조 또는 변조한 자도 전항의 형과 같다.
> **제215조(자격모용에 의한 유가증권의 작성)** 행사할 목적으로 타인의 자격을 모용하여 유가증권을 작성하거나 유가증권의 권리 또는 의무에 관한 사항을 기재한 자는 10년 이하의 징역에 처한다.
> **제216조(허위유가증권의 작성 등)** 행사할 목적으로 허위의 유가증권을 작성하거나 유가증권에 허위사항을 기재한 자는 7년 이하의 징역 또는 3천만원 이하의 벌금에 처한다.
> **제217조(위조유가증권 등의 행사 등)** 위조, 변조, 작성 또는 허위기재한 전3조 기재의 유가증권을 행사하거나 행사할 목적으로 수입 또는 수출한 자는 10년 이하의 징역에 처한다.
> **제218조(인지·우표의 위조 등)** ① 행사할 목적으로 대한민국 또는 외국의 인지, 우표 기타 우편요금을 표시하는 증표를 위조 또는 변조한 자는 10년 이하의 징역에 처한다.
> ② 위조 또는 변조된 대한민국 또는 외국의 인지, 우표 기타 우편요금을 표시하는 증표를 행사하거나 행사할 목적으로 수입 또는 수출한 자도 제1항의 형과 같다.
> **제219조(위조인지·우표등의 취득)** 행사할 목적으로 위조 또는 변조한 대한민국 또는 외국의 인지, 우표 기타 우편요금을 표시하는 증표를 취득한 자는 3년 이하의 징역 또는 1천만원 이하의 벌금에 처한다.
> **제221조(소인말소)** 행사할 목적으로 대한민국 또는 외국의 인지, 우표 기타 우편요금을 표시하는 증표의 소인 기타 사용의 표지를 말소한 자는 1년 이하의 징역 또는 300만원 이하의 벌금에 처한다.
> **제222조(인지·우표유사물의 제조 등)** ① 판매할 목적으로 대한민국 또는 외국의 공채증서, 인지, 우표 기타 우편요금을 표시하는 증표와 유사한 물건을 제조, 수입 또는 수출한 자는 2년 이하의 징역 또는 500만원 이하의 벌금에 처한다.
> ② 전항의 물건을 판매한 자도 전항의 형과 같다.

1. 유가증권의 개념

유가증권이란 사법상 재산권을 나타내는 증권으로서 증권상에 표시된 재산상 권리의 행사와 처분에 반드시 그 증권의 점유를 필요로 하는 것을 말한다. 따라서

명칭이 무엇이 되었든 ① 어떤 권리가 증권에 표시된다는 성격(화체, 化體)과 ② 그 권리를 행사하거나 처분하는데 그 증권의 점유, 즉 소지한다는 것을 필요로 하면 유가증권이 된다.

구체적인 유가증권의 예로는 어음, 자기앞수표, 주식, 창고증권, 각종 국채나 공채, 창고증권, 상품권, 탑승권, 공중전화카드 등이 이에 해당한다. 그러나 식당이나 목욕탕에서의 신발표, 수리점의 물품보관증은 유가증권이 아니다(이를 면책증권이라고 한다).

2. 범죄유형

유가증권 등에 관한 범죄의 내용은 통화에 관한 죄 및 문서에 관한 죄와 구성이 비슷하다. 특별법으로 부정수표단속법이 있다.

Ⅲ. 문서에 관한 죄

문서가 진실하게 작성되고 사용되는 것은 사회의 거래의 안전을 위하여 중요하다. 형법은 공문서와 사문서를 구별하고 공문서에 대한 범죄행위를 더 무겁게 처벌하고 있다.

> 제225조(공문서등의 위조 · 변조) 행사할 목적으로 공무원 또는 공무소의 문서 또는 도화를 위조 또는 변조한 자는 10년 이하의 징역에 처한다.
> 제226조(자격모용에 의한 공문서 등의 작성) 행사할 목적으로 공무원 또는 공무소의 자격을 모용하여 문서 또는 도화를 작성한 자는 10년 이하의 징역에 처한다.
> 제227조(허위공문서작성등) 공무원이 행사할 목적으로 그 직무에 관하여 문서 또는 도화를 허위로 작성하거나 변개한 때에는 7년 이하의 징역 또는 2천만원 이하의 벌금에 처한다.
> 제227조의2(공전자기록위작 · 변작) 사무처리를 그르치게 할 목적으로 공무원 또는 공무소의 전자기록등 특수매체기록을 위작 또는 변작한 자는 10년 이하의 징역에 처한다.
> 제228조(공정증서원본 등의 부실기재) ① 공무원에 대하여 허위신고를 하여 공정증서원본 또는 이와 동일한 전자기록등 특수매체기록에 부실의 사실을 기재 또는 기록하게 한 자는 5년 이하의 징역 또는 1천만원 이하의 벌금에 처한다.
> ② 공무원에 대하여 허위신고를 하여 면허증, 허가증, 등록증 또는 여권에 부실의 사실을 기재하게 한 자는 3년 이하의 징역 또는 700만원 이하의 벌금에 처한다.
> 제229조(위조등 공문서의 행사) 제225조 내지 제228조의 죄에 의하여 만들어진 문서, 도

화, 전자기록등 특수매체기록, 공정증서원본, 면허증, 허가증, 등록증 또는 여권을 행사한 자는 그 각 죄에 정한 형에 처한다.

제230조(공문서 등의 부정행사) 공무원 또는 공무소의 문서 또는 도화를 부정 행사한 자는 2년 이하의 징역이나 금고 또는 500만원 이하의 벌금에 처한다.

제231조(사문서등의 위조 · 변조) 행사할 목적으로 권리 · 의무 또는 사실 증명에 관한 타인의 문서 또는 도화를 위조 또는 변조한 자는 5년 이하의 징역 또는 1천만원 이하의 벌금에 처한다.

제232조(자격모용에 의한 사문서의 작성) 행사할 목적으로 타인의 자격을 모용하여 권리· 의무 또는 사실증명에 관한 문서 또는 도화를 작성한 자는 5년 이하의 징역 또는 1천만원 이하의 벌금에 처한다.

제232조의2(사전자기록위작 · 변작) 사무처리를 그르치게 할 목적으로 권리·의무 또는 사실증명에 관한 타인의 전자기록등 특수매체기록을 위작 또는 변작한 자는 5년 이하의 징역 또는 1천만원 이하의 벌금에 처한다.

제233조(허위진단서등의 작성) 의사, 한의사, 치과의사 또는 조산사가 진단서, 검안서 또는 생사에 관한 증명서를 허위로 작성한 때에는 3년 이하의 징역이나 금고, 7년 이하의 자격정지 또는 3천만원 이하의 벌금에 처한다.

제234조(위조사문서등의 행사) 제231조 내지 제233조의 죄에 의하여 만들어진 문서, 도화 또는 전자기록등 특수매체기록을 행사한 자는 그 각 죄에 정한 형에 처한다.

제235조(미수범) 제225조 내지 제234조의 미수범은 처벌한다.

제236조(사문서의 부정행사) 권리 · 의무 또는 사실 증명에 관한 타인의 문서 또는 도화를 부정행사한 자는 1년 이하의 징역이나 금고 또는 300만원 이하의 벌금에 처한다.

제237조(자격정지의 병과) 제225조 내지 제227조의2 및 그 행사죄를 범하여 징역에 처할 경우에는 10년 이하의 자격정지를 병과할 수 있다.

제237조의2(복사문서등) 이 장의 죄에 있어서 전자복사기, 모사전송기 기타 이와 유사한 기기를 사용하여 복사한 문서 또는 도화의 사본도 문서 또는 도화로 본다.

1. 문서의 개념

(1) 문서의 의의

문서란 법률적 의미를 갖는 작성명의인(문서의 작성자)의 의사나 관념이 표현된 서류를 말한다. 따라서 사람의 생각이 들어있지 않고 단순히 기억을 되살리기 위한 메모는 문서가 아니다. 또 증명의 의미는 있지만 의사표시가 아니라 '어떤 것이 존재한다는 사실(존재사실)'만으로 증명을 하는 것(예를 들어 혈흔, 자동차바퀴자국, 지문 등)은 문서가 아니고 증거물이다. 즉 문서에서 중요한 것은 존재사실이 아니라 문서의 내용에 나타난 사람의 생각이 핵심이다.

형법개정으로 '전자기록 등 특수매체기록'도 문서에 포함되므로 컴퓨터에 의하여 생산된 기록지나 계산서도 문서가 된다. 문서에는 도화(圖畫, 그림)도 포함된다. 도화란 시각적 방법으로 사람의 의사나 관념이 표현된 형태를 말한다.

(2) 문서의 요소

문서로서 인정되기 위해서는 지속성(계속성), 증명기능, 보증기능이 있어야 한다.

① 지속성(계속성): 문서로서 인정되기 위해서는 사람의 생각이나 관념이 지속적으로 표시되어야 한다. 따라서 유리에 물로 계약서를 썼다면 문서가 될 수 없다. 그러나 글의 내용이 보이는 상태에서 사진을 찍어두었다면 그것이 문서로 인정될 수 있다. 그리고 외부에서 인식이 가능하도록(가시적으로) 표시되어야 한다. 따라서 말이나 대화는 문서가 될 수 없다. 녹음테이프, 음반, 컴퓨터데이터는 가시적으로 인식되기 어려워 문서가 아니라고 할 수 있으나 형법은 별도의 규정을 두어 이러한 '전자기록'을 문서로서 취급하고 있다.

상품의 유효기간, 생산지 표시도 사람의 의사가 표시된 것이므로 문서가 된다. 따라서 그 부분을 바꾸면 문서위조나 변조죄가 될 수 있다. 의사표시의 방법은 문자, 숫자, 시각장애인용 점자 등도 가능하다. 서명이나 낙관은 문서라기보다는 인장에 해당한다.

② 증명기능: 문서가 법률적으로나 사회생활상 중요사항에 대한 증거자료가 될 수 있어야 함을 말한다. 따라서 편지라도 문안편지라면 문서가 아니지만 거래관계에 관한 내용을 담고 있다면 문서가 된다. 계약서, 영수증, 유언장 등이 이에 해당한다.

③ 보증기능: 문서에 작성자, 즉 작성명의인이 명시되어 있어야 하고, 그렇지 않은 경우에는 작성명의인을 추정하는 것 등으로 명의인을 판단할 수 있어야 한다.

존재하지 않는 사람(허무인, 虛無人)이나 사망한 사람(사자, 死者)의 명의로 작성된 것은 허무인이나 사자명의라는 것이 명백하여 누구나 그 사실을 알 수 있는 경우(예를 들어 단군의 유언장)가 아니라면 문서로서 인정된다. 즉 실존하지 않는 사람의 문서를 함부로 만들어 내어도 진정한 문서로 오인할 위험성이 있기 때문에 범죄가 성립할 수 있다.

(3) 문서의 종류

문서에는 작성명의인에 따라 공문서와 사문서가 있다. 공문서는 공무소 또는 공무원이 직무와 관련하여 작성한 문서로서 위조·변조 등의 경우에 사문서보다 더 무겁게 처벌된다.

복사문서가 문서인가에 대하여 종전에는 긍정설과 부정설의 대립이 있었으나 형법은 제237조의2(복사문서등)를 신설하여 '이 장의 죄에 있어서 전자복사기, 모사전송기 기타 이와 유사한 기기를 사용하여 복사한 문서 또는 도화의 사본도 문서 또는 도화로 본다.'고 하여 문서로 인정하고 있다.

【복사문서의 문서성 인정 판례】① 사건개요: 피고인들은 공모하여 행사할 목적으로 1983.3.25. 공소외 김○○이 제1심 판시 골프장시설공사 도급권을 피고인 2에게 위임하는 내용의 사실증명에 관한 김○○ 명의의 위임장 1매를 위조한 다음 이를 전자복사하여 그 사본을 진정하게 성립된 것처럼 피해자 서○○에게 제시하여 행사하였다.

② 판결요지: (다수의견) 사진기나 복사기 등을 사용하여 기계적인 방법에 의하여 원본을 복사한 문서, 이른바 복사문서는 사본이더라도 필기의 방법 등에 의한 단순한 사본과는 달리 복사자의 의식이 개재할 여지가 없고, 그 내용에서부터 규모, 형태에 이르기까지 원본을 실제 그대로 재현하여 보여주므로 관계자로 하여금 그와 동일한 원본이 존재하는 것으로 믿게 할 뿐만 아니라 그 내용에 있어서도 원본 그 자체를 대하는 것과 같은 감각적 인식을 가지게 하고, 나아가 오늘날 일상거래에서 복사문서가 원본에 대신하는 증명수단으로서의 기능이 증대되고 있는 실정에 비추어 볼 때 이에 대한 사회적 신용을 보호할 필요가 있으므로 복사한 문서의 사본은 문서위조 및 동행사죄의 객체인 문서에 해당한다.

(반대의견) 위조한 문서를 전자복사기로써 복사본을 만들어 낸 경우에 그 복사본은 형법 제231조 소정의 문서라고 보기도 어려울 뿐 아니라 그 복사본을 만들어 낸 행위를 「타인명의로 문서를 작성하였다」고 할 수도 없어 그 행위가 형법 제231조 소정의 문서위조행위에 해당한다고 보기 어렵고, 그러한 경우 문서위조의 성립을 인정하는 것은 죄형법정주의의 원칙에 의하여 금지된 유추확장해석이 되며 같은 법조 소정의 문서의 개념속에 전자복사본은 포함되고 필사본은 포함되지 않는다고 해석한다면 그 규정을 다의적으로 해석하는 것이 되어 형법법규의 명확성에 반하는 결과가 된다.

(별개의견) 위조문서의 원본을 복사하는 행위 자체는 이미 위조가 완성되어 작성명의의 진정이 침해된 문서의 표시내용을 사본으로 재현하는 것에 불과하고 복사로서 새롭게 그 문서의 작성명의의 진정을 침해하는 것은 아니므로 이러한 사본의 작성행위를 문서의 위조라고 볼 여지가 없으나, 위조문서를 전자복사나 사진복사등의 기계적 방법에 의하여 복사한 사본은 문서원본의 외관과 의식내용을 원본 그대로 재현한 것으로서 복

사과정에서 의도적인 조작을 가하지 않는 한 원본의 외관과 의식내용을 그대로 타인에게 전달하는 기능을 가지고 있으므로, 이러한 사본을 제시하는 행위는 기계적 복사라는 중개수단을 통하여 문서원본의 외관과 의식내용을 상대방이 인식할 수 있게끔 간접적인 방법으로 문서원본을 제시하는 것이 되므로 위조문서행사죄를 구성한다.[182)]

2. 사문서위조 · 변조죄

본죄는 행사할 목적으로 권리 · 의무 또는 사실증명에 관한 타인의 문서나 도화를 위조 또는 변조하는 범죄이다.

본죄의 대상은 권리 · 의무 또는 사실증명에 관한 타인의 문서나 도화이다. 권리 · 의무에 관한 문서란 주로 권리 · 의무의 발생, 변경, 소멸 등과 관련된 의사표시를 내용으로 하는 문서를 말한다. 임대계약서 등과 같은 계약서, 각종 청구서, 예금청구서, 예금통장, 차용증 등이 그 예이다. 사실증명에 관한 문서란 권리 · 의무에 관한 사실이나 권리 · 의무와 직접적 관련은 없더라도 일정한 사실관계나 사항을 증명하는 문서이다. 반드시 법률관계를 내용으로 할 필요는 없다. 성적증명서, 이력서, 각종 회의록, 보고서, 영수증, 신분증 등이 그 예이다.

본죄의 행위로서 문서위조란 그 문서를 작성할 권한이 없는 자가 타인명의의(다른 사람의 이름의) 문서를 작성하는 것을 말한다. 이를 '유형위조'라고 한다.[183)] 즉 실제의 작성자와 문서상의 작성명의인이 일치하지 않는 것, 즉 동일성에 대한 기망을 위조라고 한다. 공문서이든 사문서이든, 작성명의인이 실존하지 않거나 사망한 사람이라도 하더라도 성립한다.

사문서위조는 문서내용이 진실할 것을 요구하지 않는다. 만일 작성자와 문서명의인이 동일하면 내용이 진실하지 않아도 위조는 아니다. 반대로 내용이 진실하다고 하더라도 실제 작성자와 문서명의인이 다르면 문서위조이다. 예를 들어 A가 B에게 돈을 갚으면서 영수증을 받아두었는데 차용증서는 반환받지 않은 상태에서 영수증을 잃어버리게 되자 다시 갚게 될 위험이 생길까봐 A가 다시 영수증을 작성하면 문서위조이다. 영수증은 B의 이름으로 작성되는 것이기 때문이다.

현실에서는 사망한 사람의 상속재산의 정리를 하면서 관행상 문서위조를 범하는

---

182) 대판 1989.9.12, 87도506(전원합의체). 이에 따라 복사문서의 문서성을 부정하였던 대판 1988.10.24, 88도1680은 폐기됨.
183) 형법에서는 유형위조를 위조라고 하고, 작성권한이 있는 자가 허위의 내용의 문서를 위조하는 것을 '무형위조'라고 하고 법률규정에서는 '작성'으로 표현한다.

경우가 있다. 즉 상속절차에 따라 재산을 상속하게 되면 상속세를 부담하게 되므로 세금을 적게 내는 양도세를 납부할 생각으로 사망한 날 이후에 사망한 사람 명의의 위임장을 위조하고 인감증명서를 발급받아 매매계약을 체결하여 상속재산을 처분하는 경우에 문서위조가 된다.[184]

문서변조란 권한이 없는 자가 이미 진정하게(진실하게) 성립된 다른 사람명의의 문서내용에 대하여 사후에 '동일성을 해하지 않을 정도로 변경을 하는 행위'를 말한다. 변조의 대상은 성립이 진정한 문서이므로, 이미 허위로 작성된 문서는 문서변조죄의 대상이 아니다. 사후적 변경은 예를 들어 운전면허증의 2종보통을 1종보통으로 고치는 것처럼 문서의 내용에 관한 것이어야 한다. 문서의 명의인을 바꾸면 문서위조가 된다. 동일성을 해하지 않는다는 것은 변조 전후의 문서가 같은 문서라는 성격이 유지되어야 한다. 변조행위에 의하여 전혀 다른 문서가 되면 문서위조가 된다.

3. 자격모용에 의한 사문서작성죄

본죄는 행사할 목적으로 타인의 자격을 모용하여 권리, 의무 또는 사실증명에 관한 문서나 도화를 작성하는 범죄이다.

정당한 대리권이나 대표권 없는 자가 마치 대리권 또는 대표권이 있는 것처럼 가장하여(꾸며) 사문서를 작성하는 것을 말한다. 예를 들어 갑의 대리인이 아닌 사람이 대리인자격이 있는 것처럼 '갑의 대리인 을'과 같이 문서에 표시하여 주택매매계약서를 작성하는 것이다.

4. 사전자기록위작 · 변작죄

본죄는 사무처리를 그르치게 할 목적으로 권리, 의무 또는 사실증명에 관한 타인의 전자기록 등 특수매체기록을 위작 또는 변작하는 행위이다. 문서위조는 지면에 표시된 의사표시가 그 내용이 되는 반면, 본죄는 컴퓨터 등에 수록되어 있는 비가시적 데이터가 그 적용대상이 되는 것이다.

---

184) 실무상 동사무소에서는 사망신고가 접수되면 사망일자 이후의 인감증명발급 여부를 확인하여 발급받은 사람에게 연락하여 인감증명서는 회수하고, 회수되지 않은 인감증명서가 있으면 고발조치를 한다.

본죄의 객체는 권리, 의무 또는 사실증명에 관한 타인의 전자기록 등 특수매체기록이다. 전자기록(電磁記錄)이란 전기적 기록과 자기적 기록을 말하며 기타 특수매체기록은 광학적 기록 등을 말한다. 레이저기술을 이용한 기록도 포함되며 녹음테이프, 녹화필름, 마이크로필름, 컴퓨터디스켓, CD−ROM 등이 이에 해당하며 과학기술의 발달로 새로운 기록장치가 개발되면 여기의 특수매체기록에 해당된다.

행위로서 위작, 변작이란 문서위조죄에서의 위조, 변조에 해당하는 개념이다. 타인의 전산망에 침입하여 저장된 기록 등을 변경하는 해킹도 처벌대상이 된다.

5. 허위진단서 등의 작성죄

본죄는 의사, 한의사, 치과의사 또는 조산사가 진단서, 검안서 또는 생사에 관한 증명서를 허위로 작성한 경우에 성립되는 범죄이다. 사문서의 경우에 자신의 이름으로 문서를 작성하면서 그 내용을 허위로 작성하는 행위는(위에서 언급한 무형위조를 말한다) 문서에 관한 죄가 성립되지 않는다. 즉 사문서허위작성죄는 없다. 그러나 의료기관의 진단서 등은 각종 법률관계에 중요한 사항의 증명에 사용되는 문서이고 그 내용의 진위 여부를 비전문가가 판단할 수 없으므로 허위작성을 예외적으로 처벌한다. 이에 반하여 공문서의 허위작성은 처벌된다.

【'입퇴원 확인서'의 허위작성】 의사인 피고인이 환자의 인적사항, 병명, 입원기간 및 그러한 입원사실을 확인하는 내용이 기재된 '입퇴원 확인서'를 허위로 작성하였다고 하여 허위진단서작성으로 기소된 사안에서, 위 '입퇴원 확인서'는 문언의 제목, 내용 등에 비추어 의사의 전문적 지식에 의한 진찰이 없더라도 확인 가능한 환자들의 입원 여부 및 입원기간의 증명이 주된 목적인 서류로서 환자의 건강상태를 증명하기 위한 서류라고 볼 수 없어 허위진단서작성죄에서 규율하는 진단서로 보기 어렵다.[185]

【'사체검안서'의 허위작성】 사체검안의가 빙초산의 성상이나 이를 마시고 사망하는 경우의 소견에 대하여 알지 못함에도 불구하고 변사자가 '약물음독', '빙초산을 먹고 자살하였다'는 취지로 사체검안서를 작성한 경우, 검안서작성에 있어 허위성에 대한 인식이 있다.[186]

---

185) 대판 2013.12.12, 2012도3173.
186) 대판 2001.6.29, 2001도1319.

6. 위조사문서 등의 행사죄

본죄는 제231조 내지 제233조의 죄에 의하여 만들어진 문서, 도화 또는 전자기록등 특수매체기록을 행사하는 행위이다. 위조한 문서를 모사전송(facsimile)의 방법으로 타인에게 제시하는 행위도 위조문서행사죄에서의 행사에 해당된다.[187]

사문서의 부정행사죄는 진정하게 성립된 권리·의무 또는 사실증명에 관한 타인의 문서 또는 도화를 사용권한이 없는 자가 사용권한이 있는 것처럼 가장하여 부정한 목적으로 행사하거나 또는 권한 있는 자라도 정당한 용법에 반하여 부정하게 행사하는 경우에 성립한다.[188]

7. 공문서에 관한 범죄

(1) 공문서에 관한 범죄는 사문서에 대한 범죄와 구조적으로 유사하다. 다만 공문서의 특성상 범죄유형의 차이가 있다. 첫째, 사문서의 경우 일반적인 허위사문서작성죄는 없고 허위진단서등의 작성만 처벌되는 반면 허위로 공문서를 작성하면 모두 허위공문서작성죄(제227조)가 성립한다.

【수능 수험표 매매】수험표를 보여주면 할인을 해주는 '수험생 할인' 시즌을 맞아 수험표 매매에 대한 관심이 높아지고 있다. 온라인 중고 물품 거래 사이트에서는 '2016년 수능 수험표 삽니다, 카톡 ○○○로 연락주세요', '수험표 3만7000원입니다' 등의 글이 게재됐다. 수험표 구매자들은 사들인 수험표에 자신의 증명사진을 붙여 신분을 위조한 뒤 할인 혜택을 누리는 것으로 알려져 있다. 현행법상 수험표를 거래하는 행위 자체는 불법이 아니다. 문제는 공문서인 수능 수험표에 붙어있던 사진을 다른 사람 사진으로 바꾸는 행위는 공문서 위조에 해당한다.[189]

【경찰관이 허위로 수사서류를 작성한 경우】피고인들을 비롯한 경찰관들이 피의자 4명을 현행범으로 체포하거나 현행범인체포서를 작성할 때 체포사유 및 변호인선임권을 고지하지 아니하였음에도 불구하고, '체포의 사유 및 변호인 선임권 등을 고지 후 현행범인 체포한 것임'이라는 내용의 허위의 현행범인체포서 4장과 '현행범인으로 체포하면서

---

187) 대판 1994.3.22, 94도4.
188) 대판 2007.3.30, 2007도629.
189) 스포츠서울 2015.11.12.자.

범죄사실의 요지, 구속의 이유와 변호인을 선임할 수 있음을 고지하고 변명의 기회를 주었다'는 내용의 허위의 확인서 4장을 각 작성한 사안에서, 당시 피고인들에게 허위공문서작성에 대한 범의도 있었다고 보아야 한다.[190)

【문서의 재사본이 문서위조죄의 문서에 해당하는가】 피고인이 타인의 주민등록증을 이용하여 주민등록증상 이름과 사진을 하얀 종이로 가린 후 복사기로 복사를 하고, 다시 컴퓨터를 이용하여 위조하고자 하는 당사자의 인적사항과 주소, 발급일자를 기재한 후 덮어쓰기를 하여 이를 다시 복사하는 방식으로 전혀 별개의 주민등록증사본을 만든 사건에서, 대법원은 전자복사기, 모사전송기 기타 이와 유사한 기기를 사용하여 복사한 문서의 사본도 문서원본과 동일한 의미를 가지는 문서로서 이를 다시 복사한 문서의 재사본도 문서위조죄 및 동 행사죄의 객체인 문서에 해당한다 할 것이고, 진정한 문서의 사본을 전자복사기를 이용하여 복사하면서 일부 조작을 가하여 그 사본 내용과 전혀 다르게 만드는 행위는 공공의 신용을 해할 우려가 있는 별개의 문서사본을 창출하는 행위로서 문서위조 행위에 해당한다[191)고 판단하였다.

인터넷을 통하여 열람·출력한 등기사항전부증명서 하단의 열람 일시 부분을 수정 테이프로 지우고 복사해 두었다가 이를 타인에게 교부하여 공문서변조 및 변조공문서행사로 기소된 사건에서, ① 등기사항전부증명서의 열람 일시는 권리관계나 사실관계의 증명에서 중요한 부분에 해당하고 ② 열람 일시의 기재가 있는 경우와 없는 등기사항전부증명서 사이에는 증명하는 사실이나 증명력에 분명한 차이가 있고 ③ 전문가가 아닌 일반인의 관점에서 볼 때 그 열람 일시가 삭제된 것임을 쉽게 알아볼 수 있을 정도로 공문서로서의 형식과 외관을 갖추지 못했다고 보기 어려운 점 등을 근거로 대법원은 유죄를 인정하였다.[192)

둘째, 공무원에 대하여 허위신고를 하여 공정증서원본 또는 이와 동일한 전자기록등 특수매체기록에 부실의 사실을 기재 또는 기록하게 하거나, 공무원에 대하여 허위신고를 하여 면허증, 허가증, 등록증 또는 여권에 부실의 사실을 기재하게 하면 공정증서원본 등의 부실기재죄(제228조)가 성립한다. 공무원은 각종 증명서를 작성, 발급하여 주고 시민은 이를 이용하여 중요한 법적 거래를 하게 되는데 공무원에 대하여 허위신고를 하게 되면 이러한 증명기능이 제대로 발휘되지 못한다.

---

190) 대판 2010.6.24, 2008도11226.
191) 대판 2004.10.28, 2004도5183. 또한 대판 2000.9.5, 2000도2855.
192) 대판 2021.2.25., 2018도19043.

국내취업을 목적으로 외국인과 허위로 혼인신고하는 경우에도 이 죄에 해당한다.

【사망한 사람의 명의로 등기 신청】 이미 사망한 사람의 문서를 함부로 작성하여 등기공무원에게 제출하여 그로 하여금 부동산등기부에 사망한 사람 명의로 소유권보존등기의 사유를 기재케 한 행위는 사망한 사람이 권리의무의 주체가 될 수 없고 따라서 사망자 앞으로의 소유권보존등기가 실체관계에 부합되는 유효한 등기로 볼 수 없는 바이므로 위 행위를 공정증서원본부실기재죄로 처단한 조치는 정당하다.193)

【허위의 혼인신고】 피고인들이 중국 국적의 조선족 여자들과 참다운 부부관계를 설정할 의사 없이 단지 그들의 국내 취업을 위한 입국을 가능하게 할 목적으로 형식상 혼인하기로 한 것이라면, 피고인들과 조선족 여자들 사이에는 혼인의 계출에 관하여는 의사의 합치가 있었으나 참다운 부부관계의 설정을 바라는 효과의사는 없었다고 인정되므로 피고인들의 혼인은 우리나라의 법에 의하여 혼인으로서의 실질적 성립요건을 갖추지 못하여 그 효력이 없고, 따라서 피고인들이 중국에서 중국의 방식에 따라 혼인식을 거행하였다고 하더라도 우리나라의 법에 비추어 그 효력이 없는 혼인의 신고를 한 이상 피고인들의 행위는 공정증서원본불실기재 및 동행사 죄의 죄책을 면할 수 없다.194)

(2) 공문서부정행사죄(제230조)는 공문서를 사용할 권한이 있는 사람이라도 그 문서의 본래의 용도가 아닌 다른 목적으로 사용하면 성립한다. 또한 공문서를 사용할 권한이 없는 사람이 그 문서의 본래의 용도대로 사용한 경우도 범죄가 성립한다. 예를 들어 다른 사람의 운전면허증을 주워 가지고 있다가 불심검문을 받는 중에 다른 사람의 운전면허증을 제시하거나, 렌트카회사의 직원에게 제시하여 차를 대여받은 경우이다.

【신분확인을 위하여 신분증명서의 제시를 요구받고 다른 사람의 운전면허증을 제시한 경우】
[다수의견] 운전면허증은 운전면허를 받은 사람이 운전면허시험에 합격하여 자동차의 운전이 허락된 사람임을 증명하는 공문서로서, 운전면허증에 표시된 사람이 운전면허시험에 합격한 사람이라는 '자격증명'과 이를 지니고 있으면서 내보이는 사람이 바로 그 사람이라는 '동일인증명'의 기능을 동시에 가지고 있다. 운전면허증의 앞면에는 운전면허를 받은 사람의 성명·주민등록번호·주소가 기재되고 사진이 첨부되며 뒷면에는 기재사항의

---

193) 대판 1969.1.28, 68도1596.
194) 대판 1996.11.22, 96도2049.

변경내용이 기재될 뿐만 아니라, 정기적으로 반드시 갱신교부되도록 하고 있어, 운전면허증은 운전면허를 받은 사람의 동일성 및 신분을 증명하기에 충분하고 그 기재 내용의 진실성도 담보되어 있다. 그럼에도 불구하고 운전면허증을 제시한 행위에 있어 동일인증명의 측면은 도외시하고, 그 사용목적이 자격증명으로만 한정되어 있다고 해석하는 것은 합리성이 없다. 인감증명법상 인감신고인 본인 확인, 공직선거및선거부정방지법상 선거인 본인 확인, 부동산등기법상 등기의무자 본인 확인 등 여러 법령에 의한 신분 확인절차에서도 운전면허증은 신분증명서의 하나로 인정되고 있다. 또한 주민등록법 자체도 주민등록증이 원칙적인 신분증명서이지만, 주민등록증을 제시하지 아니한 사람에 대하여 신원을 증명하는 증표나 기타 방법에 의하여 신분을 확인하도록 규정하는 등으로 다른 문서의 신분증명서로서의 기능을 예상하고 있다. 한편 우리 사회에서 운전면허증을 발급받을 수 있는 연령의 사람들 중 절반 이상이 운전면허증을 가지고 있고, 특히 경제활동에 종사하는 사람들의 경우에는 그 비율이 훨씬 더 이를 앞지르고 있으며, 금융기관과의 거래에 있어서도 운전면허증에 의한 실명확인이 인정되고 있는 등 현실적으로 운전면허증은 주민등록증과 대등한 신분증명서로 널리 사용되고 있다. 따라서, 제3자로부터 신분확인을 위하여 신분증명서의 제시를 요구받고 다른 사람의 운전면허증을 제시한 행위는 그 사용목적에 따른 행사로서 공문서부정행사죄에 해당한다고 보는 것이 옳다.[195]

이에 반하여 그 공문서를 사용할 권한이 없는 사람이 그 공문의 본래의 용도가 아닌 다른 용도로 사용한 경우에는 부정행사라고 볼 수 없다.

【이동전화 가입신청을 하면서 다른 사람의 주민등록증을 제시한 경우】 사용권한자와 용도가 특정되어 있는 공문서를 사용권한 없는 자가 사용한 경우에도 그 공문서 본래의 용도에 따른 사용이 아닌 경우에는 형법 제230조의 공문서부정행사죄가 성립하지 아니하는바, 주민등록법 제17조의8 제1항, 제2항, 제17조의9 제1항 등에 의하면, 주민등록증은 시장·군수 또는 구청장이 관할구역 안에 주민등록이 된 자 중 17세 이상의 자에 대하여 주민의 성명, 사진, 주민등록번호, 주소, 지문 등을 수록하여 발급하는 문서로서 국가기관·지방자치단체·공공단체·사회단체·기업체 등에서 그 업무를 수행함에 있어 대상자의 신분을 확인하기 위하여 사용할 수 있도록 한 것이므로, … 피고인이 이동전화기대리점 직원에게 기왕에 습득한 김○경의 주민등록증을 내보이고 김○경이 피고인의 어머니인데 어머니의 허락을 받았다고 속여 동인의 이름으로 이동전화 가입신청을 하거나, 습득한 강○정의 주민등록증을 내보이면서 강○정이 피고인의 누나인데 이동전

---

195) 대판 2001.4.19, 2000도1985(전원합의체).

화기를 구해오라고 하였다고 속이고 피고인의 이름을 가명으로 하여 이동전화 가입신청을 하면서 그 때마다 이동전화기를 교부받았다고 하더라도, 피고인이 김○경 또는 강○정의 주민등록증을 사용한 것이 타인의 주민등록증을 그 본래의 사용용도인 신분확인용으로 사용한 것이라고 볼 수 없어 공문서부정행사죄가 성립하지 아니한다.196)

【남의 주민증으로 휴대전화 개설·대출 30대 '실형'】 울산지법은 다른 사람의 주민등록증으로 휴대전화를 개설하고 대출받은 A(36·여)씨에게 징역 1년 6개월을 선고했다. A씨는 2012년 3차례 통신사 대리점에서 다른 사람의 주민등록증을 내고 서비스 신규계약서 등을 작성하고, 대출업체에서는 3차례 남의 이름으로 600만원 상당을 대출받은 혐의(사기)를 받았다. A씨는 또 다른 은행 대출사이트에 들어가 다른 사람 이름으로 3차례 1천500만원 상당을 대출받았다. 또 다른 2명으로부터 2천200만원을 빌린 혐의도 있다.
　재판부는 "지인 명의를 도용해 관련 서류를 위조·행사하고 휴대전화나 은행계좌를 개설해 대출받는 등 돈을 편취했다"며 "피해자가 많고 범행 수법이나 죄질이 나쁘다"고 밝혔다.197)

　위 두 사건의 경우 공문서부정행사죄가 성립하지 않는다는 의미일 뿐 사기죄가 성립하거나 다른 범죄도 성립하는 경우가 많다.

Ⅳ. 인장에 관한 죄

> 제238조(공인 등의 위조, 부정사용) ① 행사할 목적으로 공무원 또는 공무소의 인장, 서명, 기명 또는 기호를 위조 또는 부정사용한 자는 5년 이하의 징역에 처한다.
> ② 위조 또는 부정사용한 공무원 또는 공무소의 인장, 서명, 기명 또는 기호를 행사한 자도 전항의 형과 같다.
> ③ 전 2항의 경우에는 7년 이하의 자격정지를 병과할 수 있다.
> 제239조(사인등의 위조, 부정사용) ① 행사할 목적으로 타인의 인장, 서명, 기명 또는 기호를 위 조 또는 부정사용한 자는 3년 이하의 징역에 처한다.
> ② 위조 또는 부정사용한 타인의 인장, 서명, 기명 또는 기호를 행사한 때에도 전항의 형과 같다.
> 제240조(미수범) 본 장의 미수범은 처벌한다

---

196) 대판 2003.2.26, 2002도4935.
197) 연합뉴스 2015.12.21.자.

1. 인장에 관한 죄의 의미

인장에 관한 죄는 행사할 목적으로 개인이나 공무원 또는 공무소의 인장, 서명, 기호를 위조, 부정사용하거나 위조나 부정사용한 인장 등을 행사하는 범죄이다.

인장이나 서명은 사회생활에서 동일인임을 나타내는 중요한 증명기능을 갖고 있으므로 위와 같은 행위를 처벌하고 있다. 그러나 본죄에서의 행위는 문서나 유가증권의 위조행위의 부분행위로 이루어지는 경우가 많으므로 문서위조죄 등이 성립하면 별도로 인장에 관한 죄는 처벌하지 않는다.

2. 사인 등의 위조, 부정사용 및 행사죄

본죄의 대상은 타인의 인장, 서명, 기명, 기호이다. 타인에 대해서 학설은 생존인물이 아니어도 된다는 견해가 다수견해이지만 판례는 생존인물이어야 한다고 한다. 인장은 특정한 사람의 동일성을 증명하기 위하여 사용되는 상징물이다. 인장(印章)은 인영(印影)과 인과(印顆)로 나뉘는데 인영이란 인장을 찍어 나타난 흔적을 말하고 인과란 인영이 나타나게 하는 것, 보통 도장이라고 하는 것이다.

서명은 특정인이 자기임을 표시하기 위하여 사용하는 이름이나 기타 호칭을 문자로 자신이 직접 표기(자서, 自書)한 것을 말한다. 보통 싸인이라고 하는 것이다. '기명'은 서명과 용도는 같으나 직접 쓰지 않는다는 점에서 다르다. 기호는 생산지, 납세필, 검사필과 같이 물건에 인장을 압날하여 일정한 사실을 증명하는 것이다.

본죄의 행위는 위조 또는 부정사용하거나 행사하는 것이다. 문서에 관한 죄의 경우와 비슷하다.

3. 공인 등의 위조, 부정사용, 행사죄

본죄는 공무원 또는 공무소가 인장, 서명, 기호 등을 위조하거나 부정사용하거나 위조 또는 부정사용된 위 인장을 행사하는 행위이다.

제16관 공중의 건강에 대한 죄

I. 음용수에 대한 죄

인간생활의 필수조건인 음용수(먹는 물)에 대해 오물이나 유독물을 섞거나 공급을 방해하는 범죄이다.

> **제192조(먹는 물의 사용방해)** ① 일상생활에서 먹는 물로 사용되는 물에 오물을 넣어 먹는 물로 쓰지 못하게 한 자는 1년 이하의 징역 또는 500만원 이하의 벌금에 처한다.
> ② 제1항의 먹는 물에 독물(毒物)이나 그 밖에 건강을 해하는 물질을 넣은 사람은 10년 이하의 징역에 처한다.
> **제193조(수돗물의 사용방해)** ① 수도(水道)를 통해 공중이 먹는 물로 사용하는 물 또는 그 수원(水原)에 오물을 넣어 먹는 물로 쓰지 못하게 한 자는 1년 이상 10년 이하의 징역에 처한다.
> ② 제1항의 먹는 물 또는 수원에 독물 그 밖에 건강을 해하는 물질을 넣은 자는 2년 이상의 유기징역에 처한다.
> **제194조(먹는 물 혼독치사상)** 제192조제2항 또는 제193조제2항의 죄를 지어 사람을 상해에 이르게 한 경우에는 무기 또는 3년 이상의 징역에 처한다. 사망에 이르게 한 경우에는 무기 또는 5년 이상의 징역에 처한다.
> **제195조(수도불통)** 공중이 먹는 물을 공급하는 수도 그 밖의 시설을 손괴하거나 그 밖의 방법으로 불통(不通)하게 한 자는 1년 이상 10년 이하의 징역에 처한다.

1. 음용수사용방해죄

본죄는 사람이 일상적으로 마시거나 사용하는 깨끗한 물에 오물을 섞어 마시거나 사용하지 못하게 하는 범죄이다. 오물을 혼입하여 실제로 마시지 못하게 되지 않았어도 범죄가 성립한다. 본죄의 대상은 일상생활의 음용(먹고 마시는 것)에 제공되는 정수이다. 불특정 또는 다수인이 계속, 반복적으로 사용하는 정수, 즉 깨끗한 물을 말한다. 반드시 일반공중이 사용하여야 하는 것이 아니고 가족단위로 사용하여도 성립될 수 있다. 컵에 따라 놓은 물은 여기에 해당되지 않는다. 약수터 물은 여기에 해당되지만 등산객이 어쩌다 마시는 계곡물은 여기에 해당되지 않는다. 정수란 자연상태의 물(예를 들어 우물물)이나 처리과정을 거친 물(수돗물) 등과 같이 사람의 음용에 사용되는 깨끗한 물을 말한다.

오물은 독물이나 건강을 해치는 물질을 제외한 물질을 말한다. 독물이나 건강을 해치는 물질을 혼입(섞는 것)하면 음용수 독물·유해물혼입죄(제192조 제2항)에 해당한다.

2. 수도음용수사용방해죄

본죄에서 수도란 깨끗한 물을 공급하기 위한 인공설비를 말한다. 수원지나 정수장, 수로 등이 이에 해당된다. 독물 기타 건강을 해치는 물건을 혼입하면 수도음용수독물·유해물혼입죄(제193조 제2항)로 가중처벌된다.

3. 수도불통죄

본죄는 공중의 음용수를 공급받는 수도 기타 시설을 손괴 기타 방법으로 불통하게 하는 행위이다. 음용수 자체를 더럽히는 행위가 아니라 수도음용수공급시설자체를 손괴하는 행위 등을 처벌하는 행위이다. 수도관을 파괴하거나 수도공급원전원을 차단하는 행위가 이에 해당한다.

II. 아편에 관한 죄

1. 마약류 범죄 개설

(1) 마약류의 개념 및 분류

마약류란 마약, 대마, 향정신성의약품을 총칭하며, 세계보건기구(WHO)에서 ① 약물 사용에 대한 욕구가 강제적일 정도로 의존성이 강하고, ② 투약 횟수를 거듭할수록 사용약물의 양이 증가하는 경향(내성)이 있으며, ③ 이를 중단할 경우 신체적으로 고통과 부작용이 따르는 금단현상 등이 나타나고, ④ 개인에 한정되지 않고 사회에도 해를 끼치는 약물이라고 정의되고 있다.

마약류의 종류로는 천연마약, 합성마약, 각성제, 환각제, 억제제, 대마로 구분되며, 구체적으로는 아편, 헤로인, 코카잎, 프로폭시펜, 벤조모르핀, 향정신성의약품, 메스암페타민, 펜플루라민, 암페르라몬, LSD, 페이요트, 사일로사이빈, 메스칼린,

대마초(마리화나), 대마수지(해쉬쉬), 대마수지기름(해쉬쉬오일) 등 매우 종류가 많다.

(2) 마약류의 폐해

마약류를 흡입하는 경우 강한 신체적·심리적 의존성, 중독성, 도취감, 신체조정력상실, 흥분, 정신혼동, 환시, 환청, 환각, 기억손상, 예측불허행위, 호흡기장애 등이 나타나며, 골수와 뇌에 치명적이고 면역성이 저하되어 세균감염으로부터 취약해진다. 또 충동적 성격과 폭력성이 증가하고, 기억력 및 인지기능의 저하로 조기치매증상이 나타난다. 당뇨병과 신장병, 혈관장애와 심장마비 등을 유발하며 사망에 이르는 경우가 있다.

(3) 마약류 범죄의 국제성

마약류 범죄는 대표적인 국제적 범죄로, 점차 광역화되고 있으며, 밀수수법도 지능화되어 가고 있고, 최근 인터넷과 국제우편을 이용한 반입도 증가하고 있다. 또한 해외여행객 및 유학생의 급증과 국내에 체류하는 외국인 증가 등으로 마약류의 밀반입이 증가하고 있다. 국내에서는 향정신성의약품이 70% 이상을 차지하고 있으며, 그 가운데 메스암페타민(필로폰, 속칭 '히로뽕')이 많다.

(4) 마약류 범죄에 관한 국가대책과 현상

최근 프로포폴사건(이른바 '우유주사')에서 보는 것처럼 아편, 마약, 대마, 필로폰 기타 향정신성의약품은 습관성, 중독성으로 인하여 사회 전체의 건강을 해치고 국민보건에 심각한 위협을 가져 온다. 이에 따라 우리나라에서는 이른바 관문이론(關門理論: 어떤 문제의 최초의 계기 내지 최초의 단계를 차단하여 그러한 문제가 더 파급되는 것을 막는 이론)에 따라 각종 마약류 범죄에 대하여 매우 엄격한 처벌주의에 입각하고 있다.198) 그러한 결과 우리나라는 세계적으로도 마약범죄의 단속에 성공한 국가 중의 하나이다. 그러나 최근 국제교류가 활발하게 되어 마약류의 밀수입이 증가하고 있고, 일반인이나 청소년의 마약 흡입이 증가하여 사회문제가 되고 있다. 감기약의 성분 중 일부를 추출하여 마약을 제조하거나 인터넷으로 독학하여 제조하는 범죄가 발생하기도 하였다.

처벌법규로는 형법의 아편에 관한 죄 이외에 마약류관리에 관한 법률,199) 특정범

---

198) 이에 대하여 가벼운 성분의 경마약(코카인, 대마초) 등을 허용하자는 견해(배우 김부선)도 있다.

죄 가중처벌 등에 관한 법률 등이 있고, 관련 국제조약에 가입되어 있다.

> 제198조(아편 등의 제조 등) 아편, 몰핀 또는 그 화합물을 제조, 수입 또는 판매하거나 판매할 목적으로 소지한 자는 10년 이하의 징역에 처한다.
> 제199조(아편흡식기의 제조 등) 아편을 흡식하는 기구를 제조, 수입 또는 판매하거나 판매할 목적으로 소지한 자는 5년 이하의 징역에 처한다.
> 제200조(세관 공무원의 아편 등의 수입) 세관의 공무원이 아편, 몰핀이나 그 화합물 또는 아편흡식기구를 수입하거나 그 수입을 허용한 때에는 1년 이상의 유기징역에 처한다.
> 제201조(아편흡식 등, 동장소제공) ① 아편을 흡식하거나 몰핀을 주사한 자는 5년 이하의 징역에 처한다.
> ② 아편흡식 또는 몰핀 주사의 장소를 제공하여 이익을 취한 자도 전항의 형과 같다.
> 제205조(아편 등의 소지) 아편, 몰핀이나 그 화합물 또는 아편흡식기구를 소지한 자는 1년 이하의 징역 또는 500만원 이하의 벌금에 처한다.
> 제206조(몰수, 추징) 본 장의 죄에 제공한 아편, 몰핀이나 그 화합물 또는 아편흡식기구는 몰수한다. 그를 몰수하기 불능한 때에는 그 가액을 추징한다.

2. 아편흡식·몰핀주사죄

본죄는 아편을 흡식(흡입)하거나 몰핀을 주사하는 범죄이다. 개인의 건강침해 및 환각상태에서의 다른 범죄의 위험성, 사회적 전파위험성을 이유로 처벌한다. 아편은 양귀비의 액즙의 응결체와 가공물을 말한다. 몰핀은 앵속, 아편 및 코카잎에서 추출된 합성물을 말한다. 코카인, 헤로인, 대마초, 메스암페타민, 마리화나, LSD 등 향정신성의약품도 해당된다.

아편을 소지한 자가 흡식하면 본죄와 소지죄(제205조)가 모두 성립한다. 다만 흡식을 위한 일시소지는 본죄만 성립한다. 의사의 처방 등 정당한 사유가 있는 경우에는 범죄가 아니다.

【주부·여대생, 다이어트 때문에 마약을?】 다이어트 때문에 필로폰을 투약한 주부·여대생이 경찰에 붙잡혔다. 서울지방경찰청 마약수사대는 온라인 블로그를 통해 필로폰을 구매·투약한 혐의로 8명을 불구속 입건했다고 밝혔다. 경찰에 따르면 구매자들은 온라인 블로그에 올라온 필로폰 판매 광고를 보고 연락해 12차례에 걸쳐 필로폰 7g(약 900만원 상당)을 구입한 혐의를 받고 있다. 구매자 9명 중 여성 5명은 다이어트를 위해 필로폰을 투약한 것으로 확인됐다. 필로폰은 암페타민류의 매우 강력한 중추신경흥분제로

---

199) 이 법 부칙 제2조에 의하여 종전의 마약법, 향정신성의약품관리법, 대마관리법은 폐지되었다.

국내 유통 마약 70~80%를 차지하며 다이어트 효과가 있다는 잘못된 정보로 위와 같은 사건이 벌어지기도 한다. 다른 마약보다 제조과정이 상대적으로 쉬워 비전문가들에 의해서도 생산된다. 필로폰을 하게 되면 동공이 커지고 혈압이 증가하거나 감소, 땀이나 오한, 구토, 체중 감소, 정신 초조, 근육 약화, 호흡 억제, 흉통, 간질, 혼수 등의 증상이 나타난다. 중독이 심하면 생명을 위협하는 고혈압, 심부정맥, 심부전, 뇌출혈, 경련, 의식 혼수 등이 나타날 수 있다. 전문가들은 마약 중독이 심해지면 스스로의 의지만으로는 치료가 어렵기 때문에 전문가와 함께 피해수준을 검토한 뒤 상담·약물치료 등을 병행해야 한다고 조언한다.[200]

3. 아편흡식 등 장소제공죄

본죄는 이익취득을 위한 장소제공만 처벌된다. 그러나 마약류관리에 관한 법률의 경우에는 마약투약을 위한 장소제공은 이익취득이 없어도 처벌된다.

4. 아편·몰핀 제조·수입·판매·소지죄

본죄는 아편이나 몰핀을 제조, 수입, 판매, 소지함으로써 아편 등이 확산되는 것을 방지하기 위한 처벌규정이다.

【'KTX 택배' 마약 거래 일당 검거】KTX 택배를 이용해 마약을 거래한 일당이 경찰에 붙잡혔다. 서울 금천경찰서는 KTX 수화물 택배로 필로폰을 구매한 뒤 이를 투약자들에게 판매한 혐의(마약류 관리에 관한 법률 위반 등)로 김모씨(41) 등 2명을 구속했다고 밝혔다. 경찰은 이들로부터 마약을 사들여 상습적으로 투약한 혐의로 ㄱ씨 등 8명을 구속하고 3명을 불구속 입건했다. 마약 판매상 김씨는 인천 부평구의 한 카페에서 필로폰 0.39g을 ㄱ씨 등 9명에게 판 혐의를 받고 있다. 김씨는 마약 공급책으로부터 KTX 수화물 택배를 통해 마약을 전달받은 것으로 나타났다. 경찰은 광명역 수화물 창고에서 마약을 찾아 나오는 김씨를 검거한 뒤, 김씨의 통화 내역 등을 분석해 투약자 등을 차례로 검거했다. 경찰은 KTX 택배를 이용해 김씨 등에게 마약을 판매한 공급책을 쫓는 한편, 또 다른 투약자가 있는지 수사 중이다.[201]

---

200) 헬스조선 2013.4.26.자.
201) 경향신문 2013.4.23.자.

【국민학교 교장이 꽃양귀비를 교과식물로 비치하기 위하여 양귀비종자를 사서 교무실 앞 화단에 심은 행위】 피고인은 경남(초등학교 이름 생략) 교장으로서 보건사회부장관의 승인없이 1968.4.18 부산 중구 남포동 소재 제일종묘상에서 마약의 원료가 되는 앵속(일명, 꽃양귀비)종자 1봉지를 금10원에 매수하여 위 학교 교정화단에 뿌려 앵속 25본을 재배하였다는 사실은 인정이 되나 이는 증거에 의하여 업무로 인한 행위 내지 사회상규에 위배되지 아니하는 행위이므로 죄가 되지 아니한다고 판시한 제1심 판결을 정당하다고 판단하였는바, 제1심 판결이 들고 있는 증거에 의하면 피고인은 국민학교 교장으로서 6학년 자연교과서에 꽃 양귀비가 교과 내용으로 되어 있고 경남교육위원회에서 꽃양귀비를 포함한 194종의 교재식물을 식재 또는 표본으로 비치하여 산 교재로 활용하라는 지시에 의하여 교과식물로 비치하기 위하여 양귀비 종자를 사서 교무실 앞 화단에 심었음을 인정할 수 있으므로 피고인의 위 양귀비 종자를 매수하여 학교 교무실 앞 화단에 식재한 행위는 죄가 되지 아니하는 것으로 믿었다할 것이고, 이와 같은 오인에는 정당한 이유가 있다.202)

5. 아편흡식기 제조 · 수입 · 판매 · 소지죄

본죄에서 아편흡식기는 아편흡식을 위해 특별히 제작된 기구이며, 주사기는 의료기구이며 흡식기구로 취급되지 않는다. 세관공무원 아편 · 몰핀 · 아편흡식기 수입 · 수출허용죄(제200조)는 수입죄(제198조, 제199조)에 대한 일종의 방조행위를 처벌하는 규정이다. 아편 · 몰핀 · 아편흡식기 소지죄(제205조)의 경우 흡식기 소지가 소지자 본인이 직접 흡식하기 위한 것일 필요는 없다.

제 17 관 도박과 복표에 관한 죄

제246조(도박, 상습도박) ① 도박을 한 사람은 1천만원 이하의 벌금에 처한다. 다만, 일시오락 정도에 불과한 경우에는 예외로 한다.
② 상습으로 제1항의 죄를 범한 사람은 3년 이하의 징역 또는 2천만원 이하의 벌금에 처한다.
제247조(도박장소 등 개설) 영리의 목적으로 도박을 하는 장소나 공간을 개설한 사람은 5년 이하의 징역 또는 3천만원 이하의 벌금에 처한다.
제248조(복표의 발매 등) ① 법령에 의하지 아니한 복표를 발매한 사람은 5년 이하의 징

202) 대판 1972.3.31, 72도64.

역 또는 3천만원 이하의 벌금에 처한다.
② 제1항의 복표발매를 중개한 사람은 3년 이하의 징역 또는 2천만원 이하의 벌금에 처한다.
③ 제1항의 복표를 취득한 사람은 1천만원 이하의 벌금에 처한다.

도박과 복표(복권)는 우연에 의하여 재물이나 재산상 이익의 득실을 가리는 것으로, 마약처럼 중독성을 지니고 있다. 특히 사행심 조장, 건전한 근로의욕 저하, 가정파탄, 도박자금과 관련된 범죄유발, 수익의 범죄단체의 운영자금으로 악용 등과 관련되어 도박을 사회적 법익에 대한 범죄로 처벌하고 있다.

【도박판 개평 시비로 살인】 평소 알고 지내던 사람끼리 도박을 하다 개평문제로 시비를 벌이다 흉기로 찔러 살해하는 사건이 벌어졌다. 청도경찰서는 도박을 하다 흉기를 휘둘러 살해한 J씨(53)를 붙잡아 살인혐의로 조사 중이다. 경찰에 따르면 청도군 화양읍 교촌리 J씨집에서 속칭 도리짓고땡 도박을 하다 또 다른 J씨(51)와 개평문제로 시비 도중 안방에 있던 흉기로 찔러 숨지게 한 혐의다. 경찰은 사고발생 후 112신고를 받고 출동해 같은 날 J씨 집 마당에서 J씨를 잡아 범죄에 대해 자백을 받고, 범행경위를 조사 중이다.[203)]

【'등록금에 인생마저 탕진' 대학생 10% 도박중독】 서울의 한 대학을 다니고 있는 박 모(26)씨는 도박중독자다. 박씨가 빠진 도박은 불법 스포츠토토. 박씨는 스포츠토토에 베팅할 비용을 마련하기 위해 1500만원의 사채를 빌려 썼다가 빚 독촉에 시달리고 있다. 박씨는 "사채 때문에 신용불량자가 됐다"며 "매달 50만 원이 넘는 이자를 갚느라 학교도 휴학하고 아르바이트를 전전하고 있다"고 털어놨다. 인터넷 도박에 빠져 등록금을 탕진하는가 하면 사회생활을 시작하기도 전에 빚더미에 허덕이는 대학생들이 늘고 있다. 불법 스포츠토토 등 온라인 도박은 시간과 장소에 구애 받지 않기 때문에 학생들이 스마트폰을 통해 쉽게 중독된다. 특히 일부 학생은 도박자금을 마련하기 위해 강·절도 등 범죄마저 서슴지 않는다. 이에 따라 인터넷 도박중독에 대한 대책 마련이 시급하다는 지적이 잇따르고 있다.

◇ 대학생 10명 중 1명 '도박중독 위험'
대구가톨릭대학교 정신과학연구소장이 전국 4년제 대학 남녀 학생 2026명을 대상으로 '도박 실태조사'를 실시한 결과 '도박중독 위험자'가 224명(11%)에 달하는 것으로 나타났다. 대학생 10명 중 1명은 도박중독의 위험에 노출돼 있다는 것이다. 이는 일반인에

203) 경북일보 2013.5.1.자.

비해 두 배 가량 높은 비율이다.

인터넷 도박은 국내 프로야구나 축구, 잉글랜드 프리미어리그(축구), 미국 메이저리그 (야구), 미국 NBA(농구) 등 전 세계 각국을 대상으로 베팅을 하기 때문에 주로 스포츠에 관심이 많은 학생들이 도박중독에 빠진다. 게다가 불법 스포츠토토 사이트는 기존 가입자의 추천을 받은 사람만 가입할 수 있도록 회원제로 운영되는 탓에 경찰 단속이 쉽지 않다. (중략)

◇ 대학생 46.8% "적당히 하면 문제없다"

대학생들 사이에서 도박에 대한 인식이 관대한 것도 도박중독에 빠지는 요인이다. 대구 가톨릭대 정신과학연구소가 전국 10개 대학 454명을 상대로 조사한 결과 41.4%가 최근 1년 동안 도박을 한 경험이 있는 것으로 나타났다. 주목할 점은 대학생 46.8%가 '도박은 적당히 즐길 수만 있으면 아무 문제가 없다'는 반응을 보여 '대학생 도박은 바람직하지 않아 금지해야 된다'(41.1%)를 앞질렀다. 이처럼 도박의 유혹에 쉽게 빠져든 학생들은 도박자금을 구하기 위해 범죄를 저지르는 경우마저 나오고 있다. 지난 달에는 펀드투자를 빙자해 친구들로부터 억대 투자금을 받아 인터넷 도박으로 탕진한 대학생이 구속됐다. 또 올 초에는 인터넷 도박으로 1억원을 날린 학생이 서울 강남의 한 편의점에서 강도짓을 하다 경찰에 붙잡혔다.204)

I. 단순도박죄

(1) 도박죄는 재물로(재물을 걸고) 도박을 하는 범죄이다. 여기에서 재물이란 반드시 금전이나 물건에 한정되는 것은 아니고, 재산상 이익도 포함되므로 채권이나 유가증권도 포함된다. 예를 들어 도박에 이기면 빌린 돈을 갚지 않기로 하는 경우에도 도박이 된다. 도박은 2인 이상의 관계가 필요하므로(필요적 공범) 혼자서는 도박이 성립되지 않는다.

행위로서 '도박(賭博)'한다는 것은 재물을 걸고 우연에 의하여 승패를 결정하는 것을 말한다. 화투나 카드 같이 반드시 도박도구를 사용해야 하는 것은 아니다. 실력이 승패를 좌우하는 축구, 골프경기 등 운동경기도 어느 정도 우연성이 있으므로 도박이 될 수 있다. 자연현상을 이용하는 것도 가능하다. 예를 들어 내일 눈이 오면 돈을 주기로 하는 경우 등이다. 다만 사기도박은 처음부터 우연성이 없는 것이므로 도박이 될 수 없고, 사기죄가 성립된다.

204) 이데일리 2012.11.1.자.

【'사기도박'의 도박죄 성립 여부】① 도박이란 2인 이상의 자가 상호간에 재물을 도(賭)하여 우연한 승패에 의하여 그 재물의 득실을 결정하는 것이므로, 이른바 사기도박과 같이 도박당사자의 일방이 사기의 수단으로써 승패의 수를 지배하는 경우에는 도박에서의 우연성이 결여되어 사기죄만 성립하고 도박죄는 성립하지 아니한다. ② 피고인 등이 사기도박에 필요한 준비를 갖추고 그러한 의도로 피해자들에게 도박에 참가하도록 권유한 때 또는 늦어도 그 정을 알지 못하는 피해자들이 도박에 참가한 때에는 이미 사기죄의 실행에 착수하였다고 할 것이므로, 피고인 등이 그 후에 사기도박을 숨기기 위하여 얼마간 정상적인 도박을 하였더라도 이는 사기죄의 실행행위에 포함되는 것이어서 피고인에 대하여는 피해자들에 대한 사기죄만이 성립하고 도박죄는 따로 성립하지 아니함에도, 이와 달리 피해자들에 대한 사기죄 외에 도박죄가 별도로 성립하는 것으로 판단하고 이를 유죄로 인정한 원심판결에 사기도박에 있어서의 실행의 착수시기 등에 관한 법리오해의 위법이 있다.205)

【당구와 도박죄】당구가 기량과 수련이 중요시되는 경기라 할지라도 그 경기자가 그 승패를 확실히 알고 있거나 또는 이를 마음대로 조작할 수 있는 것은 아니므로 그 경기에서 우연성이 완전히 배제된 것은 아니라할 것이므로 도박에 이용될 수 있다.206)

(2) 일시오락 정도의 도박

명절이나 휴가철에 친지, 친구들끼리 오락의 일환으로 도박을 하는 경우가 있다. 이러한 일시오락 정도의 도박은 위법성이 없는 것으로 보아 형사처벌에서 제외하고 있다. 문제는 어느 정도의 도박을 일시오락으로 볼 것인가이다.

일시오락의 판단기준은 도박에 건 돈의 액수 정도, 도박참가자들의 주관적 의도, 부수적 상황(도박참가자의 사회적 지위, 재산 정도, 도박의 동기, 도박기간, 도박으로 인한 이득의 용도) 등을 고려한다.

【일시오락 정도의 도박】피고인이 그의 아들 생일이라면서 사 온 돼지고기를 안주로 술을 사 마시자고 하여 나머지 피고인 4명이 각각 금 1,000원씩을 내어 모아 놓고 성냥개비 열 개씩을 나누어 가지고 속칭 '고스톱'을 치면서 3점, 5점, 7점에 각 성냥개비 1개, 2개, 3개 씩을 내기로 하고 한 사람이 성냥개비 전부를 따면 자신이 내놓은 금 1,000원은 회수하고 나머지 돈으로 술을 사기로 한 경우라면 피고인 등의 연령, 직업, 재산정도 등에 비추

---

205) 대판 2011.1.13, 2010도9330.
206) 서울고법 1975.4.17, 74노1501 제3형사부 판결(확정).

어 피고인 등의 소위는 일시오락의 정도에 불과하여 도박죄를 구성하지 않는다.[207]

【음료수와 막걸리값 내기(4천원 상당) 화투놀이】 피고인들이 작업을 나간 자신들의 차량이 돌아오기를 기다리는 동안 무료함을 달래기 위하여 자신들이 취식한 막걸리, 음료수의 값 4천원 상당을 갹출하기 위하여 각기 2천원 정도의 금원을 소지하고 1회 3점에 300원씩, 판돈 합계 8,500원 상당의 도박을 하였다면, 차주인 피고인들의 이 건 화투놀이는 그 동기, 목적, 판돈의 사소함, 장소 등을 종합하여 볼 때 단순히 오락을 목적으로 한 것이고 도박죄를 구성한다고 볼 수 없다.[208]

【음식값을 마련하기 위한 도박】 생선회 3인분과 소주 2병 등 음식값을 마련하기 위하여 한 피고인들의 행위는 그들의 연령, 재산정도, 친교관계, 이 건에 이르게 된 경위와 그 방법, 그 회수와 장소 및 건 돈의 액수 등을 합쳐 검토하여 볼 때 단순한 오락정도에 불과하다.[209]

II. 상습도박죄

상습성이란 반복하여 도박행위를 하는 습벽으로서의 행위자의 속성을 말한다. 이러한 습벽의 유무 판단은 도박전과의 유무, 도박횟수가 판단자료이다.

【친지들과의 연말, 연초의 2회 도박】 ① 상습도박죄에 있어서 도박성과 상습성의 개념은 구별하여 해석하여야 하며, 여기에서 상습성이라 함은 반복하여 도박행위를 하는 습벽으로서 행위자의 속성을 말하는 것이므로 이러한 습벽의 유무를 판단함에 있어서 도박의 전과나 전력유무 또는 도박 횟수 등이 중요한 판단자료가 된다. ② 도박의 전과가 전혀 없고 이 사건 외에 도박을 한 전력이 전혀 나타나 있지 않은 피고인이 연말과 연초에 단 두차례에 한하여 평소 잘 아는 사이의 사람들과 어울려서 "도리짓고땡"이라는 도박을 한 경우 피고인에게 도벽의 습벽 즉 상습성을 인정하기는 어렵다.
　　<사실관계> 1989.12.30.경부터 다음날 05:00경까지 사이에 식당 내실에서 화투 48매 중 비, 오동을 제외한 화투쪽지 20매를 사용하여 1회에 금 10,000원 내지 50,000원씩을 걸고 수십 회에 걸쳐 속칭 도리짓고땡이라는 도박을 하고, (나) 1990.1.3. 18:00경

---

207) 대판 1984.7.10, 84도1043.
208) 대판 1984.4.24, 84도324.
209) 대판 1983.5.10, 83도68.

부터 다음날 15:00경까지 사이에 여관에서 화투 48매중 비, 오동을 제외한 화투쪽지 20
매를 사용하여 1회에 금 10,000원 내지 50,000원씩을 걸고 수십 회에 걸쳐 속칭 도리짓
고땡이라는 도박을 한 사건.210)

【1주일 간 수십 회의 도박】 피고인이 1982.3.15 19:00경부터 21:00경까지 사이, 동월
17. 17:30경부터 18:30까지 사이, 동월 21. 17:00경부터 22:00까지 사이에 1회에 20,000
원 내지 100,000원씩의 판돈을 걸고 '도리짓고땡'이라는 도박을 수십 회 하였다 하여도
피고인에게는 도박의 전과도 없으며, 또한 피고인과 더불어 위 도박행위를 한 공범들은
1982.10. 하순경까지 위와 같은 도박행위를 계속하였는데 피고인은 위 1982.3.21 이후
에는 스스로 위 도박행위는 물론 다른 어떤 도박행위에도 가담하지 않았다면 위와 같은
도박의 회수, 방법 및 판돈의 금액만으로 피고인의 위 도박행위가 바로 도박습벽의 발현
이라고 보기는 어렵다.211)

Ⅲ. 도박개장죄(도박장개설죄)

영리목적으로 도박을 위한 장소나 설비를 제공하거나 공간을 개설함으로써 성립
하는 죄이다. 도박행위자들을 유인, 유혹하거나 도박을 교사하는 행위를 처벌하기
위한 범죄이다. 반드시 상설도박장, 이른바 '하우스'일 필요는 없다. 인터넷에 도박
사이트를 개설하고 인터넷결제나 전자화폐로 결제하도록 하는 경우도 포함된다.
단순히 장소제공만으로는 도박죄의 방조범이며, 스스로 도박의 주최자가 되어야
도박개장죄가 성립한다. 직접 도박에 참가하거나 자리를 같이 할 필요는 없다.
주관적 요건으로서 영리의 목적이란 재산상 이익을 얻을 목적을 말한다. 도박장
입장료를 받거나 판돈 중 일부를 수수료로 받는 행위를 말한다.

【유료낚시터의 도박개장】 2007. 2. 16.경부터 같은 달 26.경까지 이 사건 실내낚시터를
운영하면서, 물고기 1,700여 마리를 구입하여 그 중 600마리의 등지느러미에 1번부터
600번까지의 번호표를 달고 나머지는 번호표를 달지 않은 채 대형 수조에 넣고, 손님들
로부터 시간당 3만 원 내지 5만 원의 요금을 받고 낚시를 하게 한 후, 손님들이 낚은
물고기에 부착된 번호가 시간별로 우연적으로 변동되는 프로그램상의 시상번호와 일치하

---

210) 대판 1990.12.11, 90도2250.
211) 대판 1985.9.24, 85도1272.

는 경우 손님들에게 5천 원 내지 3백만 원 상당의 문화상품권이나 주유상품권을 지급하는 방식으로 영업한 사건에서 형법 제247조의 도박개장죄는 영리의 목적으로 스스로 주재자가 되어 그 지배하에 도박장소를 개설함으로써 성립하는 것으로서, 도박죄와는 별개의 독립된 범죄이다. 이때 '도박'이란 참여한 당사자가 재물을 걸고 우연한 승부에 의하여 재물의 득실을 다투는 것을 의미하고, '영리의 목적'이란 도박개장의 대가로 불법한 재산상의 이익을 얻으려는 의사를 의미한다고 보아 유료낚시터를 운영하는 사람이 입장료 명목으로 요금을 받은 후 물고기에 부착된 시상번호에 따라 경품을 지급한 경우에 도박개장죄를 인정하였다.212)

【도박사이트 개설과 도박개장】 ① 도박개장죄는 영리의 목적으로 도박을 개장하면 기수에 이르고, 현실로 도박이 행하여졌음은 묻지 않는다. 따라서 영리의 목적으로 속칭 포커나 바둑이, 고스톱 등의 인터넷 도박게임 사이트를 개설하여 운영하는 경우, 현실적으로 게임이용자들로부터 돈을 받고 게임머니를 제공하고 게임이용자들이 위 도박게임 사이트에 접속하여 도박을 하여, 위 게임으로 획득한 게임머니를 현금으로 환전해 주는 방법 등으로 게임이용자들과 게임회사 사이에 있어서 재물이 오고갈 수 있는 상태에 있으면, 게임이용자가 위 도박게임 사이트에 접속하여 실제 게임을 하였는지 여부와 관계없이 도박개장죄는 '기수'에 이른다. ② 피고인이 단순히 가맹점만을 모집한 상태에서 도박게임 프로그램을 시험가동한 정도에 그친 것이 아니라, 가맹점을 모집하여 인터넷 도박게임이 가능하도록 시설 등을 설치하고 도박게임 프로그램을 가동하던 중 문제가 발생하여 더 이상의 영업으로 나아가지 못한 것으로 볼 여지가 있다면 이로써 도박개장죄는 이미 '기수'에 이르렀다고 볼 수 있고, 나아가 피고인이 모집한 피씨방의 업주들이 그곳을 찾은 이용자들에게 피고인이 개설한 도박게임 사이트에 접속하여 도박을 하게 한 사실이 없다고 하여 도박개장죄의 성립이 부정된다고 할 수 없다.213)

【성인PC방 운영자의 도박개장죄】 성인피시방 운영자가 손님들로 하여금 컴퓨터에 접속하여 인터넷 도박게임을 하고 게임머니의 충전과 환전을 하도록 하면서 게임머니의 일정 금액을 수수료 명목으로 받은 행위를 도박개장죄로 인정하였다.214)

---

212) 대판 2009.2.26, 2008도10582.
213) 대판 2009.12.10, 2008도5282.
214) 대판 2008.10.23, 2008도3970.

Ⅳ. 복표발매, 발매중개, 취득죄

법령에 의하지 않은 복표를 발매하거나 발매를 중개하거나 취득하는 범죄이다. '사행행위 등 규제 및 처벌특례법'이 별도로 적용된다.

복표라는 것은 발매자가 다수인에게 미리 증표를 발매하고 구매자로부터 금전이나 기타 재물을 거출(갹출, 醵出)한 후 추첨자가 우연적 방법(뽑기 등 추첨, 주사위 굴리기)에 의하여 구매자 사이의 불평등한 이익분배를 하는 것을 말한다. 백화점 등의 경품권은 경제거래상의 특수 이익제공행위로서 복표가 아니다.

우연성을 요소로 하는 점에서 복표와 유사하지만 ① 도박은 전원이 재물손실의 위험을 부담하지만, 복표는 발매자는 위험부담이 없고 구매자만 위험을 부단한다는 점, ② 도박은 우연성이 지배하는 도박행위로 재물을 득실이 결정되지만 복표는 추첨 등에 의하여 손익을 결정하는 점, ③ 도박은 승부가 결정될 때까지 재물이 당사자의 소유이지만 복표는 갹출된 재물이 발매자의 소유가 된다는 점에서 다르다.

법령에 의하여 허가된 복표 발행은 위법성이 없다. 예를 들어 로또복권, 연금복권 등이다.

제 18 관 신앙에 관한 죄

제158조(장례식 등의 방해) 장례식, 제사, 예배 또는 설교를 방해한 자는 3년 이하의 징역 또는 500만원 이하의 벌금에 처한다.
제159조(사체 등의 오욕) 시체, 유골 또는 유발(遺髮)을 오욕한 자는 2년 이하의 징역 또는 500만원 이하의 벌금에 처한다.
제160조(분묘의 발굴) 분묘를 발굴한 자는 5년 이하의 징역에 처한다.
제161조(사체 등의 영득) ① 시체, 유골, 유발 또는 관 속에 넣어 둔 물건을 손괴(損壞), 유기, 은닉 또는 영득(領得)한 자는 7년 이하의 징역에 처한다.
② 분묘를 발굴하여 제1항의 죄를 지은 자는 10년 이하의 징역에 처한다.
제162조(미수범) 전2조의 미수범은 처벌한다.

본죄는 종교적 평화와 사자(死者)의 평온을 보호하기 위한 것이다. 그러나 종교 자체나 종교단체를 보호하는 것이 아니라 종교생활이나 종교활동 및 신앙감정을 보호하는 것이다. 다만 변사체검시방해죄는 증거수집을 위한 공무원의 직무집행을 방해하는 범죄로서의 성격이 있다.

I. 장례식, 제사, 예배, 설교방해죄

본죄의 방해행위는 장례식, 예배 등 경건하고 평온한 집행에 지장을 주는 행위를 말한다. 예배방해죄는 예배 중이거나 예배와 시간적으로 밀접한 준비단계에서 방해하는 경우에 성립한다.

【예배방해】 정식절차를 밟은 위임 목사가 아닌 자가 당회의 결의에 반하여 설교와 예배인도를 한 경우라 할지라도 그가 그 교파의 목사로서 그 교의를 신봉하는 신도 약 350여명 앞에서 그 교지에 따라 설교와 예배인도를 한 것이라면 다른 특별한 사정이 없는 한 그 설교와 예배인도는 형법상 보호를 받을 가치가 있고, 이러한 설교와 예배인도의 평온한 수행에 지장을 주는 행위를 하면 형법 제158조의 설교 또는 예배방해죄가 성립한다.[215]

【교인들간의 예배방해】 소속 교단으로부터 목사면직의 판결을 받은 목사가 일부 신도들과 함께 소속 교단을 탈퇴한 후 아무런 통보나 예고도 없이, 부활절 예배를 준비 중이던 종전 교회 예배당으로 들어와 찬송가를 부르고 종전 교회의 교인들로부터 예배당을 비워달라는 요구를 받았으나 이를 계속 거부한 사안에서, 위 목사와 신도들의 행위는 종전 교회의 교인들의 예배를 방해하는 것으로서 형법 제158조 예배방해죄에서 보호하는 '예배'에 해당한다고 보기는 어렵다.[216]

【예배당 출입방해와 예배방해】 ① 형법 제158조에 규정된 예배방해죄는 공중의 종교생활의 평온과 종교감정을 그 보호법익으로 하는 것이므로, 예배중이거나 예배와 시간적으로 밀접불가분의 관계에 있는 준비단계에서 이를 방해하는 경우에만 성립한다. ② 교회의 교인이었던 사람이 교인들의 총유인 교회 현판, 나무십자가 등을 떼어 내고 예배당 건물에 들어가 출입문 자물쇠를 교체하여 7개월 동안 교인들의 출입을 막은 사안에서, 장기간 예배당 건물의 출입을 통제한 위 행위는 교인들의 예배 내지 그와 밀접불가분의

---

215) 대판 1971.9.28, 71도1465.
216) 대판 2008.2.28, 2006도4773.

관계에 있는 준비단계를 계속하여 방해한 것으로 볼 수 없어 예배방해죄가 성립하지 않는다.217)

II. 시체, 유골, 유발(遺髮) 오욕(汚辱)죄

오욕이란 폭행 등 행동에 의하여 모욕을 가하는 것이다. 시체에 침을 뱉거나 오물을 뿌리는 행위이다. 유골은 화장 등에 의하여 백골이 된 것을 말하고, 유발은 사자의 제사 및 기념을 위하여 보존된 모발을 말한다.

III. 분묘발굴죄

분묘란 사람의 시체, 유발, 유발을 매장하여 사자를 제사, 기념하는 장소로서 분묘에 대한 소유권자나 관리자가 없는 경우에도 범죄가 성립한다. 발굴이란 분묘를 덮은 흙을 파는 등 분묘를 손괴하는 행위를 말한다.

【분묘발굴】 분묘발굴의 피해법익은 종교감정의 공서양속을 해치는데 있으므로 생모의 묘를 설묘 관리하는 '갑'의 의사에 반하여 그 묘를 발굴한 '을'은 설령 그 묘가 자기의 생모('갑'과는 이부 동복간)의 묘라도 죄가 성립한다.218)

IV. 시체 등 손괴, 유기, 은닉, 영득죄

시체, 유골, 유발 또는 관 속에 넣어둔 물건을 손괴, 유기, 은닉 또는 영득(취득)하는 행위이다. 사체유기는 사체를 매장하지 않고 방치하거나 버리는 것을 말한다. 살해 현장에 사체를 그대로 두고 가는 것은 유기가 아니다. 증거인멸이나 범행은폐를 위해 사체를 몰래 묻거나 다른 곳에 옮겨 놓은 것은 은닉이다.

---

217) 대판 2008.2.1, 2007도5296.
218) 대판 1971.10.25, 71도1727.

【살해 후 사체를 방치하고 도주한 경우】 형법 제161조의 사체은닉이라 함은 사체의 발견을 불가능 또는 심히 곤란하게 하는 것을 구성요건으로 하고 있으나 살인, 강도살인 등의 목적으로 사람을 살해한 자가 그 살해의 목적을 수행함에 있어 사후 사체의 발견이 불가능 또는 심히 곤란하게 하려는 의사로 인적이 드문 장소로 피해자를 유인하거나 실신한 피해자를 끌고 가서 그곳에서 살해하고 사체를 그대로 둔 채 도주한 경우에는 비록 결과적으로 사체의 발견이 현저하게 곤란을 받게 되는 사정이 있다 하더라도 별도로 사체은닉죄가 성립되지 아니한다.[219]

【페스카마 15호 선상 살인사건】 참치잡이 원양어선 페스카마(PESCAMAR) 15호에 승선하여 남태평양 해상에서 근무하던 중 한국인 선원들이 피고인들(조선족 중국인)에 대하여 조업거부 등을 이유로 징계의결을 하고 피고인들을 하선시키기 위하여 사모아로 회항하게 되자, 자신들의 의사에 반하여 하선당하는 데 불만을 품은 나머지, 1등 항해사 피해자 이○석(27세)을 제외한 선장, 갑판장 등 한국인 선원 7명을 살해하고, 인도네시아인, 조선족 중국인 등 선원 10명은 어창에 감금하여 동사시켜 선박을 그들의 지배하에 넣어 한국이나 일본 부근으로 항해하여 선박을 매도하거나 침몰시킨 후 한국이나 일본으로 밀입국하기로 결의한 다음, 합세하여 선장 피해자 최○택(32세)을 비롯하여 한국인 선원 7명을 차례로 살해하고, 나머지 생존 선원들의 반항을 억압하여 선박의 지배권을 장악한 후 피해자 이○석에게 지시하여 사모아로 향하던 항로를 한국으로 수정하였다가 다시 일본으로 수정하였고, 선박을 침몰시키고 일본으로 밀입국하기 위하여 항해 도중에 뗏목을 만들기도 하였던 사건에서 선장을 비롯한 일부 선원들을 살해하는 등의 방법으로 선박의 지배권을 장악하여 목적지까지 항해한 후 선박을 매도하거나 침몰시키려고 한 경우에 선박에 대한 불법영득의 의사가 있다고 보아 해상강도살인죄를 인정하고 사람을 살해한 자가 그 사체를 다른 장소로 옮겨 유기하였을 때에는 별도로 사체유기죄가 성립하고, 이와 같은 사체유기를 불가벌적 사후행위로 볼 수는 없다고 보았다.[220]

V. 변사체 검시방해죄

변사자의 시체, 변사로 의심되는 시체를 은닉하거나 변경 기타의 방법으로 검시를 방해하는 범죄이다.[221] 본죄의 대상은 변사자의 시체이다. 변사자란 자연사가

---

219) 대판 1986.6.24, 86도891.
220) 대판 1997.7.25, 97도1142.
221) 경범죄처벌법 제3조 제1항 제5호(시체 현장변경 등) 사산아(死産兒)를 감추거나 정당한 이유 없이 변사체 또는 사산아가 있는 현장을 바꾸어 놓은 경우.

아닌 사망자를 말한다. 자살자나 범죄로 인한 사망자도 포함된다. 변사자는 형사
소송법상 수사기관의 검증의 대상이 되므로 이를 보장하기 위한 것이다.

제 19 관 내란의 죄

제87조(내란) 대한민국 영토의 전부 또는 일부에서 국가권력을 배제하거나 국헌을 문란하
게 할 목적으로 폭동을 일으킨 자는 다음 각 호의 구분에 따라 처벌한다.
1. 우두머리는 사형, 무기징역 또는 무기금고에 처한다.
2. 모의에 참여하거나 지휘하거나 그 밖의 중요한 임무에 종사한 자는 사형, 무기 또는 5
   년 이상의 징역이나 금고에 처한다. 살상, 파괴 또는 약탈 행위를 실행한 자도 같다.
3. 부화수행(附和隨行)하거나 단순히 폭동에만 관여한 자는 5년 이하의 징역이나 금고에
   처한다.

내란죄는 역사적으로 독재권력에 저항하던 정치인이나 대학생에게 적용된 경우
가 있으나 최근에는 재심으로 무죄가 선고되기도 하였다. 본죄에 대하여 가장 유
명한 사건은 김재규의 10·26사건과 12·12, 5·17사건과 관련된 전직 대통령 2인
에 대한 판결이다.222)

그 밖에 내란목적살인죄가 있으며, 군형법 제5조에서는 군인의 내란행위를 반란
죄로 가중처벌하고 있다.

제 20 관 외환(外患)의 죄

외환에 관한 죄는 외국과 통모하여 대한민국에 대하여 전단을 열게 하거나 외
국인과 통모하여 대한민국에 항적하는 외환유치죄(제92조), 적국과 합세하여 대한
민국에 항적하는 여적죄(제93조), 적국을 위하여 모병하거나 모병에 응하는 모병
이적(제94조)가 있다. 기타 이적행위로 시설제공이적, 시설파괴이적, 물건제공이적,

---

222) 대판 1997.4.17, 96도3376 전원합의체 【반란수괴·반란모의참여·반란중요임무종사·불법
진퇴·지휘관계엄지역수소이탈·상관살해·상관살해미수·초병살해·내란수괴·내란모의
참여·내란중요임무종사·내란목적살인·특정범죄가중처벌등에관한법률위반(뇌물)】 (전두
환·노태우 외 15인의 12·12, 5·17관련사건)
대판 1980.5.20, 80도306 판결 【(가)내란목적살인, (나)내란수괴미수, (다)내란중요임무종
사미수, (라)증거은닉, (마)살인(변경된 죄명)】 (김재규 10·26사건)

일반이적 등의 행위를 처벌한다. 외환의 죄는 국가존립에 대한 외부적인 위협으로부터 국가를 보호하기 위한 범죄이다. 대한민국에 대한 체제도전의 방법으로 외부세력을 개입시키려는 기도에 대한 처벌규정이다.

본장의 죄에 있어서 동맹국에 대한 행위도 대한민국에 대한 행위로 취급되며(제104조), 전시군수계약불이행죄(제102조)를 제외하고는 대한민국에 적대하는 외국 또는 외국인의 단체는 적국으로 간주한다.

여적죄(與敵罪)에서의 적국이란 사실상 전쟁상태에 있으면 해당되고 선전포고 유무는 불문한다. 항적한다는 것은 전투원이나 비전투원으로서 적국의 군사적 업무에 종사하여 대한민국에 대적하는 행위를 말한다. 형벌로서 사형만 규정되어 있다.

간첩죄(제98조)는 적국을 위하여 간첩하거나 적국의 간첩을 방조하는 행위이며 군사상의 기밀을 적국에 누설하는 행위도 동일하게 처벌한다.

'간첩'이란 적국을 위하여 국가기밀을 탐지하고 수집하여 적국에 알리는 행위이다. 반국가단체(북한)의 구성원이나 지령을 받은 자가 간첩행위를 하면 국가보안법이 적용된다. 적국이란 우방국에 대응하는 개념으로서 과거 냉전시대의 양극체제에서 비롯된 개념이다. 국가기밀의 누설은 대한민국의 국익에 피해를 가져올 위험이 있다면 모든 국가나 단체를 기밀누설의 상대방으로 포함시켜야 할 것이다. 그러므로 국가보안법의 규정(다른 국가 또는 집단)처럼 '외국 또는 외국인의 단체'로 변경하여야 한다.

국가기밀이란 제한된 사람에게만 공개되어 있고 대한민국의 안전에 대한 중대한 불이익을 초래할 위험을 예방하기 위하여 적국에 대하여 비밀로 해야 할 사실이나 물건, 지식을 말한다. 반드시 군사기밀만 해당되는 것이 아니고 정치, 경제, 사회, 문화적 내용도 포함된다. 형식상 기밀에 해당되지 않더라도 실질적으로 국가이익을 침해할 수 있는 사항이면 국가기밀에 포함된다(실질적 기밀개념).

【국가기밀의 개념】① 간첩죄에 있어서의 국가기밀이란 순전한 의미에서의 국가기밀에만 국한할 것이 아니고 정치, 경제, 사회, 문화 등 각 방면에 걸쳐서 대한민국의 국방정책상 북한에 알리지 아니하거나 확인되지 아니함이 이익이 되는 모든 기밀사항을 포함하고, 지령에 의하여 민심동향을 파악·수집하는 것도 이에 해당되며, 그 탐지·수집의 대상이 우리 국민의 해외교포사회에 대한 정보여서 그 기밀사항이 국외에 존재한다고 하여도 위의 국가기밀에 포함된다.223)

223) 대판 1988.11.8, 88도1630.

② 간첩죄의 군사상 기밀은 순전한 군사상 기밀에만 국한할 것이 아니고 정치, 경제, 사회, 문화 등 각 방면에 걸쳐 북한괴뢰집단의 지, 부지에 불구하고 우리나라 국방정책상 동 집단에 알지 아니하거나 확인되지 아니함을 대한민국의 이익으로 하는 모든 군사상 기밀을 포함하므로 학생데모상황, 선거상황 등과 같이 일간신문에 보도되는 사항이라 하더라도 북한괴뢰집단에 대하여 비밀로 하는 것이 대한민국의 이익을 위하여 필요하다고 생각되는 군사에 관계되는 정보라면 그것을 탐지·수집하는 것도 간첩이 된다.224)

③ 구 국가보안법(1960.6.10 법률 제549호) 제2조, 형법 제98조 제1항에 규정된 간첩이란 단순한 기밀뿐만 아니라 정치, 경제, 사회, 문화, 사상 등 각 방면에 걸쳐서 우리나라의 국방상 북괴집단에게 알지 아니하거나 확인되지 아니함이 우리나라의 이익이 되는 모든 기밀사항을 탐지, 모집함을 말하고 이러한 기밀에 속하는 이상 국내에서는 비록 신문, 잡지, 라디오 등에 보도되고 알려진 사항이라고 하더라도 북괴집단에 유리한 자료가 될 경우에는 역시 위 기밀사항에 포함된다고 보아야 할 것이나, 단순히 피고인의 활동상황에 관한 보고내용에 불과한 포섭대상, 포섭결과, 하숙이동상황, 이북방송의 청취상태, 자기가 수사기관에 연행되었다는 등의 사항은 기밀에 해당하지 않는다.225)

【모자이크이론】 개별적 내용으로는 기밀에 해당되지 않지만 이것을 종합하게 되면 중요한 새로운 사실을 판단할 수 있는 정보가 되는 경우에는 기밀로서의 성질이 인정된다는 이론이다. 예를 들어 각 지역의 도로망를 종합적으로 파악하여 군사적 요충지나 전투이동경로를 파악하는 것이다. 이에 의하면 누구나 알고 있는 사실, 즉 공지의 사실(公知의 事實)이더라도 전문지식을 동원하여 종합하게 되면 국가기밀에 해당하는 내용이 될 경우에 개별적 정보는 국가기밀로서의 성격이 인정된다는 이론이다. 따라서 일반인이 알고 있는 사실도 때에 따라서는 기밀성이 인정될 수도 있게 된다.

【국가모독죄】 종전에 국가모독죄(제104조의2)가 있었다. 이 죄는 1975년에 신설되었는데 ① 내국인이 국외에서 대한민국 또는 헌법에 의하여 설치된 국가기관을 모욕 또는 비방하거나 그에 관한 사실을 왜곡 또는 허위사실을 유포하거나 기타 방법으로 대한민국의 안전·이익 또는 위신을 해하거나, 해할 우려가 있게 하는 경우와 ② 내국인이 외국인이나 외국단체 등을 이용하여 국내에서 ①의 행위를 하게 되면 처벌하였다. 독재적 권력이 지배하던 때에 정부에 대한 비판을 통제하기 위한 장치로서 국민의 정치적 자유, 표현의 자유를 침해하는 것으로 1988년에 삭제되었다.

---

224) 대판 1984.11.27, 84도2252.
225) 대판 1982.11.9, 82도2239.

제 21 관 국기(國旗)에 관한 죄

국기나 국장(國章)은 국가의 권위를 상징하는 것으로서 이를 손상, 제거, 오욕, 비방하는 것을 내용으로 하는 범죄이다.

국기·국장모독죄(제105조)는 대한민국을 모욕할 목적으로 국기 또는 국장을 손상, 제거 또는 오욕하는 행위이다. 국기는 태극기를 의미하고, 국장이란 대한민국을 상징하는 국가문장이나 군기, 대사관 등의 휘장을 말한다. 손상이란 국기를 불태우는 등 물리적으로 파괴하거나 훼손하는 행위를 말하고, 제거는 철거하거나 가리는 것을 말하며, 오욕이란 침을 뱉거나 오물을 뿌리는 등 국기, 국장을 더럽히는 행위를 말한다.

국기·국장비방죄(제106조)는 국기나 국장에 대한 모독의 목적으로 국기 또는 국장을 비방하는 행위이다. 언어적 방법이나 거동에 의하여 공개적으로 국기, 국장을 모독하는 것이다.

제 22 관 국교(國交)에 관한 죄

국교에 관한 죄는 평화로운 국제관계의 유지를 위태롭게 하는 범죄행위이다.

1. 외국원수 폭행, 협박, 모욕, 명예훼손죄

> 제107조(외국원수에 대한 폭행 등) ① 대한민국에 체재하는 외국의 원수에 대하여 폭행 또는 협박을 가한 자는 7년 이하의 징역이나 금고에 처한다.
> ② 전항의 외국원수에 대하여 모욕을 가하거나 명예를 훼손한 자는 5년 이하의 징역이나 금고에 처한다.

외국원수가 국내에 있는 경우에 성립하며, 외교관계에 있는 나라의 국가원수일 필요는 없다. 대통령이나 국왕은 해당되며, 그 가족이나 내각제의 수상은 제외된다.

2. 외국사절에 대한 폭행, 협박, 모욕, 명예훼손죄

제108조(외국사절에 대한 폭행 등) ① 대한민국에 파견된 외국사절에 대하여 폭행 또는 협박을 가한 자는 5년 이하의 징역이나 금고에 처한다.
② 전항의 외국사절에 대하여 모욕을 가하거나 명예를 훼손한 자는 3년 이하의 징역이나 금고에 처한다.

외국사절이란 대사와 공사를 말하며 그 가족이나 수행원은 제외된다.

3. 외국 국기, 국장모독죄

제109조(외국의 국기, 국장의 모독) 외국을 모욕할 목적으로 그 나라의 공용에 공하는 국기 또는 국장을 손상, 제거 또는 오욕한 자는 2년 이하의 징역이나 금고 또는 300만원 이하의 벌금에 처한다.

외국의 대사관과 같이 공용으로 사용되는 국기, 국장이어야 하므로 일반인이 시위 도중 준비한 외국 국기를 손상하는 경우는 해당되지 않는다.
제107조 내지 제109조의 죄는 그 외국정부의 명시한 의사에 반하여 공소를 제기할 수 없는 반의사불벌죄이다.

4. 외국에 대한 사전죄(私戰罪)

제111조(외국에 대한 사전) ① 외국에 대하여 사전한 자는 1년 이상의 유기금고에 처한다.
② 전항의 미수범은 처벌한다.
③ 제1항의 죄를 범할 목적으로 예비 또는 음모한 자는 3년 이하의 금고 또는 500만원 이하의 벌금에 처한다. 단 그 목적한 죄의 실행에 이르기 전에 자수한 때에는 감경 또는 면제한다.

대한민국 국민이 외국에 대하여 사적인 전투행위를 하는 행위를 처벌한다. 외국 자체에 대한 전투행위이어야 하므로 외국인이나 외국단체를 상대로 한 경우에는 해당되지 않는다. 사실상 사문화된 범죄이지만 러시아와 전쟁 중인 우크라이나에 외국인 의용군인 '국토방위군 국제여단' 소속으로 참전했던 해군 특수전단(UDT) 대위 출신 유튜버에게 본죄의 적용이 문제되었다.

5. 중립명령위반죄

> 제112조(중립명령위반) 외국 간의 교전에 있어서 중립에 관한 명령에 위반한 자는 3년 이하의 금고 또는 500만원 이하의 벌금에 처한다.

외국간의 교전상태에 있을 경우 대한민국 정부가 중립을 선언하였음에도 불구하고 어느 교전국에 가담하여 군사행동을 하게 되면 외교상 중대한 문제가 초래되므로 이를 처벌하는 것이다. 중립명령의 구체적 내용에 대해서는 실제 교전상태에서 구체화되는 것이므로 이를 백지(白地)형법이라고 한다.

6. 외교상 비밀누설, 비밀탐지, 수집죄

> 제113조(외교상 기밀의 누설) ① 외교상의 기밀을 누설한 자는 5년 이하의 징역 또는 1천만원 이하의 벌금에 처한다.
> ② 누설할 목적으로 외교상의 기밀을 탐지 또는 수집한 자도 전항의 형과 같다.

외교상 기밀은 관련 국가의 이익을 위하여 알려지지 않아야 하는 사항이다. 누설은 상대방은 적국이 아니어야 한다. 적국에게 누설하면 간첩죄에 해당한다.

제 23 관 공무원의 직무에 관한 죄

공무원의 직무수행이 적절하지 못하였거나(직무유기, 직권남용) 뇌물을 수수함으로서 성립한다. 국가공무원법에 공무원의 성실의무, 복종의무, 직장이탈금지의무, 친절·공정의무, 비밀엄수의무, 청렴의무 등을 규정하고 있으며 이러한 의무위반이 일정한 경우 처벌된다. 공무원이 직권을 이용하여 여기에 규정되지 않는 일반범죄를 범한 경우에는 형이 ½ 가중된다(제135조).

공무원에 대한 개념정의는 형법에 없으며 일반적으로 법령에 의하여 공무에 종사하는 자라고 할 수 있다. 개별법에 규정되는 경우가 있으며(예를 들어 특정범죄 가중처벌 등에 관한 법률상 뇌물죄), 공증인, 청원경찰관, 사법연수원생, 집행관 등도 위임규정에 의하여 공무원으로 취급되는 경우가 있다.

I. 직무유기죄

> 제122조(직무유기) 공무원이 정당한 이유 없이 그 직무수행을 거부하거나 그 직무를 유기한 때에는 1년 이하의 징역이나 금고 또는 3년 이하의 자격정지에 처한다.

공무원이 정당한 이유가 없이 직무수행을 거부하거나 직무를 유기함으로써 성립하는 범죄이다. 여기에서 공무원은 국가나 지방자치단체 및 이에 준하는 공법인의 사무에 종사하는 자이다. 군인도 포함된다. 업무가 단순노무에 불과하여 기계적, 육체적인 노동에 불과한 자는 제외된다.

본죄의 행위는 정당한 이유 없는 직무수행의 거부, 직무의 유기이다. 직무수행의 거부는 직무수행이 의무가 있는 공무원이 정당한 이유 없이 직무를 수행하지 않는 것을 말한다. 직무유기는 직무를 방임, 방치하거나 포기하는 것을 말한다. 직무에 관한 의식적인 방임 내지 포기 등 정당한 사유 없이 직무를 수행하지 아니한 경우를 의미하는 것이므로 공무원이 태만, 분망, 착각 등으로 인하여 직무를 성실히 수행하지 아니한 경우나 형식적으로 또는 소홀히 직무를 수행하였기 때문에 성실한 직무수행을 못한 것에 불과한 경우에는 직무유기죄는 성립하지 아니한다.226)

【당직사관이 술을 마시고 내무반에서 화투놀이를 한 후 애인과 함께 자고나서 당직근무의 인계·인수 없이 퇴근한 경우 직무유기죄의 성립 여부】 피고인이 1990. 1.5. 08:00부터 1.7. 09:00까지 제148학생군사교육단의 당직사관으로 주번근무를 하도록 지휘관의 명령을 받은 육군중위로 당직근무를 함에 있어서, 1.6. 17:00경부터 20:00경까지 훈육관실에서 학군사관후보생 2명과 함께 외부의 음식점에서 시켜온 술과 중국요리를 먹고, 20:00경부터 24:00경까지는 내무반에서 학군사관후보생 2명 및 애인 등과 함께 화투놀이를 한 다음, 24:00경부터 다음날 08:00까지는 내무반에서 애인과 성교를 하면서 함께 자고, 08:30경에는 교대할 당직근무자에게 당직근무의 인계, 인수도 하지 아니한 채 퇴근함으로써, 정당한 이유없이 당직근무자로서의 직무를 유기하였다.227)

【태만, 분망, 착각 등으로 인한 업무의 부당한 집행과 직무유기】 형법 제122조의 이른바 직무를 유기한다는 것은 법령, 내규, 통첩 또는 지시 등에 의한 추상적인 충근의무를

---

226) 대판 1997.8.29, 97도675.
227) 대판 1990.12.21, 90도2425.

태만히 하는 일체의 경우를 이르는 것이 아니라 구체적으로 직무의 의식적인 포기 등과 같이 국가의 기능을 해하며 국민에게 피해를 야기시킬 가능성이 있는 경우를 일컫는 것이므로 직무유기죄가 성립하려면 주관적으로는 직무를 버린다는 인식과 객관적으로는 직무 또는 직장을 벗어나는 행위가 있어야 하고 다만 직무집행에 관하여 태만, 분망, 착각 등 일신상 또는 객관적 사정으로 어떤 부당한 결과를 초래한 경우에는 형법상의 직무유기죄는 성립하지 않는다 할 것이므로, 피고인이 치안책임자(경찰서장)로서 그 관내에서 일어난 총기난동사건에 대하여 전혀 효과적인 대응책을 강구하지 못한 사실은 인정되지만, 사건 당일은 칠흑 같은 깊은 밤인데다 비마저 내리고 있어서 총기난동자의 소재 파악이 어려웠을 뿐만 아니라, 피고인의 직속부하인 경찰관이 그 관내에서 총기를 무차별 난사하여 수십 명을 헤아리는 사상자가 발생하는 미증유의 사태에서 피고인이 망연자실하여 거의 정상적인 사고력을 잃은 정도였고, 피고인이 궁유지서에 도착한 당일 01:30경은 이미 범인이 총기난사를 끝내고 은신하고 있을 때라는 사실 등에 비추어 보면, 특수범 진압조직으로 대처하지 않았다는 점 등 피고인의 대응조치가 적절하지 못하였다는 사정만으로서는 형법상 직무유기죄가 성립한다고 볼 수 없다.[228]

II. 피의사실공표죄

> **제126조(피의사실공표)** 검찰, 경찰 그 밖에 범죄수사에 관한 직무를 수행하는 자 또는 이를 감독하거나 보조하는 자가 그 직무를 수행하면서 알게 된 피의사실을 공소제기 전에 공표(公表)한 경우에는 3년 이하의 징역 또는 5년 이하의 자격정지에 처한다.

본죄는 일정한 수사업무에 종사하는 자가 직무집행을 하는 과정에서 알게 된 피의자에 관한 수사내용을 공소제기 전에 공표하는 행위이다. 공표라는 것은 언론기관 등 불특정 또는 다수인에게 그 내용을 알리는 것이다. 이렇게 되면 이후 피의자가 범죄혐의가 없어서 기소되지 않거나 무죄판결을 받아도 한번 훼손된 명예는 회복되기 어렵게 된다. 반면에 특히 흉악범죄사건이나 정치적 사건, 공적인 사건의 경우에는 국민의 알권리나 언론의 자유도 보장되어야 하므로 일정한 요건 하에 피의사실을 공표하는 것이 실무이다. 실제로 본죄가 적용되는 경우는 거의 없고, 민사상 손해배상의 문제가 발생한 사건이 있다.

---

228) 대판 1983.1.18, 82도2624.

【수사기관의 피의사실 공표행위가 허용되기 위한 요건 및 그 위법성 조각 여부의 판단
기준】 일반 국민들은 사회에서 발생하는 제반 범죄에 관한 알권리를 가지고 있고 수사
기관이 피의사실에 관하여 발표를 하는 것은 국민들의 이러한 권리를 충족하기 위한 방
법의 일환이라 할 것이나, 한편 헌법 제27조 제4항은 형사피고인에 대한 무죄추정의 원
칙을 천명하고 있고, 형법 제126조는 검찰, 경찰 기타 범죄수사에 관한 직무를 행하는
자 또는 이를 감독하거나 보조하는 자가 그 직무를 행함에 당하여 지득한 피의사실을
공판청구 전에 공표하는 행위를 범죄로 규정하고 있으며, 형사소송법 제198조는 검사,
사법경찰관리 기타 직무상 수사에 관계 있는 자는 비밀을 엄수하며 피의자 또는 다른
사람의 인권을 존중하여야 한다고 규정하고 있는바, 수사기관의 피의사실 공표행위는
공권력에 의한 수사결과를 바탕으로 한 것으로 국민들에게 그 내용이 진실이라는 강한
신뢰를 부여함은 물론 그로 인하여 피의자나 피해자 나아가 그 주변 인물들에 대하여
치명적인 피해를 가할 수도 있다는 점을 고려할 때, 수사기관의 발표는 원칙적으로 일반
국민들의 정당한 관심의 대상이 되는 사항에 관하여 객관적이고도 충분한 증거나 자료
를 바탕으로 한 사실 발표에 한정되어야 하고, 이를 발표함에 있어서도 정당한 목적 하
에 수사결과를 발표할 수 있는 권한을 가진 자에 의하여 공식의 절차에 따라 행하여져
야 하며, 무죄추정의 원칙에 반하여 유죄를 속단하게 할 우려가 있는 표현이나 추측 또
는 예단을 불러일으킬 우려가 있는 표현을 피하는 등 그 내용이나 표현 방법에 대하여
도 유념하지 아니하면 아니 된다 할 것이므로, 수사기관의 피의사실 공표행위가 위법성
을 조각하는지의 여부를 판단함에 있어서는 공표 목적의 공익성과 공표 내용의 공공성,
공표의 필요성, 공표된 피의사실의 객관성 및 정확성, 공표의 절차와 형식, 그 표현 방
법, 피의사실의 공표로 인하여 생기는 피침해이익의 성질, 내용 등을 종합적으로 참작하
여야 한다.[229]

III. 공무상 비밀누설죄

제127조(공무상 비밀의 누설) 공무원 또는 공무원이었던 자가 법령에 의한 직무상 비밀을
누설한 때에는 2년 이하의 징역이나 금고 또는 5년 이하의 자격정지에 처한다.

'직무상 비밀'이란 직무수행의 과정상, 즉 직무와 관련하여 알게 된 비밀을 말하
며 단순히 들어서 알게 된 것은 제외된다. 비밀에 대하여 통설은 법문에 충실하게

---

229) 대판 2002.9.24, 2001다49692.

'법령에 의한' 비밀에 한정하며, 판례는 '정치적, 경제적, 군사적, 외교적, 사회적 필요에 따라 비밀로 된 사항은 물론 정부나 공무소 또는 국민이 객관적, 일반적인 입장에서 외부에 알려지지 않는 것에 상당한 이익이 있는 사항을 포함한다. 그러나 비밀의 기준이 주관적이고 자의적 판단에 의할 위험성이 있다.

【관련 판례】① 이른바 '옷값 대납 사건'의 내사결과보고서의 내용이 비공지의 사실이기는 하나 실질적으로 비밀로서 보호할 가치가 있는 것이라고 인정할 수 없다.[230] ② 피고인이 유출한 FTA 관련 문건의 내용은 직무상 비밀에 한다.[231]

Ⅳ. 공무원의 직권남용 관련범죄

공무원이 자신의 공무상 권한을 남용하는 범죄로는 직권남용죄, 불법체포·감금죄, 폭행·가혹행위죄, 선거방해죄가 있다. 주로 수사기관의 권한남용행위가 문제되며, 재정신청의 대상이 되는 경우가 많다. 피의사실공표죄와 함께 고소권자 이외에 고발인에 의해서도 재정신청이 가능한 범죄이다.[232]

제123조(직권남용) 공무원이 직권을 남용하여 사람으로 하여금 의무 없는 일을 하게 하거나 사람의 권리행사를 방해한 때에는 5년 이하의 징역, 10년 이하의 자격정지 또는 1천만원 이하의 벌금에 처한다.
제124조(불법체포, 불법감금) ① 재판, 검찰, 경찰 기타 인신구속에 관한 직무를 행하는 자 또는 이를 보조하는 자가 그 직권을 남용하여 사람을 체포 또는 감금한 때에는 7년 이하의 징역과 10년 이하의 자격정지에 처한다.
② 전항의 미수범은 처벌한다.
제125조(폭행, 가혹행위) 재판, 검찰, 경찰 기타 인신구속에 관한 직무를 행하는 자 또는 이를 보조하는 자가 그 직무를 행함에 당하여 형사피의자 또는 기타 사람에 대하여 폭행 또는 가혹한 행위를 가한 때에는 5년 이하의 징역과 10년 이하의 자격정지에 처한다.
제128조(선거방해) 검찰, 경찰 또는 군의 직에 있는 공무원이 법령에 의한 선거에 관하여 선거인, 입후보자 또는 입후보자되려는 자에게 협박을 가하거나 기타 방법으로 선거의 자유를 방해한 때에는 10년 이하의 징역과 5년 이상의 자격정지에 처한다.

---

230) 대판 2003.12.26, 2002도7339.
231) 대판 2009.6.11, 2009도2669.
232) 형사소송법 제260조 참조. 재정신청이란 피의사건에 대하여 검사가 불기소처분을 한 경우 고소인 또는 고발인이 그 처분의 당부를 고등법원에 신청하는 제도이다.

(1) 직권남용죄는 직권을 남용하여, 즉 공무원이 자신이 직무권한의 범위에 속하는 사항을 위법하거나 부당하게 행사하여 사람에게 의무 없는 일을 시키거나 권리행사를 방해하는 범죄이다.

【관련 판례】 ① 대통령비서실 A비서관이 대통령의 근친관리업무와 관련하여 정부 각 부처에 대한 지시와 협조 요청을 할 수 있는 일반적 권한을 갖고 있었음에 비추어 그가 농수산물 B시장 관리공사 대표이사에게 요구하여 위 시장 내의 주유소와 써어비스동을 당초 예정된 공개입찰방식이 아닌 수의계약으로 대통령의 근친이 설립한 회사에 임대케 한 행위는 공무원이 그 일반적 직무권한에 속하는 사항에 관하여 직권의 행사에 가탁하여 실질적, 구체적으로 위법·부당한 행위를 한 경우에 해당하여 타인의 권리행사방해죄(지금의 직권남용죄)의 구성요건을 충족한다.233) ② 시장인 피고인 갑이 자신의 인사관리업무를 보좌하는 행정과장 피고인 을과 공동하여, 관련 법령에서 정한 절차에 따라 평정대상 공무원에 대한 평정단위별 서열명부가 작성되고 이에 따라 평정순위가 정해졌는데도 평정권자나 실무 담당자 등에게 특정 공무원들에 대한 평정순위 변경을 구체적으로 지시하여 평정단위별 서열명부를 새로 작성하도록 한 사안에서, 지방공무원법, 지방공무원 임용령, 지방공무원 평정규칙의 입법 목적에 비추어 평정권자나 확인권자가 아닌 지방자치단체의 장이나 그의 인사관리업무를 보좌하는 자에게는 소속 공무원에게 지시하여 관련 법령에서 정해진 절차에 따라 작성된 평정단위별 서열명부를 특정 공무원에 대한 평정순위를 변경하는 내용으로 재작성하게 할 권한이 없으므로, 피고인들의 행위가 공무원이 일반적 직무권한에 속하는 사항에 관하여 직권을 남용하여 평정권자나 실무 담당자 등으로 하여금 의무 없는 일을 하도록 한 것으로서 직권남용권리행사방해죄에 해당한다고 본 원심판단을 수긍한 사례.234)

(2) 불법체포·감금죄는 일반인의 체포, 감금행위에 대해서 사람의 신체를 구금하는 공무원, 즉 재판, 검찰, 경찰 등에 종사하는 공무원의 체포, 감금행위를 더 무겁게 처벌하는 규정이다. 경찰관, 검찰수사관, 교도관 등이 이에 해당한다.

【관련 판례】 ① 수사기관이 피의자를 수사하는 과정에서 구속영장 없이 피의자를 함부로 구금하여 피의자의 신체의 자유를 박탈하였다면 직권을 남용한 불법감금의 죄책을 면할 수 없고, 수사의 필요상 피의자를 임의동행한 경우에도 조사 후 귀가시키지 아니하고 그의 의사에 반하여 경찰서 조사실 또는 보호실 등에 계속 유치함으로써 신체의 자

---

233) 대판 1992.3.10, 92도116.
234) 대판 2012.1.27, 2010도11884.

유를 속박하였다면 이는 구금에 해당한다.235) ② 감금죄에 있어서의 감금행위는 사람으로 하여금 일정한 장소 밖으로 나가지 못하도록 하여 신체의 자유를 제한하는 행위를 가리키는 것이고, 그 방법은 반드시 물리적, 유형적 장애를 사용하는 경우뿐만 아니라 심리적, 무형적 장애에 의하는 경우도 포함되는 것인바, 설사 피해자가 경찰서 안에서 직장동료인 피의자들과 같이 식사도 하고 사무실 안팎을 내왕하였다 하여도 피해자를 경찰서 밖으로 나가지 못하도록 그 신체의 자유를 제한하는 유형, 무형의 억압이 있었다면 이는 감금행위에 해당한다.236)

(3) 폭행·가혹행위죄는 이른바 '고문행위'를 처벌하는 규정이다. 재판, 검찰, 경찰 기타 인신구속의 직무를 수행하는 사람과 그 보조자가 피의자와 피고인, 참고인, 증인 등 수사나 재판의 과정에서 조사의 대상이 된 사람을 폭행하거나 가혹한 행위를 하는 경우에 처벌된다.

V. 뇌물죄

1. 뇌물죄의 의의 및 구조

뇌물죄에는 공무원(또는 중재인)이 직무행위에 대한 대가로 부당한 이득을 취하는 수뢰죄와 공무원에게 그러한 이득을 제공하는 증뢰죄가 있다. 공무상 직무집행의 공정과 이에 대한 사회의 신뢰에 기초하여 공무수행에 있어서 '직무행위를 대가를 주고 사고 팔 수 없다(이것을 불가매수성, 不可買受性이라고 한다)'는 이유에서 뇌물수수행위를 처벌하고 있다.

공무원이 뇌물을 받는 수뢰죄는 단순수뢰죄를 기본적 범죄형태로 하고, 이에 대한 감경처벌의 유형으로 사전수뢰죄, 가중처벌의 유형으로 수뢰후 부정처사죄, 부정처사후수뢰죄가 있다. 그리고 제3자뇌물제공죄, 사후수뢰죄, 알선수뢰죄가 있다. 공무원에게 뇌물을 주는 증뢰죄는 단순뇌물공여죄, 제3자 뇌물교부취득죄가 있다. 특별법으로는 특정범죄 가중처벌 등에 관한 법률로 뇌물죄의 처벌범위를 확대하여 일정한 국가기관 또는 공공기관 종사자의 뇌물수수행위를 뇌물액수에 따라 가중처벌하고 있다. 특정경제범죄 가중처벌 등에 관한 법률에서는 금융기관의 임원

---

235) 대판 1985.7.29, 85모16.
236) 대판 1991.12.30, 91모5.

이나 직원의 금품 수수행위를 처벌하고 있다. 공무원범죄에 관한 몰수특례법에서는 뇌물관련 불법재산의 몰수에 관한 특례를 인정하고 있다.

뇌물죄의 행위로서 뇌물을 주고받는 것뿐만 아니라, 요구하거나 약속하는 것도 포함된다. 마찬가지로 증뢰행위도 단순히 뇌물을 주겠다는 의사표시도 포함된다. 부정한 행위를 하지 않아도 성립하며, 부정한 행위를 하면 가중처벌된다. 뇌물을 직무수행과 관련하여 사전이나 사후에 받아도 성립한다.

공무원이 아닌 일반인의 경우 사무처리와 관련하여 이익을 받은 경우에는 배임수뢰죄가 성립될 수 있으며, 사례를 받고 사건해결을 도모하는 경우에는 변호사법 위반이 된다.

【청탁금지법(부정청탁 및 금품등 수수의 금지에 관한 법률, '청탁금지법')】

(1) 목적: 공직자 등에 대한 부정청탁 및 공직자 등의 금품 등의 수수(收受)를 금지함으로써 공직자 등의 공정한 직무수행을 보장하고 공공기관에 대한 국민의 신뢰를 확보하는 것을 목적으로 2016년 5월에 제정되어 2016년 11월 30일부터 시행되었다.

(2) 적용범위

① 적용대상기관: 공공기관(중앙 및 지방자치단체, 공직유관단체, 교육기관, 언론사 포함)

② 적용대상자('공직자등'): 공무원 및 공직유관단체 종사자, 교육기관 교직원 및 임직원, 언론사 종사자

③ 수수가 금지되는 '금품등'

㉠ 금전, 유가증권, 부동산, 물품, 숙박권, 회원권, 입장권, 할인권, 초대권, 관람권, 부동산 등의 사용권 등 일체의 재산적 이익

㉡ 음식물·주류·골프 등의 접대·향응 또는 교통·숙박 등의 편의 제공

㉢ 채무 면제, 취업 제공, 이권(利權) 부여 등 그 밖의 유형·무형의 경제적 이익

(3) 금지내용

① 부정청탁의 금지

㉠ 누구든지 직접 또는 제3자를 통하여 직무를 수행하는 공직자 등에게 부정청탁을 해서는 아니 된다.

㉡ 부정청탁을 받은 공직자등은 그에 따라 직무를 수행해서는 아니 된다.

㉢ 공직자등은 부정청탁을 받았을 때에는 거절하는 의사를 명확히 표시를 하였음에도 불구하고 동일한 부정청탁을 다시 받은 경우에는 이를 소속기관장에게 서면으로 신고하여야 한다.

② 금품등의 수수 금지

㉠ 공직자등은 직무 관련 여부 및 기부 · 후원 · 증여 등 그 명목에 관계없이 동일인
으로부터 1회에 100만원 또는 매 회계연도에 300만원을 초과하는 금품등을 받거
나 요구 또는 약속해서는 아니 된다.

㉡ 공직자등은 직무와 관련하여 대가성 여부를 불문하고 위의 금액 이하의 금품등
을 받거나 요구 또는 약속해서는 아니 된다.

㉢ 공직자등의 배우자는 공직자등의 직무와 관련하여 공직자등이 받는 것이 금지되
는 금품등을 받거나 요구하거나 제공받기로 약속해서는 아니 된다.

㉣ 누구든지 공직자등에게 또는 그 공직자등의 배우자에게 수수 금지 금품등을 제
공하거나 그 제공의 약속 또는 의사표시를 해서는 아니 된다.

㉤ 예외 : 외부강의 등에 관한 사례금 또는 아래의 어느 하나에 해당하는 금품 등

• 공공기관이 소속 공직자등이나 파견 공직자등에게 지급하거나 상급 공직자등이
위로 · 격려 · 포상 등의 목적으로 하급 공직자등에게 제공하는 금품등

• 원활한 직무수행 또는 사교 · 의례 또는 부조의 목적으로 제공되는 음식물 · 경조
사비 · 선물 등으로서 <u>대통령령으로 정하는 가액 범위</u> 안의 금품등

> • 음식물(제공자와 공직자등이 함께 하는 식사, 다과, 주류, 음료, 그 밖에 이에
> 준하는 것을 말한다): 3만원
> • 경조사비: 축의금 · 조의금은 5만원. 다만, 축의금 · 조의금을 대신하는 화환 · 조
> 화는 10만원으로 한다.
> • 선물: 금전, 유가증권, 음식물 및 경조사비를 제외한 일체의 물품, 그 밖에 이에
> 준하는 것은 5만원. 다만, 「농수산물 품질관리법」제2조제1항제1호에 따른 농
> 수산물(이하 "농수산물"이라 한다) 및 같은 항 제13호에 따른 농수산가공품(농
> 수산물을 원료 또는 재료의 50퍼센트를 넘게 사용하여 가공한 제품만 해당하
> 며, 이하 "농수산가공품"이라 한다)은 15만원으로 한다.

• 사적 거래(증여는 제외한다)로 인한 채무의 이행 등 정당한 권원(權原)에 의하여
제공되는 금품등

• 공직자등의 친족이 제공하는 금품등

• 공직자등과 관련된 직원상조회 · 동호인회 · 동창회 · 향우회 · 친목회 · 종교단체 ·
사회단체 등이 정하는 기준에 따라 구성원에게 제공하는 금품등 및 그 소속 구
성원 등 공직자등과 특별히 장기적 · 지속적인 친분관계를 맺고 있는 자가 질병 ·
재난 등으로 어려운 처지에 있는 공직자등에게 제공하는 금품등

• 공직자등의 직무와 관련된 공식적인 행사에서 주최자가 참석자에게 통상적인 범
위에서 일률적으로 제공하는 교통, 숙박, 음식물 등의 금품등

- 불특정 다수인에게 배포하기 위한 기념품 또는 홍보용품 등이나 경연 · 추첨을 통하여 받는 보상 또는 상품 등
- 그 밖에 다른 법령 · 기준 또는 사회상규에 따라 허용되는 금품등

(4) 징계 및 처벌

① 공공기관의 장 등은 공직자등이 위반행위를 경우에는 징계처분을 하여야 한다.

② 공직자등이 수수가 금지되는 금품 등을 받은 경우(배우자가 받은 경우에 신고하거나 금품등을 반환하지 않은 경우 포함)에는 3년 이하의 징역 또는 3천만원 이하의 벌금에 처한다.

③ 제3자를 위하여 다른 공직자등에게 부정청탁을 한 공직자등은 3천만원 이하의 과태료를 부과한다.

④ 공직자등에게 부정청탁을 한 자에게는 2천만원 이하의 과태료를 부과한다.

⑤ 제3자를 통하여 공직자등에게 부정청탁을 한 자에게는 1천만원 이하의 과태료를 부과한다.

⑥ 허용범위를 넘은 사례금을 받은 경우 신고 및 반환 조치를 하지 아니한 공직자등에게는 500만원 이하의 과태료를 부과한다.

2. 뇌물의 개념

뇌물은 직무에 관한 부당한 모든 이익을 말한다. 뇌물로서 인정되기 위해서는 공무원의 '직무'에 관한 '대가'로서의 '이익'이어야 한다. 즉 직무관련성, 대가성, 이익이라는 요소가 구비되어야 뇌물로 인정된다.

직무관련성은 공무원 자신이 지위에서 담당하는 사무를 말한다. 법령이나 행정처분, 훈령에 따른 직무와 관행으로나 상관의 명령에 의한 사무도 포함된다. 직무와 관련이 없는 사적인 행위와 관련된 이익은 뇌물이 아니다. 적법, 위법을 불문하지만 부정한 직무행위의 경우는 수뢰후부정처사, 부정처사후수뢰, 사후수뢰죄가 성립한다. 직무에 관련된다는 것은 직접적 권한이 있거나 그와 밀접한 관련이 있는 것도 포함된다. 전직 후에 전직 전의 직무에 관한 뇌물을 받은 경우도 포함된다. 뇌물로서의 이익은 재산적 이익이든 비재산적 이익이든 묻지 않으며, 유형, 무형을 불문한다. 채무의 유예, 유리한 차용이나 소비대차 등 금융상의 편의제공, 투기적 사업에 참여할 기회제공,[237] 향응의 제공도 뇌물이다. 성관계(성상납)도 뇌

---

237) 대판 2002.5.10, 2000도2251(뇌물죄에서 뇌물의 내용인 이익이라 함은 금전, 물품 기타의 재산적 이익뿐만 아니라 사람의 수요 욕망을 충족시키기에 족한 일체의 유형, 무형의 이익

물이다. 이익 자체가 장래에 약속되거나 조건부인 경우도 인정된다.

【뇌물 관련판례】① 경찰청장으로서 모든 범죄수사에 관하여 직무상 또는 사실상의 영향력을 행사할 수 있는 지위에 있던 피고인이, 1년에 3~4차례 정도 전화로 안부 인사를 나눌 정도였던 갑으로부터 미화 2만 달러를 받은 것은 직무와 관련하여 뇌물로 수수한 것이다.238) ② 지방의회 의장선거와 관련하여 지방의회 의원들이 금품 등을 수수한 경우 직무관련성이 있어 뇌물죄가 성립한다.239) ③ 서울대학교 의과대학 교수 겸 서울대학교병원 의사가 구치소로 왕진을 나가 진료하고 진단서를 작성해 주거나 법원의 사실조회에 대하여 회신을 해주는 것은 의사로서의 진료업무이지 교육공무원인 서울대학교 의과대학 교수의 직무와 밀접한 관련 있는 행위라고 할 수 없다.240) ④ 법원의 참여주사가 공판에 참여하여 양형에 관한 사항의 심리내용을 공판조서에 기재한다고 하더라도 이를 가지고 형사사건의 양형이 참여주사의 직무와 밀접한 관계가 있는 사무라고는 할 수 없으므로 참여주사가 형량을 감경케하여 달라는 청탁과 함께 금품을 수수하였다고 하더라도 뇌물수수죄의 주체가 될 수 없다.241) ⑤ 시(市)의원인 피고인이 신문사와 노인단체의 부탁을 받고 노인시설에서 구독하는 신문의 구독료 예산을 확보하여 지급되도록 한 다음 수수료 명목의 돈을 수수하였다고 하여 구 특정범죄 가중처벌 등에 관한 법률 위반(뇌물)으로 기소된 사안에서, 제반 사정을 종합할 때 위 돈은 피고인이 직무에 관하여 수수한 것이다.242) ⑥ 뇌물죄에 있어서 금품을 수수한 장소가 공개된 장소이고, 금품을 수수한 공무원이 이를 부하직원들을 위하여 소비하였을 뿐 자신의 사리를 취한 바 없다 하더라도 그 뇌물성이 부인되지 않는다.243)

뇌물과 관련하여 '떡값'과 같은 사회적 예의인 경우에 문제된다. 우리의 관행상 다른 사람의 도움을 받은 경우에는 사교상의 의례에 따라 차비를 주거나 식사대접을 하는 경우가 있는데 이것을 뇌물인가, 단순한 선물인가로 볼 것인가는 사회상규와 관련하여 판단된다.

【사회적 의례로서의 선물과 뇌물의 구별】① 뇌물은 직무에 관한 행위의 대가로서의 불

을 포함한다고 해석되고, 투기적 사업에 참여할 기회를 얻는 것도 이에 해당한다).
238) 대판 2010.4.29, 2010도1082.
239) 대판 2002.5.10, 2000도2251.
240) 대판 2006.6.15, 2005도1420.
241) 대판 1980.10.14, 80도1373.
242) 대판 2011.12.8, 2010도15628.
243) 대판 1996.6.14, 96도865.

법한 이익을 말하므로 직무와 관련 없이 단순히 사교적인 예의로서 하는 증여는 뇌물이라고 할 수 없으나, 직무행위와의 대가관계가 인정되는 경우에는 비록 사교적 예의의 명목을 빌더라도 뇌물성을 부정할 수 없다.[244] ② 노동청 해외근로국장으로서 해외취업자 국외송출허가 등 업무를 취급하던 피고인이 접대부 등의 국외송출을 부탁받고 시가 70,000원 상당의 주식을 접대 받은 경우, 비록 그 접대의 규모가 그리 크지 아니하였다 하더라도 그 사유만으로 이를 단순한 사교적 의례의 범위에 속하는 향응에 불과하다고 볼 수 없으며 뇌물성을 띤다.[245]

3. 뇌물의 몰수와 추징

뇌물로 받은 이익을 범인이 보유할 수는 없으므로 뇌물의 몰수와 추징은 필요적이다. 주고받은 뇌물 이외에 공여하기로, 즉 주기로 약속하였지만 아직 건네지 않는 뇌물과 주기로 약속한 이익도 뇌물에 포함된다. 그러나 공무원이 뇌물을 요구하기만 한 경우에는 몰수할 수 없다.

뇌물은 현재 이익을 보유하고 있는 사람으로부터 몰수, 추징하여야 한다. 수뢰자가 뇌물을 보관하다가 증뢰자에게 돌려준 경우에는 증뢰자로부터 몰수, 추징하여야 한다. 수뢰자가 뇌물을 소비하거나 예금한 후 같은 액수의 금액을 반환한 경우에는 수뢰자로부터 추징한다.

【몰수, 추징 판례】 ① 뇌물로 받은 돈을 은행에 예금한 경우 그 예금행위는 뇌물의 처분행위에 해당하므로 그 후 수뢰자가 같은 액수의 돈을 증뢰자에게 반환하였다 하더라도 이를 뇌물 그 자체의 반환으로 볼 수 없으니 이러한 경우에는 수뢰자로부터 그 가액을 추징하여야 한다.[246] ② 변호사를 선임하여 주겠다는 명목이 아니라 판사, 검사에게 청탁하여 석방시켜 주겠다는 명목으로 돈을 받은 이상 그 중 일부를 변호사 선임비로 사용하였다 하더라도 이는 변호사법위반으로 취득한 재물의 소비방법에 불과하므로 변호사선임비로 사용한 금액 상당을 추징액에서 제외할 수는 없다.[247]

여러 사람이 공동으로 수수한 뇌물을 분배한 때에는 각자 실제로 분배받은 비율만큼 개별적으로 몰수, 추징한다. 그러나 그 분배비율이 명확하지 않으면 동등

244) 대판 1999.7.23, 99도390.
245) 대판 1984.4.10, 83도1499.
246) 대판 1996.10.25, 96도2022.
247) 대판 2000.5.26, 2000도440.

한 비율로 추징한다. 무형적인 이익을 제공받은 경우에는 그 가액을 추징한다. 그러나 성관계처럼 가액 산정이 불가능한 경우에는 추징할 수 없다.

4. 단순수뢰죄

> 제129조(수뢰, 사전수뢰) ① 공무원 또는 중재인이 그 직무에 관하여 뇌물을 수수, 요구 또는 약속한 때에는 5년 이하의 징역 또는 10년 이하의 자격정지에 처한다.

수뢰죄의 행위는 뇌물을 수수, 요구, 약속하는 것이다. 수수(收受)란 뇌물을 건네주고 건네받는 것을 말한다. 요구란 뇌물을 받을 의사로 상대방에게 뇌물을 줄 것을 청구하는 것이다. 상대방이 뇌물을 주려고 하지 않는데 일방적으로 요구하는 것도 가능하고, 요구만 있으면 충분하고 실제로 뇌물을 받았을 필요는 없다. 약속이란 뇌물수수의 당사자 사이에 뇌물을 주고받기로 합의하는 것을 말하며 수뢰죄는 이러한 합의 자체만으로도 처벌되는 범죄이고, 주기로 한 자는 증뢰죄가 성립한다.

【뇌물죄가 부정되는 경우】 ① 피고인이 택시를 타고 떠나려는 순간 뒤쫓아 와서 돈뭉치를 창문으로 던져 넣고 가버려 의족을 한 불구의 몸인 피고인으로서는 도저히 뒤따라가 돌려줄 방법이 없어 부득이 그대로 귀가하였다가 다음날 바로 다른 사람을 시켜 이를 반환한 경우 피고인에게는 뇌물을 수수할 의사가 있었다고는 볼 수 없다.[248] ② 뇌물을 수수한다는 것은 영득의 의사로 받는 것을 말하고 후일 기회를 보아서 반환할 의사로서 일단 받아둔 데 불과하다면 뇌물의 수수라고 할 수 없다.[249]

5. 사전수뢰죄

> 제129조(수뢰, 사전수뢰) ② 공무원 또는 중재인이 될 자가 그 담당할 직무에 관하여 청탁을 받고 뇌물을 수수, 요구 또는 약속한 후 공무원 또는 중재인이 된 때에는 3년 이하의 징역 또는 7년 이하의 자격정지에 처한다.

공무원으로 취직 내지 취임 전에 미리 뇌물을 받은 후 현실적으로 공무원이 되면 범죄가 성립한다. 예를 들어 공무원채용시험 합격 후 발령 대기 중인 자, 당선

---

248) 대판 1979.7.10, 79도1124.
249) 대판 1989.7.25, 89도126.

확정자 등이다. 청탁을 받는다는 것은 앞으로 담당할 직무와 관련한 어떤 행위를
해 줄 것을 부탁받는 것을 말한다.

6. 제3자뇌물공여죄

> 제130조(제3자뇌물제공) 공무원 또는 중재인이 그 직무에 관하여 부정한 청탁을 받고 제
> 3자에게 뇌물을 공여하게 하거나 공여를 요구 또는 약속한 때에는 5년 이하의 징역 또는
> 10년 이하의 자격정지에 처한다.

공무원이 부정한 부탁을 받고 직접 뇌물을 받게 되면 처벌될 것이 염려되어 다른
제3자(가족이나 지인 등)에게 뇌물을 줄 것을 요구하거나 약속하는 경우에 성립된다.
즉 간접적으로 수뢰하는 행위를 처벌하는 규정이다.

【사찰에 시주하게 한 경우】 공정거래위원회 위원장인 피고인이 이동통신회사가 속한 그
룹의 구조조정본부장으로부터 당해 이동통신회사의 기업결합심사에 대하여 선처를 부탁
받으면서 특정 사찰에의 시주를 요청하여 시주금을 제공케 한 사안에서, 그 부탁한 직
무가 피고인의 재량권한 내에 속하더라도 형법 제130조에 정한 '부정한 청탁'에 해당하
고, 위 시주는 기업결합심사와 관련되어 이루어진 것이라고 판단하여 제3자뇌물수수의
죄책이 인정된다.[250)]

7. 수뢰 후 부정처사죄

> 제131조(수뢰후부정처사, 사후수뢰) ① 공무원 또는 중재인이 전2조의 죄를 범하여 부정
> 한 행위를 한 때에는 1년 이상의 유기징역에 처한다.

공무원이 수뢰죄, 사전수뢰죄와 제3자뇌물공여죄를 범한 후에 청탁을 받은 직무
에 대해서 부정한 행위를 함으로써 성립한다. 이 죄는 공무원이 뇌물을 받은 뒤에
다시 부정한 행위를 하였으므로 가중처벌하는 것이다.

【예비군 중대장의 수뢰】 예비군 중대장이 그 소속예비군으로부터 금원을 교부받고 그
예비군이 예비군훈련에 불참하였음에도 불구하고 참석한 것처럼 허위내용의 중대학급편

---

250) 대판 2006.6.15, 2004도3424.

성명부를 작성, 행사한 경우라면 수뢰후 부정처사죄 외에 별도로 허위공문서작성 및 동 행사죄가 성립하고 이들 죄와 수뢰후 부정처사죄는 각각 상상적 경합관계에 있다고 할 것이다.[251]

8. 부정처사 후 수뢰죄

제131조(수뢰후부정처사, 사후수뢰) ② 공무원 또는 중재인이 그 직무상 부정한 행위를 한 후 뇌물을 수수, 요구 또는 약속하거나 제3자에게 이를 공여하게 하거나 공여를 요구 또는 약속한 때에도 전항의 형과 같다.

본죄는 공무원이 미리 직무상 부정한 행위를 한 후 뇌물을 받거나 요구, 약속 하는 경우 등에 성립한다.

9. 사후수뢰죄

제131조(수뢰후부정처사, 사후수뢰) ③ 공무원 또는 중재인이었던 자가 그 재직 중에 청 탁을 받고 직무상 부정한 행위를 한 후 뇌물을 수수, 요구 또는 약속한 때에는 5년 이하 의 징역 또는 10년 이하의 자격정지에 처한다.

본죄는 공무원이 재직하던 때에 청탁을 받고 미리 부정한 행위를 해 준 이후 퇴직한 다음에 수뢰하는 행위를 처벌한다. 따라서 재직 중 정당한 행위를 한 경우 에는 퇴직 후 뇌물을 받아도 처벌할 수 없다.

10. 알선수뢰죄

제132조(알선수뢰) 공무원이 그 지위를 이용하여 다른 공무원의 직무에 속한 사항의 알선 에 관하여 뇌물을 수수, 요구 또는 약속한 때에는 3년 이하의 징역 또는 7년 이하의 자격 정지에 처한다.

본죄는 공무원이 자신의 지위를 이용하여 다른 공무원의 직무에 속하는 사항을 알선하여 주고 뇌물을 받는 경우를 처벌한다. 알선이라는 것은 어떤 사항을 중개 하여 당사자 사이에 접촉이 가능하도록 편의를 제공해 주는 것을 말한다.

---

251) 대판 1983.7.26, 83도1378.

【알선사례】 구청 공무원이 유흥주점의 업주에게 '유흥주점 영업과 관련하여 세금이나 영업허가 등에 관하여 문제가 생기면 다른 담당 공무원에게 부탁하여 도움을 주겠다'면서 그 대가로 1,000만 원을 요구한 사안에서, 그 뇌물요구의 명목이 상대방의 막연한 기대감을 전제로 한 것이고 당시 알선할 사항이 구체적으로 특정되었다거나 알선에 의하여 해결을 도모해야 할 현안이 존재하였다는 사실을 인정할 증거가 없어 알선뇌물요구죄가 성립하지 않는다고 판단한 원심판결을, 알선뇌물요구죄에 관한 법리를 오해하였다는 이유로 파기한 사례.252)

11. 증뢰죄

제133조(뇌물공여 등) ① 제129조부터 제132조까지에 기재한 뇌물을 약속, 공여 또는 공여의 의사를 표시한 자는 5년 이하의 징역 또는 2천만원 이하의 벌금에 처한다.
② 제1항의 행위에 제공할 목적으로 제3자에게 금품을 교부한 자 또는 그 사정을 알면서 금품을 교부받은 제3자도 제1항의 형에 처한다.

수뢰죄와 공범관계에 있는 일반인의 뇌물제공행위를 처벌하는 규정이다.

【공무원의 공갈로 뇌물을 준 경우】 공무원이 직무집행의 의사 없이 또는 직무처리와 대가적 관계없이 타인을 공갈하여 재물을 교부하게 한 경우에는 공갈죄만이 성립하고, 이러한 경우 재물의 교부자가 공무원의 해악의 고지로 인하여 외포의 결과 금품을 제공한 것이라면 그는 공갈죄의 피해자가 될 것이고 뇌물공여죄는 성립될 수 없다.253)

【뇌물을 받은 공무원이 바로 돌려준 경우】 증뇌물전달행위에 공할 목적으로 제3자에게 금품을 교부한 경우에 그후 수뢰할 사람이 전달받은 그 금품을 곧바로 증뢰자에게 반환하였다 하더라도 제3자 뇌물교부죄의 성립에는 그 영향이 없다.254)

---

252) 대판 2009.7.23, 2009도3924.
253) 대판 1994.12.22, 94도2528.
254) 대판 1983.6.28, 82도3129.

제 24 관 공무방해에 관한 죄

Ⅰ. 공무집행방해죄

> 제136조(공무집행방해) ① 직무를 집행하는 공무원에 대하여 폭행 또는 협박한 자는 5년 이하의 징역 또는 1천만원 이하의 벌금에 처한다.

공무집행방해죄는 직무를 집행하는 공무원을 폭행, 협박하는 행위이다. 공무원에는 청원경찰, 방범대원도 포함되지만 외국의 공무원은 해당되지 않는다. 직무가 강제력을 수반하는 것일 필요는 없다.

【청원경찰】 야간 당직 근무중인 청원경찰이 불법주차 단속요구에 응하여 현장을 확인만 하고 주간 근무자에게 전달하여 단속하겠다고 했다는 이유로 민원인이 청원경찰을 폭행한 사안에서, 야간 당직 근무자는 불법주차 단속권한은 없지만 민원 접수를 받아 다음 날 관련 부서에 전달하여 처리하고 있으므로 불법주차 단속업무는 야간 당직 근무자들의 민원업무이자 경비업무로서 공무집행방해죄의 '직무집행'에 해당하여 공무집행방해죄가 성립한다.255)

본죄가 성립되기 위해서는 공무원이 공무를 집행하고 있는 중이어야 한다. 따라서 앞으로 직무집행이 있을 것을 예상하고 폭행, 협박하는 경우에는 해당되지 않는다.

【직무집행 중의 의미】 공무집행방해죄에서 '직무를 집행하는'이라 함은 공무원이 직무수행에 직접 필요한 행위를 현실적으로 행하고 있는 때만을 가리키는 것이 아니라 공무원이 직무수행을 위하여 근무중인 상태에 있는 때를 포괄하고, 직무의 성질에 따라서는 그 직무수행의 과정을 개별적으로 분리하여 부분적으로 각각의 개시와 종료를 논하는 것이 부적절하고 여러 종류의 행위를 포괄하여 일련의 직무수행으로 파악함이 상당한 경우가 있으며, 나아가 현실적으로 구체적인 업무를 처리하고 있지는 않다 하더라도 자기 자리에 앉아 있는 것만으로도 업무의 집행으로 볼 수 있을 때에는 역시 직무집행 중에 있는 것으로 보아야 하고, 직무 자체의 성질이 부단히 대기하고 있을 것을 필요로 하

---

255) 대판 2009.1.15, 2008도9919.

는 것일 때에는 대기 자체를 곧 직무행위로 보아야 할 경우도 있다.256)

【신고를 받고 출동한 경찰과 말다툼하다 가슴 밀치면 공무집행방해】 피고인이 갑과 주차문제로 언쟁을 벌이던 중, 112 신고를 받고 출동한 경찰관 을이 갑을 때리려는 피고인을 제지하자 자신만 제지를 당한 데 화가 나서 손으로 을의 가슴을 1회 밀치고, 계속하여 욕설을 하면서 피고인을 현행범으로 체포하며 순찰차 뒷좌석에 태우려고 하는 을의 정강이 부분을 양발로 2회 걷어차는 등 폭행함으로써 경찰관의 112 신고처리에 관한 직무집행을 방해하였다는 내용으로 기소된 사안에서, 제반 사정을 종합하면 피고인이 손으로 을의 가슴을 밀칠 당시 을은 112 신고처리에 관한 직무 내지 순찰근무를 수행하고 있었고, 이와 같이 공무를 집행하고 있는 을의 가슴을 밀치는 행위는 공무원에 대한 유형력의 행사로서 공무집행방해죄에서 정한 폭행에 해당한다.257)

본죄가 성립하기 위해서는 직무집행이 적법한 것이어야 한다. 위법한 직무집행에 대해서는 복종할 의무는 없는 것이다. 실무상 많이 발생하는 사례는 경찰관의 불심검문, 체포행위와 관련된 경우이다.

【현행범체포와 관련된 사례】 피고인이 경찰관의 불심검문을 받아 운전면허증을 교부한 후 경찰관에게 큰 소리로 욕설을 하였는데, 경찰관이 모욕죄의 현행범으로 체포하겠다고 고지한 후 피고인의 오른쪽 어깨를 붙잡자 반항하면서 경찰관에게 상해를 가한 사안에서, 피고인은 경찰관의 불심검문에 응하여 이미 운전면허증을 교부한 상태이고, 경찰관뿐 아니라 인근 주민도 욕설을 직접 들었으므로, 피고인이 도망하거나 증거를 인멸할 염려가 있다고 보기는 어렵고, 피고인의 모욕 범행은 불심검문에 항의하는 과정에서 저지른 일시적, 우발적인 행위로서 사안 자체가 경미할 뿐 아니라, 피해자인 경찰관이 범행현장에서 즉시 범인을 체포할 급박한 사정이 있다고 보기도 어려우므로, 경찰관이 피고인을 체포한 행위는 적법한 공무집행이라고 볼 수 없고, 피고인이 체포를 면하려고 반항하는 과정에서 상해를 가한 것은 불법체포로 인한 신체에 대한 현재의 부당한 침해에서 벗어나기 위한 행위로서 정당방위에 해당한다는 이유로, 피고인에 대한 상해 및 공무집행방해의 공소사실을 무죄로 인정한 원심판단을 수긍한 사례.258)

---

256) 대판 2002.4.12, 2000도3485.
257) 대판 2018.3.29., 2017도21537.
258) 대판 2011.5.26, 2011도3682.

【교장실에서 교사를 체포하려던 사건】 ① 교사가 교장실에 들어가 불과 약 5분 동안 식칼을 휘두르며 교장을 협박하는 등의 소란을 피운 후 40여분 정도가 지나 경찰관들이 출동하여 교장실이 아닌 서무실에서 그를 연행하려 하자 그가 구속영장의 제시를 요구하면서 동행을 거부하였다면, 체포 당시 서무실에 앉아 있던 위 교사가 방금 범죄를 실행한 범인이라는 죄증이 경찰관들에게 명백히 인식될 만한 상황이었다고 단정할 수 없는데도 이와 달리 그를 "범죄의 실행의 즉후인 자"로서 현행범인이라고 단정한 원심판결에는 현행범인에 관한 법리오해의 위법이 있다고 하여 이를 파기한 사례. ② 현행범인으로서의 요건을 갖추고 있었다고 인정되지 않는 상황에서 경찰관들이 동행을 거부하는 자를 체포하거나 강제로 연행하려고 하였다면, 이는 적법한 공무집행이라고 볼 수 없으므로 강제연행을 거부하는 자를 도와 경찰관들에 대하여 폭행을 하는 등의 방법으로 그 연행을 방해하였다고 하더라도, 공무집행방해죄는 성립되지 않는다.259)

【시위를 사전에 제지하려는 행위】 구 집회 및 시위에 관한 법률에 의하여 금지되어 그 주최 또는 참가행위가 형사처벌의 대상이 되는 위법한 집회·시위가 장차 특정지역에서 개최될 것이 예상된다고 하더라도, 이와 시간적·장소적으로 근접하지 않은 다른 지역에서 그 집회·시위에 참가하기 위하여 출발 또는 이동하는 행위를 함부로 제지하는 것은 경찰관직무집행법 제6조 제1항의 행정상 즉시강제인 경찰관의 제지의 범위를 명백히 넘어 허용될 수 없다. 따라서 이러한 제지 행위는 공무집행방해죄의 보호대상이 되는 공무원의 적법한 직무집행이 아니다.260)

본죄의 행위는 폭행, 협박이다. 직무집행이 방해될 정도이면 된다. 적극적인 방해이어야 하므로 소극적 부작위나 불복종은 해당되지 않는다.

【경찰관에 대한 폭언】 공무집행방해죄에 있어서의 폭행은 공무를 집행하는 공무원에 대하여 유형력을 행사하는 행위를 말하는 것으로 그 폭행은 공무원에 직접적으로나 간접적으로 하는 것을 포함한다고 해석되며(당원 1970.5.12. 선고 70도561 판결 참조) 또 동 조에 규정된 협박이라 함은 사람을 공포케 할 수 있는 해악을 고지함을 말하는 것이나 그 방법도 언어, 문서, 직접, 간접 또는 명시, 암시를 가리지 아니한다고 해석되는 바, 본건에 있어서 피고인이 순경 공소외인이 공무를 집행하고 있는 경찰관 파출소 사무실 바닥에 인분이 들어 있는 물통을 던지고 또 책상 위에 있던 재떨이에 인분을 퍼 담아 동 사무실 바닥에 던지는 행위는 동 순경 공소외인에 대한 폭행이라 할 것이며 또

---

259) 대판 1991.9.24, 91도1314.
260) 대판 2008.11.13, 2007도9794.

동 순경에 대하여 "씹할 놈들 너희가 나를 잡아 넣어, 소장 데리고 와라"고 폭언을 농한 것은 이에 불응하면 신체에 위해를 가할 것을 암시하는 협박에 해당한다.[261]

【검문불응】 차량을 일단 정차한 다음 경찰관의 운전면허증 제시요구에 불응하고 다시 출발하는 과정에서 경찰관이 잡고 있던 운전석 쪽의 열린 유리창 윗부분을 놓지 않은 채 어느 정도 진행하다가 차량속도가 빨라지자 더 이상 따라가지 못하고 손을 놓아버렸다면 이러한 사실만으로는 피고인의 행위가 공무집행방해죄에 있어서의 폭행에 해당한다고 할 수 없다.[262]

【자해하겠다고 하는 경우】 경찰관의 임의동행을 요구받은 피고인이 자기집 안방으로 피하여 문을 잠그었다면 이는 임의동행 요구를 거절한 것이므로 피요구자의 승낙을 조건으로 하는 임의동행하려는 직무행위는 끝난 것이고 피고인이 문을 잠근 방안에서 면도칼로 앞가슴 등을 그어 피를 보이면서 자신이 죽어버리겠다고 불온한 언사를 농하였다 하여도 이는 자해자학행위는 될지언정 위 경찰관에 대한 유형력의 행사나 해악의 고지표시가 되는 폭행 또는 협박으로 볼 수 없다.[263]

II. 직무 · 사직강요죄

> 제136조(공무집행방해) ② 공무원에 대하여 그 직무상의 행위를 강요 또는 저지하거나 그 직을 사퇴하게 할 목적으로 폭행 또는 협박한 자도 전항의 형과 같다.

공무원에 대하여 장래의 직무집행을 강요하거나 직무집행을 못하게 하거나 공무원의 직위를 그만 두게 할 목적으로 폭행, 협박하는 경우에 성립한다. 장래의 직무집행에 대하여 성립한다는 특징이 있으며, 목적범이지만 목적의 달성 여부는 묻지 않는다.

---

261) 대판 1981.3.24, 81도326.
262) 대판 1996.4.26, 96도281.
263) 대판 1976.3.9, 75도3779.

III. 위계에 의한 공무집행방해죄

> **제137조(위계에 의한 공무집행방해)** 위계로써 공무원의 직무집행을 방해한 자는 5년 이하의 징역 또는 1천만원 이하의 벌금에 처한다.

위계로써 공무원의 직무집행을 방해하는 범죄이다. 위계란 다른 사람의 오인, 착각, 부지를 이용하는 경우를 말하며 공무집행이 현실적으로 방해될 필요성이 있는가에 대하여는 견해가 대립된다. 대입수학능력시험, 공무원채용시험 등 국가시험이나 운전면허시험에서 대리응시를 하거나[264] 시험문제를 사전 입수하여 응시한 경우에 성립한다.

피의자가 수사기관에 허위진술을 하는 것은 비록 경찰관의 수사업무를 방해하였지만 피의자로서 당연히 하는 행위이므로 범죄가 성립하지 않는다. 그러나 피의자의 적극적 증거조작은 본죄가 성립할 수 있다.

【피의자의 허위진술 또는 증거조작의 경우】 수사기관이 범죄사건을 수사할 때에는 피의자 등의 진술 여하에 불구하고 피의자를 확정하고 그 피의사실을 인정할 만한 객관적인 모든 증거를 수집·조사하여야 할 권리와 의무가 있고, 한편 피의자는 진술거부권과 자기에게 유리한 진술을 할 권리와 유리한 증거를 제출할 권리를 가질 뿐이고 수사기관에 대하여 진실만을 진술하여야 할 의무가 있는 것은 아니다. 따라서 피의자 등이 수사기관에 대하여 허위사실을 진술하거나 피의사실 인정에 필요한 증거를 감추고 허위의 증거를 제출하였다고 하더라도, 수사기관이 충분한 수사를 하지 아니한 채 이와 같은 허위의 진술과 증거만으로 증거의 수집·조사를 마쳤다면, 이는 수사기관의 불충분한 수사에 의한 것으로서 피의자 등의 위계에 의하여 수사가 방해되었다고 볼 수 없어 위계에 의한 공무집행방해죄가 성립된다고 할 수 없다. 그러나 피의자 등이 적극적으로 허위의 증거를 조작하여 제출하고 그 증거 조작의 결과 수사기관이 그 진위에 관하여 나름대로 충실한 수사를 하더라도 제출된 증거가 허위임을 발견하지 못할 정도에 이르렀다면, 이는 위계에 의하여 수사기관의 수사행위를 적극적으로 방해한 것으로서 위계에 의한 공무집행방해죄가 성립된다.[265]

---

264) 대판 1986.9.9, 86도1245(피고인이 마치 그의 형인 양 시험감독자를 속이고 원동기장치자전거 운전면허시험에 대리로 응시한 경우).

265) 대판 2011.2.10, 2010도15986; 대판 2007.10.11, 2007도6101(타인의 소변을 마치 자신의 소변인 것처럼 수사기관에 건네주어 필로폰 음성반응이 나오게 한 경우).

【혈액 바꿔치기】 음주운전을 하다가 교통사고를 야기한 후 그 형사처벌을 면하기 위하여 타인의 혈액을 자신의 혈액인 것처럼 교통사고 조사 경찰관에게 제출하여 감정하도록 한 행위는, 단순히 피의자가 수사기관에 대하여 허위사실을 진술하거나 자신에게 불리한 증거를 은닉하는 데 그친 것이 아니라 수사기관의 착오를 이용하여 적극적으로 피의사실에 관한 증거를 조작한 것으로서 위계에 의한 공무집행방해죄가 성립한다.266)

【외국 주재 한국영사관에 허위자료를 제출하여 비자를 발급받은 경우】 불법체류를 이유로 강제출국 당한 중국 동포인 피고인이 중국에서 이름과 생년월일을 변경한 호구부(戶口簿)를 발급받아 중국 주재 대한민국 총영사관에 제출하여 변경된 명의로 입국사증을 받은 다음, 다시 입국하여 그 명의로 외국인등록증을 발급받고 귀화허가신청서까지 제출한 사안에서, 피고인이 자신과 동일성을 확인할 수 없도록 변경된 호구부를 중국의 담당관청에서 발급받아 위 대한민국 총영사관에 제출하였으므로, 영사관 담당직원 등이 호구부의 기재를 통하여 피고인의 인적사항 외에 강제출국 전력을 확인하지 못하였더라도, 사증 및 외국인등록증의 발급요건 존부에 대하여 충분한 심사를 한 것으로 보아야 하고, 이러한 경우 행정청의 불충분한 심사가 아니라 출원인의 적극적인 위계에 의해 사증 및 외국인등록증이 발급되었던 것이므로 위계에 의한 공무집행방해죄가 성립하고, 또한 피고인의 위계행위에 의하여 귀화허가에 관한 공무집행방해 상태가 초래된 것이 분명하므로, 귀화허가가 이루어지지 아니하였더라도 위 죄의 성립에 아무런 영향이 없다는 이유로, 피고인에게 각 '위계에 의한 공무집행방해죄'를 인정하였다.267)

【단속카메라에 차량번호판이 촬영되지 못하게 한 경우】 과속단속카메라에 촬영되더라도 불빛을 반사시켜 차량 번호판이 식별되지 않도록 하는 기능이 있는 제품('파워매직세이퍼')을 차량 번호판에 뿌린 상태로 차량을 운행한 행위만으로는, 교통단속 경찰공무원이 충실히 직무를 수행하더라도 통상적인 업무처리과정 하에서 사실상 적발이 어려운 위계를 사용하여 그 업무집행을 하지 못하게 한 것으로 보기 어렵다.268)

다만 '누구든지 등록번호판을 가리거나 알아보기 곤란하게 하여서는 아니되며 그러한 자동차를 운행하여서는 아니된다'는 자동차관리법 제10조 제5항 위반으로 처벌될 수 있다.

【허위의 외국박사학위로 시간강사에 임용된 경우, 이른바 '신정아사건'】 대학교 시간강사 임용과 관련하여 허위의 학력이 기재된 이력서만을 제출한 사안에서, 임용심사업무 담당자가 불충분한 심사로 인하여 허위 학력이 기재된 이력서를 믿은 것이므로 위계에 의한

266) 대판 2003.7.25, 2003도1609.
267) 대판 2011.4.28, 2010도14696.
268) 대판 2010.4.15, 2007도8024.

업무방해죄를 구성하지 않는다.269)

【감독관의 시험답안지 유출】 피고인이 공무원으로 시험감독관이라 하더라도 답안지를 수험생에게 유출함으로써 다른 시험감독관의 감독업무 및 시험시행기관의 정당한 합격사정 등을 방해할 의사로서 이 사건 범행을 저지른 이상 위계에 의한 공무집행방해죄가 성립한다.270)

Ⅳ. 법정·국회회의장모욕죄

> **제138조(법정 또는 국회회의장모욕)** 법원의 재판 또는 국회의 심의를 방해 또는 위협할 목적으로 법정이나 국회회의장 또는 그 부근에서 모욕 또는 소동한 자는 3년 이하의 징역 또는 700만원 이하의 벌금에 처한다.

방청객의 법정소란이나 국회에서의 회의장난입 등의 경우에 문제되었다.

Ⅴ. 부동산강제집행효용침해죄 및 공무상비밀표시무효죄

> **제140조의2(부동산강제집행효용침해)** 강제집행으로 명도 또는 인도된 부동산에 침입하거나 기타 방법으로 강제집행의 효용을 해한 자는 5년 이하의 징역 또는 700만원 이하의 벌금에 처한다

본죄는 강제집행으로 명도되거나 인도된 부동산에 침입하거나 그 밖의 방법으로 강제집행의 효용을 침해하는 범죄이다. 법원의 판결의 집행력과 강제집행의 효력을 확보하기 위한 규정이다. 여기서 '기타 방법'이란 강제집행의 효용을 해할 수 있는 수단이나 방법에 해당하는 일체의 방해행위를 말하고, '강제집행의 효용을 해하는 것'이란 강제집행으로 명도 또는 인도된 부동산을 권리자가 그 용도에 따라 사용·수익하거나 권리행사를 하는 데 지장을 초래하는 일체의 침해행위를 말한다.271)

---

269) 대판 2009.1.30, 2008도6950.
270) 서울고법 1982.5.12, 82노732 제1형사부판결(확정).
271) 대판 2002.11.8, 2002도4801.

> 제140조(공무상비밀표시무효) ① 공무원이 그 직무에 관하여 실시한 봉인 또는 압류 기타 강제처분의 표시를 손상 또는 은닉하거나 기타 방법으로 그 효용을 해한 자는 5년 이하의 징역 또는 700만원 이하의 벌금에 처한다.
> ② 공무원이 그 직무에 관하여 봉함 기타 비밀장치한 문서 또는 도화를 개봉한 자도 제1항의 형과 같다.
> ③ 공무원이 그 직무에 관하여 봉함 기타 비밀장치한 문서, 도화 또는 전자기록 등 특수매체기록을 기술적 수단을 이용하여 그 내용을 알아낸 자도 제1항의 형과 같다.

이 죄는 특히 강제집행을 하면서 법원의 집행관이 물건에 대한 봉인 등 압류표시를 한 경우 함부로 훼손하는 경우를 처벌하는 규정이다.

제 25 관 도주와 범인은닉의 죄

I. 도주죄와 특수도주죄

> 제145조(도주, 집합명령위반) ① 법률에 따라 체포되거나 구금된 자가 도주한 경우에는 1년 이하의 징역에 처한다.
> 제146조(특수도주) 수용설비 또는 기구를 손괴하거나 사람에게 폭행 또는 협박을 가하거나 2인 이상이 합동하여 전조 제1항의 죄를 범한 자는 7년 이하의 징역에 처한다.

본죄는 법적 근거와 절차에 의하여 구금된 자가 도주하는 범죄이다. 보통 탈옥, 탈주라는 것이 이 죄에 해당된다. 따라서 적법하게 체포된 자가 대상이며 불법연행된 사람은 본죄에 해당되지 않는다. 체포되거나 구속된 피의자 또는 피고인, 징역이 선고된 수형자, 현행범인으로 체포된 자 등이 이에 해당된다. 그러나 가석방이나 보석 중에 있는 자나 아동복지시설에 수용된 자는 해당되지 않는다.

II. 집합명령위반죄

> 제145조(도주, 집합명령위반) ② 제1항의 구금된 자가 천재지변이나 사변 그 밖에 법령에 따라 잠시 석방된 상황에서 정당한 이유없이 집합명령에 위반한 경우에도 제1항의 형에 처한다.

예를 들어 지진, 산사태 등으로 교도소시설이 파괴되어 모두 밖으로 나와 대피하였는데 일정한 장소에 집결하라는 명령에 위반하는 경우가 이에 해당된다.

III. 도주원조죄 및 간수자도주원조죄

> **제147조(도주원조)** 법률에 의하여 구금된 자를 탈취하거나 도주하게 한 자는 10년 이하의 징역에 처한다.
> **제148조(간수자의 도주원조)** 법률에 의하여 구금된 자를 간수 또는 호송하는 자가 이를 도주하게 한 때에는 1년 이상 10년 이하의 징역에 처한다.

도주원조죄는 도주에 대한 교사, 방조행위에 해당하는데 이것을 별도의 범죄로 처벌하는 규정이다. 탈취한다는 것은 간수자를 배제하고 구금된 자를 구금시설로부터 빼내오는 것을 의미한다. 간수자도주원조죄는 구금된 자를 간수하거나 호송하는 지위에 있은 사람이 도주하게 하는 행위로서 책임이 더 무거우므로 가중처벌하는 규정이다.

【도주원조죄와 범인도피죄의 구별】 피고인의 동생인 갑이 수감되어 있던 서산시 소재 병원에서 간수자를 폭행하고 병원에서 탈주에 성공한 갑이 보다 멀리 서울로 도피할 수 있도록 갑 소유의 승용차를 인도하게 하여 준 사건에서, 도주죄는 즉시범으로서 범인이 간수자의 실력적 지배를 이탈한 상태에 이르렀을 때에 기수가 되어 도주행위가 종료하는 것이고, 도주원조죄는 도주죄에 있어서의 범인의 도주행위를 야기시키거나 이를 용이하게 하는 등 그와 공범관계에 있는 행위를 독립한 구성요건으로 하는 범죄이므로, 도주죄의 범인이 도주행위를 하여 기수에 이른 이후에 범인의 도피를 도와주는 행위는 범인도피죄에 해당할 수 있을 뿐 도주원조죄에는 해당하지 아니한다.[272]

IV. 범인은닉죄와 친족간 특례

> **제151조(범인은닉과 친족간의 특례)** ① 벌금 이상의 형에 해당하는 죄를 범한 자를 은닉 또는 도피하게 한 자는 3년 이하의 징역 또는 500만원 이하의 벌금에 처한다.
> ② 친족 또는 동거의 가족이 본인을 위하여 전항의 죄를 범한 때에는 처벌하지 아니한다.

272) 대판 1991.10.11, 91도1656.

1. 범인은닉죄

벌금 이상의 형에 해당하는 죄를 범한 자를 은닉 또는 도피하게 하면 범인은닉죄가 성립한다. 다만 친족 또는 동거의 가족이 본인을 위하여 범한 경우에는 처벌하지 아니한다. 죄를 범한 사람을 숨겨주거나 도망하게 도움을 주는 범인비호행위를 처벌하는 규정이다. 모든 범인에 대한 은닉, 도피행위를 처벌하는 것이 아니고 벌금이상의 형벌이 규정된 범죄를 범한 사람을 대상으로 한다.

자기 자신을 은닉, 도피하는 행위는 본죄의 처벌대상이 아니다. 은닉, 도피의 대상은 타인이어야 하고, 범죄를 범한 자가 도망하는 것은 당연하기 때문이다. 그러나 공범이 다른 공범을 도피시키는 행위는 처벌대상이다.

【범인 자신이 자신에 대한 범인도피를 교사한 경우】① 범인이 자신을 위하여 타인으로 하여금 허위의 자백을 하게 하여 범인도피죄를 범하게 하는 행위는 방어권의 남용으로 범인도피교사죄에 해당하는바, 이 경우 그 타인이 형법 제151조 제2항에 의하여 처벌을 받지 아니하는 친족, 호주 또는 동거 가족에 해당한다 하여 달리 볼 것은 아니다. … 무면허 운전으로 사고를 낸 사람이 동생을 경찰서에 대신 출두시켜 피의자로 조사받도록 한 행위는 범인도피교사죄를 구성한다.273) ② 범인이 자신을 위하여 타인으로 하여금 허위의 자백을 하게 하여 범인도피죄를 범하게 하는 행위는 방어권의 남용으로 범인도피교사죄에 해당한다.274)

【참고인의 허위진술】불법 사행성 게임장의 종업원인 피고인이 수사기관에서 자신이 게임장의 실제 업주라고 진술하였다가, 그 후 위 진술을 번복함에 따라 실제 업주가 체포되자 다시 자신이 실제 업주라고 허위진술을 한 사건에서 참고인이 수사기관에서 조사받으면서 알고 있는 사실을 묵비하거나 허위로 진술한 행위가 범인도피죄를 구성하는지 여부에 대하여 '원래 수사기관은 범죄사건을 수사함에 있어서 피의자나 참고인의 진술 여하에 불구하고 피의자를 확정하고 그 피의사실을 인정할 만한 객관적인 제반 증거를 수집·조사하여야 할 권한과 의무가 있는 것이므로, 참고인이 수사기관에서 범인에 관하여 조사를 받으면서 그가 알고 있는 사실을 묵비하거나 허위로 진술하였다고 하더라도, 그것이 적극적으로 수사기관을 기만하여 착오에 빠지게 함으로써 범인의 발견 또는 체포를 곤란 내지 불가능하게 할 정도의 것이 아니라면 범인도피죄를 구성하지 않는다고 보

---

273) 대판 2006.12.7, 2005도3707.
274) 대판 2000.3.24, 2000도20.

아야 한다. 참고인이 수사기관에서 허위진술을 하였다고 하여 그 자체를 처벌하거나 이를 수사방해 행위로 처벌하는 규정이 없는 이상 범인도피죄의 인정 범위를 함부로 확장해서는 안 될 것이기 때문이다.'[275]라고 판단하였다.

2. 범인은닉행위에 대한 친족간 특례규정

범인의 친족이나 동거하는 가족이 범인을 위하여 범인은닉이나 도피행위를 한 때에는 처벌하지 않는다. 친족간의 정을 고려할 때 기대가능성이 없으므로 책임이 없다고 보는 것이다. 친족의 개념은 민법의 규정에 따르며, 사실혼관계에 있는 경우에는 친족에 포함되지 않는다.

제 26 관 위증죄와 증거인멸죄

Ⅰ. 위증죄

> 제152조(위증, 모해위증) ① 법률에 의하여 선서한 증인이 허위의 진술을 한 때에는 5년 이하의 징역 또는 1천만원 이하의 벌금에 처한다.

위증죄는 법률에 의하여 선서한 증인이 허위의 진술을 함으로써 성립하는 범죄를 말한다. 본죄의 성격은 증인의 허위진술에 의하여 법원 또는 심판기관의 진실발견을 위한 심리를 방해하여 정당한 판단을 위태롭게 하는 데 있다.

본죄는 법률에 의하여 선서한 증인이라는 신분을 요하는 신분범이며, 이러한 신분을 가진 자가 스스로 허위의 증언을 하는 경우에만 성립하는 자수범이다. 따라서 본죄의 정범은 스스로 허위의 증언을 하는 자일 것을 요하며, 간접정범이나 공동정범의 형태에 의하여 본죄를 범할 수는 없다.

법현실에 있어서 우리는 거짓말에 거부감을 덜 느끼는 문화가 있는 것도 아닌데 위증에 대하여는 관대한 입장이다. 법정에서 위증이 자주 있을뿐더러 위증에 대한 처벌도 비교적 약한 것이 관행이었다. 그러나 최근 사법정의의 실현이라는 면에서 위증에 대한 기소를 강화하고 형량을 높여 선고하는 추세이다.

---

275) 대판 2013.1.10, 2012도13999. 또한 대판 2003.2.14, 2002도5374 참조.

【'재판서 지인 도우려다가' … 전북서 위증사범 11명 적발】'법정에서 거짓말하면 큰코 다칩니다.' 김모(44)씨는 2013년 8월 청소년보호법 위반 사건의 증인으로 나와 '아내가 운영하는 음식점에서 청소년을 상대로 술을 팔지 않았다'고 허위 증언을 했다가 위증죄로 재판에 넘겨졌다. 회사원 이모(39)씨는 지인의 업무방해 사건 증인으로 출석해 지인을 도와주려고 거짓말을 했다가 기소됐다.

전주지검은 올해 사법질서 저해사범을 집중단속해 이러한 위증사범 11명을 적발했다고 밝혔다. 법정 진술과 증거로만 유·무죄를 가리는 공판중심주의에서 증인·참고인이 허위진술을 하는 위증죄는 사건의 본질을 왜곡시킬 수 있는 중대 범죄로 간주한다.

유형별로 보면 가족·지인의 처벌을 모면하게 할 목적으로 허위증언한 '친분형 위증사범'(7명)으로 가장 많았고 '공범비호형 위증사범'(4명)이 뒤를 이었다. '친분형 위증'은 잘 못을 덮어주는 게 의리라는 그릇된 생각 때문에 빚어지고 있다. 강모(60)씨 등 2명은 교도소 접견실에서 '공범 재판에서 증언할 때 망을 봤다는 말하지 마라'고 위증교사를 했다가 '공범비호형 위증사범'이란 낙인까지 찍혔다.276)

(1) 본죄의 주체는 법률에 의하여 선서한 증인인데, 법률에 의한 선서란 선서가 법률에 규정된 절차에 따라 유효하게 행하여 질 것을 요한다는 의미이다. 법률에 의하여 선서하는 경우이면 민사소송, 형사소송뿐만 아니라 비송사건, 특허사건을 포함한다. 선서는 유효한 것이어야 하므로, 검사 또는 사법경찰관에 대한 선서는 법률에 의한 선서에 해당하지 않는다. 선서는 법률에 규정된 절차에 따라 행하여 져야 하지만, 선서나 증언절차에 사소한 결함이 있다는 이유만으로 선서가 효력을 잃은 것은 아니므로, 허위의 벌을 경고하지 않고 선서하게 하였거나 선서한 법원에 관할위반이 있더라도 선서는 유효하다.

본죄의 주체는 법률에 의하여 선서한 '증인'에 제한되므로, 형사피고인 또는 민사소송의 '당사자'가 허위의 진술을 하더라도 본죄의 주체가 될 수 없다. 선서의 취지를 이해하지 못하는 선서무능력자는 착오에 의하여 선서한 경우에도 본죄의 주체가 되지 못한다. 증언거부권자가 증언거부권을 행사하지 아니하고 선서한 뒤 증언한 경우 증언거부권은 증인의 권리이지 의무가 아니므로 본죄가 성립하며, 이는 증언으로 인하여 형사소추를 받을 염려가 있는 자가 위증한 경우에도 마찬가지이다. 먼저 허위의 진술을 하고 사후에 선서하여도 본죄가 성립된다. 피고인 자신은 증인이 될 수 없으므로 제외되지만 공범이 증인자격으로 선서한 후 허위의 진술을 하면 본죄가 성립된다.

---

276) 연합뉴스 2015.12.15.자.

(2) 허위의 진술이란 허위의 사실을 진술하는 것이다. 사실에 관계된 사항에 한하므로 주관적인 가치판단은 제외된다. 여기서 '허위'란 객관적인 사실과는 상관없이 증인 자신의 기억에 반하여 증언하는 것으로 충분하고 이것이 객관적으로 진실이라고 판명되어도 위증죄가 성립된다는 것이 판례이다. 그 진술의 전체적 취지나 기억에 일치하는 한 일부 사소한 부분에 불일치한 점이 있더라도 본죄를 구성하지 아니한다.

【기억에 반하는 진술】 ① 타인으로부터 전해들은 금품의 전달사실을 마치 증인 자신이 전달한 것처럼 진술한 것은 증인의 기억에 반하는 허위진술이라고 할 것이므로 그 진술부분은 위증에 해당한다.[277] ② 피고인이 8, 9년 전에 취급한 사무에 관한 질문에 대하여 '모른다.'고 증언한 것은 당시 취급한 문서에 그렇게 되어 있어도 그 자세한 경위를 알지 못하던가 기억하지 못하고 있다는 취지로 해석하여야 할 것이므로 기억에 반하는 진술이라고 할 수 없다.[278]

(3) 진술의 대상은 사실에 제한되며 가치판단을 포함하지 않는다. 그러나 사실에 대하여 법률적 표현을 써서 진술한 경우에는 허위의 진술에 해당한다. 진술의 방법에는 제한이 없으며, 구두에 의한 진술뿐만 아니라 거동이나 표정에 의한 진술을 포함한다. 단순한 진술거부의 경우는 증언거부에 대한 책임을 지는 것을 별론으로 하고 진술에 해당한다고 할 수 없으나, 예외적으로 진술거부에 의하여 전체로서의 진술내용이 허위로 판단되는 때에는 부작위에 의한 위증이 될 수 있다.

(4) 위증죄가 기수가 되는 시기는 증인신문절차가 끝난 때이다. 따라서 처음에 허위의 사실을 진술하고 나중에 이것을 정정하면 위증죄는 성립하지 않는다. 재판이 확정되기 전에 자수하거나 자백하면 형을 감경하거나 면제하는 특례가 인정된다.

【자기의 형사사건에 대한 위증교사】 피고인이 자기의 형사사건에 관하여 허위의 진술을 하는 행위는 피고인의 형사소송에 있어서의 방어권을 인정하는 취지에서 처벌의 대상이 되지 않으나, 법률에 의하여 선서한 증인이 타인의 형사사건에 관하여 위증을 하면 형법 제152조 제1항의 위증죄가 성립되므로 자기의 형사사건에 관하여 타인을 교사하여 위증죄를 범하게 하는 것은 이러한 방어권을 남용하는 것이라고 할 것이어서 교사범의 죄책

---

277) 대판 1990.5.8, 90도448.
278) 대판 1983.12.13, 83도2342.

을 부담케 함이 상당하다.[279)](#)

II. 모해위증죄

> **제152조(위증, 모해위증)** ② 형사사건 또는 징계사건에 관하여 피고인, 피의자 또는 징계혐의자를 모해할 목적으로 전항의 죄를 범한 때에는 10년 이하의 징역에 처한다.

특히 형사사건이나 징계사건에서 피의자나 피고인, 징계대상자를 모해할 목적이 있은 경우에 위증죄보다 무겁게 처벌하는 규정이다. 모해(謀害)할 목적이란 피의자, 피고인, 징계대상자를 불리하게 할 목적을 말한다. 본죄가 성립하면 따로 무고죄는 성립되지 않는다.

III. 자백·자수의 특례

> **제153조(자백, 자수)** 본죄를 범한 자가 그 진술한 사건의 재판 또는 징역처분이 확정되기 전에 자백 또는 자수한 때에는 그 형을 감경 또는 면제한다.

형법 제52조에 대한 특별규정으로서, 자수나 자백을 유도함으로써 위증에 의하여 오판이 발생하는 것을 방지하기 위한 정책적 규정이다.

자백이란 자기의 기억에 반하여 진술한 사실을 고백하는 것을 말하며, 자발적인 경우뿐만 아니라 법원 또는 수사기관의 신문을 받아 자백한 경우를 포함한다. 자수란 범인이 자발적으로 수사기관에 대하여 자기의 범죄사실을 신고하여 소추를 구하는 의사표시를 말한다. 자백과 자수는 증언한 사건의 재판 또는 징역처분이 확정되기 전에 하여야 한다. 자백 또는 자수에 대한 형의 감면은 필요적이다. 본조는 정범뿐만 아니라 공범에 대하여도 적용되지만 본조의 적용은 일신전속적인 것으로서 형의 감면은 자백 또는 자수한 자에게만 적용된다.

---

279) 대판 2004.1.27, 2003도5114.

IV. 증거인멸죄, 증인은닉·도피죄, 모해증거인멸죄

> **제155조(증거인멸 등과 친족간의 특례)** ① 타인의 형사사건 또는 징계사건에 관한 증거를 인멸, 은닉, 위조 또는 변조하거나 위조 또는 변조한 증거를 사용한 자는 5년 이하의 징역 또는 700만원 이하의 벌금에 처한다.
> ② 타인의 형사사건 또는 징계사건에 관한 증인을 은닉 또는 도피하게 한 자도 제1항의 형과 같다.
> ③ 피고인, 피의자 또는 징계혐의자를 모해할 목적으로 전2항의 죄를 범한 자는 10년 이하의 징역에 처한다.
> ④ 친족 또는 동거의 가족이 본인을 위하여 본조의 죄를 범한 때에는 처벌하지 아니한다.

1. 증거인멸죄

증거인멸죄의 대상이 되는 증거는 다른 사람의 형사사건이나 징계사건에 관한 증거이다. 자기의 사건에 관한 증거는 인멸하여도 죄가 되지 않는다. 그러나 법원은 다른 사람을 교사하여 자기의 형사사건에 관한 증거를 인멸한 경우에는 범죄가 성립된다고 한다. 민사사건, 행정사건, 선거사건에 관한 증거는 여기에 포함되지 않는다.

증거인멸의 행위는 증거를 인멸, 은닉, 위조, 변조하거나 위조·변조된 증거를 사용하는 것이다. 인멸이란 증거를 물리적으로 파괴하는 것뿐만 아니라 증거로서의 효력을 없애는 모든 행위이다. 은닉이란 증거를 숨겨서 제출되지 못하도록 하는 것이다. 위조란 거짓된 증거를 새로 만들어 내는 것이고 변조란 기존의 증거를 변경하여 허위의 증거로 만드는 것이다. 위조·변조된 증거를 사용한다는 것은 이러한 증거를 진실한 증거인 것처럼 수사기관이나 법원에 제출하는 것이다.

【허위진술을 녹음하여 수사기관에 제출하는 경우】 참고인이 타인의 형사사건 등에 관하여 제3자와 대화를 하면서 허위로 진술하고 위와 같은 허위진술이 담긴 대화 내용을 녹음한 녹음파일 또는 이를 녹취한 녹취록은 참고인의 허위진술 자체 또는 참고인 작성의 허위 사실확인서 등과는 달리 그 진술내용만이 증거자료로 되는 것이 아니고 녹음 당시의 현장음향 및 제3자의 진술 등이 포함되어 있어 그 일체가 증거자료가 된다고 할 것이므로, 이는 증거위조죄에서 말하는 '증거'에 해당한다. 또한 위와 같이 참고인의 허위진술이 담긴 대화 내용을 녹음한 녹음파일 또는 이를 녹취한 녹취록을 만들어 내는

행위는 무엇보다도 그 녹음의 자연스러움을 뒷받침하는 현장성이 강하여 단순한 허위진술 또는 허위의 사실확인서 등에 비하여 수사기관 등을 그 증거가치를 판단함에 있어 오도할 위험성을 현저히 증대시킨다고 할 것이므로, 이러한 행위는 허위의 증거를 새로이 작출하는 행위로서 증거위조죄에서 말하는 '위조'에도 해당한다고 봄이 상당하다. 따라서 참고인이 타인의 형사사건 등에 관하여 제3자와 대화를 하면서 허위로 진술하고 위와 같은 허위진술이 담긴 대화 내용을 녹음한 녹음파일 또는 이를 녹취한 녹취록을 만들어 수사기관 등에 제출하는 것은, 참고인이 타인의 형사사건 등에 관하여 수사기관에 허위의 진술을 하거나 이와 다를 바 없는 것으로서 허위의 사실확인서나 진술서를 작성하여 수사기관 등에 제출하는 것과는 달리, 증거위조죄를 구성한다.[280]

2. 증인은닉·도피죄

본죄의 증인에는 형사소송법상 선서한 증인에 한정되지 않고 수사기관에서 조사받는 참고인도 포함된다. 수사기관에서 다른 사람의 사건에 관하여 허위의 진술을 하는 것만으로는 여기에서 말하는 은닉이나 도피는 아니다.

3. 모해증거인멸죄

모해할 목적 즉 피고인, 피의자 또는 징계혐의자가 형사처분이나 징계처분을 받게 할 목적이 있어야 성립하는 이른바 목적범이다. 그러나 실제로 형사처분이나 징계처분을 받아야 할 필요는 없다.

4. 친족간의 특례

친족, 호주나 동거하는 친족이 본인을 위하여 이러한 범죄를 하였을 경우에는 처벌하지 않는다. 그 이유는 범인은닉죄와 마찬가지로 친족간의 행위는 인정상 어쩔 수 없이 하는 경우가 많다는 데에 있다.

---

280) 대판 2013.12.26, 2013도8085, 2013전도165.

제 27 관 무고죄

제156조(무고) 타인으로 하여금 형사처분 또는 징계처분을 받게 할 목적으로 공무소 또는 공무원에 대하여 허위의 사실을 신고한 자는 10년 이하의 징역 또는 1천500만원 이하의 벌금에 처한다.
제157조(자백 · 자수) 제153조는 전조에 준용한다.

무고죄는 다른 사람으로 하여금 형사처분 또는 징계처분을 받게 할 목적으로 공무소 또는 공무원에 대하여 허위의 사실을 신고하는 범죄이다. 다만 재판이나 징계처분이 확정되기 전에 자백하거나 자수한 경우에는 형을 감경하거나 면제한다.

무고죄도 위증행위처럼 법현실에서 빈발하는 범죄이기도 하다. 특히 고소, 고발을 통하여 민사문제 등을 해결하려는 관행과 섞여 허위사실로 고소하는 경우가 많다. 그러나 허위고소로 판명되면 고소한 사람이 무고죄로 처벌받을 수도 있기 때문에 유의하여야 한다.

【'아니면 말고' … 갈수록 증가하는 무고사범】 전주지검, 올해 무고사범 44명 적발 − 검찰, '사법질서 훼손 엄단 하겠다.'

사법질서를 무너뜨리는 무고사범이 올 한 해 44명이나 검찰에 적발됐다. 전주지검은 올해 들어 사법질서 저해사범을 단속한 결과 모두 44명의 무고사범을 적발했다고 공개했다. 무고 유형은 재산을 가로채거나 소송에서 유리한 증거로 악용하기 위해 허위 고소하는 '이득형 무고사범'이 23명(52%)로 가장 많았다. 이어 상대방에 대한 악감정을 갖고 보복을 목적으로 허위 고소하는 '보복형 무고사범'이 11명(25%), 성폭력 범죄에 대한 처벌 강화 기류에 편승해 성범죄를 당했다고 고소하는 '성폭력형 무고사범' 10명(23%) 순이었다.

A(여 · 39)씨는 합의하에 성관계를 하고도 성폭행 당했다고 허위 고소했다. A씨는 결혼정보회사를 통해 만난 맞선남과 합의하에 성관계를 맺었지만 맞선남과 다툰 뒤 헤어지게 되자 이에 앙심을 품고 성폭행 당했다고 신고한 것으로 밝혀졌다. 검찰은 A씨와 맞선남이 주고받은 메시지와 결혼정보회사 직원 진술 등을 통해 무고 사실을 밝혀냈다. 이같은 경우가 성폭력형 무고에 해당한다.

보복형 무고로는 현행범으로 체포됐음에도 불법체포됐다고 허위 신고한 B(72)씨가 있다. B씨는 민사소송 패소에 불만을 품고 지난 10년 동안 모두 346차례에 걸쳐 같은 내용에 고소와 진정을 제기하고, 검찰 민원실에서 소란을 피워 현행범 체포돼 약식기소 됐음에도 담당 검사에게 불법 체포됐다고 허위 고소해 구속 기소됐다.

또 이득형 무고로는 종중 대표를 허위 고소한 C(58)씨가 있다. C씨는 종중 구성원이 아님에도 종중 대표 행세를 하며 종중 대표를 허위 고소해 불구속 기소됐다. C씨는 종중 대표 행세를 하며 진짜 종중 대표가 종중 소유 토지를 담보로 금융기관에 대출금을 가로챘다고 허위 고소한 혐의다. 조사 결과 C씨는 이전에도 종중 대표 행세를 하며 종중 땅을 팔아 형사처벌받은 전력이 있는 것으로 드러났다.

검찰 관계자는 "사법질서 훼손에 대한 인식이나 죄의식 없이 단지 경제적 이유나 개인적 악감정에 보복을 목적으로 허위 신고하는 경우가 빈번하게 발생하고 있다. 무고는 억울한 피해자를 양산할 뿐 아니라 수사력을 낭비시키고 사법질서를 저해하는 중대한 범죄행위다"며 "악의적인 허위 고소 폐해를 근절하겠다. 이에 사법 불신을 초래하고 시민에게 피해를 주는 사법질서 저해사범을 지속적으로 단속하고, 적발된 사범에게는 상응하는 죄책을 묻겠다."고 했다.281)

(1) 허위사실이란 객관적으로 진실하지 않은 사실을 말한다. 그러므로 무고자가 자신의 생각으로는 허위라고 생각하고 무고하였지만 사실이 우연히 진실한 사실이었다면 죄가 되지 않는다. 또 비록 객관적으로 허위라고 하여도 주관적으로 진실이라고 잘못알고 신고하는 경우에도 범죄가 되지 않는다.

(2) 자기 자신을 무고한 경우에 대해서 법률규정에는 '타인'을 무고한 경우에만 처벌한다고 규정하고 있으므로 자기 스스로 처벌을 받을 목적으로 허위사실을 신고하는 경우에는 범죄가 되지 않는다.

죽은 사람이나 존재하지 않는 사람을 무고한 경우에 대해서 무고죄의 대상이 될 수 있는 사람은 실재로 존재하는 사람이어야 하기 때문에 이러한 경우에는 죄가 되지 않는다. 무고의 상대방이 승낙한 경우에 무고죄는 국가적 법익을 보호하기 위한 것이므로 무고를 받은 사람이 승낙하여도 범죄는 성립한다.

같은 사람에 대하여 여러 가지 허위사실로 무고한 경우에 무고죄는 국가의 심판작용을 해치는 범죄이므로 행위가 하나이면 1개의 범죄만 성립한다.

(3) 범죄가 기수가 되는 때는 신고한 허위사실이 공무소나 공무원에 도달한 때이다. 허위사실로 무고당한 사람에게 수사가 시작되거나 공소가 제기되거나 유죄판결을 받을 필요는 없다. 우편으로 보낸 경우에는 도달한 때에 기수가 되고 발송하였지만 도달하지 않으면 범죄가 되지 않는다.

281) 새전북신문 2015.12.13.자.

제 3 절 | 교통사고와 범죄

제 1 관 도로교통법의 주요내용

현대사회에 있어서 사람의 이동과 물자의 유통은 경제생활의 영위에 있어서 필수적이다. 그러나 자동차, 기차, 선박, 항공기 등에 의한 교통은 사고를 수반하게 되고 생명과 신체, 재산에 대한 피해를 발생시킨다. 이에 대하여 민사문제로서의 손해배상과 형사문제로서의 범죄가 문제된다.

도로교통법은 도로에서 일어나는 교통상의 모든 위험과 장해를 방지하고 제거하여 안전하고 원활한 교통을 확보함을 목적으로 제정되었다. 운전면허 필기시험의 내용은 이 도로교통법의 내용이다. 아래에서는 도로교통과 관련된 기본개념과 운전자와 보행자 등이 도로교통과 관련하여 유의해야 할 사항을 환기시키는 의미에서 특히 주의해야 할 내용을 설명한다.

Ⅰ. 도로의 개념

도로란 도로교통법 제2조 제1호 각 목에 해당하는 곳을 말하는데 ① 「도로법」에 따른 도로, ② 「유료도로법」에 따른 유료도로, ③ 「농어촌도로 정비법」에 따른 농어촌도로, ④ 그 밖에 현실적으로 불특정 다수의 사람 또는 차마(車馬)가 통행할 수 있도록 공개된 장소로서 안전하고 원활한 교통을 확보할 필요가 있는 장소를 말한다.

도로는 보통 차도의 의미로 이해하지만 도로법 제2조에 의하면 '도로'란 차도, 보도(步道), 자전거도로, 측도(側道), 터널, 교량, 육교 등의 시설과 도로의 부속물을 포함한다. 그리고 '도로의 부속물'이란 도로관리청이 도로의 편리한 이용과 안전 및 원활한 도로교통의 확보, 그 밖에 도로의 관리를 위하여 설치하는 시설 또는 공작물을 말한다. 도로의 부속물은 구체적으로 ① 주차장, 버스정류시설, 휴게시설, ② 시선유도표지, 중앙분리대, 과속방지시설, ③ 통행료 징수시설, 도로관제시설, 도로관리사업소, ④ 도로표지 및 교통량 측정시설, ⑤ 낙석방지시설, 제설시설, 식수대 등이다. 따라서 이러한 시설도 넓은 의미의 도로에 포함되므로 도로교통법의 적용을 받는다.

【교회주차장에서 뺑소니】교회 주차장에서 사고차량 운전자가 사고차량의 운행 중 피해 자에게 상해를 입히고도 구호조치 없이 도주한 사건에서, 대법원은 '특정범죄가중처벌등 에관한법률 제5조의3 소정의 도주차량운전자에 대한 가중처벌규정은 자신의 과실로 교 통사고를 야기한 운전자가 그 사고로 사상을 당한 피해자를 구호하는 등의 조치를 취 하지 아니하고 도주하는 행위에 강한 윤리적 비난가능성이 있음을 감안하여 이를 가중 처벌함으로써 교통의 안전이라는 공공의 이익의 보호뿐만 아니라 교통사고로 사상을 당 한 피해자의 생명·신체의 안전이라는 개인적 법익을 보호하고자 함에도 그 입법 취지와 보호법익이 있다고 보아야 할 것인바, 위와 같은 규정의 입법취지에 비추어 볼 때 여기 에서 말하는 차의 교통으로 인한 업무상과실치사상의 사고를 도로교통법이 정하는 도로 에서의 교통사고의 경우로 제한하여 새겨야 할 아무런 근거가 없다.'[282]고 판단하였다.

II. 차마의 개념

도로교통법에서 '차마'란 용어가 사용될 때가 있는데 이때 차마란 차와 우마를 말한다(도로교통법 제2조 17호). ① '차'란 자동차, 건설기계(굴삭기 등), 원동기장치 자전거, 자전거, 사람 또는 가축의 힘이나 그 밖의 동력(動力)으로 도로에서 운전 되는 것을 포함한다. 인력거나 달구지도 차에 해당한다. 그러나 철길이나 가설(架 設)된 선을 이용하여 운전되는 궤도차, 유모차와 보행보조용 의자차는 제외된다. 자동차란 철길이나 가설된 선을 이용하지 아니하고 원동기를 사용하여 운전되는 차를 말하며, 견인되는 자동차는 자동차의 일부로 취급된다. ② '우마'란 교통이나 운수(運輸)에 사용되는 가축을 말한다.

이륜자동차는 자동차에 해당하지만 원동기장치자전거는 제외된다. '원동기장치 자전거'란 자동차관리법 제3조에 따른 이륜자동차 가운데 배기량 125cc 이하의 이 륜자동차와 배기량 50cc 미만(전기를 동력으로 하는 경우에는 정격출력 0.59킬로와트 미만)의 원동기를 단 차를 말한다. 일명 '사발이'의 운행에 대해서 농촌사회에서 지역주민과 단속기관과의 마찰이 있다.

---

282) 대판 2004.8.30, 2004도3600.

【'개인형 이동장치' 운행시 주의할 점】 개인형 이동장치(PM)란 원동기장치자전거 중 시속 25킬로미터 이상으로 운행할 경우 전동기가 작동하지 아니하고 차체 중량이 30킬로그램 미만인 것으로서 전동킥보드, 전동이륜평행차(전동휠, 세그웨이라고도 한다), 전동기의 동력만으로 움직일 수 있는 자전거(페달 없이 전기로만 작동되는 전기자전거)를 말한다(도로교통법 제2조 제19호의2, 동법 시행규칙 제2조의3). 이와 관련하여 사고위험이 매우 높으므로 다음과 같은 점을 유의하여야 한다. ① 16세 이상으로서 원동기장치자전거 또는 자동차 운전면허를 소지하여야 운행이 가능하며, ② 안전모를 착용하여야 하며, ③ 주행시에는 차도의 우측 가장자리나 자전거도로를 이용하여야 하며, 보도는 원칙적으로 이용할 수 없으며 횡단보도를 이용하는 경우에는 내려서 끌고 가야 한다. ③ 음주상태에서는 운전을 할 수 없고 ④ 전동킥보드와 전동이륜평행차는 2인 이상이 탑승할 수 없다.

원동기 이상의 면허 없이 운전하면 10만원의 범칙금이 부과된다. 보호장구 미착용은 2만원, 승차정원 초과 탑승은 4만원, 13세 미만의 어린이의 운전시 보호자에게 범칙금·과태료 10만원이 각각 부과된다.

【ATV(사발이) 운행시 면허취득·번호판부착은 필수】 ATV(All Terrain Vehicle) 일명 사발이는 원래 농장용 기계로 개발돼 국내에 약 10여년 전 도입됐다. 비포장도로는 물론 자갈 모래밭, 작은 웅덩이 언덕에 이르기까지 웬만한 곳을 달릴 수 있는 사발이는 농촌 어르신들이 가까운 거리를 이동하는데 꼭 필요한 이동 수단이 되며 각광받고 있다.

지난 2009년에는 자동차관리법 시행규칙 개정에 따라 사발이가 이륜자동차에 포함되어 사발이도 책임보험에 가입하도록 되어 있으며 자동차관리법 제48조 제1항에 따라 이륜자동차 사용신고를 하도록 되어있다. 이를 위반시 100만원 이하의 과태료, 번호판 미부착시 50만원의 과태료가 부과된다.

그러나 아직까지 운전면허를 취득하지 않고 번호판을 부착하지 않은 채 무분별하게 운행하는 경우를 종종 볼 수가 있다. 농촌 어르신들이 무면허와 번호판 미부착으로 운행하는 것은 시험이 어려울 것 같고 혹시 시험에 떨어지게 되면 창피할 것 같다는 이유 등으로 무면허로 운행하고 있다. 때문에 경찰에서는 마을 이장들을 상대로 사발이 운행하는 어르신들에게 운전면허시험에 응시할 수 있도록 독려하고, 시험 요령 등을 지도하고 있다.(이하 생략)283)

---

283) 전북도민일보 2015.10.19.자.

Ⅲ. 수신호의 우선

출퇴근시간이나 교통사고에 의하여 도로가 정체된 경우 도로소통의 원활을 위하여 경찰관이나 모범운전자가 수신호로 교통신호를 하는 경우가 있다. 이때 신호등과 수신호의 우선순위가 문제된다.

도로교통법 제5조(신호 또는 지시에 따를 의무)에 따르면 도로를 통행하는 보행자와 차마의 운전자는 교통안전시설이 표시하는 신호 또는 지시와 교통정리를 하는 국가경찰공무원(의무경찰을 포함한다.), 자치경찰공무원 및 이를 보조하는 사람으로서 대통령령으로 정하는 사람(경찰보조자라고 한다.)[284]의 지시에 따라야 한다. 즉 신호등보다 교통정리를 하는 수신호가 우선이다.

Ⅳ. 사람 우선의 교통문화

산업경제발전을 위주로 성장해 왔던 우리 사회에서 교통의 분야에서도 사람보다 차량 우선의 문화가 형성되었다. 그리하여 도로를 주행하는 중에, 심지어 인도와 차도의 구분이 없는 도로를 통행하는 경우에도 차량운전자는 보행자를 만나면 먼저 통과하겠다고 경적을 울리는 경우가 많다. 그러나 이제는 '사람 우선'의 교통문화가 형성되어야 할 시점이다.

도로교통법상 운전자는 보행자(자전거에서 내려서 자전거를 끌고 통행하는 자전거운전자를 포함한다.)가 횡단보도를 통행하고 있을 때에는 보행자의 횡단을 방해하거나 위험을 주지 아니하도록 그 횡단보도 앞(정지선이 설치되어 있는 곳에서는 그 정지선을 말한다.)에서 일시정지하여야 한다(제27조 제1항). 그리고 운전자는 교통정리를 하고 있지 아니하는 교차로 또는 그 부근의 도로를 횡단하는 보행자의 통행을 방해하여서는 아니 된다(동조 제3항). 더 나아가 운전자는 보행자가 횡단보도가 설치되어 있지 아니한 도로를 횡단하고 있을 때에는 안전거리를 두고 일시정지하여 보행자가 안전하게 횡단할 수 있도록 하여야 한다(동조 제5항). 이러한 법규를 준수하는 운전문화의 정착이 필요하다.

---

284) 도로교통법 시행령 제6조에 의하면 모범운전자와 군사훈련 및 작전에 동원되는 부대의 이동을 유도하는 헌병이 이에 해당된다.

특히 교통약자인 어린이에 대한 보호가 요청된다. 먼저 어린이의 보호자는 교통이 빈번한 도로에서 어린이를 놀게 하여서는 아니 되며, 영유아(6세 미만인 사람을 말한다.)의 보호자는 교통이 빈번한 도로에서 영유아가 혼자 보행하게 하여서는 아니 된다(제11조 제1항).

V. 자전거의 도로교통 참여

레저문화의 발달로 최근에는 자전거의 운행이 증가하고 있다. 그러나 자전거와 관련된 사고는 큰 피해결과를 야기하므로 자전거의 운전자도 도로교통과 관련하여 주의할 것이 있다.

먼저 자전거의 운전자는 자전거도로(제15조 제1항에 따라 자전거만 통행할 수 있도록 설치된 전용차로를 포함한다.)가 따로 있는 곳에서는 그 자전거도로로 통행하여야 한다(제13조의2 제1항). 자전거도로가 설치된 지역에서 일반도로로 운행해서는 안 된다. 그리고 자전거의 운전자는 자전거도로가 설치되지 아니한 곳에서는 도로 우측 가장자리에 붙어서 통행하여야 한다(동조 제2항). 인도를 통행하는 경우에 보행자의 통행에 방해가 될 때에는 서행하거나 일시정지하여야 한다(동조 제3항). 보행자와 충돌하는 등 사고가 발생한 경우에는 원칙적으로 자전거의 운전자의 과실로 평가될 수 있는 것이다.

특히 주의할 점은 자전거의 운전자가 횡단보도를 이용하여 도로를 횡단할 때에는 자전거에서 내려서 자전거를 끌고 보행하여야 한다(동조 제6항). 자전거를 타고 횡단보도를 통과하게 되면 보행자로 취급받지 못한다.

VI. 추 월

도로운전에 있어서도 '빨리빨리'의 문화는 운전자에게 익숙해져있다. 특히 앞지르기, 즉 추월은 차량운행에서 가장 위험한 순간 중의 하나이므로 안전한 앞지르기를 하여야 한다. 도로교통법상 운전자는 ① 앞차의 좌측에 다른 차가 앞차와 나란히 가고 있는 경우, ② 앞차가 다른 차를 앞지르고 있거나 앞지르려고 하는 경우 앞차를 앞지르지 못하도록 규정되어 있다(제22조 제3항). 그러나 오히려 경적

과 상향등으로 비켜날 것을 강요하기도 하고, 때로는 이로 인하여 운전자들간의
다툼으로 보복운전이 이루어지기도 한다. 더 나아가 운전자는 교차로, 터널 안,
다리 위, 도로의 구부러진 곳, 비탈길의 고갯마루 부근 또는 가파른 비탈길의 내
리막 등 지방경찰청장이 도로에서의 위험을 방지하고 교통의 안전과 원활한 소통
을 확보하기 위하여 필요하다고 인정하는 곳으로서 안전표지로 지정한 곳(즉 추월
금지표지가 설치된 곳) 등 앞지르기가 금지된 곳에서도 추월을 한다. 특히 터널 안
에서의 추월은 매우 위험한 운전방법이다.

VII. 차량의 등화

야간 등의 경우에 차의 등화는 매우 중요하다. 자신의 차량의 존재를 다른 차
량의 운전자에게 인식시키는 행위이기 때문이다. 이에 따라 도로교통법에서는 운
전자는 ① 밤(해가 진 후부터 해가 뜨기 전까지를 말한다.)에 도로에서 차를 운행하거
나 고장이나 그 밖의 부득이한 사유로 도로에서 차를 정차 또는 주차하는 경우,
② 안개가 끼거나 비 또는 눈이 올 때에 도로에서 차를 운행하거나 고장이나 그
밖의 부득이한 사유로 도로에서 차를 정차 또는 주차하는 경우, ③ 터널 안을 운
행하거나 고장 또는 그 밖의 부득이한 사유로 터널 안 도로에서 차를 정차 또는
주차하는 경우에는 전조등, 차폭등, 미등과 그 밖의 등화를 켜야 한다고 규정하고
있다(제37조). 이른바 '깜깜이운전'이 운전자 자신의 운행에는 불편함이 없겠지만,
자신의 안전확보와 타인을 배려하는 운전습관이 필요하다.

VIII. 음주운전

음주는 때로는 인간관계에 있어서 유용한 수단이기도 하지만 운전과는 상극인
대상이다. 음주운전은 사고발생의 가능성을 현격하게 높이기도 하지만, 일단 사고
가 발생하게 되면 처벌이 두려워 도주하게 되는 이중의 해악이 있다. 음주운전과
관련해서는 뺑소니사고와 관련하여 다시 언급한다.

Ⅸ. 난폭운전(보복운전)의 금지

가장 최근 신설된 내용은 난폭운전 금지조항으로서 난폭운전으로 인한 운전면허취소(제93조) 등의 규정은 2016년 2월 21일부터 시행되고 있다. 이른바 '보복운전'의 방지와 처벌(제151조의2)을 위한 규정이다.

도로교통법 제46조의3(난폭운전금지) 자동차등의 운전자는 다음 각 호 중 둘 이상의 행위를 하거나, 하나의 행위를 지속 또는 반복하여 다른 사람에게 위협 또는 위해를 가하거나 교통상의 위험을 발생하게 하여서는 아니 된다.
1. 신호 또는 지시위반(제5조)
2. 중앙선 침범(제13조 3항)
3. 속도위반(제17조 3항)
4. 횡단·유턴·후진 금지위반(제18조 1항)
5. 안전거리 미확보, 진로변경 금지위반, 급제동 금지위반(제19조)
6. 앞지르기 방법 또는 앞지르기의 방해금지 위반(제21조 1항, 3항, 4항)
7. 정당한 사유 없는 소음 발생(제60조 2항)
8. 고속도로등에서의 횡단·유턴·후진 금지위반(제62조)

Ⅹ. 기타 운전자의 주의사항

그 밖에 운전자가 주의하여야 할 몇 가지 사항은 다음과 같다.
① 물이 고인 곳을 운행할 때에는 고인 물을 튀게 하여 다른 사람에게 피해를 주는 일이 없도록 하여야 한다.
② 다음 어느 하나에 해당하는 경우에는 일시정지하여야 한다.
　　㉠ 어린이가 보호자 없이 도로를 횡단할 때, 어린이가 도로에서 앉아 있거나 서 있을 때 또는 어린이가 도로에서 놀이를 할 때 등 어린이에 대한 교통사고의 위험이 있는 것을 발견한 경우
　　㉡ 앞을 보지 못하는 사람이 흰색 지팡이를 가지거나 장애인보조견을 동반하는 등의 조치를 하고 도로를 횡단하고 있는 경우
　　㉢ 지하도나 육교 등 도로 횡단시설을 이용할 수 없는 지체장애인이나 노인 등이 도로를 횡단하고 있는 경우
③ 교통단속용 장비의 기능을 방해하는 장치를 한 차나 그 밖에 안전운전에 지

장을 줄 수 있는 것으로서 행정자치부령으로 정하는 기준에 적합하지 아니한 장치를 한 차를 운전하지 아니하여야 한다.

【자동차 등록번호판의 관리】 자동차등록번호판은 자동차의 얼굴이므로 항상 청결하게 관리해야 한다. 자동차소유자는 자동차번호판을 찌그러뜨리거나, 밧줄을 감거나 흙을 바르는 등 번호판을 잘 알아볼 수 없도록 하면 벌금 등의 처벌을 받게 된다. 번호판을 검정비닐봉투로 감싸고 운행하거나 일정속도 이상으로 주행하면 번호판이 꺾이는 경우도 처벌된다.

④ 운전자는 운전 중에는 휴대용 전화(자동차용 전화를 포함한다)를 사용하지 아니하여야 한다. 다만 자동차가 정지하고 있는 경우, 긴급자동차를 운전하는 경우, 각종 범죄 및 재해 신고 등 긴급한 필요가 있는 경우, 안전운전에 장애를 주지 아니하는 장치로서 대통령령으로 정하는 장치285)를 이용하는 경우(이어폰이나 블루투스기능을 사용하는 경우)는 예외이다.

⑤ 운전 중에는 방송 등 영상물을 수신하거나 재생하는 장치(운전자가 휴대하는 것을 포함하며, 이하 '영상표시장치'라 한다)를 통하여 운전자가 운전 중 볼 수 있는 위치에 영상이 표시되지 아니하도록 하여야 한다. 다만, 자동차가 정지하고 있는 경우, 자동차에 장착하거나 거치하여 놓은 영상표시장치에 지리안내 영상 또는 교통정보안내 영상, 국가비상사태·재난상황 등 긴급한 상황을 안내하는 영상, 운전을 할 때 자동차 등의 좌우 또는 전후방을 볼 수 있도록 도움을 주는 영상이 표시되는 경우는 예외이다. DMB시청을 하면서 운전을 하다가 사고가 발생한 이후에 신설된 규정이다. 아울러 운전 중(자동차 등이 정지하고 있는 경우는 제외한다)에는 영상표시장치를 조작해서는 안 된다.

【거리의 좀비들, 당신도 혹시 스몸비】 길거리에서 '폰질'을 하며 걷는 사람들. 영혼 없는 시체 같다고 해 '스몸비(스마트폰＋좀비)'라고 불립니다. 실제로 보행 중 스마트폰을 사용하는 스몸비는 10명 중 4명(40.7%). 또 29명 중 2.4명은 횡단보도에서도 스마트폰을 보며 길을 건넌다고 한다(교통안전공단·현대해상 조사, 2013). 중국에서는 스마트폰에 집중하며 걷던 여성이 강에 빠져 익사하는 사고까지 발생하였고, 현대해상이 접수한 보행자 교통사고(2015년)는 총 2만2522건 가운데 스마트폰으로 인한 사고는 1360건이다.

---

285) 도로교통법 시행령 제29조(손으로 잡지 아니하고도 휴대용 전화(자동차용 전화를 포함한다)를 사용할 수 있도록 해 주는 장치를 말한다).

'스몸비' 족이 위험할 수밖에 없는 이유는, ① 보행 중 차량소리 인지 거리: 스마트폰을 사용하지 않을 경우 11.9m, 문자메시지 혹은 게임 7.7m, 이어폰＋음악 4.7m, ② 시야각이 줄어들어 장애물에 대처하기도 힘들고 주의력이 떨어져 사고 위험을 높이는데, 평소 시야각이 120~150도라면 보행 중 스마트폰 사용 시 시야각 10~20도 정도이다.[286]

제 2 관 교통사고와 범죄문제

Ⅰ. 교통사고 관련 법률규정

교통사고란 항공기, 선박, 자동차 등 모든 교통수단에 의하여 발생하는 사고를 말하는 것이지만 여기서는 주로 도로상에서 발생하는 자동차사고[287]에 관하여 설명하기로 한다. 교통사고와 관련한 주요 법률규정은 형법, 교통사고처리특례법, 특정범죄 가중처벌 등에 관한 법률 등이 있다.

(1) 형 법

제268조(업무상과실 · 중과실 치사상) 업무상과실 또는 중대한 과실로 인하여 사람을 사상에 이르게 한 자는 5년 이하의 금고 또는 2천만원 이하의 벌금에 처한다.

(2) 교통사고처리특례법

제3조(처벌의 특례) ① 차의 운전자가 교통사고로 인하여 「형법」 제268조의 죄를 범한 경우에는 5년 이하의 금고 또는 2천만원 이하의 벌금에 처한다.
② 차의 교통으로 제1항의 죄 중 업무상과실치상죄 또는 중과실치상죄와 「도로교통법」 제151조의 죄를 범한 운전자에 대하여는 피해자의 명시적인 의사에 반하여 공소를 제기할 수 없다. 다만, 차의 운전자가 제1항의 죄 중 업무상과실치상죄 또는 중과실치상죄를 범하고도 피해자를 구호하는 등 「도로교통법」 제54조 제1항에 따른 조치를 하지 아니하고 도주하거나 피해자를 사고 장소로부터 옮겨 유기하고 도주한 경우, 같은 죄를 범하고 「도로교통법」 제44조 제2항을 위반하여 음주측정 요구에 따르지 아니한 경우(운전자가 채혈 측정을 요청하거나 동의한 경우는 제외한다)와 다음 각 호의 어느 하나에 해당하는 행위로 인하여 같은 죄를 범한 경우에는 그러하지 아니하다.
1. 「도로교통법」 제5조에 따른 신호기가 표시하는 신호 또는 교통정리를 하는 경찰공무원

---

286) 이투데이 2016년 4월 20일자.
287) 교통사고처리특례법 제2조 2호에서 '교통사고란 차의 교통으로 인하여 사람을 사상하거나 물건을 손괴하는 것을 말한다.

등의 신호를 위반하거나 통행금지 또는 일시정지를 내용으로 하는 안전표지가 표시하는 지시를 위반하여 운전한 경우

2. 「도로교통법」 제13조 제3항을 위반하여 중앙선을 침범하거나 같은 법 제62조를 위반하여 횡단, 유턴 또는 후진한 경우

3. 「도로교통법」 제17조 제1항 또는 제2항에 따른 제한속도를 시속 20킬로미터 초과하여 운전한 경우

4. 「도로교통법」 제21조 제1항, 제22조, 제23조에 따른 앞지르기의 방법·금지시기·금지장소 또는 끼어들기의 금지를 위반하거나 같은 법 제60조 제2항에 따른 고속도로에서의 앞지르기 방법을 위반하여 운전한 경우

5. 「도로교통법」 제24조에 따른 철길건널목 통과방법을 위반하여 운전한 경우

6. 「도로교통법」 제27조 제1항에 따른 횡단보도에서의 보행자 보호의무를 위반하여 운전한 경우

7. 「도로교통법」 제43조, 「건설기계관리법」 제26조 또는 「도로교통법」 제96조를 위반하여 운전면허 또는 건설기계조종사면허를 받지 아니하거나 국제운전면허증을 소지하지 아니하고 운전한 경우. 이 경우 운전면허 또는 건설기계조종사면허의 효력이 정지 중이거나 운전의 금지 중인 때에는 운전면허 또는 건설기계조종사면허를 받지 아니하거나 국제운전면허증을 소지하지 아니한 것으로 본다.

8. 「도로교통법」 제44조 제1항을 위반하여 술에 취한 상태에서 운전을 하거나 같은 법 제45조를 위반하여 약물의 영향으로 정상적으로 운전하지 못할 우려가 있는 상태에서 운전한 경우

9. 「도로교통법」 제13조 제1항을 위반하여 보도가 설치된 도로의 보도를 침범하거나 같은 법 제13조 제2항에 따른 보도 횡단방법을 위반하여 운전한 경우

10. 「도로교통법」 제39조 제2항에 따른 승객의 추락 방지의무를 위반하여 운전한 경우

11. 「도로교통법」 제12조 제3항에 따른 어린이 보호구역에서 같은 조 제1항에 따른 조치를 준수하고 어린이의 안전에 유의하면서 운전하여야 할 의무를 위반하여 어린이의 신체를 상해에 이르게 한 경우

12. 「도로교통법」 제39조 제4항을 위반하여 자동차의 화물이 떨어지지 아니하도록 필요한 조치를 하지 아니하고 운전한 경우

제4조(보험 등에 가입된 경우의 특례) ① 교통사고를 일으킨 차가 「보험업법」 제4조, 제126조, 제127조 및 제128조, 「여객자동차 운수사업법」 제60조, 제61조 또는 「화물자동차 운수사업법」 제51조에 따른 보험 또는 공제에 가입된 경우에는 제3조 제2항 본문에 규정된 죄를 범한 차의 운전자에 대하여 공소를 제기할 수 없다. 다만, 다음 각 호의 어느 하나에 해당하는 경우에는 그러하지 아니하다.

1. 제3조 제2항 단서에 해당하는 경우

2. 피해자가 신체의 상해로 인하여 생명에 대한 위험이 발생하거나 불구가 되거나 불치 또는 난치의 질병이 생긴 경우

3. 보험계약 또는 공제계약이 무효로 되거나 해지되거나 계약상의 면책 규정 등으로 인하여 보험회사, 공제조합 또는 공제사업자의 보험금 또는 공제금 지급의무가 없어진 경우

② 제1항에서 "보험 또는 공제"란 교통사고의 경우 「보험업법」에 따른 보험회사나 「여객

자동차 운수사업법」 또는 「화물자동차 운수사업법」에 따른 공제조합 또는 공제사업자가 인가된 보험약관 또는 승인된 공제약관에 따라 피보험자와 피해자 간 또는 공제조합원과 피해자 간의 손해배상에 관한 합의 여부와 상관없이 피보험자나 공제조합원을 갈음하여 피해자의 치료비에 관하여는 통상비용의 전액을, 그 밖의 손해에 관하여는 보험약관이나 공제약관으로 정한 지급기준금액을 대통령령으로 정하는 바에 따라 우선 지급하되, 종국적으로는 확정판결이나 그 밖에 이에 준하는 집행권원(執行權原)상 피보험자 또는 공제조합원의 교통사고로 인한 손해배상금 전액을 보상하는 보험 또는 공제를 말한다.

③ 제1항의 보험 또는 공제에 가입된 사실은 보험회사, 공제조합 또는 공제사업자가 제2항의 취지를 적은 서면에 의하여 증명되어야 한다.

(3) 특정범죄 가중처벌 등에 관한 법률

제5조의3(도주차량 운전자의 가중처벌) ① 「도로교통법」 제2조에 규정된 자동차 · 원동기장치자전거의 교통으로 인하여 「형법」 제268조의 죄를 범한 해당 차량의 운전자(이하 "사고운전자"라 한다)가 피해자를 구호하는 등 「도로교통법」 제54조 제1항에 따른 조치를 하지 아니하고 도주한 경우에는 다음 각 호의 구분에 따라 가중처벌한다.

1. 피해자를 사망에 이르게 하고 도주하거나, 도주 후에 피해자가 사망한 경우에는 무기 또는 5년 이상의 징역에 처한다.
2. 피해자를 상해에 이르게 한 경우에는 1년 이상의 유기징역 또는 500만원 이상 3천만원 이하의 벌금에 처한다.

② 사고운전자가 피해자를 사고 장소로부터 옮겨 유기하고 도주한 경우에는 다음 각 호의 구분에 따라 가중처벌한다.

1. 피해자를 사망에 이르게 하고 도주하거나, 도주 후에 피해자가 사망한 경우에는 사형, 무기 또는 5년 이상의 징역에 처한다.
2. 피해자를 상해에 이르게 한 경우에는 3년 이상의 유기징역에 처한다.

(4) 도로교통법

제148조 이하에 도로교통법의 의무위반에 대한 벌칙규정을 두고 있다.

제148조(벌칙) 제54조 제1항에 따른 교통사고 발생 시의 조치를 하지 아니한 사람은 5년 이하의 징역이나 1천500만원 이하의 벌금에 처한다.

제148조의2(벌칙) ① 다음 각 호의 어느 하나에 해당하는 사람은 1년 이상 3년 이하의 징역이나 500만원 이상 1천만원 이하의 벌금에 처한다.

1. 제44조 제1항을 2회 이상 위반한 사람으로서 다시 같은 조 제1항을 위반하여 술에 취한 상태에서 자동차 등을 운전한 사람
2. 술에 취한 상태에 있다고 인정할 만한 상당한 이유가 있는 사람으로서 제44조 제2항에 따른 경찰공무원의 측정에 응하지 아니한 사람

② 제44조 제1항을 위반하여 술에 취한 상태에서 자동차 등을 운전한 사람은 다음 각 호의 구분에 따라 처벌한다.

1. 혈중알콜농도가 0.2퍼센트 이상인 사람은 1년 이상 3년 이하의 징역이나 500만원 이

상 1천만원 이하의 벌금
2. 혈중알콜농도가 0.1퍼센트 이상 0.2퍼센트 미만인 사람은 6개월 이상 1년 이하의 징역
이나 300만원 이상 500만원 이하의 벌금
3. 혈중알콜농도가 0.05퍼센트 이상 0.1퍼센트 미만인 사람은 6개월 이하의 징역이나
300만원 이하의 벌금
③ 제45조를 위반하여 약물로 인하여 정상적으로 운전하지 못할 우려가 있는 상태에서 자
동차 등을 운전한 사람은 3년 이하의 징역이나 1천만원 이하의 벌금에 처한다.
제151조(벌칙) 차의 운전자가 업무상 필요한 주의를 게을리하거나 중대한 과실로 다른 사
람의 건조물이나 그 밖의 재물을 손괴한 경우에는 2년 이하의 금고나 500만원 이하의 벌
금에 처한다

【특정범죄가중처벌등에관한법률 제5조의3 제2항 제1호에 대한 헌법소원】 본 법률조항에
서 과실로 사람을 치상하게 한 자가 구호행위를 하지 아니하고 도주하거나 고의로 유기
함으로써 치사의 결과에 이르게 한 경우에 살인죄와 비교하여 그 법정형을 더 무겁게 한
것[288]은 형벌체계상의 정당성과 균형을 상실한 것으로서 헌법 제10조의 인간으로서의
존엄과 가치를 보장한 국가의 의무와 헌법 제11조의 평등의 원칙 및 헌법 제37조 제2항
의 과잉입법금지의 원칙에 반한다.

II. 교통사고처리특례법의 내용

이 법은 제정취지는 교통사고는 피해가 중하기 때문에 가해자로 하여금 피해자
에게 충분하고 신속한 피해보상을 강제할 목적으로 엄벌하는 경향이 있었다. 또
일부 나쁜 피해자는 가해자의 과실이 매우 적고 자신의 피해가 대단치 아니함에
도 불구하고 부당한 보상을 받아내고자 가해자의 형사처벌을 탄원하는 바람직 하
지 못한 현상도 있었다. 따라서 피해자에게 신속하고 적정한 보상책을 강구하면서
과실범인 교통사고사범의 형사처벌을 완화하고자 제정된 것이다.

기본원칙은 크게 두 가지이다. 첫째 피해자와 합의하면 원칙적으로 처벌하지 않
는다. 그러나 1심판결 선고 전까지 합의되지 않으면 처벌받는다. 따라서 가해자는

---

288) 헌재결 1992.4.28, 90헌바24. 위헌의 대상이 된 해당 조항(제5조의3 제2항 제1호)의 내용은
다음과 같다.
② 사고운전자가 피해자를 사고장소로부터 옮겨 유기하고 도주한 때에는 다음의 구분에
따라 가중처벌한다.
1. 피해자를 치사하고 도주하거나 도주 후에 피해자가 사망한 때에는 사형·무기 또는 10
년 이상의 징역에 처한다.

신속한 합의를 위하여 더욱 노력하여야 한다. 둘째 종합보험이나 공제조합에 가입하면 보험회사나 공제조합에서 피해자가 입은 손해를 전액 보상하므로 합의된 경우와 마찬가지로 취급된다. 그러나 사고자의 잘못이 매우 크다고 보이는 경우에는 합의되었다고 하더라도 형사처벌을 면하지 못한다.

1. 도로교통과 '신뢰의 원칙'

현대사회에 있어서 도로교통 또는 운전은 회피할 수 없는 필수불가결한 현상이다. 그러나 운전으로 인한 사망, 상해, 재물손괴 등이 발생하게 되는데 이의 방지를 위하여 운전 자체를 전면적으로 금지할 수 없는 현실이므로 일정한 주의의무를 운전자에게 부과하고 주의의무를 다하였다면 과실책임을 인정하지 않게 된다. 즉 처벌하지 않는다. 이와 관련하여 이른바 '신뢰의 원칙'이 채택되었는데 이는 교통규칙을 준수하는 운전자는 상대방 운전자(및 보행자)도 교통규칙을 준수하여 운행할 것이라고 신뢰하면 족하며, 상대방 운전자(및 보행자)가 교통규칙을 위반하여 운전할 것까지 예상하여 방어조치를 취할 주의의무는 없다는 원칙이다. 처음에는 운전자와 운전자 사이에서 인정되었다가 운전자와 보행자 사이에서도 인정되고 있다. 다만 스스로 교통규칙을 위반하여 운전하거나, 상대방이 이미 교통규칙을 위반하는 상황을 인식한 상황이거나, 교통위반의 위반이 충분히 예상되는 경우(초등학교 앞 횡단보도 부근)에는 신뢰의 원칙을 주장할 수 없다.

2. 교통사고의 법적 체계

자동차의 운전이 국민생활의 기본요소가 된 현실에서 모든 교통사고를 처벌할 수 없으므로 '교통사고처리특례법'을 제정하여 자동차 등[289]의 운전자가 업무상과실 또는 중대한 과실로 사람을 상해하거나 타인의 재물을 손괴한 경우[290] 형사처벌상 특례가 인정되어 있다.

【고의에 의한 교통사고】 '교통사고'라는 의미는 보통 '과실'에 의한 사고를 말한다. 고의

---

289) 차(車)뿐만 아니라 건설기계(굴삭기 등)도 포함된다.
290) 형법에서는 과실로 재물을 손괴한 경우에 처벌되지 않지만 교통사고의 경우에는 교통사고처리특례법에 따라 처벌된다.

로 자동차를 이용하여 범죄를 범한 경우는 교통사고처리특례법의 적용대상이 아니며 그 행위내용과 결과에 따라 형법의 살인죄, 상해죄, 손괴죄 등이 성립한다.

대구와 경북·경기지역에서 6년 동안 교통법규를 위반한 차를 대상으로 156여 차례 고의로 교통사고를 내고 보험금과 합의금 명목으로 4억 6300여원을 챙긴 혐의(상습사기, 보험사기방지특별법 위반)로 A(45)씨 부부와 딸 B(23)씨 등 일가족 3명이 경찰에 붙잡혔다.

금융감독원은 6년간 이들의 교통사고가 너무 많은 점을 수상하게 여겨 경찰에 수사를 의뢰했다. 경찰은 택시·트럭 기사 출신인 A씨가 무사고 운전을 하다 2012년부터 갑자기 교통사고 피해가 난 점을 집중적으로 조사해 이들의 보험사기 행각을 밝혀냈다.

A씨는 보험설계사 출신인 아내와 재혼한 이후 범행을 시작해 A씨 단독 77건, 부부 공동 70건, 부녀 공동 2건, 3명 공동 7건의 범행을 저질렀다. 고의 교통사고 유형은 황색 신호 때 급정거로 추돌사고 유도, 꼬리물기 차량 충격, 중앙선 침범 차량 충격, 음주 차량 충격 등 다양하다. 이들은 사고 때마다 보험사로부터 대인·대물 보험금 외에 70만~100만원의 위로금을 받았고 운전자보험에도 2~3개씩 가입해 사고 건당 10만~20만원의 위로금을 받아 챙겼다.291)

3. 교통사고 처벌의 특례

교통사고의 경우 일반범죄와 달리 반의사불벌죄로 취급되는 경우와 예외적으로 처벌하는 경우가 있다.

(1) 원칙: 반의사불벌죄

운전 중의 과실에 의한 상해(업무상과실치상)와 과실재물손괴행위의 경우 반의사불벌죄로 하여 피해자의 의사를 고려하고 있다. 따라서 사망사고의 경우에는 반의사불벌죄가 아니다.

(2) 예외: 반의사불벌죄의 예외로 취급되어 처벌되는 경우

① 이른바 '뺑소니사고'의 경우: 차의 운전자가 제1항의 죄 중 업무상과실치상죄 또는 중과실치상죄를 범하고도 피해자를 구호(救護)하는 등 「도로교통법」 제54조 제1항에 따른 조치를 하지 아니하고 도주하거나 피해자를 사고 장소로부터 옮겨 유기(遺棄)하고 도주한 경우

291) 서울신문 2017.6.7.자.

이 경우에는 특정범죄 가중처벌 등에 관한 법(약칭 '특가법') 제5조의3(도주운전자의 가중처벌)에 따라 매우 무겁게 처벌된다.

'도주'의 의미에 대하여 법원은 사고운전자가 사고로 인하여 피해자가 사상을 당한 사실을 인식하였음에도 불구하고 피해자를 구호하는 등 도로교통법 제50조 제1항에 규정된 의무를 이행하기 이전에 사고현장을 이탈하여 사고를 낸 자가 누구인지 확정될 수 없는 상태를 초래하는 경우를 말한다고 본다.

피해자에 대하여 운전자가 취하여야 할 구호조치는 사고의 내용과 피해의 정도 등 구체적 상황에 따라 적절히 강구되어야 하고 그 정도는 건전한 양식에 비추어 통상 요구되는 정도의 조치를 말한다.[292] 구호조치는 반드시 사고 운전자 본인이 직접 할 필요는 없고, 자신의 지배하에 있는 자를 통하여 하거나, 현장을 이탈하기 전에 타인이 먼저 구호조치를 하여도 무방하다고 할 것이나, 사고 운전자가 사고를 목격한 사람에게 단순히 사고를 처리해 줄 것을 부탁만 하고 실제로 피해자에 대한 병원이송 등 구호조치가 이루어지기 전에 사고현장을 이탈한 경우라면, 특별한 사정이 없는 이상 구호조치를 취한 것으로 볼 수 없다.[293]

【뺑소니가 부정된 사건】 ㉠ 사고 운전자가 교통사고 현장에서 경찰관에게 동승자가 사고차량의 운전자라고 진술하거나 그에게 같은 내용의 허위신고를 하도록 하였더라도, 사고 직후 오토바이 운전자인 피해자가 병원으로 후송될 때까지 사고장소를 이탈하지 아니한 채 경찰관에게 가해차량임을 밝히고 경찰관의 요구에 따라 동승자와 함께 조사를 받기 위해 경찰 지구대로 동행한 경우.[294] 동승자를 운전자라고 허위진술하거나 운전석을 동승자와 바꿔 앉는 경우는 운전자가 무면허인 상태이거나 음주운전을 한 경우가 대부분이다.

㉡ 피고인이 자동차를 후진하여 운전하다가 갑을 역과하여 사망에 이르게 하고도 구호조치 등을 하지 아니하고 도주하였다고 기소된 사건에서, 법원은 피고인이 사고 직후 직접 119 신고를 하였을 뿐만 아니라, 119 구급차가 갑을 후송한 후 출동한 경찰관들에게 현장 설명을 하고 인적사항과 연락처를 알려 준 다음 사고현장을 떠난 점 등 제반 사정을 종합할 때, 피고인이 사고현장이나 경찰 조사과정에서 목격자 행세를 하고 갑의 발견 경위에 관하여 사실과 다르게 진술하였다는 사정만으로는 도주의 범의로써 사고현장을 이탈한 것으로 보기 어렵다고 판단하였다.[295]

---

292) 대판 2002.10.22, 2002도4452.
293) 대판 2005.12.9, 2005도5981.
294) 대판 2007.10.11, 2007도1738.
295) 대판 2013.12.26, 2013도9124.

【뺑소니로 인정된 사건】㉠ 혈중 알코올 농도 0.197%의 음주상태에서 차량을 운전하다가 교통사고를 일으켜 피해자에게 상해를 입힌 운전자가, 피해자 병원 이송과 경찰관 사고현장 도착 전에 견인차량 기사를 통해 피해자에게 신분증을 교부한 후 피해자의 동의 없이 일방적으로 현장을 이탈하였다가 약 20분 후 되돌아온 경우[296)]

㉡ 도로변에 자동차를 주차한 후 운전석 문을 열다가 후방에서 진행하여 오던 자전거의 핸들 부분을 충격하여 운전자에게 상해를 입히고도 아무런 구호조치 없이 현장에서 이탈한 경우[297)]

② 위의 죄를 범하고 「도로교통법」 제44조 제2항을 위반하여 음주측정 요구에 따르지 아니한 경우(운전자가 채혈 측정을 요청하거나 동의한 경우는 제외한다)

③ 이른바 '12가지 중대법규 위반사고'의 경우

　㉠ 신호기가 표시하는 신호 또는 교통정리를 하는 경찰공무원등의 신호를 위반하거나 통행금지 또는 일시정지를 내용으로 하는 안전표지가 표시하는 지시를 위반하여 운전한 경우

의무전투경찰순경은 치안업무를 보조하는 업무의 일환으로서 경찰공무원법의 규정에 의한 경찰공무원과 마찬가지로 단독으로 교통정리를 위한 지시 또는 신호를 할 수 있다.… 편도 3차선 도로 중 1, 2차선의 차량들이 모두 교통신호기상의 신호가 녹색신호임에도 의무전투경찰순경의 수신호에 따라 정지해 있는데도 교통신호기의 신호만을 보고 3차선을 따라 교차로에 진입하다가 수신호에 따라 교차로에 진입한 다른 차량과 충돌한 경우, 의무전투경찰순경에게 교통정리상의 과실이 없다.[298)]

　㉡ 중앙선을 침범하거나 불법 횡단, 유턴 또는 후진한 경우

도로교통법이 도로의 중앙선 내지 중앙의 우측 부분을 통행하도록 하고 중앙선을 침범하여 발생한 교통사고를 처벌 대상으로 한 것은, 각자의 진행방향 차로를 준수하여 서로 반대방향으로 운행하는 차마의 안전한 운행과 원활한 교통을 확보하기 위한 것이므로, 황색 실선이나 황색 점선으로 된 중앙선이 설치된 도로의 어느 구역에서 좌회전이나 유턴이 허용되어 중앙선이 백색 점선으로 표시되어 있는 경우, 그 지점에서 좌회전이나 유턴이 허용되는 신호 상황 등 안전표지에 따라 좌회전이나 유턴을 하기 위하여 중앙선을 넘어 운행하다가 반대편 차로를 운행하는

---

296) 대판 2011.3.10, 2010도16027.
297) 대판 2010.4.29, 2010도1920.
298) 대판 1998.7.24, 98다18339.

차량과 충돌하는 교통사고를 내었더라도 이를 교통사고처리 특례법에서 규정한 중앙선 침범 사고라고 할 것은 아니다.299)

    ⓒ 제한속도를 시속 20킬로미터 초과하여 운전한 경우

    ⓔ 앞지르기의 방법·금지시기·금지장소 또는 끼어들기의 금지를 위반하거나 고속도로에서의 앞지르기 방법을 위반하여 운전한 경우

도로교통법 제20조의2는 "모든 차의 운전자는 다음 각 호의 1에 해당하는 곳에서는 다른 차를 앞지르지 못한다."고 일정한 장소에서의 앞지르기를 금지하고 있으므로, 앞지르기 금지장소인 도로교통법 제20조의2 제3호의 '고개마루 방면으로 경사가 있는 오르막길'에서는 도로교통법 제18조에 의하여 앞차가 진로를 양보하였다 하더라도 앞지르기를 할 수 없다.300)

    ⓜ 철길건널목 통과방법을 위반하여 운전한 경우

자동차의 운전자가 그 운전상의 주의의무를 게을리 하여 열차건널목을 그대로 건너는 바람에 그 자동차가 열차좌측 모서리와 충돌하여 20여 미터쯤 열차 진행 방향으로 끌려가면서 튕겨나갔고 피해자는 타고 가던 자전거에서 내려 자동차 왼쪽에서 열차가 지나가기를 기다리고 있다가 충돌사고로 놀라 넘어져 상처를 입었다면 비록 자동차와 피해자가 직접 충돌하지는 아니하였더라도 자동차운전자의 과실과 피해자가 입은 상처 사이에는 상당한 인과관계가 있다.301)

    ⓗ 횡단보도에서의 보행자 보호의무를 위반하여 운전한 경우

피고인이 자동차를 운전하다 횡단보도를 걷던 보행자 갑을 들이받아 그 충격으로 횡단보도 밖에서 갑과 동행하던 피해자 을이 밀려 넘어져 상해를 입은 사안에서, 피고인이 횡단보도 보행자 갑에 대하여, 도로교통법 제27조 제1항(은 모든 차의 운전자는 "보행자가 횡단보도를 통행하고 있는 때에는 그 횡단보도 앞에서 일시 정지하여 보행자의 횡단을 방해하거나 위험을 주어서는 아니 된다)에 따른 주의의무를 위반하여 운전한 업무상 과실로 야기되었고, 을의 상해는 이를 직접적인 원인으로 하여 발생하였다는 이유로, 피고인의 행위가 횡단보도 보행자 보호의무의 위반행위에 해당한다고 하였다.302)

모든 차의 운전자는 신호기의 지시에 따라 횡단보도를 횡단하는 보행자가 있을 때에는 횡단보도에의 진입 선후를 불문하고 일시 정지하는 등의 조치를 취함으로

---

299) 대판 2017.1.25, 2016도18941.
300) 대판 2005.1.27, 2004도8062.
301) 대판 1989.9.12, 89도866.
302) 대판 2011.4.28, 2009도12671.

써 보행자의 통행이 방해되지 아니하도록 하여야 한다. 다만 자동차가 횡단보도에 먼저 진입한 경우로서 그대로 진행하더라도 보행자의 횡단을 방해하거나 통행에 아무런 위험을 초래하지 아니할 상황이라면 그대로 진행할 수 있다.303)

  Ⓐ 운전면허 또는 건설기계조종사면허를 받지 아니하거나 국제운전면허증을 소지하지 아니하고 운전한 경우(무면허운전). 이 경우 운전면허 또는 건설기계조종사면허의 효력이 정지 중이거나 운전의 금지 중인 때에는 운전면허 또는 건설기계조종사면허를 받지 아니하거나 국제운전면허증을 소지하지 아니한 것으로 본다.

  ◎ 술에 취한 상태에서 운전을 하거나 약물의 영향으로 정상적으로 운전하지 못할 우려가 있는 상태에서 운전한 경우

  ⓩ 보도(步道)가 설치된 도로의 보도를 침범하거나 보도 횡단방법을 위반하여 운전한 경우

  ⓩ 승객의 추락 방지의무를 위반하여 운전한 경우

  ⓚ 어린이 보호구역으로 지정되어 통행속도를 시속 30킬로미터 이내로 제한된 구역에서 어린이의 안전에 유의하면서 운전하여야 할 의무를 위반하여 어린이의 신체를 상해에 이르게 한 경우

  ⓣ 자동차의 화물이 떨어지지 아니하도록 필요한 조치를 하지 아니하고 운전한 경우

(3) 종합보험에 가입된 경우의 특례

 반의사불벌죄로 처리되는 위 ①의 경우에 이른바 '종합보험'(또는 공제)에 가입되어 있는 경우 피해자의 의사와 관계없이 공소를 제기할 수 없다. 그러나 종합보험에 가입되어도 처벌되는 예외적인 경우가 있는데 ㉠ 위의 ②의 예외사유에 해당되는 경우, ㉡ 피해자가 신체의 상해로 인하여 생명에 대한 위험이 발생하거나 불구(不具)가 되거나 불치(不治) 또는 난치(難治)의 질병이 생긴 경우,304) ㉢ 보험계약 또는 공제계약이 무효로 되거나 해지되거나 계약상의 면책 규정 등으로 인하여 보험회사, 공제조합 또는 공제사업자의 보험금 또는 공제금 지급의무가 없어진 경우305) 등이다.

---

303) 대판 2017.3.15, 2016도17442.

304) 종전에는 이러한 경우 특례가 인정되었으나 '교통사고로 말미암아 피해자로 하여금 중상해에 이르게 한 경우에 공소를 제기할 수 없도록 규정한 부분은 헌법에 위반된다'는 헌재결 2009.2.26, 2005헌마764에 따라 법률이 개정되어 피해자가 중상을 입은 경우에는 처벌된다.

【음주운전, 약물운전의 처벌】(운전면허 정지 및 취소는 별개의 행정처분이다.)

제148조의2(벌칙) ① 제44조 제1항 또는 제2항을 위반(자동차등 또는 노면전차를 운전한 경우로 한정한다. 다만, 개인형 이동장치를 운전한 경우는 제외한다. 이하 이 조에서 같다)하여 벌금 이상의 형을 선고받고 그 형이 확정된 날부터 10년 내에 다시 같은 조 제1항 또는 제2항을 위반한 사람(형이 실효된 사람도 포함한다)은 다음 각 호의 구분에 따라 처벌한다.
 1. 제44조 제2항을 위반한 사람은 1년 이상 6년 이하의 징역이나 500만원 이상 3천만원 이하의 벌금에 처한다.
 2. 제44조 제1항을 위반한 사람 중 혈중알코올농도가 0.2퍼센트 이상인 사람은 2년 이상 6년 이하의 징역이나 1천만원 이상 3천만원 이하의 벌금에 처한다.
 3. 제44조 제1항을 위반한 사람 중 혈중알코올농도가 0.03퍼센트 이상 0.2퍼센트 미만인 사람은 1년 이상 5년 이하의 징역이나 500만원 이상 2천만원 이하의 벌금에 처한다.
② 술에 취한 상태에 있다고 인정할 만한 상당한 이유가 있는 사람으로서 제44조 제2항에 따른 경찰공무원의 측정에 응하지 아니하는 사람(자동차등 또는 노면전차를 운전한 경우로 한정한다)은 1년 이상 5년 이하의 징역이나 500만원 이상 2천만원 이하의 벌금에 처한다.
③ 제44조 제1항을 위반하여 술에 취한 상태에서 자동차등 또는 노면전차를 운전한 사람은 다음 각 호의 구분에 따라 처벌한다.
 1. 혈중알코올농도가 0.2퍼센트 이상인 사람은 2년 이상 5년 이하의 징역이나 1천만원 이상 2천만원 이하의 벌금
 2. 혈중알코올농도가 0.08퍼센트 이상 0.2퍼센트 미만인 사람은 1년 이상 2년 이하의 징역이나 500만원 이상 1천만원 이하의 벌금
 3. 혈중알코올농도가 0.03퍼센트 이상 0.08퍼센트 미만인 사람은 1년 이하의 징역이나 500만원 이하의 벌금
④ 제45조를 위반하여 약물로 인하여 정상적으로 운전하지 못할 우려가 있는 상태에서 자동차등 또는 노면전차를 운전한 사람은 3년 이하의 징역이나 1천만원 이하의 벌금에 처한다.

【음주측정의 문제】운전자에 대한 음주측정시 구강 내 잔류 알코올 등으로 인한 과다측정을 방지하기 위한 조치를 전혀 취하지 않았고, 위드마크(Widmark) 공식에 따라 혈중알코올농도를 산출하면서 적합하지 아니한 체중 관련 위드마크인수를 적용한 점 등에 비추어, 혈중알코올농도 측정치가 0.062%로 나왔다는 사실만으로는 운전자가 혈중알코올농도 0.05% 이상의 상태에서 자동차를 운전하였다고 단정할 수 없다고 한 사례
   ① 음주측정 결과를 유죄의 증거로 삼기 위한 요건: 도로교통법 제44조 제2항의 규정에 의하여 실시한 음주측정 결과는 그 결과에 따라서는 운전면허를 취소하거나 정지하

---

305) 이 경우 특히 보험계약 갱신일자의 경과, 보험약관상의 운전자가 아닌 자의 운전 등이 해당된다.

는 등 당해 운전자에게 불이익한 처분을 내리게 되는 근거가 될 수 있고 향후 수사와 재판에 있어 중요한 증거로 사용될 수 있으므로, 음주측정은 음주측정 기계나 운전자의 구강 내에 남아 있는 잔류 알코올로 인하여 잘못된 결과가 나오지 않도록 미리 필요한 조치를 취하는 등 그 측정결과의 정확성과 객관성이 담보될 수 있는 공정한 방법과 절차에 따라 이루어져야 하고, 만약 당해 음주측정 결과가 이러한 방법과 절차에 의하여 얻어진 것이 아니라면 이를 쉽사리 유죄의 증거로 삼아서는 아니 된다.

② 위드마크(Widmark) 공식을 사용하여 주취 정도를 계산하는 경우, 그 전제사실을 인정하기 위한 증명의 정도와 방법: 범죄구성요건사실의 존부를 알아내기 위해 과학공식 등의 경험칙을 이용하는 경우에 그 법칙 적용의 전제가 되는 개별적이고 구체적인 사실에 대하여는 엄격한 증명을 요하는바, 위드마크 공식의 경우 그 적용을 위한 자료로 섭취한 알코올의 양, 음주 시각, 체중 등이 필요하므로 그런 전제사실에 대한 엄격한 증명이 요구된다. 한편, 위드마크 공식에 따른 혈중알코올농도의 추정방식에는 알코올의 흡수분배로 인한 최고 혈중알코올농도에 관한 부분과 시간경과에 따른 분해소멸에 관한 부분이 있고, 그 중 최고 혈중알코올농도의 계산에서는 섭취한 알코올의 체내흡수율과 성, 비만도, 나이, 신장, 체중 등이 그 결과에 영향을 미칠 수 있으며 개인마다의 체질, 음주한 술의 종류, 음주 속도, 음주시 위장에 있는 음식의 정도 등에 따라 최고 혈중알코올농도에 이르는 시간이 달라질 수 있고, 알코올의 분해소멸에는 평소의 음주 정도, 체질, 음주 속도, 음주 후 신체활동의 정도 등이 시간당 알코올 분해량에 영향을 미칠 수 있는 등 음주 후 특정 시점에서의 혈중알코올농도에 영향을 줄 수 있는 다양한 요소들이 있는바, 형사재판에 있어서 유죄의 인정은 법관으로 하여금 합리적인 의심을 할 여지가 없을 정도로 공소사실이 진실한 것이라는 확신을 가지게 할 수 있는 증명이 필요하므로, 위 각 영향요소들을 적용함에 있어 피고인이 평균인이라고 쉽게 단정하여서는 아니 되고 필요하다면 전문적인 학식이나 경험이 있는 자의 도움을 받아 객관적이고 합리적으로 혈중알코올농도에 영향을 줄 수 있는 요소들을 확정하여야 한다.306)

【바퀴 하나라도 도로 걸치면 음주운전】 술에 취한 상태에서 잠깐 주차 위치를 바로잡기 위해 운전했지만 바퀴 하나라도 도로에 진입했다면 음주운전을 한 것으로 인정할 수 있다는 대법원 판결이 나왔다.

제주도에 사는 A씨는 도내 한 음식점에서 B씨 등과 술을 마신 뒤 식당 옆 도로에 위

306) 대판 2008.8.21, 2008도5531. 위드마크공식이란 역추산 방식을 이용하여 특정 운전시점으로부터 일정한 시간이 지난 후에 측정한 혈중알코올농도를 기초로 하고 여기에 시간당 혈중알코올의 분해소멸에 따른 감소치에 따라 계산된 운전시점 이후의 혈중알코올분해량을 가산하여 운전시점의 혈중알코올농도를 추정하는 방식이다(대판 2003.4.25, 2002도6762).

치한 주차장으로 나갔다. 그곳에서는 먼저 술자리에서 일어났던 B씨가 자신의 승합차를 후진시키다 뒤에 주차돼 있던 다른 차를 들이받아 차 주인과 말다툼을 벌이고 있었다. A씨는 일단 B씨의 승합차를 빼주기 위해 운전석에 올랐고, 좁은 공간에서 차를 앞뒤로 50㎝ 정도 움직이다 차량의 오른쪽 앞바퀴가 주차선을 넘어 도로쪽으로 약간 빠져나왔다. 이때 현장에 있던 '뒷쪽 차'의 주인이 "음주운전을 했다"고 지적하면서 말다툼이 벌어지게 됐고 결국 경찰관이 출동, 파출소로 연행이 됐다. 경찰은 음주측정을 실시하려 했으나 A씨가 불응하자 A씨의 혈색이 붉게 상기돼 있고 소주 1병을 마신 뒤 20여분밖에 지나지 않은 점 등을 들어 도로교통법 위반(음주측정거부) 혐의로 구속했다.

  1심에서 징역 6월에 집행유예 2년을 선고받은 A씨는 2심에서 벌금 150만원으로 감형받은 뒤 대법원에 상고를 했고, 이에 대법원 2부(주심 김용담 대법관)은 최근 "원심의 사실인정과 판단은 정당하다"며 유죄를 확정지었다.[307]

【음주운전 차량에 동승한 경우】음주상태임을 알면서 차량이나 차열쇠를 건네거나, 운전을 지시, 권유, 독려하는 방법으로 음주운전을 하게 한 경우에 구체적인 상황에 따라서 동승자가 음주운전행위에 대한 공동정범, 교사범 또는 방조범으로 처벌될 수 있다. 특히 지휘감독의 위치에 있는 사람이 음주운전을 말리지 않고 방임하거나 음주운전이 예상됨에도 음주를 권유하는 경우에도 책임을 질 수 있다. 음주운전이 명백히 예상되는 상황에서 술을 판매한 사람도 처벌의 대상이 될 수 있다.

  음주운전사실을 알고 탑승한 경우에는 동승자는 손해배상액의 산정에 있어서 불리한 판단을 받을 수 있다.

4. 교통사고와 관련된 판례사건

(1) 대판 2002.8.23, 2002도2800

  중앙선에 서서 도로횡단을 중단한 피해자의 팔을 갑자기 잡아끌고 피해자로 하여금 도로를 횡단하게 만든 피고인으로서는 위와 같이 무단횡단을 하는 도중에 지나가는 차량에 충격당하여 피해자가 사망하는 교통사고가 발생할 가능성이 있으므로, 이러한 경우에는 피고인이 피해자의 안전을 위하여 차량의 통행 여부 및 횡단 가능 여부를 확인하여야 할 주의의무가 있다 할 것이므로, 피고인으로서는 위와 같은 주의의무를 다하지 않은 이상 교통사고와 그로 인한 피해자의 사망에 대하여 과실책임을 면할 수 없다고 한 사례.

---

307) 세계일보 2004.9.14.자.

(2) 대판 2011.7.28, 2009도8222

【판시사항】

[1] 교차로 직전의 횡단보도에 따로 차량보조등이 설치되어 있지 아니한 경우, 교차로 차량신호등이 적색이고 횡단보도 보행등이 녹색인 상태에서 횡단보도를 지나 우회전하다가 업무상과실치상의 결과가 발생하면 교통사고처리 특례법 제3조 제1항, 제2항 단서 제1호의 '신호위반'에 해당하는지 여부(적극)

[2] 자동차 운전자인 피고인이, 교차로와 연접한 횡단보도에 차량보조등은 설치되지 않았으나 보행등이 녹색이고, 교차로의 차량신호등은 적색인데도, 횡단보도를 통과하여 교차로를 우회하다가 신호에 따라 진행하던 자전거를 들이받아 운전자에게 상해를 입힌 사안에서, 교통사고처리 특례법 제3조 제1항, 제2항 단서 제1호의 '신호위반'으로 인한 업무상과실치상죄가 성립한다고 한 사례

【판결요지】

[1] 교차로와 횡단보도가 연접하여 설치되어 있고 차량용 신호기는 교차로에만 설치된 경우에 있어서는, 그 차량용 신호기는 차량에 대하여 교차로의 통행은 물론 교차로 직전의 횡단보도에 대한 통행까지도 아울러 지시하는 것이라고 보아야 할 것이고, 횡단보도의 보행등 측면에 차량보조등이 설치되어 있지 아니하다고 하여 횡단보도에 대한 차량용 신호등이 없는 상태라고는 볼 수 없다. 위와 같은 경우에 그러한 교차로의 차량용 적색등화는 교차로 및 횡단보도 앞에서의 정지의무를 아울러 명하고 있는 것으로 보아야 하므로, 그와 아울러 횡단보도의 보행등이 녹색인 경우에는 모든 차량이 횡단보도 정지선에서 정지하여야 하고, 나아가 우회전하여서는 아니되며, 다만 횡단보도의 보행등이 적색으로 바뀌어 횡단보도로서의 성격을 상실한 때에는 우회전 차량은 횡단보도를 통과하여 신호에 따라 진행하는 다른 차마의 교통을 방해하지 아니하고 우회전할 수 있다. 따라서 교차로의 차량신호등이 적색이고 교차로에 연접한 횡단보도 보행등이 녹색인 경우에 차량 운전자가 위 횡단보도 앞에서 정지하지 아니하고 횡단보도를 지나 우회전하던 중 업무상과실치상의 결과가 발생하면 교통사고처리 특례법 제3조 제1항, 제2항 단서 제1호의 '신호위반'에 해당하고, 이때 위 신호위반 행위가 교통사고 발생의 직접적인 원인이 된 이상 사고장소가 횡단보도를 벗어난 곳이라 하여도 위 신호위반으로 인한 업무상과실치상죄가 성립함에는 지장이 없다.

[2] 자동차 운전자인 피고인이, 삼거리 교차로에 연접한 횡단보도에 차량보조등은 설치되지 않았으나 그 보행등이 녹색이고, 교차로의 차량신호등은 적색인데도, 횡단보도를 통과하여 교차로에 진입·우회전을 하다가 당시 신호에 따라 교차로를 지나 같은 방향으로 직진하던 자전거를 들이받아 그 운전자에게 상해를 입힌 사안에서, 위와 같은 경

우 피고인은 횡단보도 정지선에서 정지하여야 하고 교차로에 진입하여 우회전하여서는 아니되는데도 교차로의 차량용 적색등화를 위반하여 우회전하다가 사고가 발생하였고, 또한 신호위반의 우회전행위와 사고발생 사이에는 직접적인 원인관계가 존재한다고 보는 것이 타당하므로, 위 사고는 교통사고처리 특례법 제3조 제1항, 제2항 단서 제1호의 신호위반으로 인한 업무상과실치상죄에 해당한다는 이유로, 이와 달리 피고인에게 신호위반의 책임이 없다고 보아 공소를 기각한 원심판결에 도로교통법상 신호 또는 지시에 따를 의무에 관한 법리오해의 위법이 있다고 한 사례.

(3) 대판 1985.9.10, 84도1572

【판시사항】

육교가 설치되어 있는 차도를 주행하는 자동차운전자의 주의의무 정도

【판결요지】

각종 차량의 내왕이 번잡하고 보행자의 횡단이 금지되어 있는 육교밑 차도를 주행하는 자동차운전자가 전방 보도위에 서있는 피해자를 발견했다 하더라도 육교를 눈앞에 둔 동인이 특히 차도로 뛰어들 거동이나 기색을 보이지 않는 한 일반적으로 동인이 차도로 뛰어들어 오리라고 예견하기 어려운 것이므로 이러한 경우 운전자로서는 일반보행자들이 교통관계법규를 지켜 차도를 횡단하지 아니하고 육교를 이용하여 횡단할 것을 신뢰하여 운행하면 족하다 할 것이고 불의에 뛰어드는 보행자를 예상하여 이를 사전에 방지해야 할 조치를 취할 업무상 주의의무는 없다.

(4) 대판 1996.6.11, 96도1049

【판시사항】

[1] 운전자의 중앙선 침범 사실에 대하여 운전자를 비난할 수 없는 객관적 사정이 있는 경우 운전자에게 과실이 있는지 여부(소극)

[2] 중앙선을 침범한 운전자에게 과실이 있다고 판단한 사례

【판결요지】

[1] 운전자가 진행차선에 나타난 장애물을 피하기 위하여 다른 적절한 조치를 취할 겨를이 없었다거나, 자기 차선을 지켜 운행하려고 하였으나 운전자가 지배할 수 없는 외부적 여건으로 말미암아 어쩔 수 없이 중앙선을 침범하게 되었다는 등 중앙선 침범 자체에 대하여 운전자를 비난할 수 없는 객관적인 사정이 있는 경우에는 운전자가 중앙선을 침범하여 운행하였다 하더라도 그 중앙선 침범 자체만으로 그 운전자에게 어떠한 과실이 있다고 볼 수는 없다.

[2] 피해자가 운전하는 승용차가 중앙선에 근접하여 운전하여 오는 것을 상당한 거리

에서 발견하고도 두 차가 충돌하는 것을 피하기 위하여 할 수 있는 적절한 조치를 취하지 아니하고 그대로 진행하다가 두 차가 매우 가까와진 시점에서야 급제동 조치를 취하며 조향장치를 왼쪽으로 조작하여 중앙선을 넘어가며 피해자의 승용차를 들이받은 경우 피고인에게 과실이 있다고 판단한 원심판결을 수긍한 사례.

(5) 대판 1990.4.24, 89도2547

【판시사항】

반대차선에서 중앙선을 넘어온 오토바이를 충돌한 자동차운전자의 과실을 부정한 사례

【판결요지】

피고인이 봉고트럭을 운전하여 황색중앙선이 표시된 편도 1차선을 주행하던 중 반대차선으로 오던 피해자 운전의 오토바이가 약 15미터 앞에서 갑자기 중앙선을 넘어오는 바람에 미처 피하지 못하여 사고가 발생하였다면 피고인에게 위 오토바이가 갑자기 중앙선을 넘어 들어 올 것을 예상하여 어떤 조치를 취할 것을 기대할 수는 없다 할 것이므로 업무상 과실책임을 물을 수 없다

(6) 대판 1992.8.18, 92도934

【판시사항】

가. 교차로에 먼저 진입한 운전자에게 다른 차량이 자신의 진행속도보다 빠른 속도로 교차로에 진입하여 자신의 차량과 충격할지 모른다는 것까지 예상하고 대비하여 운전하여야 할 주의의무가 있는지 여부

나. 교통정리가 행하여지고 있지 아니하며 좌우를 확인할 수 없는 교차로에 진입하는 운전자에게 통행의 우선 순위와 관계없이 요구되는 주의의무의 내용과 일단 전방 좌우를 살펴 안전하다는 판단하에 먼저 교차로에 진입한 운전자에게 통행의 후순위 차량의 통행법규위반 가능성까지 예상하여 운전하여야 할 주의의무가 있는지 여부(소극)

【판결요지】

가. 운전자가 교차로를 사고 없이 통과할 수 있는 상황에서 그렇게 인식하고 교차로에 일단 먼저 진입하였다면 특별한 사정이 없는 한 그에게 과실이 있다고 할 수 없고, 교차로에 먼저 진입한 운전자로서는 이와 교차하는 좁은 도로를 통행하는 피해자가 교통법규에 따라 적절한 행동을 취하리라고 신뢰하고 운전한다고 할 것이므로 특별한 사정이 없는 한 피해자가 자신의 진행속도보다 빠른 속도로 무모하게 교차로에 진입하여 자신이 운전하는 차량과 충격할지 모른다는 것까지 예상하고 대비하여 운전하여야 할 주의의무는 없다고 할 것이다.

나. 자동차는 통행의 우선 순위와는 관계없이 교통정리가 행하여지고 있지 아니하며

좌우를 확인할 수 없는 교차로에 있어서는 서행하여야 하고, 교통정리가 행하여지고 있지 아니하는 교통이 빈번한 교차로에서는 일시 정지하여(도로교통법 제27조), 전방과 좌우를 잘 살펴 안전하게 교차로를 진입하고 통과하여야 할 주의의무가 있다고 할 것이지만, 교차로에 진입함에 있어 일단 전방 좌우를 살펴 안전하다는 판단하에 먼저 교차로에 진입한 이상 통행의 후순위 차량의 통행법규위반 가능성까지 예상하여 운전하여야 할 주의의무까지 있다고 할 수는 없을 것이다.

(7) 대판 1983.12.13, 83도2676

【판시사항】

보행신호가 보행정지 및 차량진행 신호로 바뀌어 횡단보도 통행을 중단한 보행자에 대한 차량운전자의 보호의무 유무

【판결요지】

피해자가 신호기의 보행신호에 따라 횡단보도를 통행하던 중 보행정지 및 차량진행 신호로 바뀌자 도로중앙선 부분에서 횡단보도 통행을 중단하고 차량의 통과를 기다리며 멈춰 서있던 상황이라면 위 피해자를 횡단보도를 통행중인 보행자라고 보기는 어렵다고 할 것이므로 차량정지신호가 진행신호로 바뀌는 것을 보고 운행하던 피고인 운전차량이 위 피해자를 충돌하였다 하더라도 사고발생 방지에 관한 업무상 주의의무 위반의 과실이 있음은 별론으로 하고 피고인에게 도로교통법 제44조 제3호 소정의 보행자 보호의무를 위반한 잘못이 있다고는 할 수 없다.

(8) 대판 2009.5.14, 2007도9598

【판시사항】

도로교통법 제27조 제1항에 정한 '횡단보도에서의 보행자보호의무의 대상'에 보행신호등의 녹색등화가 점멸하고 있는 동안에 횡단보도를 통행하는 보행자도 포함되는지 여부(적극)

【판결요지】

교통사고처리 특례법 제3조 제2항 제6호, 도로교통법 제5조 제1항, 제27조 제1항 및 도로교통법 시행규칙 제6조 제2항 [별표 2] 등의 규정들을 종합하면, 보행신호등의 녹색등화 점멸신호는 보행자가 준수하여야 할 횡단보도의 통행에 관한 신호일 뿐이어서, 보행신호등의 수범자가 아닌 차의 운전자가 부담하는 보행자보호의무의 존부에 관하여 어떠한 영향을 미칠 수 없다. 이에 더하여 보행자보호의무에 관한 법률규정의 입법 취지가 차를 운전하여 횡단보도를 지나는 운전자의 보행자에 대한 주의의무를 강화하여 횡단보도를 통행하는 보행자의 생명·신체의 안전을 두텁게 보호하려는 데 있는 것임을 감

안하면, 보행신호등의 녹색등화의 점멸신호 전에 횡단을 시작하였는지 여부를 가리지 아니하고 보행신호등의 녹색등화가 점멸하고 있는 동안에 횡단보도를 통행하는 모든 보행자는 도로교통법 제27조 제1항에서 정한 횡단보도에서의 보행자보호의무의 대상이 된다.

다만 횡단 중에 보행신호가 적색신호로 바뀐 후에도 계속 횡단보도를 건너는 경우, 횡단보도를 녹색등화에 횡단을 시작하였으나 중간에 적색등으로 바뀌자 도로의 중앙선 부근에 멈춰서 있는 경우에는 달리 해석될 수 있다.

(9) 대판 2003.10.23. 2003도3529

【판시사항】

보행등이 설치되어 있지 아니한 횡단보도를 진행하는 차량의 운전자가 인접한 교차로의 차량진행신호에 따라 진행하다 교통사고를 낸 경우, 횡단보도에서의 보행자보호의무 위반의 책임을 지게 되는지 여부(적극)

【판결요지】

횡단보도에 보행자를 위한 보행등이 설치되어 있지 않다고 하더라도 횡단보도표시가 되어 있는 이상 그 횡단보도는 도로교통법에서 말하는 횡단보도에 해당하므로, 이러한 횡단보도를 진행하는 차량의 운전자가 도로교통법 제24조 제1항의 규정에 의한 횡단보도에서의 보행자보호의무를 위반하여 교통사고를 낸 경우에는 교통사고처리특례법 제3조 제2항 단서 제6호 소정의 횡단보도에서의 보행자보호의무 위반의 책임을 지게 되는 것이며, 비록 그 횡단보도가 교차로에 인접하여 설치되어 있고 그 교차로의 차량신호등이 차량진행신호였다고 하더라도 이러한 경우 그 차량신호등은 교차로를 진행할 수 있다는 것에 불과하지, 보행등이 설치되어 있지 아니한 횡단보도를 통행하는 보행자에 대한 보행자보호의무를 다하지 아니하여도 된다는 것을 의미하는 것은 아니므로 달리 볼 것은 아니다.

(10) 대판 1986.5.27. 86도549

【판시사항】

횡단보도의 보행자신호가 녹색신호에서 적색신호로 바뀔 무렵 전후에 횡단보도를 통과하는 자동차 운전자의 주의의무

【판결요지】

횡단보도의 보행자 신호가 녹색신호에서 적색신호로 바뀌는 예비신호 점멸중에도 그 횡단보도를 건너가는 보행자가 흔히 있고 또 횡단 도중에 녹색신호가 적색신호로 바뀐 경우에도 그 교통신호에 따라 정지함이 없이 나머지 횡단보도를 그대로 횡단하는 보행자도 있으므로 보행자 신호가 녹색신호에서 정지신호로 바뀔 무렵 전후에 횡단보도를 통과하는 자동차 운전자는 보행자가 교통신호를 철저히 준수할 것이라는 신뢰만으로 자동

차를 운전할 것이 아니라 좌우에서 이미 횡단보도에 진입한 보행자가 있는지 여부를 살펴보고 또한 그의 동태를 두루 살피면서 서행하는 등하여 그와 같은 상황에 있는 보행자의 안전을 위해 어느 때라도 정지할 수 있는 태세를 갖추고 자동차를 운전하여야 할 업무상의 주의의무가 있다.

(11) 대판 1993.2.23, 92도2077

【판시사항】

횡단보도의 신호가 적색인 상태에서 반대차선에 정지중인 차량 뒤에서 보행자가 건너오는 경우 신뢰의 원칙이 적용되는지 여부(적극)

【판결요지】

차량의 운전자로서는 횡단보도의 신호가 적색인 상태에서 반대차선상에 정지하여 있는 차량의 뒤로 보행자가 건너오지 않을 것이라고 신뢰하는 것이 당연하고 그렇지 아니할 사태까지 예상하여 그에 대한 주의의무를 다하여야 한다고는 할 수 없다.

(12) 대판 1984.4.10, 84도79

【판시사항】

앞서가는 자전거를 추월하는 자동차운전자와 신뢰원칙의 적용한계

【판결요지】

신뢰의 원칙은 상대방 교통관여자가 도로교통의 제반법규를 지켜 도로교통에 임하리라고 신뢰할 수 없는 특별한 사정이 있는 경우에는 그 적용이 배제된다고 할 것인바 본 사건의 사고지점이 노폭 약 10미터의 편도 1차선 직선도로이며 진행방향 좌측으로 부락으로 들어가는 소로가 정(J)자형으로 이어져 있는 곳이고 당시 피해자는 자전거 짐받이에 생선상자를 적재하고 앞서서 진행하고 있었다면 피해자를 추월하고자 하는 자동차운전사는 자전거와 간격을 넓힌 것만으로는 부족하고 경적을 울려서 자전거를 탄 피해자의 주의를 환기시키거나 속도를 줄이고 그의 동태를 주시하면서 추월하였어야 할 주의의무가 있다고 할 것이고 그같은 경우 피해자가 도로를 좌회전하거나 횡단하고자 할 때에는 도로교통법의 규정에 따른 조치를 취하리라고 신뢰하여도 좋다고 하여 위 사고발생에 대하여 운전사에게 아무런 잘못이 없다고 함은 신뢰의 원칙을 오해한 위법이 있다.

(13) 대판 2000.9.5, 2000도2671

【판시사항】

[1] 고속도로를 운행하는 자동차 운전자에게 고속도로를 무단횡단하는 보행자가 있을 것을 예견하여 운전할 주의의무가 있는지 여부(한정 소극)

[2] 야간에 고속도로를 무단횡단하는 보행자를 충격하여 사망에 이르게 한 운전자의 과실과 사고 사이의 상당인과관계를 인정한 원심을 파기한 사례

【판결요지】

[1] 고속도로를 운행하는 자동차의 운전자로서는 일반적인 경우에 고속도로를 횡단하는 보행자가 있을 것까지 예견하여 보행자와의 충돌사고를 예방하기 위하여 급정차 등의 조치를 취할 수 있도록 대비하면서 운전할 주의의무가 없고, 다만 고속도로를 무단횡단하는 보행자를 충격하여 사고를 발생시킨 경우라도 운전자가 상당한 거리에서 보행자의 무단횡단을 미리 예상할 수 있는 사정이 있었고, 그에 따라 즉시 감속하거나 급제동하는 등의 조치를 취하였다면 보행자와의 충돌을 피할 수 있었다는 등의 특별한 사정이 인정되는 경우에만 자동차 운전자의 과실이 인정될 수 있다.

III. 자동차보험제도

1. 책임보험

책임보험은 강제보험으로서 자동차 소유자가 반드시 가입하여야 하는 보험으로서 사망의 경우에는 1억 5천만원, 다친 경우에는 최고 3천만원까지, 후유장해가 생긴 때에는 최고 1억 5천만원까지의 보험금액을 장해급수에 따라 지급한다(자동차손해배상 보장법 시행령 제3조).

교통사고 피해자는 직접 보험회사에 대하여 손해배상금액의 지급을 청구할 수 있는데, 장례비 등 시급한 비용에 대하여는 보험회사에 가불금지급청구서, 사고증명서, 진단서 등의 서류를 구비하여 신청하면 지체없이 가불금이 지급된다. 피해자는 위의 금액 범위 안에서 보상받을 수 있을 뿐이므로 실제의 손해액이 더 많은 경우에는 초과액에 대해서는 가해자측에 대하여 민사소송으로 청구할 수 있다.

2. 종합보험

교통사고로 인한 손해는 책임보험만으로는 충분히 보상하지 못하는 경우가 많으므로 임의보험이지만 종합보험에 가입하여야 한다. 즉 책임보험은 대물손해에 대하여는 배상하지 않고 인명사고의 경우에도 일정한 금액을 한도로 배상하지만, 종합보험에 가입해두면 거의 모든 손해를 보험회사가 배상을 주게 된다. 다만 종

합보험에 가입한 경우에도 보험약관에 보험회사가 보험금 지급을 거부할 수 있는 면책조항이 있다.

제 4 절 | 성희롱, 성폭력, 성범죄

성과 관련된 범죄문제는 첫째, 강간죄, 강제추행죄 등 이른바 성범죄, 둘째, 사회의 도덕에 관한 범죄로서 음란물, 음행매개, 공연음란 등 성풍속에 관한 범죄, 셋째 성매매 및 아동청소년에 대한 성범죄, 넷째 민사문제나 노동문제와 관련된 성희롱, 그리고 스토킹 등 영역이 다양하다. 성에 대한 관념은 성에 대한 사회관념과 개방의 정도, 남녀의 사회적 지위변화, 직장문화의 변화 등과 관련되어 있다. 이하에서는 성범죄를 중심으로 살펴보고 관련문제도 함께 언급하기로 한다.

제 1 관 성풍속에 관한 죄

제241조(간통) ① 배우자있는 자가 간통한 때에는 2년 이하의 징역에 처한다. 그와 상간한 자도 같다.
② 전항의 죄는 배우자의 고소가 있어야 논한다. 단, 배우자가 간통을 종용 또는 유서한 때에는 고소할 수 없다.
[단순위헌, 2009헌바17, 2015.2.26. 형법 제241조는 헌법에 위반된다.]
제242조(음행매개) 영리의 목적으로 사람을 매개하여 간음하게 한 자는 3년 이하의 징역 또는 1천500만원 이하의 벌금에 처한다.
제243조(음화반포등) 음란한 문서, 도화, 필름 기타 물건을 반포, 판매 또는 임대하거나 공연히 전시 또는 상영한 자는 1년 이하의 징역 또는 500만원 이하의 벌금에 처한다.
제244조(음화제조 등) 제243조의 행위에 공할 목적으로 음란한 물건을 제조, 소지, 수입 또는 수출한 자는 1년 이하의 징역 또는 500만원 이하의 벌금에 처한다.
제245조(공연음란) 공연히 음란한 행위를 한 자는 1년 이하의 징역, 500만원 이하의 벌금, 구류 또는 과료에 처한다.

Ⅰ. 간통죄(폐지)

배우자 있는 사람이 다른 사람과 간음, 즉 성교를 하면 종전에 간통죄로 처벌하였다. 그러나 최근 헌법재판소의 위헌결정으로 간통죄는 폐지되었다. 사회적으로 성도덕관념의 변화, 부부간의 성적 순결의 문제, 간통죄의 고소가 위자료 및 재산분할과 관련된 이혼소송의 수단으로 이용되는 현실, 여성의 사회적 지위 상승 등으로 오랜 동안 유지되어오던 간통죄에 대한 합헌태도가 변경되었다. 이에 따라 부부간의 외도와 관련된 사회적 해결방법의 변화가 예상된다.

2015년 2월 간통죄가 폐지된 이후 불륜이 폭증하는 현상은 보이지 않는다. 이제 간통행위는 '배우자의 부정한 행위'로서 민법상 이혼사유이고 정신적 손해배상 청구사유로서 의미를 지니고 있다. 종전과 같이 배우자의 불륜행위의 증거수집에 경찰의 도움을 받지 못하게 되어 흥신소, 심부름센터, 민간소사원에 불륜을 입증할 증거의 수집을 의뢰하는 경우가 증가하고 있다고 한다. 또한 도청 등 무리한 증거수집으로 통신비밀보호법 위반이나, 불륜상대방에 욕설을 하거나 직장에 불륜사실을 알렸다가, 오히려 불륜의 피해자가 명예훼손죄로 처벌받는 경우도 발생하고 있다.

【간통죄에 대한 헌법재판소의 위헌결정】308) 배우자 있는 자의 간통행위 및 그와의 상간행위를 2년 이하의 징역에 처하도록 규정한 형법(1953. 9. 18. 법률 제293호로 제정된 것) 제241조(이하 '심판대상조항'이라 한다)가 성적 자기결정권 및 사생활의 비밀과 자유를 침해하여 헌법에 위반되는지 여부(적극)

<결정요지>

[재판관 박한철, 재판관 이진성, 재판관 김창종, 재판관 서기석, 재판관 조용호의 위헌의견]

사회 구조 및 결혼과 성에 관한 국민의 의식이 변화되고, 성적 자기결정권을 보다 중요시하는 인식이 확산됨에 따라 간통행위를 국가가 형벌로 다스리는 것이 적정한지에 대해서는 이제 더 이상 국민의 인식이 일치한다고 보기 어렵고, 비록 비도덕적인 행위라 할지라도 본질적으로 개인의 사생활에 속하고 사회에 끼치는 해악이 그다지 크지 않거나 구체적 법익에 대한 명백한 침해가 없는 경우에는 국가권력이 개입해서는 안 된다는 것이 현대 형법의 추세여서 전세계적으로 간통죄는 폐지되고 있다. 또한 간통죄의 보호법익인 혼인과 가정의 유지는 당사자의 자유로운 의지와 애정에 맡겨야지, 형벌을 통하여 타율적으로 강제될 수 없는 것이며, 현재 간통으로 처벌되는 비율이 매우 낮고, 간통행위에 대한 사회적 비난 역시 상당한 수준으로 낮아져 간통죄는 행위규제규범으로서 기능을 잃어가고, 형사정책상 일반예방 및 특별예방의 효과를 거두기도 어렵게 되었다. 부

---

308) 헌재결 2015.2.26. 2009헌바17 · 205, 2010헌바194, 2011헌바4, 2012헌바57 · 255 · 411, 2013헌바139 · 161 · 267 · 276 · 342 · 365, 2014헌바53 · 464, 2011헌가31, 2014헌가4(병합).

부 간 정조의무 및 여성 배우자의 보호는 간통한 배우자를 상대로 한 재판상 이혼 청구, 손해배상청구 등 민사상의 제도에 의해 보다 효과적으로 달성될 수 있고, 오히려 간통죄가 유책의 정도가 훨씬 큰 배우자의 이혼수단으로 이용되거나 일시 탈선한 가정주부 등을 공갈하는 수단으로 악용되고 있기도 하다.

결국 심판대상조항은 과잉금지원칙에 위배하여 국민의 성적 자기결정권 및 사생활의 비밀과 자유를 침해하는 것으로서 헌법에 위반된다.

[재판관 김이수의 위헌의견]

간통죄의 본질은 자유로운 의사에 기하여 혼인이라는 사회제도를 선택한 자가 의도적으로 배우자에 대한 성적 성실의무를 위배하는 성적 배임행위를 저지른 데 있다.

혼인생활을 영위하고 있는 간통행위자 및 배우자 있는 상간자에 대한 형사처벌은 부부 간의 성적 성실의무에 기초한 혼인제도에 내포되어 있는 사회윤리적 기본질서를 최소한도로 보호하려는 정당한 목적 하에 이루어지는 것으로서 개인의 성적 자기결정권에 대한 과도한 제한이라고 하기 어렵다. 그러나 사실상 혼인관계의 회복이 불가능한 파탄상태로 인해 배우자에 대한 성적 성실의무를 더 이상 부담하지 아니하는 간통행위자나 미혼인 상간자의 상간행위 같이 비난가능성 내지 반사회성이 없는 경우도 있다.

그럼에도 불구하고, 심판대상조항이 일률적으로 모든 간통행위자 및 상간자를 형사처벌하도록 규정한 것은 개인의 성적 자기결정권을 과도하게 제한하는 국가형벌권의 과잉행사로서 헌법에 위반된다.

[재판관 강일원의 위헌의견]

간통 및 상간행위가 내밀한 사생활의 영역에 속하는 것이라고 해도 이에 대한 법적 규제를 할 필요성은 인정되고, 그에 대한 규제의 정도는 원칙적으로 입법자가 결정할 사항이므로, 입법자가 간통행위를 예방하기 위하여 형벌이라는 제재수단을 도입한 것이 그 자체로 헌법에 위반된다고 볼 수는 없다.

그러나 형법은 간통죄를 친고죄로 규정하면서, 배우자의 종용이나 유서가 있는 경우 간통죄로 고소할 수 없도록 규정하고 있는데, 소극적 소추조건인 종용이나 유서의 개념이 명확하지 않아 수범자인 국민이 국가 공권력 행사의 범위와 한계를 확실하게 예측할 수 없으므로 심판대상조항은 명확성원칙에 위배되며, 간통 및 상간행위에는 행위의 태양에 따라 죄질이 현저하게 다른 수많은 경우가 존재함에도 반드시 징역형으로만 응징하도록 한 것은 구체적 사안의 개별성과 특수성을 고려할 수 있는 가능성을 배제 또는 제한하여 책임과 형벌간 비례의 원칙에 위배되어 헌법에 위반된다.

II. 음행매개죄

> **제242조(음행매개)** 영리의 목적으로 사람을 매개하여 간음하게 한 자는 3년 이하의 징역 또는 1천500만원 이하의 벌금에 처한다.[309]

영리를 목적으로 사람을 매개하여 간음하게 함으로써 성립한다. 성을 매개하는 행위는 특별법에 의하여 규제되는 경우가 많다.

음행매개죄를 범할 수 있는 자는 제한이 없다. 부모나 남편도 딸이나 아내에 대한 범죄를 범할 수 있다. 범죄의 객체는 '사람'으로 하고 있으므로 남녀, 성년 여부를 불문한다. 행위는 사람을 매개하여 간음하게 하는 것이다. '매개'한다는 것은 간음을 하도록 알선하거나 주선하는 것을 말한다. 영리 목적이 필요하므로 유상이어야 하나, 매개행위를 유상으로 하는 경우에는 '성매매알선 등 행위의 처벌에 관한 법률(제4조)'에 의하여 처벌된다.

주관적으로 영리목적이 있어야 한다. 영리란 재산적 이익을 취득하는 것을 말한다. 따라서 무상의 음행매개행위는 범죄가 성립하지 않는다.

【특별법에 의한 성매매 행위 등의 규제】
　(1) 성매매알선 등 행위의 처벌에 관한 법률
　제4조(금지행위)에 누구든지 다음 각 호의 행위를 하여서는 아니 된다.
　1. 성매매
　2. 성매매알선 등 행위
　3. 성매매 목적의 인신매매
　4. 성을 파는 행위를 하게 할 목적으로 다른 사람을 고용·모집하거나 성매매가 행하여진다는 사실을 알고 직업을 소개·알선하는 행위
　5. 제1호, 제2호 및 제4호의 행위 및 그 행위가 행하여지는 업소에 대한 광고행위
　※ 동법 제2조(정의)에 따른 용어 정의
　1. "성매매"란 불특정인을 상대로 금품이나 그 밖의 재산상의 이익을 수수하거나 수수하기로 약속하고 다음 각 목의 어느 하나에 해당하는 행위를 하거나 그 상대방이 되

---

309) 종전에는 범죄의 대상을 '미성년 또는 음행의 상습 없는 부녀'로 규정하였으나 2012년 12월에 형법이 개정되어 유사강간죄가 신설되는 등 변화된 성적 관념을 반영하여 사람으로 변경되었다.

는 것을 말한다.

　가. 성교행위

　나. 구강, 항문 등 신체의 일부 또는 도구를 이용한 유사 성교행위

　2. "성매매알선 등 행위"란 다음 각 목의 어느 하나에 해당하는 행위를 하는 것을
말한다.

　가. 성매매를 알선, 권유, 유인 또는 강요하는 행위

　나. 성매매의 장소를 제공하는 행위

　다. 성매매에 제공되는 사실을 알면서 자금, 토지 또는 건물을 제공하는 행위

　3. "성매매 목적의 인신매매"란 다음 각 목의 어느 하나에 해당하는 행위를 하는 것
을 말한다.

　가. 성을 파는 행위 또는 「형법」 제245조에 따른 음란행위를 하게 하거나, 성교행위
　　　등 음란한 내용을 표현하는 사진·영상물 등의 촬영 대상으로 삼을 목적으로 위
　　　계, 위력, 그 밖에 이에 준하는 방법으로 대상자를 지배·관리하면서 제3자에게
　　　인계하는 행위

　나. 가목과 같은 목적으로 「청소년 보호법」 제2조 제1호에 따른 청소년(이하 "청소년"
　　　이라 한다), 사물을 변별하거나 의사를 결정할 능력이 없거나 미약한 사람 또는
　　　대통령령으로 정하는 중대한 장애가 있는 사람이나 그를 보호·감독하는 사람에게
　　　선불금 등 금품이나 그 밖의 재산상의 이익을 제공하거나 제공하기로 약속하고 대
　　　상자를 지배·관리하면서 제3자에게 인계하는 행위

　다. 가목 및 나목의 행위가 행하여지는 것을 알면서 가목과 같은 목적이나 전매를
　　　위하여 대상자를 인계받는 행위

　라. 가목부터 다목까지의 행위를 위하여 대상자를 모집·이동·은닉하는 행위

　(2) 아동복지법

　여기에서 '아동'이란 18세 미만인 사람을 말한다(동법 제3조 제1호).

　제17조(금지행위) 누구든지 다음 각 호의 어느 하나에 해당하는 행위를 하여서는 아
니 된다.

　1. 아동을 매매하는 행위

　2. 아동에게 음행을 시키거나 음행을 매개하는 행위

　3. 아동의 신체에 손상을 주는 학대행위

　4. 아동에게 성적 수치심을 주는 성희롱·성폭력 등의 학대행위

　5. 아동의 정신건강 및 발달에 해를 끼치는 정서적 학대행위

　6. 자신의 보호·감독을 받는 아동을 유기하거나 의식주를 포함한 기본적 보호·양

육·치료 및 교육을 소홀히 하는 방임행위

　　7. 장애를 가진 아동을 공중에 관람시키는 행위

　　8. 아동에게 구걸을 시키거나 아동을 이용하여 구걸하는 행위

　　9. 공중의 오락 또는 흥행을 목적으로 아동의 건강 또는 안전에 유해한 곡예를 시키는 행위

　　10. 정당한 권한을 가진 알선기관 외의 자가 아동의 양육을 알선하고 금품을 취득하거나 금품을 요구 또는 약속하는 행위

　　11. 아동을 위하여 증여 또는 급여된 금품을 그 목적 외의 용도로 사용하는 행위

　(3) 아동·청소년의 성보호에 관한 법률

　여기에서 "아동·청소년"은 19세 미만의 자를 말한다(동법 제2조 제1항)

　제7조(아동·청소년에 대한 강간·강제추행 등)

　제8조(장애인인 아동·청소년에 대한 간음 등)

　제8조의2(13세 이상 16세 미만 아동·청소년에 대한 간음 등)

　제9조(강간 등 상해·치상)

　제10조(강간 등 살인·치사)

　제11조(아동·청소년이용음란물의 제작·배포 등) ① 아동·청소년이용음란물을 제작·수입 또는 수출한 자는 무기징역 또는 5년 이상의 유기징역에 처한다.

　② 영리를 목적으로 아동·청소년이용음란물을 판매·대여·배포·제공하거나 이를 목적으로 소지·운반하거나 공연히 전시 또는 상영한 자는 10년 이하의 유기징역에 처한다.

　③ 아동·청소년이용음란물을 배포·제공하거나 공연히 전시 또는 상영한 자는 7년 이하의 유기징역 또는 5천만원 이하의 벌금에 처한다.

　④ 아동·청소년이용음란물을 제작할 것이라는 정황을 알면서 아동·청소년을 아동·청소년이용음란물의 제작자에게 알선한 자는 3년 이상의 유기징역에 처한다.

　⑤ 아동·청소년이용음란물임을 알면서 이를 소지한 자는 1년 이하의 유기징역 또는 2천만원 이하의 벌금에 처한다.

　⑥ 제1항의 미수범은 처벌한다

　제12조(아동·청소년 매매행위)

　제13조(아동·청소년의 성을 사는 행위 등)

　제14조(아동·청소년에 대한 강요행위 등)

　제15조(알선영업행위 등)

　제15조의2(아동·청소년에 대한 성착취 목적 대화 등)

　제16조(피해자 등에 대한 강요행위)

【아동음란물 소지만 해도 처벌】서울 ○○경찰서는 인터넷에서 아동이 등장하는 음란물을 다운로드받아 소지한 혐의(아동·청소년의 성보호에 관한 법률 위반)로 이모(25)씨를 불구속 입건했다고 밝혔다. 경찰에 따르면 회사원 이씨는 서울 성동구 자신의 집에서 파일을 인터넷으로 공유하는 P2P 프로그램인 '토렌트'를 이용해 아동음란물을 다운로드받아 보유한 혐의를 받고 있다. 이씨가 받은 동영상은 제목에 '중학생'이라는 단어가 포함돼 있었다. 등장인물은 교복을 입은 데다가 눈으로 볼 때 성인이 아니었다고 경찰은 전했다. 이씨는 경찰에서 아동음란물인줄 모르고 다운로드받은 것이라고 주장했지만 받아들여지지 않았다.

경찰 관계자는 '제목에 아동음란물임을 나타내는 문구가 있어 몰랐다는 항변은 인정하기 어렵고 설령 모르고 받았더라도 동영상을 본 후 바로 삭제하지 않았다면 '소지'의 의사가 있는 것으로 간주돼 처벌을 면하기 어렵다'고 설명했다. 이 관계자는 '아동음란물은 소지한 것만으로도 처벌될 수 있고 특히 토렌트로 받은 경우 자신의 파일이 다시 타인에게 공유될 수 있어 아동음란물 배포죄를 적용할 수 있는 만큼 주의가 필요하다'고 밝혔다.[310]

【이른바 '자발적 성매매'의 처벌 여부】성매매알선 등 행위의 처벌에 관한 법률 제21조 제1항 위헌제청[311]

<판시사항>

가. 성매매를 한 자를 형사처벌하도록 규정한 '성매매알선 등 행위의 처벌에 관한 법률'(2011. 5. 23. 법률 제10697호로 개정된 것, 이하 성매매처벌법이라 한다) 제21조 제1항이 개인의 성적 자기결정권, 사생활의 비밀과 자유, 성판매자의 직업선택의 자유를 침해하는지 여부(소극)

나. 심판대상조항이 제청신청인의 평등권을 침해하는지 여부(소극)

<결정요지>

가. 심판대상조항은 성매매를 형사처벌하여 성매매 당사자의 성적 자기결정권, 사생활의 비밀과 자유 및 성판매자의 직업선택의 자유를 제한하고 있다.

그런데 개인의 성행위 그 자체는 사생활의 내밀영역에 속하고 개인의 성적 자기결정권의 보호대상에 속한다고 할지라도, 그것이 외부에 표출되어 사회의 건전한 성풍속을 해칠 때에는 법률의 규제를 받아야 하는 것이다. 외관상 강요되지 않은 자발적인 성매매 행위도 인간의 성을 상품화함으로써 성판매자의 인격적 자율성을 침해할 수 있고, 성매매산업이 번창하는 것은 자금과 노동력의 정상적인 흐름을 왜곡하여 산업구조를 기형화

---

310) 연합뉴스 2013.5.8.자.
311) 헌재결 2016.3.31, 2013헌가2.

시키는 점에서 사회적으로 매우 유해한 것이다. 성매매는 그 자체로 폭력적, 착취적 성격을 가진 것으로 경제적 대가를 매개로 하여 경제적 약자인 성판매자의 신체와 인격을 지배하는 형태를 띠므로 대등한 당사자 사이의 자유로운 거래 행위로 볼 수 없고, 인간의 성을 상품화하여 성범죄가 발생하기 쉬운 환경을 만드는 등 사회 전반의 성풍속과 성도덕을 허물어뜨린다. 성매매를 형사처벌함에 따라 성매매 집결지를 중심으로 한 성매매 업소와 성판매 여성이 감소하는 추세에 있고, 성구매사범 대부분이 성매매처벌법에 따라 성매매가 처벌된다는 사실을 안 후 성구매를 자제하게 되었다고 응답하고 있는 점 등에 비추어 보면, 성매매를 형사처벌함으로써 사회 전반의 건전한 성풍속 및 성도덕을 확립하려는 심판대상조항의 입법목적은 정당하고 수단의 적절성도 인정된다.

한편, 성매매에 대한 수요는 성매매 시장을 형성, 유지, 확대하는 주요한 원인인바, 우리 사회는 잘못된 접대문화 등으로 인하여 성매매에 대한 관대한 인식이 팽배해 있으며, 성매매 집결지를 중심으로 한 전통적인 유형의 성매매뿐만 아니라 산업형(겸업형) 성매매, 신·변종 성매매 등 다양한 유형의 성매매 시장이 활성화되어 있고, 불법 체류자나 이주노동자들의 성매매, 청소년·노인의 성매매 등 성매매의 양상도 점차 복잡해지고 있다. 이러한 상황에서 성매매에 대한 지속적인 수요를 억제하지 않는다면, 성인뿐만 아니라 청소년이나 저개발국의 여성들까지 성매매 시장에 유입되어 그 규모가 비약적으로 확대될 우려가 있고, 재범방지 교육이나 성매매 예방교육 등이 형사처벌과 유사하거나 더 높은 효과를 갖는다고 볼 수 없으므로 성구매자에 대한 형사처벌이 과도하다고 볼 수 없다.

성매매 공급이 확대되거나 쉽게 접근할 수 있는 길을 열어줄 위험과 불법적인 조건으로 성매매를 유도할 가능성이 있는 점 등을 고려할 때 성판매자도 형사처벌의 대상에 포함시킬 필요성이 인정된다. 사회구조적 요인이 성매매 종사에 영향을 미칠 수는 있으나 이는 성매매에만 국한된 특유한 문제라고 볼 수 없고, 만약 이들에게 책임을 묻기 어려운 사정이 있는 경우에는 성매매피해자로 인정되어 형사처벌의 대상에서 제외될 수 있는 가능성도 존재하는 점, 형사처벌 외에 보호사건으로 처리될 수도 있는 점, 성매매피해자 등의 보호, 피해 회복 및 자립·자활을 지원하기 위하여 법적, 제도적 장치가 마련되어 있는 점 등에 비추어 성판매자에 대한 형사처벌도 과도하다고 볼 수 없다. 또한 나라별로 다양하게 시행되는 성매매에 대하여 정책의 효율성을 판단하는 것도 쉽지 않으므로, 전면적 금지정책에 기초하여 성매매 당사자 모두를 형사처벌하도록 한 입법을 침해최소성에 어긋난다고 볼 수 없다.

자신의 성 뿐만 아니라 타인의 성을 고귀한 것으로 여기고 이를 수단화하지 않는 것은 모든 인간의 존엄과 평등이 전제된 공동체의 발전을 위한 기본전제가 되는 가치관이므로, 사회 전반의 건전한 성풍속과 성도덕이라는 공익적 가치는 개인의 성적 자기결정권 등 기본권 제한의 정도에 비해 결코 작다고 볼 수 없어 법익균형성원칙에도 위배되지 아니한다. 따라서 심판대상조항은 개인의 성적 자기결정권, 사생활의 비밀과 자유, 직업선택의 자유를 침해하지 아니한다.

나. 불특정인을 상대로 한 성매매와 특정인을 상대로 한 성매매는, 건전한 성풍속 및 성도덕에 미치는 영향, 제3자의 착취 문제 등에 있어 다르다고 할 것이므로, 불특정인에 대한 성매매만을 금지대상으로 규정하고 있는 것이 평등권을 침해한다고 볼 수도 없다.

 [재판관 김이수, 재판관 강일원의 일부 위헌의견]

 심판대상조항의 입법목적이 정당하고, 성구매자에 대한 처벌이 헌법에 위반되지 않는다는 점은 다수의견과 같으나, 성판매자에 대한 형사처벌은 과잉금지원칙에 위배되는 과도한 형벌권 행사로 헌법에 위반된다.

 성매매는 본질적으로 남성의 성적 지배와 여성의 성적 종속을 정당화하는 수단이자 성판매자의 인격과 존엄을 침해하는 행위이고, 여성과 모성 보호라는 헌법정신에 비추어도 여성 성판매자를 특별히 보호해야 한다. 이들이 성매매를 할 수밖에 없는 이유는 절박한 생존 문제 때문이고, 이는 사회구조적인 것으로 개인이 쉽게 해결할 수 있는 것이 아니다. 성판매자에 대한 형사처벌은 여성의 성이 억압되고 착취되는 상황을 악화시키고, 성매매 시장을 음성화하여 오히려 성매매 근절에 장해가 되므로 수단의 적합성이 인정되지 않는다. 성판매자로 하여금 성매매 이탈을 촉진하고 유입을 억제하려면 형사처벌 대신, 다른 경제활동을 할 수 있는 지원과 보호를 하는 것이 바람직하며, 성매매 예방교육, 성매매로 인하여 수익을 얻는 제3자에 대한 제재와 몰수, 추징 등의 방법으로 성산업 자체를 억제하는 방법이나 보호나 선도 조치 등과 같이 기본권을 보다 덜 제한하는 방법도 있으므로 성판매자에 대한 형사처벌은 침해최소성에도 반한다. 건전한 성풍속 내지 성도덕의 확립이라는 공익은 추상적이고 막연한 반면, 성판매자들이 받게 되는 기본권 침해의 정도는 중대하고 절박하다고 할 것이므로 법익균형성원칙에도 위배된다.

 [재판관 조용호의 전부 위헌의견]

 심판대상조항은 과잉금지원칙에 위배되어 성매매자(성판매자 및 성매수자)의 성적 자기결정권 및 사생활의 비밀과 자유를 침해하므로 헌법에 위반된다.

 성인 간의 자발적 성매매는 본질적으로 개인의 사생활 중에서도 극히 내밀한 영역에 속하고, 그 자체로 타인에게 피해를 주거나 건전한 성풍속 및 성도덕에 해악을 미친다고 보기 어렵다. 건전한 성풍속 및 성도덕이라는 개념 자체가 추상적·관념적이고, 내밀한 성생활의 영역에 국가가 개입하여 형벌의 대상으로 삼는 것은 입법자가 특정한 도덕관을 확인하고 강제하는 것이다. 심판대상조항은 성매매 여성들의 생존을 위협하는 인권유린의 결과를 낳고 있으며, 국민에 대한 최소보호의무조차 다 하지 못한 국가가 오히려 생계형 자발적 성매매 여성들을 형사처벌하는 것은 또 다른 사회적 폭력이므로 입법목적의 정당성을 인정할 수 없다. 성매매처벌법이 시행된 지 10여 년이 지났음에도 심판대상조항은 성매매 근절에 전혀 기여하고 있지 못하므로 수단의 적합성도 인정되지 않는다. 성매매에 대한 최선의 해결책은 사회보장·사회복지정책의 확충을 통하여 성매매여성이 성매매로부터 벗어날 수 있도록 지원하는 것이다. 성매매 예방교육의 실시, 성 산업 자체의 억제 또는 일정구역 안에서만 성매매를 허용하는 등 덜 제약적인 방법이 가능하므로 심판대상조항은 침해최소성원칙에도 위배된다. 특히 심판대상조항의 대향범(對向犯)적 성격에 비추어 볼 때, 성매수자만 처벌하는 것은 처벌의 불균형성과 성적 이중잣대를 강화할 수 있다. 지체장애인, 홀로 된 노인, 독거남 등 성적 소외자의 경우는 심판대상조항 때문에 인간으로서 가장 기본적인 성적 욕구를 충족시킬 수 없는 상황으로 내몰릴 수도 있다. 건전한 성풍속 및 성도덕의 확립은 추상적이거나 모호하여 헌법적 가치에 해당한다고 볼 수 없는 반면, 형사처벌이 가져오는 사적 불이익은 실질적이고 구체적이며 그 불이익의 정도가 크므로 법익균형성도 상실하였다.

한편, 특정인을 상대로 하든 불특정인을 상대로 하든 본질적으로 동일한 성매매임에도 불구하고, 불특정인을 상대로 한 경우에만 처벌하는 것은 합리적인 이유가 없으므로 심판대상조항은 평등원칙에도 위배된다.

[재판관 이정미, 재판관 안창호의 다수의견에 대한 보충의견] 헌법 제10조의 행복추구권에서 파생된 성적 자기결정권은 성적 폭력·착취·억압으로부터의 자유에서 연유하므로, 성을 상품화하여 거래 대상으로 삼으면서 사회의 건전한 성풍속과 성도덕을 해하는 성매매가 '성적 자기결정권'이라는 헌법적 테두리 안에서 보호되어야 하는지에 대하여는 강한 의문이 있다.

우리나라와 같이 성구매 경험자의 수치가 높은 나라에서 성매매를 전면 비범죄화할 경우 성산업의 팽창, 성풍속과 성도덕의 훼손이 우려된다. 성매매를 허용하는 국가들의 경우 공통적으로 성산업 팽창 및 저개발국 여성들의 성매매 유입 증가와 같은 사회문제를 안고 있으므로 전부 위헌의견은 타당하지 않다. 성판매자를 비범죄화해야 한다는 일부 위헌의견 역시 다른 범죄와의 처벌상 형평성 문제, 보호의 필요성이 없는 성판매자들에 대해서까지 법적인 제재가 이루어지지 않는 점, 일반 국민의 근로의욕을 저하시키는 점, 청소년들이 쉽게 돈을 벌 목적으로 성매매에 빠지도록 유인할 가능성이 큰 점, 성판매자의 포주나 범죄조직에의 예속에 대한 해결책이 되지 못하는 점 등에 비추어 타당하지 않다. 다만, 구체적인 사안을 고려하여 성매매처벌법 상의 '성매매피해자' 개념을 유연하게 해석해야 하고, 성매매처벌법 상 보호처분을 적극 활용함으로써 성판매자들의 보호 및 선도에 노력해야 하며, 입법목적과 부합하지 않는 단속이 있다면 이는 지양되어야 할 것이다.

【텔레그램 채널 링크를 통한 아동·청소년 성착취물의 배포, 소지】

<사실관계> ① 피고인은 2021년 12월 싱가포르에 있는 자신의 주거지 등에서 스마트폰, 노트북 등을 통해 텔레그램 대화방의 운영자로 활동하면서, 아동·청소년성착취물을 직접 업로드하거나, 대화방에 참여 중인 다수 회원들로 하여금 업로드하게 하는 방법으로 총 36개의 아동·청소년성착취물 사진 또는 영상을 게시하였다.

② 피고인은 2021년 12월부터 2022년 6월까지 텔레그램 채널의 링크를 대화방에 게시하였다. 이 채널은 성명불상자가 개설한 텔레그램 채널인데, 그곳에 아동·청소년이 성교행위를 하거나 가슴 내지 음부를 드러내고 있는 영상 등 총 113개의 아동·청소년성착취물 사진 또는 영상이 저장되어 있었다. 피고인은 다른 회원들과 아동·청소년성착취물을 공유하거나 인지도를 높이기 위하여 링크를 대화방에 게시하였고, 대화방의 회원들은 이 링크를 통하여 별도의 절차 없이 그곳에 저장된 아동·청소년성착취물을 다운로드 받을 수 있었다.

③ 한편 피고인은 주거지 등에서 자신의 스마트폰, 노트북 등을 통해 성명불상자가 개설한 텔레그램 채널 및 대화방에 가입하고 피고인이 체포될 때까지 이 채널 및 대화방에 대한 접속상태를 유지하였다. 당시 이러한 7개 채널 및 대화방에는 아동·청소년이 성교행위를 하거나 가슴 내지 음부를 드러내고 있는 영상 등 총 480개의 아동·청소년성착취물 사진 또는 영상이 게시되어 있었다.

④ 피고인은 위 7개 채널 및 대화방에 게시된 사진 또는 영상물 목록을 드래그하거나 일부 썸네일을 보고 아동·청소년성착취물이 게시된 채널 및 대화방임을 인식하였다. 하지만 피고인이 위 7개 채널 및 대화방에 게시된 아동·청소년성착취물을 자신이 개설한 텔레그램 채널 및 대화방에 전달하여 게시하였거나 자신의 저장매체에 다운로드하였다는 점을 증명할 증거는 부족하다.

<대법원의 판단> ① 아동·청소년의 성보호에 관한 법률 제11조 제3항은 '아동·청소년성착취물을 배포·제공하거나 이를 목적으로 광고·소개하거나 공연히 전시 또는 상영한 자는 3년 이상의 징역에 처한다.'라고 규정하고 있다. 여기서 아동·청소년성착취물의 '배포'란 아동·청소년성착취물을 불특정 또는 다수인에게 교부하는 것을 의미하고, '공연히 전시'하는 행위란 불특정 또는 다수인이 실제로 아동·청소년성착취물을 인식할 수 있는 상태에 두는 것을 의미한다.

자신의 웹사이트에 아동·청소년성착취물이 저장된 다른 웹사이트로 연결되는 링크를 해 놓는 행위자의 의사, 그 행위자가 운영하는 웹사이트의 성격 및 사용된 링크기술의 구체적인 방식, 아동·청소년성착취물이 담겨져 있는 다른 웹사이트의 성격 및 다른 웹사이트 등이 아동·청소년성착취물을 실제로 전시한 방법 등 제반 사정을 종합하여 볼

때, 링크의 게시를 포함한 일련의 행위가 불특정 또는 다수인에게 다른 웹사이트 등을 단순히 소개·연결하는 정도를 넘어 링크를 이용하여 별다른 제한 없이 아동·청소년성 착취물에 바로 접할 수 있는 상태를 실제로 조성한다면, 이는 아동·청소년성착취물을 직접 '배포'하거나 '공연히 전시'한 것과 실질적으로 다를 바 없다고 평가할 수 있으므로, 위와 같은 행위는 전체적으로 보아 아동·청소년성착취물을 배포하거나 공연히 전시한다는 구성요건을 충족한다.

② 아동·청소년의 성보호에 관한 법률 제11조 제5항은 '아동·청소년성착취물을 구입하거나 아동·청소년성착취물임을 알면서 이를 소지·시청한 자는 1년 이상의 징역에 처한다.'라고 규정하고 있다. 여기서 '소지'란 아동·청소년성착취물을 자기가 지배할 수 있는 상태에 두고 지배관계를 지속시키는 행위를 말한다.

아동·청소년성착취물 파일을 구입하여 시청할 수 있는 상태 또는 접근할 수 있는 상태만으로 곧바로 이를 소지로 보는 것은 소지에 대한 문언 해석의 한계를 넘어서는 것이어서 허용될 수 없으므로, 피고인이 자신이 지배하지 않는 서버 등에 저장된 아동·청소년성착취물에 접근하였지만 위 성착취물을 다운로드하는 등 실제로 지배할 수 있는 상태로 나아가지는 않았다면 특별한 사정이 없는 한 아동·청소년성착취물을 '소지'한 것으로 평가하기는 어렵다.312)

III. 음란물 관련 범죄

음란물에 대한 형법적 처벌규정은 사회의 성풍속 내지 성도덕을 지키기 위한 것인 반면에, 언론·출판의 자유나 사생활의 자유와 같은 기본권을 침해할 가능성이 있다. 따라서 음란개념의 사회적 변화내용을 반영하면서 양자의 한계를 설정하는 것은 어려운 문제이다.

정책적 측면으로는 성풍속을 형벌로 유지하는 것이 사실상 불가능하므로 관심의 집중대상은 성인이 아닌 청소년보호가 되어야 할 것이다. 또한 인터넷 및 모바일기기를 통한 음란물의 전달, 유통에 대한 대책수립에 집중하여야 한다.

---

312) 대판 2023.10.12., 2023도5757.

1. 음화 등의 반포, 판매, 임대, 전시, 상영죄

제243조(음화반포등) 음란한 문서, 도화, 필름 기타 물건을 반포, 판매 또는 임대하거나 공연히 전시 또는 상영한 자는 1년 이하의 징역 또는 500만원 이하의 벌금에 처한다.

본죄의 객체는 음란한 문서, 도화, 필름 기타 물건이다. 문서의 경우는 소설이 많이 문제되었다. 도화(圖畵)는 그림, 사진, 만화, 그래픽 등이다. 필름에는 도색영화나 비디오를 말하며 기타 물건은 녹음테이프, 음반, CD-ROM, 사진, 모조성기 등이다. 행위는 반포, 판매, 임대, 전시, 상영이며, 반포란 불특정 또는 다수인에게 무상으로 교부하는 것이다. 판매란 유상으로 불특정 또는 다수인에게 양도하는 것이다. 임대란 유상으로 대여하는 것이다. 이러한 행위의 상대방은 처벌되지 않지만 위에서 본 것처럼 아동음란물의 경우에는 소지도 처벌된다. 전시란 불특정 또는 다수인이 관람할 수 있는 상태에 두는 것으로 유상, 무상을 불문한다. 상영이란 영상자료를 통하여 화면에 비추어 보이도록 하는 것이다.

【소설 '내게 거짓말을 해봐'】 ① 형법 제243조 및 제244조에서 말하는 '음란'이라 함은 정상적인 성적 수치심과 선량한 성적 도의관념을 현저히 침해하기에 적합한 것을 가리킨다 할 것이고, 이를 판단함에 있어서는 그 시대의 건전한 사회통념에 따라 객관적으로 판단하되 그 사회의 평균인의 입장에서 문서 전체를 대상으로 하여 규범적으로 평가하여야 할 것이며, 문학성 내지 예술성과 음란성은 차원을 달리하는 관념이므로 어느 문학작품이나 예술작품에 문학성 내지 예술성이 있다고 하여 그 작품의 음란성이 당연히 부정되는 것은 아니라 할 것이고, 다만 그 작품의 문학적 · 예술적 가치, 주제와 성적 표현의 관련성 정도 등에 따라서는 그 음란성이 완화되어 결국은 형법이 처벌대상으로 삼을 수 없게 되는 경우가 있을 수 있을 뿐이다.

② 이 사건 소설 '내게 거짓말을 해봐'는 38세의 유부남인 작가 '제이'가 서울과 여러 도시들을 다니며 18세의 여고생 '와이'와 벌이는 괴벽스럽고 변태적인 섹스행각의 묘사가 대부분을 차지하고 있는 점(이 사건 소설책의 맨 뒤에 있는 작품해설에 의하더라도 이러한 부분이 3/4이라고 한다), 주인공인 '제이'는 여러 여자를 성적으로 탐닉하는 유부남이며, '와이'는 성 경험이 전혀 없는 상태에서 한달 여 동안 '제이'와 이른바 폰섹스를 하고 '제이'와 함께 괴벽스러운 섹스행각을 벌이면서도 이를 자연스럽게 받아들일 뿐만 아니라 이를 행복이라고 생각하는 점, 주인공 외에 위 소설에 등장하는 인물들도 학생을 성의 대상으로 보는 미술선생 및 교수, 동성에 대한 연애의 감정을 가지고 있는 듯한 여학생

등 성적으로 왜곡된 인물들인 점, '제이'가 '와이' 등과 하는 성애의 장면이 폰섹스, 구강성교, 항문성교, 가학 및 피학적인 성행위, 1남 2녀간의 섹스 등 매우 다양할 뿐만 아니라 그 묘사방법도 노골적이고도 아주 구체적인 점, 그러한 묘사부분이 양적으로나 질적으로 이 사건 소설의 중추를 차지하고 있는 점을 알 수 있는바, 그렇다면 이 사건 소설은 피고인이 주장하는 바와 같은 주제를 고려하더라도, 그리고 오늘날 우리 사회의 보다 개방된 성관념에 비추어 보더라도 음란하다고 보지 않을 수 없다.313)

【성냥갑에 고야의 그림 '마야의 부인'을 인쇄한 사건】 침대 위에 비스듬히 위를 보고 누워있는 본건 천연색 여자 나체화 카드 사진이 비록 명화집에 실려 있는 그림이라 할지라도 이것을 예술 문학 등 공공의 이익을 위해서가 아닌 성냥갑 속에 넣어 판매할 목적으로 그 카드사진을 복사 제조하거나 시중에 판매하였다면 명화를 모독하여 음화화시켰다 할 것이고 그림의 음란성 유무는 객관적으로 판단해야 할 것이다.314)

'음란성'의 개념 및 판단기준에 대하여는 견해가 대립된다. 시대와 장소에 따라 변화될 수 있는 다의적이고 상대적 개념이기 때문이다. 이에 대하여 판례는 '일반적으로 성욕을 자극하거나 흥분 또는 만족하게 하는 내용으로서 일반인의 정상적인 성적 수치심을 해치고 선량한 성적 도덕관념에 반하는 것을 말한다'고 한다. 또한 음란성 여부의 판단은 작성자의 주관적 의도가 아닌 객관적으로 판단되어야 한다고 본다.

한편 학술작품과 예술작품의 경우의 판단에 대하여 학술작품의 경우에는 연구자의 주관적 판단과 생각이 존중되어야 하므로 원칙적으로 음란성이 인정될 수 없다(예컨대 킨제이보고서). 예술작품의 경우에는 판례는 양립설의 입장에서 예술성이 인정되더라도 음란물이 될 수 있다고 본다.

【남성용 자위기구의 음란물 여부】

형법 제243조에서 규정하고 있는 '음란'이란 사회통념상 일반 보통인의 성욕을 자극하여 성적 흥분을 유발하고 정상적인 성적 수치심을 해하여 성적 도의관념에 반하는 것을 뜻한다. 따라서 어떠한 물건을 음란하다고 평가하려면 그 물건을 전체적으로 관찰하여 볼 때 단순히 저속하다는 느낌을 주는 정도를 넘어 사람의 존엄성과 가치를 심각하게

---

313) 대판 2000.10.27, 98도679. 이외에도 소설 '즐거운 사라'사건(음란성 인정, 대판 1995.6.16, 94도2413), 소설 '반노'사건(음란성 부정, 대판 1975.12.9, 74도976) 등이 있다.
314) 대판 1970.10.30, 70도1879.

훼손·왜곡하였다고 평가할 수 있을 정도로 노골적으로 사람의 특정 성적 부위 등을 적나라하게 표현 또는 묘사하는 것이어야 할 것이다.

기록에 의하여 알 수 있는 다음과 같은 사정들, 즉 ① 이 사건 물건은 남성용 자위기구로서 그 일부는 성인 여성의 엉덩이 윗부분을 본 떠 실제 크기에 가깝게 만들어졌고 그 재료로는 사람의 피부에 가까운 느낌을 주는 색깔의 실리콘을 사용함으로써 여성의 신체 부분을 실제와 비슷하게 재현하고 있기는 하나, 부분별 크기와 그 비율 및 채색 등에 비추어 그 전체적인 모습은 실제 사람 형상이라기보다는 조잡한 인형에 가까워 보이는 점, ② 이 사건 물건 가운데 여성의 성기를 형상화한 부분에 별도로 선홍색으로 채색한 것이 있으나, 그 모양과 색상 등 전체적인 형상에 비추어 여성의 외음부와 지나치게 흡사하도록 노골적인 모양으로 만들어졌다고 할 수 없고, 오히려 여성의 성기를 사실 그대로 표현하였다고 하기에는 크게 부족해 보이는 점 등을 종합하여 보면, 이 사건 물건이 사회통념상 일반 보통인의 성욕을 자극하여 성적 흥분을 유발하고 정상적인 성적 수치심을 해하여 성적 도의관념에 반하는 것이라고 보기 어렵고, 이 사건 물건을 전체적으로 관찰하여 볼 때 그 모습이 상당히 저속한 느낌을 주는 것은 사실이지만 이를 넘어 사람의 존엄성과 가치를 심각하게 훼손·왜곡하였다고 평가할 수 있을 정도로 노골적으로 사람의 특정 성적 부위를 적나라하게 표현 또는 묘사한 것으로 보기는 어렵다.[315]

【여성용 자위기구의 음란물 여부】

이 사건 물건은 사람의 피부에 가까운 느낌을 주는 실리콘을 소재로 하여 여성의 음부, 항문, 엉덩이 부위를 재현하였다고는 하나, 여성 성기의 일부 특징만을 정교하지 아니한 형상으로 간략하게 표현한 것에 불과하고 그 색상 또한 사람의 실제 피부색과는 차이가 있는 점 등을 알 수 있다.

사정이 이와 같다면, 이 사건 물건은 전체적으로 관찰·평가하여 볼 때 그 모습이 상당히 저속한 느낌을 주는 것은 사실이지만 이를 넘어서서 형사법상 규제의 대상으로 삼을 만큼 사람의 존엄성과 가치를 심각하게 훼손·왜곡하였다고 평가할 수 있을 정도로 노골적인 방법에 의하여 사람의 특정 성적 부위를 적나라하게 표현 또는 묘사한 것이라고 단정할 수 없다.

따라서 이 사건 물건이 사회통념상 일반 보통인의 성욕을 자극하여 성적 흥분을 유발하고 정상적인 성적 수치심을 해하여 성적 도의관념에 반하는 물건에 해당한다고 보기 어렵다.[316]

---

315) 대판 2014.7.24, 2013도9228.
316) 대판 2014.6.12, 2013도6345.

2. 음화 등의 제조, 소지, 수입, 수출죄

> **제244조(음화제조 등)** 제243조의 행위에 공할 목적으로 음란한 물건을 제조, 소지, 수입 또는 수출한 자는 1년 이하의 징역 또는 500만원 이하의 벌금에 처한다.

제243조의 음화등의 반포죄에 대한 사전예비단계에 해당하는 행위를 처벌하는 규정이다. 정보통신망을 통하여 음란한 부호, 문언, 음향, 화상 또는 영상을 배포, 판매 임대하거나 공공연하게 전시하는 행위는 '정보통신망 이용촉진 및 정보보호에 관한 법률'에 의하여 처벌된다.

3. 공연음란죄

> **제245조(공연음란)** 공연히 음란한 행위를 한 자는 1년 이하의 징역, 500만원 이하의 벌금, 구류 또는 과료에 처한다.

공연히 음란한 행위를 하는 것이다. '공연히'란 공공연하게 또는 공개적이란 의미이지만 반드시 개방된 공개적 장소에 국한 되는 것은 아니고 자기 집 창문 앞에서 행인이 볼 수 있도록 음란행위를 하여도 성립된다. 주로 문제되는 경우는 술집 등 유흥업소나 연극의 경우이다. 음란한 행위에 이르지 않는 노출행위는 경범죄처벌법상의 '과다노출행위'(공개된 장소에서 공공연하게 성기·엉덩이 등 신체의 주요한 부위를 노출하여 다른 사람에게 부끄러운 느낌이나 불쾌감을 준 사람)에 해당한다.

【알몸에 요구르트를 뿌리는 행위, 공연음란】 요구르트 제품의 홍보를 위하여 전라의 여성 누드모델들이 일반 관람객과 기자 등 수십 명이 있는 자리에서, 알몸에 밀가루를 바르고 무대에 나와 분무기로 요구르트를 몸에 뿌려 밀가루를 벗겨내는 방법으로 알몸을 완전히 드러낸 채 음부 및 유방 등이 노출된 상태에서 무대를 돌며 관람객들을 향하여 요구르트를 던진 행위는 공연음란죄에 해당한다.317)

【공연음란, 고속도로에서 알몸 노출】 고속도로에서 승용차를 손괴하거나 타인에게 상해를 가하는 등의 행패를 부리던 자가 이를 제지하려는 경찰관에 대항하여 공중 앞에서 알몸이 되어 성기를 노출한 경우, 음란한 행위에 해당하고 그 인식도 있었다.318)

---

317) 대판 2006.1.13, 2005도1264.
318) 대판 2000.12.22, 2000도4372.

【성기, 엉덩이의 노출행위의 음란성】

<사실관계> ① 피고인은 밤 8시 26분 경, 참전비 앞길에서 바지와 팬티를 내리고 성기와 엉덩이를 노출한 채 위 참전비를 바라보고 서 있었고 참전비의 한쪽 끝 방향으로 걸어가다가 돌아서서 걷기도 하는 등 위와 같이 노출한 상태에서 참전비 앞에 서 있거나 그 주위를 서성거렸다. ② 참전비에는 알몸이거나 유방을 노출한 채로 앉은 자세, 서 있는 자세 등 다양한 자세의 여인들이, 역시 알몸이거나 성기 부위만 가린 남성들과 함께 있는 모습을 부조한 조각상이 있는데, 정면에서 바라볼 때 가로 길이가 꽤 긴 직사각형 형태의 조각상이어서 조각된 여인들과 남성들이 20명 안팎의 다수이고 그 여인들의 유방, 허벅지, 엉덩이 부위 등이 상당히 입체감 있고 도드라지게 표현되어 있다. ③ 사건 당시는 야간이었으나 주위의 조명 등으로 위 참전비 앞길은 어둡지 않았고, 다수의 사람들이 통행하고 있었다. ④ 마침 그곳을 지나가던 사람이, 피고인이 성기와 엉덩이를 노출한 모습을 목격한 후 이를 분명하게 확인하였고, 다른 여성 4인과 아이들이 그곳을 지나가는 것을 보게 되자, 피고인을 경찰에 신고하였다. ⑤ 피고인은 공소외인의 신고에 따라 경찰관들이 그곳 현장에 도착할 무렵까지 성기와 엉덩이를 계속 노출한 채로 있었다.

<대법원의 판단> 성기·엉덩이 등 신체의 주요한 부위를 노출한 행위가 있었을 경우 그 일시와 장소, 노출 부위, 노출 방법·정도, 노출 동기·경위 등 구체적 사정에 비추어, 그것이 단순히 다른 사람에게 부끄러운 느낌이나 불쾌감을 주는 정도에 불과하다면 경범죄 처벌법 제3조 제1항 제33호에 해당할 뿐이지만, 그와 같은 정도가 아니라 일반 보통인의 성욕을 자극하여 성적 흥분을 유발하고 정상적인 성적 수치심을 해하는 것이라면 형법 제245조의 '음란한 행위'에 해당한다고 할 수 있다.[319)]

제 2 관 성범죄

성범죄는 법적으로는 보통 강간죄, 강제추행죄 등을 말한다. 사회적으로는 성폭행, 성폭력 등의 용어로도 사용되기도 하지만 법률적인 개념은 아니다. 성범죄의 피해는 피해자의 삶을 파괴하게 된다. 육체적으로는 임신, 상해, 성병감염의 결과가 있을 수 있으며, 정신적으로는 우울증, 무기력증, 자제력 상실이나 자살에 이르게 되기도 하고 극단적으로는 피해자가 오히려 죄의식을 갖게 되는 경우가 있다. 특히 미성년피해자의 경우와 가족에 의하여 성범죄피해를 당한 경우에는 그

---

319) 대판 2020.1.16., 2019도14056.

피해자의 삶에 지속적 악영향을 미친다. 또한 피해자의 부부관계나 가족관계도 자포자기, 분노, 반항, 적대감으로 와해되는 경우가 많다.

성범죄에 대한 대책으로 우리 사회는 주로 성범죄에 대한 형량을 높이는 중형주의에 몰입하고 있는 흐름이다. 그리하여 많은 성범죄를 가중처벌하는 특별법을 양산하고 있고, 친고죄 폐지, 성충동약물치료, 위치추적 전자장치(일명 '전자발찌')부착 등 범죄자에 대한 처벌에 관심을 집중하고 있으나 중요한 것은 성범죄피해자에 대한 치료와 사후적 회복조치이지만 이는 복지재원의 투여가 필요한 것이므로 법률조문의 변경으로 형을 높이는 것보다는 실현의 속도가 더디다. 아울러 건전한 성적 문화의 형성과 성적 욕구를 적절히 해소할 수 있는 문화적, 제도적 장치를 마련하는 것이 성범죄의 증가에 대처하는 근본적이고 확실한 방법임을 정책결정기관이 직시하여야 한다.

Ⅰ. 강간죄

> 제297조(강간) 폭행 또는 협박으로 사람을 강간한 자는 3년 이상의 유기징역에 처한다.

강간죄[320]는 폭행이나 협박을 사용하여 사람을 강제로 간음하는 범죄이다. 강간죄의 주체는 남성뿐만 아니라 여성도 가능하다. 여성도 남성을 단독으로 강간할 수 있으며, 다른 남성과 공동정범의 형태로 다른 여성을 강간할 수도 있기 때문이다.

【강간죄 적용 첫 기소 여성, 국민참여재판 끝에 '무죄'】 여성으로서는 처음으로 강간죄를 적용받아 기소된 40대가 이틀 간의 국민참여재판 끝에 무죄를 선고받았다. 서울중앙지법 형사30부는 내연남 A(51)씨에게 수면제를 먹인 뒤 성폭행을 시도한 혐의(강간미수 등)로 구속기소된 전모(45·여)씨에게 배심원 9명의 만장일치 무죄 평결을 받아들여 무죄를 선고했다(2015고합184).

재판부는 판결문에서 "A씨는 수면제를 먹은 후 어떤 일이 있었는지 잘 기억나지 않는다면서도 자신에게 유리한 부분에 관해서는 일관되게 진술하고 있다"며 "또 죽음의 공포를 느껴 소변까지 봤다고 주장하지만 다툼이 끝난 뒤 전씨의 피를 닦아주고 상처에 반창고를 붙여주는 등 공포감에 빠졌던 사람으로서는 취하기 어려운 태도를 보였다"고

---

320) 강간죄를 포함하여 형법상 성범죄에 대한 친고죄 규정은 삭제되었다.

밝혔다. 재판부는 전씨의 혈흔에서 수면제 성분이 나온 것도 납득할 수 없다고 설명했다. 재판부는 "전씨의 혈흔에서도 수면제인 졸피뎀 성분이 검출된 것을 볼 때 전씨도 당시 수면제를 먹은 것으로 보인다"며 "상대방을 강간하려는 사람이 스스로 수면제를 복용한다는 것은 매우 이례적"이라고 했다. 전씨는 4년간 교제해오던 A씨로부터 이별 통보를 받자 "마지막으로 한 번만 만나자"며 A씨를 서울 관악구 자신의 집으로 부른 뒤 수면유도제 졸피뎀을 홍삼액에 타 먹이고 강제로 성관계를 시도한 혐의로 구속기소됐다. 전씨는 잠에서 깨 성관계를 계속 거부한 A씨의 머리를 둔기로 내려친 혐의도 받았다.

2013년 형법 개정으로 강간죄의 객체인 '부녀'가 '사람'으로 바뀌면서 남성을 강간하거나 강간하려한 여성도 강간죄로 처벌이 가능해졌다.

강간죄의 객체는 사람으로서 남녀를 불문한다. 종전에는 범죄의 대상이 여성(법률규정에는 부녀)으로 제한되었고 이에 따라 남성에 대한 강제적 성관계는 강제추행죄로 규제하였으나, 성관념의 변화를 반영하여 형법개정을 통하여 남성도 범죄의 객체에 포함시켰다. 혼인 여부, 성년 여부를 불문한다. 13세 미만의 사람에 대해서도 폭행, 협박에 의하여 강간하면 본죄가 성립한다.

사회적으로 관심의 대상이 되었던 사례는 남성에서 여성으로 성전환한 사람의 경우와 부부간의 강간죄 성립 여부이다.

【여성으로 성전환한 남자를 강간한 경우】 길씨(36)는 어릴 때부터 여자옷을 즐겨 입고 고무줄놀이를 하는 등 여성을 동경해오다 1991년 일본의 병원에서 두 차례 성전환 수술을 받아 여성으로 변신하여 생활하였다. 1995년 4월 최씨(27, 회사원) 등 2명이 남산 인근의 ○○호텔 부근에서 밤늦게 서성거리던 길씨를 승용차로 납치해 차례로 성폭행하였다. 경찰은 "여자로 추정된다"는 의사의 진단에 따라 최씨 등 2명을 구속하였고, "예쁘게 생겼길래 여자인 줄 알았다"는 범인의 진술을 토대로 이러한 경우의 정조도 보호되어야 한다는 취지로 강간죄로 기소하고, 강제추행죄를 추가적용하였다. 이에 제1심 법원은 강제추행죄로 판결하고, 제2심 법원은 강간치상죄는 무죄선고, 강제추행죄를 적용하여 징역 2년 6월을 선고한 원심을 확정하였다. 이에 대한 대법원의 판결내용은 다음과 같다.

【성전환한 여성에 대한 강간죄 성립 여부】 ① 형법 제297조는 '폭행 또는 협박으로 부녀를 강간한 자'라고 하여 객체를 부녀에 한정하고 있고 위 규정에서 부녀라 함은 성년이든 미성년이든, 기혼이든 미혼이든 불문하며 곧 여자를 가리키는 것이다. 무릇 사람에 있어서 남자, 여자라는 성의 분화는 정자와 난자가 수정된 후 태아의 형성 초기에 성염

색체의 구성(정상적인 경우 남성은 XY, 여성은 XX)에 의하여 이루어지고, 발생과 정이
진행됨에 따라 각 성염색체의 구성에 맞추어 내부생식기인 고환 또는 난소 등의 해당
성선이 형성되고, 이어서 호르몬의 분비와 함께 음경 또는 질, 음순 등의 외부성기가 발
달하며, 출생 후에는 타고난 성선과 외부성기 및 교육 등에 의하여 심리적, 정신적인 성
이 형성되는 것이다.

그러므로 형법 제297조에서 말하는 부녀, 즉 여자에 해당하는지 여부도 위 발생학적인
성인 성염색체의 구성을 기본적인 요소로 하여 성선, 외부성기를 비롯한 신체의 외관은
물론이고 심리적, 정신적인 성, 그리고 사회생활에서 수행하는 주관적, 개인적인 성역할
(성전환의 경우에는 그 전후를 포함하여) 및 이에 대한 일반인의 평가나 태도 등 모든
요소를 종합적으로 고려하여 사회통념에 따라 결정하여야 한다.

② 피고인이 어릴 때부터 정신적으로 여성에의 성귀속감을 느껴 왔고 성전환 수술로
인하여 남성으로서의 내·외부성기의 특징을 더 이상 보이지 않게 되었으며 남성으로서의
성격도 대부분 상실하여 외견상 여성으로서의 체형을 갖추고 성격도 여성화되어 개인적
으로 여성으로서의 생활을 영위해 가고 있다 할지라도 , 기본적인 요소인 성염색체의 구
성이나 본래의 내·외부성기의 구조, 정상적인 남자로서 생활한 기간, 성전환 수술을 한
경위, 시기 및 수술 후에도 여성으로서의 생식능력은 없는 점, 그리고 이에 대한 사회 일
반인의 평가와 태도 등 여러 요소를 종합적으로 고려하여 보면 사회통념상 여자로 볼
수는 없다.321)

이 판결 이후 성전환자를 강간죄의 객체인 '부녀'에 해당한다고 본 판례가 나타
났다. 그러나 현재 강간죄의 객체는 '사람'으로 변경되었으므로 더 이상 논란이 되
지는 않는다.

【성전환한 남성을 강간죄의 대상인 부녀로 본 판례】
① 성전환자가 출생시와 달리 전환된 성을 법률적 성으로 평가받을 수 있는 경우
성전환증을 가진 사람의 경우에도 남성 또는 여성 중 어느 한쪽의 성염색체를 보유하
고 있고 그 염색체와 일치하는 생식기와 성기가 형성·발달되어 출생하지만, 출생 당시
에는 아직 그 사람의 정신적·사회적인 의미에서의 성을 인지할 수 없으므로, 사회통념상
그 출생 당시에는 생물학적인 신체적 성징에 따라 법률적인 성이 평가된다. 그러나 출생
후의 성장에 따라 일관되게 출생 당시의 생물학적인 성에 대한 불일치감 및 위화감·혐
오감을 갖고 반대의 성에 귀속감을 느끼면서 반대의 성으로서의 역할을 수행하며 성기를

포함한 신체 외관 역시 반대의 성으로서 형성하기를 강력히 원하여, 정신과적으로 성전환증의 진단을 받고 상당기간 정신과적 치료나 호르몬치료 등을 실시하여도 여전히 위 증세가 치유되지 않고 반대의 성에 대한 정신적·사회적 적응이 이루어짐에 따라, 일반적인 의학적 기준에 의하여 성전환수술을 받고 반대 성으로서의 외부 성기를 비롯한 신체를 갖추고, 나아가 전환된 신체에 따른 성을 가진 사람으로서 만족감을 느끼며 공고한 성정체성의 인식 아래 그 성에 맞춘 의복, 두발 등의 외관을 하고 성관계 등 개인적인 영역 및 직업 등 사회적인 영역에서 모두 전환된 성으로서의 역할을 수행함으로써 주위 사람들로부터도 그 성으로서 인식되고 있으며, 전환된 성을 그 사람의 성이라고 보더라도 다른 사람들과의 신분관계에 중대한 변동을 초래하거나 사회에 부정적인 영향을 주지 아니하여 사회적으로 허용된다고 볼 수 있다면, 이러한 여러 사정을 종합적으로 고려하여 사람의 성에 대한 평가 기준에 비추어 사회통념상 신체적으로 전환된 성을 갖추고 있다고 인정될 수 있는 경우가 있다. 이와 같은 성전환자는 출생시와는 달리 전환된 성이 법률적으로도 그 성전환자의 성이라고 평가받을 수 있다.

② 성전환자가 강간죄의 객체인 '부녀'에 해당한다고 한 사례

성전환자를 여성으로 인식하여 강간한 사안에서, 피해자가 성장기부터 남성에 대한 불일치감과 여성으로의 성귀속감을 나타냈고, 성전환 수술로 인하여 여성으로서의 신체와 외관을 갖추었으며, 수술 이후 30여 년간 개인적·사회적으로 여성으로서의 생활을 영위해 가고 있는 점 등을 고려할 때, 사회통념상 여성으로 평가되는 성전환자로서 강간죄의 객체인 '부녀'에 해당한다.322)

【부부강간 사건】 형법 제297조에서 규정한 강간죄의 객체인 '부녀'에 법률상 처가 포함되는지 여부(적극) 및 혼인관계가 실질적으로 유지되고 있더라도 남편이 반항을 불가능하게 하거나 현저히 곤란하게 할 정도의 폭행이나 협박을 가하여 아내를 간음한 경우 강간죄가 성립하는지 여부(적극)와 남편의 아내에 대한 폭행 또는 협박이 피해자의 반항을 불가능하게 하거나 현저히 곤란하게 할 정도에 이른 것인지 판단하는 기준

[다수의견] (가) 형법(2012. 12. 18. 법률 제11574호로 개정되기 전의 것, 이하 같다) 제297조는 부녀를 강간한 자를 처벌한다고 규정하고 있는데, 형법이 강간죄의 객체로 규정하고 있는 '부녀'란 성년이든 미성년이든, 기혼이든 미혼이든 불문하며 곧 여자를 가리킨다. 이와 같이 형법은 법률상 처를 강간죄의 객체에서 제외하는 명문의 규정을 두고 있지 않으므로, 문언 해석상으로도 법률상 처가 강간죄의 객체에 포함된다고 새기는 것에 아무런 제한이 없다. 한편 1953. 9. 18. 법률 제293호로 제정된 형법은 강간죄를 규정한 제297조를 담고 있는 제2편 제32장의 제목을 '정조에 관한 죄'라고 정하고 있었는데,

---

322) 대판 2009.9.10, 2009도3580.

1995. 12. 29. 법률 제5057호로 형법이 개정되면서 그 제목이 '강간과 추행의 죄'로 바뀌게 되었다. 이러한 형법의 개정은 강간죄의 보호법익이 현재 또는 장래의 배우자인 남성을 전제로 한 관념으로 인식될 수 있는 '여성의 정조' 또는 '성적 순결'이 아니라, 자유롭고 독립된 개인으로서 여성이 가지는 성적 자기결정권이라는 사회 일반의 보편적 인식과 법감정을 반영한 것으로 볼 수 있다. 부부 사이에 민법상의 동거의무가 인정된다고 하더라도 거기에 폭행, 협박에 의하여 강요된 성관계를 감내할 의무가 내포되어 있다고 할 수 없다. 혼인이 개인의 성적 자기결정권에 대한 포기를 의미한다고 할 수 없고, 성적으로 억압된 삶을 인내하는 과정일 수도 없기 때문이다.

(나) 결론적으로 헌법이 보장하는 혼인과 가족생활의 내용, 가정에서의 성폭력에 대한 인식의 변화, 형법의 체계와 그 개정 경과, 강간죄의 보호법익과 부부의 동거의무의 내용 등에 비추어 보면, 형법 제297조가 정한 강간죄의 객체인 '부녀'에는 법률상 처가 포함되고, 혼인관계가 파탄된 경우뿐만 아니라 혼인관계가 실질적으로 유지되고 있는 경우에도 남편이 반항을 불가능하게 하거나 현저히 곤란하게 할 정도의 폭행이나 협박을 가하여 아내를 간음한 경우에는 강간죄가 성립한다고 보아야 한다. 다만 남편의 아내에 대한 폭행 또는 협박이 피해자의 반항을 불가능하게 하거나 현저히 곤란하게 할 정도에 이른 것인지 여부는, 부부 사이의 성생활에 대한 국가의 개입은 가정의 유지라는 관점에서 최대한 자제하여야 한다는 전제에서, 그 폭행 또는 협박의 내용과 정도가 아내의 성적 자기결정권을 본질적으로 침해하는 정도에 이른 것인지 여부, 남편이 유형력을 행사하게 된 경위, 혼인생활의 형태와 부부의 평소 성행, 성교 당시와 그 후의 상황 등 모든 사정을 종합하여 신중하게 판단하여야 한다.

[대법관 이상훈, 대법관 김용덕의 반대의견] (가) 강간죄에 대하여 규정한 형법 제297조가 개정 형법(2012. 12. 18. 법률 제11574호로 개정되어 2013. 6. 19. 시행 예정인 것, 이하 '개정 형법'이라 한다)에 의하여 개정되기 전에, 강제적인 부부관계에 대하여 행사된 폭행이나 협박을 처벌 대상으로 삼는 것을 넘어서서 강간죄의 성립을 부정하였던 종전의 판례를 변경하여 강간죄로 처벌하여야 한다는 다수의견에 대하여는 다음과 같은 이유로 찬성할 수 없다.

(나) '간음(간음)'의 사전적 의미는 '부부 아닌 남녀가 성적 관계를 맺음'이고, 강간은 '강제적인 간음'을 의미하므로 강간죄는 폭행 또는 협박으로 부부 아닌 남녀 사이에서 성관계를 맺는 것이라 할 것이다. 그리고 강간죄는 '부녀'를 대상으로 삼고 있으므로, 결국 강간죄는 그 문언상 '폭행 또는 협박으로 부인이 아닌 부녀에 대하여 성관계를 맺는 죄'라고 해석된다. 강간죄는 제정 당시부터 '배우자가 아닌 사람에 의한 성관계'를 강요당한다는 침해적인 요소를 고려하여 형량을 정하였는데, 특별한 구성요건의 변화 없이 형법 제32장의 제목 변경만으로 강간죄를 부부관계에까지 확대하는 것은 강간죄의 규정 취지

와 달리 부부관계에 대하여 과도한 처벌이 이루어지게 되어 죄형균형의 원칙을 벗어나게 된다. 혼인생활과 가족관계의 특수성이 갖는 이익과 성적 자기결정권이 갖는 이익의 형량 등을 고려하여 강간죄에 의한 처벌 여부를 가려야 한다면, 차라리 일반적인 강간죄가 성립된다고 보지 않고 그 폭행 또는 협박에 상응한 처벌을 하는 것이 다양한 유형의 성적 자기결정권 침해에 대처할 수 있고 처의 혼인생활 및 권리 보호에 충실할 수 있다.323)

성전환의 경우에 가족관계등록부(종전의 호적)의 기재된 성별을 변경할 수 있는가라는 민사상 문제도 발생한다.

【성전환자의 성별정정 사건】

<판시사항>

① 성전환자가 혼인 중에 있거나 미성년자인 자녀가 있는 경우 성별정정을 허가할 것인지 여부(소극)

② 갑이 을과 혼인을 하여 미성년자인 자녀 병을 두고 있었는데 성전환수술 등을 받고 가족관계등록부상의 성별란 정정을 신청한 사안에서, 현재 혼인 중에 있거나 미성년자인 자녀를 둔 성전환자의 성별정정은 허용되지 않는다고 하며 갑의 성별정정을 불허한 원심판단을 수긍한 사례

<결정요지>

① [다수의견] 성전환수술에 의하여 출생 시의 성과 다른 반대의 성으로 성전환이 이미 이루어졌고, 정신과 등 의학적 측면에서도 이미 전환된 성으로 인식되고 있다면, 전환된 성으로 개인적 행동과 사회적 활동을 하는 데에까지 법이 관여할 방법은 없다. 그러나 성전환자가 혼인 중에 있거나 미성년자인 자녀가 있는 경우에는, 가족관계등록부에 기재된 성별을 정정하여, 배우자나 미성년자인 자녀의 법적 지위와 그에 대한 사회적 인식에 곤란을 초래하는 것까지 허용할 수는 없으므로, 현재 혼인 중에 있거나 미성년자인 자녀를 둔 성전환자의 성별정정은 허용되지 않는다.

[대법관 양창수, 대법관 이인복의 반대의견] 미성년자인 자녀가 있다는 사정은 이와 더불어 그 자녀의 연령과 취학 여부, 부모의 성별정정에 대한 자녀의 이해나 동의 여부, 자녀에 대한 보호·교양·부양의 모습과 정도, 기타 가정환경 등 제반사정과 함께 그 성전환자가 사회통념상 전환된 성을 가진 자로서 인식될 수 있는지 여부를 결정하는 여러 가지 요소들의 일부로 포섭하여 법원이 구체적 사안에 따라 성별정정의 허가 여부를 결정하면 충분하고, 미성년자인 자녀가 있다는 사정을 성별정정의 독자적인 소극적 요건으

---

323) 대판 2013.5.16, 2012도14788, 2012전도252(전원합의체). 이 사건에 대한 사실관계는 서울고등법원 2012.11.8, 2012노1657, 2012전노145(병합) 판결 참조.

로 설정할 것이 아니다.

[대법관 박시환, 대법관 김지형, 대법관 전수안의 반대의견] 미성년자인 자녀가 있는 성전환자의 경우 성별정정을 허용할 것인지는 입법정책의 문제에 속하는 것이고, 나아가 이미 부모의 전환된 성에 따라 자연스러운 가족관계가 형성된 경우 등에서는 성별정정 을 허용하지 않는 것이 오히려 미성년자의 복리에 장애가 될 수 있다. 한편 다수의견이 과거의 혼인사실을 이유로 성별정정이 제한되는 것은 아니라고 본 점에 대하여는 견해 를 같이 하나, 현재 혼인 중에 있다는 사정을 성별정정의 독자적인 소극적 요건으로 보 는 데에는 찬성할 수 없다. 혼인 중에 있다고 하더라도, 성별정정신청 당시 그 혼인관계 의 실질적 해소 여부와 그 사유, 혼인관계의 실질적 해소로부터 경과한 기간, 실질적으로 해소된 혼인관계의 부활가능성 등 제반사정을 종합적으로 고려하여 가족관계등록부상의 성별란 정정이 신분관계에 혼란을 줄 염려가 있는지를 가리고 그에 따라 성별정정 여부 를 결정하면 충분하다.

② 가족관계등록부상 남성으로 등재되어 있는 갑이 을과 혼인을 하여 미성년자인 자 녀 병을 두고 있었는데 심한 성정체성 장애 때문에 수차례 정신과 치료를 받아오다가 결 국 성전환수술 등을 받았고 이에 가족관계등록부상의 성별란 정정을 신청한 사안에서, 성전환자가 혼인 중에 있거나 미성년자인 자녀가 있는 경우에는 가족관계등록부에 기재 된 성별을 정정하여 배우자나 미성년자인 자녀의 법적 지위와 그에 대한 사회적 인식에 곤란을 초래하는 것까지 허용할 수는 없으므로, 현재 혼인 중에 있거나 미성년자인 자녀 를 둔 성전환자의 성별정정은 허용되지 않는다고 하며, 성전환자 갑의 성별정정을 불허한 원심판단을 수긍한 사례.324)

II. 유사강간죄

제297조의2(유사강간) 폭행 또는 협박으로 사람에 대하여 구강, 항문 등 신체(성기는 제 외한다)의 내부에 성기를 넣거나 성기, 항문에 손가락 등 신체(성기는 제외한다)의 일부 또 는 도구를 넣는 행위를 한 사람은 2년 이상의 유기징역에 처한다.

유사강간행위, 즉 구강성교, 항문성교 등도 강간죄에 못지 않는 성적 자유의 중 대한 침해라는 점에서 신설되었다. 종전에는 강제추행죄로 처벌되었다. 남녀 사이 에서뿐만 아니라 동성 사이에서도 성립할 수 있다.

---

324) 대판 2011.9.2, 2009스117(전원합의체).

Ⅲ. 강제추행죄

> **제298조(강제추행)** 폭행 또는 협박으로 사람에 대하여 추행을 한 자는 10년 이하의 징역 또는 1천500만원 이하의 벌금에 처한다.

추행이란 상대방의 성적 자기결정권을 침해하는 행위로서, 성적 수치심이나 혐오감을 일으키는 모든 행위를 말한다. 신체의 어느 부위에 어느 정도의 접촉을 하여야 추행으로 인정할 것인가는 피해자의 성별, 연령, 행위자와 피해자의 관계, 구체적 행위의 모습과 주변정황, 성적 관념 등을 고려하여 판단된다. 행위자에게 주관적으로 성욕을 자극·흥분·만족시키려는 동기나 목적이 있어야 하는 것은 아니다. 손이나 무릎을 쓰다듬거나 어깨를 감싸 안는 정도로는 인정되지 않는다.

【강제추행으로 인정된 경우】 ① 피고인이, 알고 지내던 여성인 피해자가 자신의 머리채를 잡아 폭행을 가하자 보복의 의미에서 피해자의 입술, 귀, 유두, 가슴 등을 입으로 깨무는 등의 행위를 경우, 객관적으로 여성인 피해자의 입술, 귀, 유두, 가슴을 입으로 깨무는 행위는 일반적이고 평균적인 사람으로 하여금 성적 수치심이나 혐오감을 일으키게 하고 선량한 성적 도덕관념에 반하는 행위로서, 피고인의 행위는 강제추행죄의 '추행'에 해당한다.325)
② 피고인의 처가 경영하는 식당의 지하실에서 종업원들인 피해자(35세, 유부녀) 갑 및 다른 여성 을과 노래를 부르며 놀던 중 을이 노래를 부르는 동안 피해자 갑를 뒤에서 껴안고 브루스를 추면서 피해자의 유방을 만진 행위가 순간적인 행위에 불과하더라도 피해자의 의사에 반하여 행하여진 유형력의 행사에 해당하고 피해자의 성적 자유를 침해할 뿐만 아니라 일반인의 입장에서도 추행행위라고 평가될 수 있는 것으로서, 폭행행위 자체가 추행행위라고 인정되어 강제추행에 해당된다.326)
③ 초등학교 기간제 교사가 다른 학생들이 지켜보는 가운데 건강검진을 받으러 온 학생의 옷 속으로 손을 넣어 배와 가슴 등의 신체 부위를 만진 행위는, 설사 성욕을 자극·흥분·만족시키려는 주관적 동기나 목적이 없었더라도 객관적으로 일반인에게 성적 수치심이나 혐오감을 불러일으키고 선량한 성적 도덕관념에 반하는 행위라고 평가할 수 있고 그로 인하여 피해 학생의 심리적 성장 및 성적 정체성의 형성에 부정적 영향을 미쳤다고 판단되므로, 성폭력범죄의 처벌 및 피해자보호 등에 관한 법률 제8조의2 제5항에

---

325) 대판 2013.9.26, 2013도5856.
326) 대판 2002.4.26, 2001도2417.

서 말하는 '추행'에 해당한다.327)

【'기습추행'도 강제추행인가】 ① 강제추행죄는 상대방에 대하여 폭행 또는 협박을 가하여 항거를 곤란하게 한 뒤에 추행행위를 하는 경우뿐만 아니라 폭행행위 자체가 추행행위라고 인정되는 경우도 포함되며, 이 경우의 폭행은 반드시 상대방의 의사를 억압할 정도의 것일 필요는 없다. 추행은 객관적으로 일반인에게 성적 수치심이나 혐오감을 일으키게 하고 선량한 성적 도덕관념에 반하는 행위로서 피해자의 성적 자유를 침해하는 것을 말하며, 이에 해당하는지는 피해자의 의사, 성별, 연령, 행위자와 피해자의 이전부터의 관계, 행위에 이르게 된 경위, 구체적 행위태양, 주위의 객관적 상황과 그 시대의 성적 도덕관념 등을 종합적으로 고려하여 신중히 결정되어야 한다. 그리고 추행의 고의로 상대방의 의사에 반하는 유형력의 행사, 즉 폭행행위를 하여 실행행위에 착수하였으나 추행의 결과에 이르지 못한 때에는 강제추행미수죄가 성립하며, 이러한 법리는 폭행행위 자체가 추행행위라고 인정되는 이른바 '기습추행'의 경우에도 마찬가지로 적용된다.

② 피고인이 밤에 술을 마시고 배회하던 중 버스에서 내려 혼자 걸어가는 피해자 갑(여, 17세)을 발견하고 마스크를 착용한 채 뒤따라가다가 인적이 없고 외진 곳에서 가까이 접근하여 껴안으려 하였으나, 갑이 뒤돌아보면서 소리치자 그 상태로 몇 초 동안 쳐다보다가 다시 오던 길로 되돌아갔다고 하여 아동·청소년의 성보호에 관한 법률 위반으로 기소된 사안에서, 피고인과 갑의 관계, 갑의 연령과 의사, 행위에 이르게 된 경위와 당시 상황, 행위 후 갑의 반응 및 행위가 갑에게 미친 영향 등을 고려하여 보면, 피고인은 갑을 추행하기 위해 뒤따라간 것으로 추행의 고의를 인정할 수 있고, 피고인이 가까이 접근하여 갑자기 뒤에서 껴안는 행위는 일반인에게 성적 수치심이나 혐오감을 일으키게 하고 선량한 성적 도덕관념에 반하는 행위로서 갑의 성적 자유를 침해하는 행위여서 그 자체로 이른바 '기습추행' 행위로 볼 수 있으므로, 피고인의 팔이 갑의 몸에 닿지 않았더라도 양팔을 높이 들어 갑자기 뒤에서 껴안으려는 행위는 갑의 의사에 반하는 유형력의 행사로서 폭행행위에 해당하며, 그때 '기습추행'에 관한 실행의 착수가 있는데, 마침 갑이 뒤돌아보면서 소리치는 바람에 몸을 껴안는 추행의 결과에 이르지 못하고 미수에 그쳤으므로, 피고인의 행위는 아동·청소년에 대한 강제추행미수죄에 해당한다.328)

【'러브샷' 강제추행사건】 피고인이 이 사건 당일 (상호 생략) 컨트리클럽 회장 공소외인 등과 골프를 친 후 위 컨트리클럽 내 식당에서 식사를 하면서 그곳에서 근무 중인 여종업원인 피해자들에게 함께 술을 마실 것을 요구하였다가 피해자들로부터 거절당하였음

---

327) 대판 2009.9.24., 2009도2576.
328) 대판 2015.9.10, 2015도6980.

에도 불구하고, 위 컨트리클럽의 회장과의 친분관계를 내세워 피해자들에게 어떠한 신분상의 불이익을 가할 것처럼 협박하여 피해자들로 하여금 목 뒤로 팔을 감아 돌림으로써 얼굴이나 상체가 밀착되어 서로 포옹하는 것과 같은 신체접촉이 있게 되는 이른바 러브샷의 방법으로 술을 마시게 한 사실을 인정한 다음, 피고인과 피해자들의 관계, 성별, 연령 및 위 러브샷에 이르게 된 경위나 그 과정에서 나타난 피해자들의 의사 등에 비추어 볼 때 강제추행죄의 구성요건인 '강제추행'에 해당하고, 이 때 피해자들의 유효한 승낙이 있었다고 볼 수 없다.329)

【'진료 빙자' 성추행 의사 강제추행죄】 진료를 이유로 두 20대 여성 환자를 성추행한 혐의로 기소된 의사에게 법원이 유죄를 선고했다. 이는 진료과정에서 환자의 몸에 접촉할 빈도가 많다는 의사들의 직업적 특성에도 불구하고 환자를 진료할 경우 성적 수치심이 유발되지 않도록 세심한 배려를 해야 한다는 점을 판시한 것으로 해석돼 눈길을 끈다.

서울지법 형사6단독은 경미한 교통사고를 당해 입원한두 20대 여성에게 진료를 명분으로 성추행한 혐의(강제추행)로 구속기소된 의사 A씨에 대해 벌금 300만원을 선고했다고 밝혔다. 재판부는 'A씨는 추행할 뜻이 없었고 단순한 진료 행위였을 뿐이라고 주장하나 A씨는 환자가 요청하지 않았는데도 야심한 시간에 입원실에 들러 자고 있는 환자를 깨워 진료중인 것처럼 믿게 한 뒤 복부를 누르는 등 진료와 무관하게 강제추행한 혐의가 인정된다'고 밝혔다. 재판부는 '비록 물리적 강제성이 없었다 하더라도 환자의 몸을 더듬을 경우 환자들은 진료로 착각, 무저항 상태에 놓이게 된다'며 "의사들은 환자의 은밀한 부위를 진료할 경우 성적 수치심이 생기지 않도록 신중한 처신과 함께 세심한 배려가 필요하다"고 덧붙였다.

A씨는 모병원 응급실 당직 근무 중 새벽 2시께 교통사고로 가벼운 척추부상을 당해 입원한 두 20대 여성의 입원실에 들어가 이들을 차례로 깨운 뒤 진료를 명분으로 복부를 두 손으로 누르고 속옷 하의를 반쯤 내리는 등 성추행한 혐의로 구속기소됐다. A씨는 법원의 벌금형이 선고된 후 곧바로 항소했다.330)

Ⅳ. 준강간죄, 준강제추행죄

제299조(준강간, 준강제추행) 사람의 심신상실 또는 항거불능의 상태를 이용하여 간음 또는 추행을 한 자는 제297조, 제297조의2 및 제298조의 예에 의한다.

---

329) 대판 2008.3.13, 2007도10050.
330) 연합뉴스 2003.8.28.자.

술에 취하여 깊은 잠이 들었거나 마취상태에 있는 피해자에 대해서는 강간죄나 강제추행죄에서 요구되는 폭행, 협박을 행사하지 않아도 간음과 추행이 가능하므로 강간죄, 유사강간죄, 강제추행죄로 처벌하는 범죄이다.

범인이 직접 음료수에 수면제를 탄 후 몰래 마시게 하고 간음을 한 경우에는 준강간죄가 아니라 직접 강간죄가 성립한다.

【수면제를 투약하여 피해자를 간음하거나 추행한 사건】 피해자(여, 40세)는 평소 건강에 별다른 이상이 없었던 사람으로 피고인으로부터 졸피뎀(Zolpidem) 성분의 수면제(성인 권장용량의 1.5배 내지 2배 정도의 양)가 섞인 커피를 받아 마신 다음 곧바로 정신을 잃고 깊이 잠들었다가 약 4시간 뒤에 깨어났는데, 피해자는 그때마다 잠이 든 이후의 상황에 대해서 제대로 기억하지 못하였고, 가끔 정신이 희미하게 든 경우도 있었으나 자신의 의지대로 생각하거나 행동하지 못한 채 곧바로 기절하다시피 다시 깊은 잠에 빠졌다. 피고인은 13회에 걸쳐 이처럼 피해자를 항거불능 상태에 빠뜨린 후 피해자를 강간하거나 강제로 추행하였다. 피해자가 의식을 회복한 다음 그때마다 특별한 치료를 받지는 않았으나, 피고인의 반복된 약물 투약으로 정보나 경험을 기억하는 피해자의 생리적 기능에는 일시적으로 장애가 발생하였고, 여기에 피해자의 신체·정신상의 구체적 상태, 사용된 수면제의 종류와 용량, 투약방법, 피해자에게 발생한 의식장애나 기억상실의 정도 등을 종합해 볼 때, 피해자는 약물 투약으로 항거가 불가능하거나 현저히 곤란해진 데에서 더 나아가 건강상태가 나쁘게 변경되고 생활기능에 장애가 초래되는 피해를 입었다고 할 것이므로, 피해자가 당시 자연적으로 의식을 회복하거나 특별한 치료를 받지 않았다고 하더라도 강간치상죄나 강제추행치상죄에서 말하는 상해에 해당한다.331)

V. 미성년자·심신미약자 간음·추행죄

제302조(미성년자 등에 대한 간음) 미성년자 또는 심신미약자에 대하여 위계 또는 위력으로써 간음 또는 추행을 한 자는 5년 이하의 징역에 처한다.

본죄에서의 미성년자는 19세 미만자를 말한다. 다만 미성년자의제강간·강제추행죄와의 관계상 13세 미만자는 제외된다. 미성년자나 심신미약자는 강간죄나 강제추행죄에서 필요한 폭행, 협박보다 약한 힘이 행사되어도 제압될 수 있으므로 위계나

---

331) 대판 2017.6.29, 2017도3196.

위력에 의해서도 강간이나 강제추행이 인정되는 것이다. 한편 미성년자나 심신미약자에게 강간이나 강제추행에 해당되는 정도의 폭행, 협박을 행사하면 본죄가 아니라 강간죄, 강제추행죄가 성립한다.

VI. 미성년자의제강간·강제추행죄

> 제305조(미성년자에 대한 간음, 추행) ① 13세 미만의 사람에 대하여 간음 또는 추행을 한 자는 제297조, 제297조의2, 제298조, 제301조 또는 제301조의2의 예에 의한다.
> ② 13세 이상 16세 미만의 사람에 대하여 간음 또는 추행을 한 19세 이상의 자는 제297조, 제297조의2, 제298조, 제301조 또는 제301조의2의 예에 의한다.

텔레그램 등 인터넷을 이용한 성착취사건(n번방, 박사방 사건)으로 인한 피해에 대처하기 위하여 미성년자에 대한 의제강간, 강체추행죄의 연령기준의 하한을 종전 13세에서 16세로 높였다. 보통의 강간죄, 강제추행죄에서 요구되는 폭행, 협박 등의 행위가 없이 성행위 자체로 본죄가 성립한다. 피해자는 아직 성적 자기결정권을 지니고 있지 않다고 보아 피해자가 원하거나 동의가 있어도 성립되는 것이다. 다만 피해자가 13세 이상 16세 미만인 경우에는 행위자가 19세 이상인 경우에 처벌된다. 19세 미만자의 행위라도 폭행, 협박 등으로 간음하거나 추행하면 보통의 강간죄, 강제추행죄로 처벌된다.

【미성년자의제강제추행】 초등학교 4학년 담임교사(남자)가 교실에서 자신이 담당하는 반의 남학생의 성기를 만진 행위는 미성년자의제강제추행죄에서 말하는 '추행'에 해당한다.[332]

VII. 업무상위력에 의한 간음죄, 피구금자간음죄

> 제303조(업무상위력 등에 의한 간음) ① 업무, 고용 기타 관계로 인하여 자기의 보호 또는 감독을 받는 사람에 대하여 위계 또는 위력으로써 간음한 자는 5년 이하의 징역 또는 1천500만원 이하의 벌금에 처한다.
> ② 법률에 의하여 구금된 사람을 감호하는 자가 그 사람을 간음한 때에는 7년 이하의 징역에 처한다.

---

332) 대판 2006.1.13, 2005도6791.

간음행위가 아닌 강제추행행위는 성폭력처벌법 제10조에 의하여 처벌된다. 전 충남도지사의 수행비서 추행사건[333]이 대표적인 예이다.

1. 업무상 위력 등에 의한 간음죄

업무, 고용이나 그 밖의 관계로 자기의 보호나 감독을 받는 사람을 위계, 위력으로 간음하는 범죄이다. 상하관계가 형성되는 경우로서 피해자가 간음에 대한 거부를 할 수 없는 상황을 이용하는 범죄라고 할 수 있다. 따라서 폭행, 협박이 아닌 위계나 위력으로도 범죄가 성립한다.

【부인의 미장원 종업원을 데리고 나가 통행금지시간에 여관방으로 유인한 후 위협하여 간음한 사건】 … (이 사건) 미장원은 피고인의 처인 갑이 그의 자금으로 개설하여 스스로 경영하는 것으로서 을도 갑이 고용하는 사람이고 피고인은 그 근처에서 번개전업사라는 상호로 전기용품상회를 별도로 경영하고 있는데 다만 피고인의 처가 피고인의 집의 살림살이를 하면서 미장원을 경영하고 이 미장원 또한 개업한 지가 얼마 되지 않아 을만을 고용하였으므로 피고인이 그 처를 도와 피고인의 처가 취사관계로 미장원을 비운 경우 단지 미장원 청소를 하여 주고 손님이 오는 경우 살림집에 연락하여 주는 등 잡일을 거들어 주고 … 기록을 검토 종합해 보면 피고인은 동 미장원 여주인 갑의 남편으로서 매일같이 동 미장원에 수시로 출입하고 있을 뿐 아니라 청소는 물론 동 미장원을 지켜주고 한편 손님이 오면 살림집으로 연락을 해주는 등 그의 처를 도와주고 있는 사실 및 피해자 을은 피고인을 ‘주인아저씨’ ‘주인남자’라고 부르면서 직접 간접의 지시에 따르고 있었다는 사정 등이 시인될 수 있다 할 것이니 비록 피고인이 직접 피해자 을을 동 미장원의 종업원으로 고용한 것은 아니라 하더라도 자기의 처가 경영하는 미장원에 매일같이 출입하면서 미장원 일을 돕고 있었다면 동 미장원 종업원인 을은 피고인을 주인으로 대접하고 또 그렇게 대접하는 것이 우리의 일반사회실정이라 할 것이고 또한 피고인도 따라서 동 미장원 종업원인 피해자 을에 대하여 남다른 정의로서 처우에 왔다고 보는 것이 또한 우리의 인지상정이라 할 수 있을 것이므로 이 사건에서 사정이 그와 같다면 피고인은 을에 대하여 사실상 자기의 보호 또는 감독을 받는 상황에 있는 부녀의 경우에 해당된다고 못 볼 바 아님에도 불구하고 피고인은 피해자 공소외 2에 대해서 보호 감독하는 지위에 있다고 보기 어렵다 하였음은 우리의 사회실정으로 보아서 채증법칙에 위배한 판단을 하였거나 아니면 형법 제303조 규정의 법리를 오해한 위법이 있다 할 것

---

333) 이 사건에 대해서는 대법원 2019. 9. 9. 선고 2019도2562; 서울서부지법 2018.8.14, 2018고합75 판결; 서울고등법원 2019.2.1, 2018노2354 판결 참조.

이다. … 기록에 의하여 이러한 점을 검토해 보면 피해자와 피고인 두 사람의 이 사건과 같은 성교관계에 이른 경위가 당연시 되거나 또는 필연적인 결과라고 시인될 수 있는 사정이 두 사람 사이에 있다고 볼 수 있는 특별한 사정을 시인할 수 있는 아무런 자료도 찾아볼 수 없고 오히려 피해자 을의 연령, 경력, 직업, 환경 및 피고인의 연령, 환경과 두 사람 사이의 신분관계와 아울러서 이 사건 여관에 이르게 된 경위 사정 즉 피고인이 미장원 주인 남자로서 그 종업원인 피해자에게 저녁을 사준다는 구실로 데리고 나와서 식사 후에 피해자의 숙소로 보내준다고 하면서 상경 후 아직 서울지리에 생소함을 이용하여 버스를 같이 타고 다니는 등 고의로 시간을 지연시켜서 야간통행금지에 임박한 시간으로서 부득이 부근 여관에 투숙치 아니할 수 없는 것 같이 하여 위계로 유인 투숙하고 제1심 판시와 같은 위력으로 간음한 점 등으로 미루어서 볼 때에 이 사건의 두 사람과 같은 사이의 성교관계가 을 스스로의 승낙에 이루어진 것이라고 보기에는 경험칙상 어렵다 할 것이다.

　사실이 이러하다면 … 피고인의 행위는 위계와 아울러 위력에 의하여 간음한 것으로 인정할 수 있을 것임. … 334)

2. 피구금자간음죄

　피의자, 피고인, 수형자 등과 같이 법률규정에 의하여 구금된 사람에 대해서 이를 감호하는 경찰관, 검찰관, 교정공무원 등이 간음하는 범죄이다. 폭행, 협박이 없어도 범죄가 성립된다. 구금되어있다는 사실 자체로 구금된 자는 심리적으로 열악한 위치에 있으므로 간음에 대한 거부의 의사표시를 하기 힘든 상황을 고려한 것이다. 폭행, 협박에 의하여 간음하면 강간죄가 성립될 수 있다.

【업무상 위력 등에 의한 추행】 편의점 업주인 피고인이 아르바이트 구인 광고를 보고 연락한 피해자를 채용을 빌미로 불러내 면접을 한 후 자신의 집으로 유인하여 피해자의 성기를 만지고 피해자에게 피고인의 성기를 만지게 하여 성폭력처벌법 위반(업무상 위력 등에 의한 추행)으로 기소된 사건에서, 피고인이 채용 권한을 가지고 있는 지위를 이용하여 피해자의 자유의사를 제압하여 추행한 것으로 인정하였다.335)

---

334) 대판 1976.2.10, 74도1519.
335) 대판 2020.7.9, 2020도5646.

Ⅷ. 혼인빙자간음죄(폐지)

> 제304조(혼인빙자 등에 의한 간음) 혼인을 빙자하거나 기타 위계로써 음행의 상습 없는 부녀를 기망하여 간음한 자는 2년 이하의 징역 또는 500만원 이하의 벌금에 처한다.
> [단순위헌, 2008헌바58, 2009헌바191(병합), 2009. 11. 26, 형법 제304조(1953. 9. 18. 법률 제293호로 제정되고, 1995. 12. 29. 법률 제5057호로 개정된 것) 중 "혼인을 빙자하여 음행의 상습 없는 부녀를 기망하여 간음한 자" 부분은 헌법에 위반된다.]

혼인빙자간음죄는 결혼할 생각이 없으면서 결혼할 것처럼 속이거나, 기타 자신의 지위나 재산 등을 과시하여 여성을 속여서 간음하는 범죄이다. 전통적 관념이 존재하였던 종전에 혼전 성관계의 중요성을 감안한 규정이었다. 그러나 혼인과 성관계를 별개의 문제로 여기는 성관념의 형성과 성관계에 대한 자기결정권의 측면에서 많은 문제점이 지적되었다. 이에 헌법재판소는 '혼인을 빙자하여' 간음하는 부분에 대한 위헌결정을 하였고, 이후 실효성이 없고 여성의 성적 주체성을 훼손한다는 점을 근거로 형법개정을 통하여 혼인빙자간음죄 자체를 삭제하였다. 이러한 사건의 경우 실제로는 성관계 이외에 금전 등이 여성으로부터 남성에게 전달되는 경우가 많기 때문에 사기죄가 성립되는 경우도 있을 수 있다.

【혼인빙자간음죄에 대한 위헌결정】 이 사건 법률조항의 경우 입법목적에 정당성이 인정되지 않는다. 첫째, 남성이 위력이나 폭력 등 해악적 방법을 수반하지 않고서 여성을 애정행위의 상대방으로 선택하는 문제는 그 행위의 성질상 국가의 개입이 자제되어야 할 사적인 내밀한 영역인데다 또 그 속성상 과장이 수반되게 마련이어서 우리 형법이 혼전 성관계를 처벌대상으로 하지 않고 있으므로 혼전 성관계의 과정에서 이루어지는 통상적 유도행위 또한 처벌해야 할 이유가 없다. 다음 여성이 혼전 성관계를 요구하는 상대방 남자와 성관계를 가질 것인가의 여부를 스스로 결정한 후 자신의 결정이 착오에 의한 것이라고 주장하면서 상대방 남성의 처벌을 요구하는 것은 여성 스스로가 자신의 성적 자기결정권을 부인하는 행위이다. 또한 혼인빙자간음죄가 다수의 남성과 성관계를 맺는 여성 일체를 '음행의 상습 있는 부녀'로 낙인찍어 보호의 대상에서 제외시키고 보호대상을 '음행의 상습없는 부녀'로 한정함으로써 여성에 대한 남성우월적 정조관념에 기초한 가부장적·도덕주의적 성 이데올로기를 강요하는 셈이 된다. 결국 이 사건 법률조항은 남녀 평등의 사회를 지향하고 실현해야 할 국가의 헌법적 의무(헌법 제36조 제1항)에 반하는 것이자, 여성을 유아시(幼兒視)함으로써 여성을 보호한다는 미명 아래 사실상

국가 스스로가 여성의 성적자기결정권을 부인하는 것이 되므로, 이 사건 법률조항이 보호하고자 하는 여성의 성적자기결정권은 여성의 존엄과 가치에 역행하는 것이다.

결혼과 성에 관한 국민의 법의식에 많은 변화가 생기나 여성의 착오에 의한 혼전 성관계를 형사법률이 적극적으로 보호해야 할 필요성은 이미 미미해졌고, 성인이 어떤 종류의 성행위와 사랑을 하건, 그것은 원칙적으로 개인의 자유 영역에 속하고, 다만 그것이 외부에 표출되어 명백히 사회에 해악을 끼칠 때에만 법률이 이를 규제하면 충분하며, 사생활에 대한 비범죄화 경향이 현대 형법의 추세이고, 세계적으로도 혼인빙자간음죄를 폐지해 가는 추세이며 일본, 독일, 프랑스 등에도 혼인빙자간음죄에 대한 처벌규정이 없는 점, 기타 국가 형벌로서의 처단기능의 약화, 형사처벌로 인한 부작용 대두의 점 등을 고려하면, 그 목적을 달성하기 위하여 혼인빙자간음행위를 형사처벌하는 것은 수단의 적절성과 피해의 최소성을 갖추지 못하였다.

이 사건 법률조항은 개인의 내밀한 성생활의 영역을 형사처벌의 대상으로 삼음으로써 남성의 성적자기결정권과 사생활의 비밀과 자유라는 기본권을 지나치게 제한하는 것인 반면, 이로 인하여 추구되는 공익은 오늘날 보호의 실효성이 현격히 저하된 음행의 상습 없는 부녀들만의 '성행위 동기의 착오의 보호'로서 그것이 침해되는 기본권보다 중대하다고는 볼 수 없으므로, 법익의 균형성도 상실하였다.

결국 이 사건 법률조항은 목적의 정당성, 수단의 적절성 및 피해최소성을 갖추지 못하였고 법익의 균형성도 이루지 못하였으므로, 헌법 제37조 제2항의 과잉금지원칙을 위반하여 남성의 성적자기결정권 및 사생활의 비밀과 자유를 과잉제한하는 것으로 헌법에 위반된다.[336]

IX. 성폭력처벌법에서의 성범죄

성폭력범죄의 처벌에 관한 특례법(약칭 '성폭력처벌법')은 '성폭력범죄가 해마다 지속적으로 증가하고 있고 날로 흉포화되고 있으며, 다른 범죄에 비해 재범가능성이 높고 은밀하게 행해지므로 이를 근본적으로 예방하기 위해서 성범죄자에 대한 처벌 강화와 재범방지 등을 위한 제도를 보완'하는 취지로 제정되었다. 성폭력처벌법은 형법에 없는 새로운 성범죄를 규정하고 있으며, 형법상 성범죄에 대한 가중처벌규정을 두고 있다. 친고죄로 인하여 성범죄에 대한 처벌이 합당하게 이루어지지 못하고 피해자에 대한 합의 종용으로 2차 피해가 야기되는 문제가 있고, 성

---

336) 헌재결 2009.11.26, 2008헌바58.

범죄에 대한 처벌강화의 목적으로 종전의 친고죄 규정을 삭제하였다. 또한 형사소송법상 자기 또는 배우자의 직계존속의 범죄에 대해서는 고소할 수 없으나 본법의 성범죄에 대해서는 예외가 인정된다.

1. 친족간 성범죄

> **제5조(친족관계에 의한 강간 등)** ① 친족관계인 사람이 폭행 또는 협박으로 사람을 강간한 경우에는 7년 이상의 유기징역에 처한다.
> ② 친족관계인 사람이 폭행 또는 협박으로 사람을 강제추행한 경우에는 5년 이상의 유기징역에 처한다.
> ③ 친족관계인 사람이 사람에 대하여 「형법」제299조(준강간, 준강제추행)의 죄를 범한 경우에는 제1항 또는 제2항의 예에 따라 처벌한다.
> ④ 제1항부터 제3항까지의 친족의 범위는 4촌 이내의 혈족 · 인척과 동거하는 친족으로 한다.
> ⑤ 제1항부터 제3항까지의 친족은 사실상의 관계에 의한 친족을 포함한다.

가족 내에서 일어나는 성범죄의 경우에는 피해자가 정신적으로 보다 더 큰 침해를 당할 뿐만 아니라 피해사실을 외부에 알리지 못하여 성범죄가 지속되는 경향이 있으므로 가중처벌하고 있다. 특히 의붓아버지가 재혼한 배우자의 자녀를 성범죄의 대상으로 하는 경우가 많다.

【**사실상 친족관계에 관한 사례**】 ① 성폭력범죄의처벌및피해자보호등에관한법률 제7조 제1항은 친족관계에 있는 자가 형법 제297조(강간)의 죄를 범한 때에는 5년 이하의 유기징역에 처한다고 규정하고 있고, 같은 법 제7조 제4항은 제1항의 친족의 범위는 4촌 이내의 혈족과 2촌 이내의 인척으로 한다고 규정하고 있으며, 같은 법 제7조 제5항은 제1항의 친족은 사실상의 관계에 의한 친족을 포함한다고 규정하고 있는바, 법률이 정한 혼인의 실질관계는 모두 갖추었으나 법률이 정한 방식, 즉 혼인신고가 없기 때문에 법률상 혼인으로 인정되지 않는 이른바 사실혼으로 인하여 형성되는 인척도 같은 법 제7조 제5항이 규정한 사실상의 관계에 의한 친족에 해당한다.337)
② 사실상의 양자의 양부와 같이 법정혈족관계를 맺고자 하는 의사의 합치 등 법률이 정하는 실질관계는 모두 갖추었으나 신고 등 법정절차의 미이행으로 인하여 법률상의 존속으로 인정되지 못하는 자도 성폭력범죄의 처벌 및 피해자보호 등에 관한 법률 제7조 제5항이 규정한 사실상의 관계에 의한 친족에 해당한다. … 피고인이 피해자의 생모의 동의를 얻어 피해자를 입양할 의사로 데려왔으나 자신의 처의 동의 없이 피해자를

---

337) 대판 2000.2.8, 99도5395.

자신과 처 사이의 친생자로 출생신고를 한 경우, 피고인은 친생자출생신고 전에는 성폭력범죄의 처벌 및 피해자보호 등에 관한 법률 제7조 제5항의 '사실상의 관계에 의한 친족'에 해당하고, 친생자출생신고 후에는 같은 법 제7조 제1항의 '친족'에 해당한다.[338] (2000. 4. 11. 조선족인 (1988년생) 피해자와 사이에 피고인이 피해자의 교육을 지원하고, 피해자는 결혼한 후에도 피고인의 사망시까지 피고인과 함께 살며 피고인은 사망시 재산의 30%와 함께 살던 집을 피해자에게 주기로 약정한 사실, 위 약정에 따라 피고인은 2000. 9. 16. 피해자를 중국에서 우리나라로 데려온 후 피고인의 집에서 함께 생활하면서 피해자에게 생활비와 교육비를 지원하였고, 2002. 4. 9.에는 피해자를 자신과 처 사이의 친생자로 출생신고까지 한 사건)

2. 공중밀집장소에서의 추행

> 제11조(공중 밀집 장소에서의 추행) 대중교통수단, 공연·집회 장소, 그 밖에 공중(公衆)이 밀집하는 장소에서 사람을 추행한 사람은 1년 이하의 징역 또는 300만원 이하의 벌금에 처한다.

지하철, 버스, 공연장소 등 사람들이 많이 모여있는 장소에서의 추행을 처벌하기 위한 규정이다.

【찜질방 수면실에서 옆에 누워 있던 피해자의 가슴 등을 손으로 만진 행위】공중밀집장소에서의 추행죄를 규정한 성폭력범죄의 처벌 및 피해자보호 등에 관한 법률 제13조의 입법 취지, 위 법률 조항에서 그 범행장소를 공중이 '밀집한' 장소로 한정하는 대신 공중이 '밀집하는' 장소로 달리 규정하고 있는 문언의 내용, 그 규정상 예시적으로 열거한 대중교통수단, 공연·집회 장소 등의 가능한 다양한 형태 등에 비추어 보면, 여기서 말하는 '공중이 밀집하는 장소'에는 현실적으로 사람들이 빽빽이 들어서 있어 서로간의 신체적 접촉이 이루어지고 있는 곳만을 의미하는 것이 아니라 이 사건 찜질방 등과 같이 공중의 이용에 상시적으로 제공·개방된 상태에 놓여 있는 곳 일반을 의미한다. 또한, 위 공중밀집장소의 의미를 이와 같이 해석하는 한 그 장소의 성격과 이용현황, 피고인과 피해자 사이의 친분관계 등 구체적 사실관계에 비추어, 공중밀집장소의 일반적 특성을 이용한 추행행위라고 보기 어려운 특별한 사정이 있는 경우에 해당하지 않는 한, 그 행위 당시의 현실적인 밀집도 내지 혼잡도에 따라 그 규정의 적용 여부를 달리한다고 할 수는 없다.[339]

---

338) 대판 2006.1.12, 2005도8427.
339) 대판 2009.10.29, 2009도5704.

3. 성적 목적을 위한 다중이용장소 침입행위

> 제12조(성적 목적을 위한 다중이용장소 침입행위) 자기의 성적 욕망을 만족시킬 목적으로 화장실, 목욕장·목욕실 또는 발한실(發汗室), 모유수유시설, 탈의실 등 불특정 다수가 이용하는 다중이용장소에 침입하거나 같은 장소에서 퇴거의 요구를 받고 응하지 아니하는 사람은 1년 이하의 징역 또는 300만원 이하의 벌금에 처한다.

여성을 엿보거나 훔쳐보려는 성적 의도를 가지고 화장실에 들어가는 행위를 처벌한다. 종전에는 화장실을 공중화장실로 제한하였는데 이에는 정부나 지방자치단체가 설치한 화장실, 개방화장실(공공기관의 시설물에 설치된 화장실), 이동화장실, 간이화장실, 유료화장실이다. 따라서 성적 목적으로 식당이나 주점 등 사적 소유 건물의 화장실에 들어가더라도 처벌이 곤란한 경우가 발생하여 모든 화장실로 확대하였다.

4. 통신매체이용음란

> 제13조(통신매체를 이용한 음란행위) 자기 또는 다른 사람의 성적 욕망을 유발하거나 만족시킬 목적으로 전화, 우편, 컴퓨터, 그 밖의 통신매체를 통하여 성적 수치심이나 혐오감을 일으키는 말, 음향, 글, 그림, 영상 또는 물건을 상대방에게 도달하게 한 사람은 2년 이하의 징역 또는 500만원 이하의 벌금에 처한다.

'성적 수치심이나 혐오감을 일으키는 말, 음향, 글, 그림, 영상 또는 물건(이하 '성적 수치심을 일으키는 그림 등'이라 한다)을 상대방에게 도달하게 한다'는 것은 '상대방이 성적 수치심을 일으키는 그림 등을 직접 접하는 경우뿐만 아니라 상대방이 실제로 이를 인식할 수 있는 상태에 두는 것'을 의미한다. 따라서 행위자의 의사와 그 내용, 웹페이지의 성격과 사용된 링크기술의 구체적인 방식 등 모든 사정을 종합하여 볼 때 상대방에게 성적 수치심을 일으키는 그림 등이 담겨 있는 웹페이지 등에 대한 인터넷 링크(internet link)를 보내는 행위를 통해 그와 같은 그림 등이 상대방에 의하여 인식될 수 있는 상태에 놓이고 실질에 있어서 이를 직접 전달하는 것과 다를 바 없다고 평가되고, 이에 따라 상대방이 이러한 링크를 이용하여 별다른 제한 없이 성적 수치심을 일으키는 그림 등에 바로 접할 수 있는 상태가 실제로 조성되었다면, 그러한 행위는 전체로 보아 성적 수치심을 일으키는 그림 등을 상대방에게 도달하게 한다는 구성요건을 충족한다.[340]

---

340) 대판 2017.6.8, 2016도21389.

【이른바 '손편지사건'】일용 노동자로 원룸 2층에 세를 얻어 생활하던 A(47세)씨는 언제부턴가 바로 옆집에 사는 B(48세, 여) 씨에게 관심을 갖게 됐다. 자신의 마음을 전할 방법을 찾던 A씨는 직접 쓴 편지를 보내기로 마음먹었다. 하지만 편지는 여성을 배려한 사랑의 글이 아니라 거칠고 음란한 한두 문장의 메모 형태에 불과했다. A씨는 퇴근 후 남몰래 B씨 원룸 출입문에 성행위를 연상시키는 한두 문장과 그림으로 된 편지를 끼워 넣었다. 상대가 아무런 답장이 없자 이틀 후 비슷한 내용의 글을 적어 또다시 출입문에 꽂아뒀다. 짧은 문장에 여성의 특정 신체 부위를 암시하는 그림까지 더해졌다. A씨는 이런 식으로 2013년 11월 26일부터 약 20일 동안 6차례 B씨에게 메모를 보냈다.341) 이에 대하여 1심과 2심은 징역형을 선고하였지만, 대법원은 통신매체이용음란규정은 자기 또는 다른 사람의 성적 욕망을 유발하는 등의 목적으로 '전화, 우편, 컴퓨터나 그 밖에 일반적으로 통신매체라고 인식되는 수단을 이용하여' 성적 수치심 등을 일으키는 말, 글, 물건 등을 상대방에게 전달하는 행위를 처벌하고자 하는 것임이 문언상 명백하므로, 통신매체를 이용하지 아니한 채 '직접' 상대방에게 말, 글, 물건 등을 도달하게 하는 행위까지 포함하여 처벌할 수 있다고 보는 것은 법문의 가능한 의미의 범위를 벗어난 해석으로서 실정법 이상으로 그 처벌 범위를 확대하는 것이라 하지 않을 수 없다.342)

5. 카메라 등 이용촬영(이른바 '몰카')

제14조(카메라 등을 이용한 촬영) ① 카메라나 그 밖에 이와 유사한 기능을 갖춘 기계장치를 이용하여 성적 욕망 또는 수치심을 유발할 수 있는 사람의 신체를 촬영대상자의 의사에 반하여 촬영한 자는 7년 이하의 징역 또는 5천만원 이하의 벌금에 처한다.
② 제1항에 따른 촬영물 또는 복제물(복제물의 복제물을 포함한다. 이하 이 조에서 같다)을 반포·판매·임대·제공 또는 공공연하게 전시·상영(이하 '반포등'이라 한다)한 자 또는 제1항의 촬영이 촬영 당시에는 촬영대상자의 의사에 반하지 아니한 경우(자신의 신체를 직접 촬영한 경우를 포함한다)에도 사후에 그 촬영물 또는 복제물을 촬영대상자의 의사에 반하여 반포 등을 한 자는 7년 이하의 징역 또는 5천만원 이하의 벌금에 처한다.
③ 영리를 목적으로 촬영대상자의 의사에 반하여 「정보통신망 이용촉진 및 정보보호 등에 관한 법률」 제2조 제1항 제1호의 정보통신망(이하 '정보통신망'이라 한다)을 이용하여 제2항의 죄를 범한 자는 3년 이상의 유기징역에 처한다.
④ 제1항 또는 제2항의 촬영물 또는 복제물을 소지·구입·저장 또는 시청한 자는 3년 이하의 징역 또는 3천만원 이하의 벌금에 처한다.
⑤ 상습으로 제1항부터 제3항까지의 죄를 범한 때에는 그 죄에 정한 형의 2분의 1까지 가중한다.

---

341) 매일신문 2017.1.13.자.
342) 대판 2016.3.10, 2015도17847.

　　최근 사회적으로 문제되는 이른바 '몰래카메라 촬영행위'에 대한 처벌규정이다. 촬영할 당시 상대방의 의사에 반하지 않은 경우에도 영상물을 상대방의 의사에 반하여 유포하게 되면 처벌하고, 촬영된 영상물을 영리를 목적으로 정보통신망을 통하여 유포하는 경우도 처벌하고 있다. 또한 자의에 의해 스스로 자신을 신체를 촬영한 촬영물이 촬영당사자의 의사에 반하여 유포된 경우에도(애정관계 단절에 따른 보복행위로 유포하는 경우도 포함) 처벌할 수 있도록 개정되었다.

【'성적 욕망 또는 수치심을 유발할 수 있는 타인의 신체'에 해당하는지 여부의 판단 방법】
　　카메라 기타 이와 유사한 기능을 갖춘 기계장치를 이용하여 성적 욕망 또는 수치심을 유발할 수 있는 타인의 신체를 그 의사에 반하여 촬영하는 행위를 처벌하는 성폭력범죄의 처벌 및 피해자보호 등에 관한 법률 제14조의2 제1항은 인격체인 피해자의 성적 자유 및 함부로 촬영당하지 않을 자유를 보호하기 위한 것이다. 촬영한 부위가 '성적 욕망 또는 수치심을 유발할 수 있는 타인의 신체'에 해당하는지 여부는 객관적으로 피해자와 같은 성별, 연령대의 일반적이고도 평균적인 사람들의 입장에서 성적 욕망 또는 수치심을 유발할 수 있는 신체에 해당되는지 여부를 고려함과 아울러, 당해 피해자의 옷차림, 노출의 정도 등은 물론, 촬영자의 의도와 촬영에 이르게 된 경위, 촬영 장소와 촬영 각도 및 촬영 거리, 촬영된 원판의 이미지, 특정 신체 부위의 부각 여부 등을 종합적으로 고려하여 구체적·개별적·상대적으로 결정하여야 한다(밤 9시 무렵 마을버스를 탄 만 59세의 남성인 피고인이 바로 옆 좌석에 앉아 있는 만 18세의 여성인 피해자의 치마 밑으로 드러난 무릎 위 허벅다리 부분을 휴대폰 카메라를 이용하여 불과 30㎝ 정도의 거리에서 정면으로 촬영한 사실 등 판시와 같은 사실을 인정한 다음, 위 피해자의 치마 밑으로 드러난 무릎 위 허벅다리 부분은 성폭법 제14조의2 제1항이 규정하는 '성적 욕망 또는 수치심을 유발할 수 있는 타인의 신체'에 해당한다고 판단한 사건).343)

【화장실에서 무릎 아래 다리를 촬영한 경우】피고인이 화장실에서 재래식 변기를 이용하는 여성의 모습을 촬영하였던 점, 피해자들의 용변 보는 모습이 촬영되지는 않았으나, 용변을 보기 직전의 무릎 아래 맨 다리 부분과 용변을 본 직후의 무릎 아래 맨 다리 부분이 각 촬영된 점, 피해자들은 수사기관에서 피고인의 행동으로 상당한 성적 수치심을 느꼈다고 각 진술한 점, 그 밖에 이 사건 촬영 장소와 촬영 각도 및 촬영 거리, 촬영된 원판의 이미지 등을 종합적으로 고려하여, 피고인이 촬영한 피해자들의 다리 부분은

---

343) 대판 2008.9.25, 2008도7007.

'수치심을 유발할 수 있는 다른 사람의 신체'에 해당한다.[344]

【인터넷 화상채팅 중 촬영한 경우】 피고인이 피해자 갑(여, 14세)과 인터넷 화상채팅 등을 하면서 카메라 기능이 내재되어 있는 피고인의 휴대전화를 이용하여 갑의 유방, 음부 등 신체 부위를 갑의 의사에 반하여 촬영하였다고 하여 구 성폭력범죄의 처벌 등에 관한 특례법(2012. 12. 18. 법률 제11556호로 전부 개정되기 전의 것, 이하 '법'이라 한다) 위반(카메라등이용촬영)으로 기소된 사안에서, 갑은 스스로 자신의 신체 부위를 화상카메라에 비추었고 카메라 렌즈를 통과한 상의 정보가 디지털화되어 피고인의 컴퓨터에 전송되었으며, 피고인은 수신된 정보가 영상으로 변환된 것을 휴대전화 내장 카메라를 통해 동영상 파일로 저장하였으므로 피고인이 촬영한 대상은 갑의 신체 이미지가 담긴 영상일 뿐 갑의 신체 그 자체는 아니라고 할 것이어서 법 제13조 제1항의 구성요건에 해당하지 않으며, 형벌법규의 목적론적 해석도 해당 법률문언의 통상적인 의미 내에서만 가능한 것으로, 다른 사람의 신체 이미지가 담긴 영상도 위 규정의 '다른 사람의 신체'에 포함된다고 해석하는 것은 법률문언의 통상적인 의미를 벗어나는 것이므로 죄형법정주의 원칙상 허용될 수 없다는 이유로 피고인에게 무죄를 인정한 원심판단을 정당하다.[345]

X. 동성간의 성행위 및 군대 내 성범죄

남성과 남성, 여성과 남성 사이의 자발적 성관계, 즉 '동성애'는 현행법상 처벌되지 않는다. 즉 폭행, 협박 등 강압에 의하지 않은 동성간의 성관계는 처벌규정이 없다. 외국의 경우 동성간의 성관계에서도 성인이 일정 연령 이하의 사람이나 미성년자와의 성관계를 처벌하는 규정이 있기도 하다. 다만 우리의 경우에도 예외적으로 군대 내에서의 동성간 성행위를 '계간'(鷄姦)이라고 하여 별도로 처벌하였으나 현재는 일반성범죄와 동일한 구조에 따르고 있다.

【합의에 의한 동성 군인의 성관계】 서울북부지방법원(형사9단독)은 군형법상 추행 혐의로 2017년 6월 기소된 전직 장교 A씨에게 동성 군인 간 합의로 성관계를 한 경우 이를 처벌할 수 없다고 하여 무죄를 선고했다. 육군 장교로 복무 중이던 A씨는 다른 부대 남자 장교(22)와 동성 간 성행위를 한 혐의로 군검찰에 기소됐고 A씨가 만기 전역하면

---

344) 대판 2014.7.24, 2014도6309.
345) 대판 2013.6.27, 2013도4279.

서 해당 사건은 민간 법원으로 넘겼다. … 재판부는 "이 조항을 상대방 군인의 의사에 반하지 않는 (합의된) 항문성교 등을 금지하고 징역형으로 처벌하는 것으로 해석하는 것은 군인의 성적 자기결정권, 사생활의 비밀과 자유를 침해하는 헌법에 위배되는 결정 이라고 판단했다"며 "군인 사이에 강제성 없이 이뤄지는 자발적인 항문성교로 '건전한 생활과 군기'라는 법익에 위해가 발생한다고 보기 어렵고, 특히 은밀하게 행해지는 경우 군기나 전투력 보전에 직접적 위해를 발생시킬 위험이 없다"고 판단하였다.346)

군인권센터에 의하면 군수사기관은 동성애 군인을 색출하고 있는 반면에 어느 정당은 군대에서의 합의에 의한 동성애 처벌조항을 폐지하는 법안을 발의하고 있 다. 징병제에 따른 병력유지의 필요성과 남북 대치상황을 고려하면 처벌유지의 견 해가 강력하지만 자발적인 합의에 의한 성관계까지 처벌하는 것은 성적 지향성에 대한 과도한 국가개입이라고도 볼 수 있다.

군형법 제92조의6(추행: 군인 또는 군인에 준하는 사람에 대하여 항문성교나 그 밖의 추행을 한 경우)에 대하여, 대법원과 헌법재판소의 태도는 다음과 같다.

① 대법원 : 군인인 피고인 갑이 자신의 독신자 숙소에서 군인 을과 서로 키스, 구강 성교나 항문성교를 하는 방법으로 추행하고, 군인인 피고인 병은 자신의 독신자 숙소에 서 동일한 방법으로 피고인 갑과 추행하였다고 하여 군형법 위반으로 기소된 사건에서, 군형법 제92조의6의 규정은 동성인 군인 사이의 항문성교나 그 밖에 이와 유사한 행위 가 사적 공간에서 자발적 의사 합치에 따라 이루어지는 등 군이라는 공동사회의 건전한 생활과 군기를 직접적, 구체적으로 침해한 것으로 보기 어려운 경우에는 적용되지 않는 다고 봄이 타당하다고 보아, 피고인들과 을은 모두 남성 군인으로 당시 피고인들의 독 신자 숙소에서 휴일 또는 근무시간 이후에 자유로운 의사를 기초로 한 합의에 따라 항 문성교나 그 밖의 성행위를 한 점 등에 비추어, 피고인들의 행위는 군형법 제92조의6에 서 처벌대상으로 규정한 '항문성교나 그 밖의 추행'에 해당하지 않는다.347)
② 헌법재판소 : 군대는 상명하복의 수직적 위계질서체계 하에 있으므로, 직접적인 폭 행·협박이 없더라도 위력에 의한 경우 또는 자발적 의사합치가 없는 동성 군인 사이의 추행에 대해서는 처벌의 필요성이 인정된다. 뿐만 아니라, 동성 군인 사이의 합의에 의 한 성적 행위라 하더라도 그러한 행위가 근무장소나 임무수행 중에 이루어진다면, 이는 국군의 전투력 보존에 심각한 위해를 초래할 위험성이 있으므로, 이를 처벌한다고 하여

도 과도한 제한이라고 할 수 없다. 그렇다면 이 사건 조항은 과잉금지원칙에 위배하여 군인의 성적 자기결정권 또는 사생활의 비밀과 자유를 침해한다고 볼 수 없다. (그러나) 여전히 절대 다수의 군 병력은 남성으로 이루어져 있고, 이러한 젊은 남성 의무복무자들은 생활관이나 샤워실 등 생활공간까지 모두 공유하면서 장기간의 폐쇄적인 단체생활을 해야 하므로, 일반 사회와 비교하여 동성 군인 사이에 성적 행위가 발생할 가능성이 높다. 이러한 점에 비추어 보면, 이 사건 조항이 이성 군인과 달리 동성 군인 간 합의에 의한 성적 행위를 처벌하는 것에는 합리적인 이유가 있다고 볼 수 있으므로, 이 사건 조항은 평등원칙에 위반되지 아니한다.[348]

제3관 여성과 범죄

I. 여성범죄의 특징

여성의 범죄율은 남성의 10~20%에 불과하다. 그 원인으로는 ① 신체적으로 여성이 연약하다는 점, ② 자녀양육에 기인하여 성격적으로 내향적, 수동적인 경향이 있다는 점, ③ 여성의 취업활동이 많지 않던 때에는 가정내 생활이 많고, 음주와 오락 등에 접촉하는 빈도가 남성에 비하여 적다는 점, ④ 여성은 사회적으로 보호받아온 사회의식이 있고, 이른바 '기사도정신'에 따라 여성의 행위에 대해 범죄로 문제화하지 않는다는 점 등이다.

그러나 최근 여성범죄는 증가하는 추세에 있다. 이는 여성의 사회적 지위의 증가로 대인관계가 증가하고, 직업 등 경제활동이 많아져 갈등원인과 접촉하는 경우가 많은데 기인한다.

II. 여성범죄의 유형

여성범죄는 풍속범죄(윤락행위, 간통 등), 낙태, 영아유기, 영아살해, 모욕·명예훼손죄 등이 비율상으로는 많다. 최근에는 재산범죄(사기죄, 횡령죄 등)[349]의 비율이

---

348) 헌재결 2023.10.26, 2017헌가16, 2020헌가3, 2017헌바357, 414, 501(병합).
349) 계(契)의 경우는 계주가 계금(곗돈)을 착복하고 도주한 경우 범죄상황에 따라 횡령죄 또는 배임죄가 성립한다.

증가하고 있다. 특히 여성범죄의 배후에는 남성이 원인제공이 되는 경우가 많고350) 살인(독살) 등 잔혹범죄가 상당하며351) 방화 등 격정적인 행위가 많다.

여성의 신체적 변화는 범죄를 유발하기도 한다. 월경 중 절도행위를 하거나 분만 중이나 직후 영아살해나 영아유기, 폐경기의 우울증 등 정신적 공황으로 인한 절도, 폭력범죄가 발생한다. 생리의 경우 월경, 임신, 출산, 폐경 등 생리적 특성에 의하여 심신의 균형이 상실되는 시기에 범죄에 빠지는 경우가 있다. 특히 생리기간 중 충동적으로 백화점절도를 하는 경우가 있으나 병적 정신상태로 판명되지 않는 한 처벌된다.

III. 범죄피해자로서의 여성

여성이 범죄의 피해를 입는 경우 성범죄가 대표적이다. 특히 우리의 사회적인 태도나 수사실무상 여성이 범죄에 대하여 적극적으로 신고를 하지 못하는 경우가 많다. 이에 성폭력특별법, 가정폭력특별법에서는 비공개재판 등 보호조치를 확대하고 있다.

제4관 성희롱

I. 성희롱(Sexual Harassment)의 개념

성희롱이란 상대방의 의사에 반하여 성적인 언어, 행동을 함으로써 상대방에게 성적 수치심, 불쾌감과 굴욕적인 느낌을 주는 것을 의미한다. 원래 미국에서 직장에서의 성폭력을 방지하고 여성의 노동권을 보장하려는 취지에서 태동한 개념으로, 미연방고용평등위원회는 '직장이나 캠퍼스 등에서 직무 또는 고용관계에 있는 상사 또는 동료가 부하직원 등에게 장기적이고 반복적인 성적 불쾌감을 주는 행위'라고 정의했다.352) 우리나라에서 성희롱이 문제되었던 경우는 1994년 「서울대

---

350) 남성애인이나 남편의 범죄를 은닉하기 위하거나 남자의 교사에 의한 경우.
351) 이는 여성의 신체적 취약성에 기인한다.
352) 「고용노동사전」 참조.

우조교사건」이지만 이것은 민사 손해배상사건이다. 특히 직장관계 내부에서 상하 관계에서 많이 발생한다.

남녀고용평등과 일·가정 양립 지원에 관한 법률(약칭 '남녀고용평등법'이라 한다) 제2조 2호에서는 '직장 내 성희롱'을 '사업주·상급자 또는 근로자가 직장 내의 지위를 이용하거나 업무와 관련하여 다른 근로자에게 성적 언동 등으로 성적 굴욕감 또는 혐오감을 느끼게 하거나 성적 언동 또는 그 밖의 요구 등에 따르지 아니하였다는 이유로 고용에서 불이익을 주는 것을 말한다.'고 정의하고 있다. 또 양성평등기본법 제3조에서는 성희롱을 '업무, 고용, 그 밖의 관계에서 국가기관·지방자치단체 또는 대통령령으로 정하는 공공단체의 종사자, 사용자 또는 근로자가 ① 지위를 이용하거나 업무 등과 관련하여 성적 언동 또는 성적 요구 등으로 상대방에게 성적 굴욕감이나 혐오감을 느끼게 하는 행위를 하거나 ② 상대방이 성적 언동 또는 요구에 대한 불응을 이유로 불이익을 주거나 그에 따르는 것을 조건으로 이익 공여의 의사표시를 하는 행위로 규정하고 있다.

성적 언행이나 행동에 대한 법적 규제는 첫째, 강간죄, 강제추행죄 등 성범죄로서 일반적으로 '성폭행'이라고 말하기도 한다. 성적 언행이 때로는 명예훼손죄나 모욕죄가 성립될 수도 있다. 둘째 '성희롱'이라고 하는 것으로서 범죄가 아니라 행정법적으로 징계대상이 되거나 고용관계에서 제재대상 또는 민사상 손해배상의 청구대상이 된다.

【성희롱이 최초로 문제된 '서울대 우조교사건'】

① 성적 표현행위의 위법성 판단 기준

성적 표현행위의 위법성 여부는, 쌍방 당사자의 연령이나 관계, 행위가 행해진 장소 및 상황, 성적 동기나 의도의 유무, 행위에 대한 상대방의 명시적 또는 추정적인 반응의 내용, 행위의 내용 및 정도, 행위가 일회적 또는 단기간의 것인지 아니면 계속적인 것인지 여부 등의 구체적 사정을 종합하여, 그것이 사회공동체의 건전한 상식과 관행에 비추어 볼 때 용인될 수 있는 정도의 것인지 여부 즉 선량한 풍속 또는 사회질서에 위반되는 것인지 여부에 따라 결정되어야 하고, 상대방의 성적 표현행위로 인하여 인격권의 침해를 당한 자가 정신적 고통을 입는다는 것은 경험칙상 명백하다.

② 대학교수의 조교에 대한 성적인 언동이 불법행위를 구성한다고 본 사례

피해자가 엔엠알기기 담당 유급조교로서 정식 임용되기 전후 2, 3개월 동안, 가해자가 기기의 조작 방법을 지도하는 과정에서 피해자의 어깨, 등, 손 등을 가해자의 손이나 팔로 무수히 접촉하였고, 복도 등에서 피해자와 마주칠 때면 피해자의 등에 손을 대거나

어깨를 잡았고, 실험실에서 "요즘 누가 시골 처녀처럼 이렇게 머리를 땋고 다니느냐."고 말하면서 피해자의 머리를 만지기도 하였으며, 피해자가 정식 임용된 후에는 단둘이서 입방식을 하자고 제의하기도 하고, 교수연구실에서 피해자를 심부름 기타 명목으로 수시로 불러들여 위아래로 훑어보면서 몸매를 감상하는 듯한 태도를 취하여 피해자가 불쾌하고 곤혹스러운 느낌을 가졌다면, 화학과 교수 겸 엔엠알기기의 총책임자로서 사실상 피해자에 대하여 지휘·감독관계에 있는 가해자의 위와 같은 언동은 분명한 성적인 동기와 의도를 가진 것으로 보여지고, 그러한 성적인 언동은 비록 일정 기간 동안에 한하는 것이지만 그 기간 동안만큼은 집요하고 계속적인 까닭에 사회통념상 일상생활에서 허용되는 단순한 농담 또는 호의적이고 권유적인 언동으로 볼 수 없고, 오히려 피해자로 하여금 성적 굴욕감이나 혐오감을 느끼게 하는 것으로서 피해자의 인격권을 침해한 것이며, 이러한 침해행위는 선량한 풍속 또는 사회질서에 위반하는 위법한 행위이고, 이로써 피해자가 정신적으로 고통을 입었음은 경험칙상 명백하다.

③ 이른바 성희롱의 불법행위 성립 여부를 판단함에 있어 이를 고용관계에 한정하거나 조건적 성희롱과 환경형 성희롱으로 구분하여 판단하는 방법의 합리성 여부(소극)

이른바 성희롱의 위법성의 문제는 종전에는 법적 문제로 노출되지 아니한 채 묵인되거나 당사자간에 해결되었던 것이나 앞으로는 빈번히 문제될 소지가 많다는 점에서는 새로운 유형의 불법행위이기는 하나, 이를 논함에 있어서는 이를 일반 불법행위의 한 유형으로 파악하여 행위의 위법성 여부에 따라 불법행위의 성부를 가리면 족한 것이지, 불법행위를 구성하는 성희롱을 고용관계에 한정하여, 조건적 성희롱과 환경형 성희롱으로 구분하고, 특히 환경형의 성희롱의 경우, 그 성희롱의 태양이 중대하고 철저한 정도에 이르러야 하며, 불법행위가 성립하기 위하여는 가해자의 성적 언동 자체가 피해자의 업무수행을 부당히 간섭하고 적대적 굴욕적 근무환경을 조성함으로써 실제상 피해자가 업무능력을 저해당하였다거나 정신적인 안정에 중대한 영향을 입을 것을 요건으로 하는 것이므로 불법행위에 기한 손해배상을 청구하는 피해자로서는 가해자의 성희롱으로 말미암아 단순한 분노, 슬픔, 울화, 놀람을 초과하는 정신적 고통을 받았다는 점을 주장·입증하여야 한다는 견해는 이를 채택할 수 없다. 또한 피해자가 가해자의 성희롱을 거부하였다는 이유로 보복적으로 해고를 당하였든지 아니면 근로환경에 부당한 간섭을 당하였다든지 하는 사정은 위자료를 산정하는 데에 참작사유가 되는 것에 불과할 뿐 불법행위의 성립 여부를 좌우하는 요소는 아니다.

④ 사용자 책임의 요건인 '사무집행에 관하여'의 의미와 그 판단 기준

민법 제756조에 규정된 사용자 책임의 요건인 '사무집행에 관하여'라는 뜻은 피용자의 불법행위가 외형상 객관적으로 사용자의 사업활동 내지 사무집행 행위 또는 그와 관련된 것이라고 보여질 때에는 행위자의 주관적 사정을 고려함이 없이 이를 사무집행에 관

하여 한 행위로 본다는 것이고, 외형상 객관적으로 사용자의 사무집행에 관련된 것인지의 여부는 피용자의 본래 직무와 불법행위와의 관련 정도 및 사용자에게 손해 발생에 대한 위험 창출과 방지조치 결여의 책임이 어느 정도 있는지를 고려하여 판단하여야 한다.

⑤ 직장 내에서 발생한 성희롱 행위가 직무관련성 없이 은밀하고 개인적으로 이루어진 경우, 사용자에게 고용계약상 보호의무 위반을 이유로 한 손해배상책임이 있는지 여부 (소극)

고용관계 또는 근로관계는 이른바 계속적 채권관계로서 인적 신뢰관계를 기초로 하는 것이므로, 고용계약에 있어 피용자가 신의칙상 성실하게 노무를 제공할 의무를 부담함에 대하여, 사용자로서는 피용자에 대한 보수지급의무 외에도 피용자의 인격을 존중하고 보호하며 피용자가 그 의무를 이행하는 데 있어서 손해를 받지 아니하도록 필요한 조치를 강구하고 피용자의 생명, 건강, 풍기 등에 관한 보호시설을 하는 등 쾌적한 근로환경을 제공함으로써 피용자를 보호하고 부조할 의무를 부담하는 것은 당연한 것이지만, 어느 피용자의 다른 피용자에 대한 성희롱 행위가 그의 사무집행과는 아무런 관련이 없을 뿐만 아니라, 가해자의 성희롱 행위가 은밀하고 개인적으로 이루어지고 피해자로서도 이를 공개하지 아니하여 사용자로서는 이를 알거나 알 수 있었다고 보여지지도 아니하다면, 이러한 경우에서까지 사용자가 피해자에 대하여 고용계약상의 보호의무를 다하지 아니하였다고 할 수는 없다.353)

II. 성희롱의 유형

어느 정도의 행위가 성희롱에 해당될 수 있는가에 대해서는 명확한 기준을 설정하기가 곤란하다. 첫째로는 성적 관념에 대한 우리의 의식과 관행이 매우 빠르게 변화되고 있기 때문일 수도 있다. 동일 시대에 사는 세대 간에 관념의 차이가 매우 크다. 일종의 세대간 문화충격이라고 할 수 있다. 둘째 성적 언행을, 이것은 성범죄이고 저것은 문제되지 않는 일상적 행위라고 이분법적으로 구분할 수가 없는 개념이다. 객관적 행위내용뿐만 아니라 주변정황, 상대방의 받아들이는 의식과 태도에 따라 평가가 달라질 수 있기 때문이다. 흑과 백 사이에 수많은 회색지대354)

---

353) 대판 1998.2.10, 95다39533.
354) 이런 의미에서 무타 카즈에(박선영 외 역), 「부장님, 그건 성희롱입니다」(나름북스, 2016), 62~69면에서는 성희롱이 새까만 유죄이거나 결백한 무죄라고 나누어 생각하는 것은 너무 비현실적이고 대부분 '회색지대의 성희롱'이라고 할 수 있으며 이에 대해서는 그 후의 대처에 따라 어느 쪽으로 변할 수 있다고 하면서 일이 커지지 않도록 하는 최선의 첫 번째

가 있는 것과 같다.

대학교수의 학생에 대한 언동이 성희롱이 되는가에 대하여 법원은 '성희롱이 성립하기 위해서는 행위자에게 반드시 성적 동기나 의도가 있어야 하는 것은 아니지만, 당사자의 관계, 행위가 행해진 장소 및 상황, 행위에 대한 상대방의 명시적 또는 추정적인 반응의 내용, 행위의 내용 및 정도, 행위가 일회적 또는 단기간의 것인지 아니면 계속적인 것인지 등의 구체적 사정을 참작하여 볼 때, 객관적으로 상대방과 같은 처지에 있는 일반적이고도 평균적인 사람으로 하여금 성적 굴욕감이나 혐오감을 느낄 수 있게 하는 행위가 있고, 그로 인하여 행위의 상대방이 성적 굴욕감이나 혐오감을 느꼈음이 인정되어야 한다.'355)고 판단하다.

위 사건에서 교수의 학생에 대한 성희롱으로 징계처분된 행위는 다음과 같다.

① 학생이 봉사활동을 위한 추천서를 받기 위해 친구들과 함께 원고의 연구실을 방문했을 때, 뽀뽀해 주면 추천서를 만들어 주겠다고 하였다.

② 수업 중 질문을 하면 학을 뒤에서 안는 듯한 포즈로 지도하였다.

③ 학생이 원고의 연구실을 찾아가면 "남자친구와 왜 사귀냐, 나랑 사귀자", "나랑 손잡고 밥 먹으러 가고 데이트 가자", "엄마를 소개시켜 달라"고 하는 등 불쾌한 말을 하였다.

④ 수업시간에 학생을 뒤에서 안는 식으로 지도하고 불필요하게 학생과 한 의자에 앉아 가르쳐 주며 신체적 접촉을 많이 하였다.

⑤ 복도에서 학생과 마주칠 때 얼굴에 손대기, 어깨동무, 허리에 손 두르기와 함께 손으로 엉덩이를 툭툭 치는 행위를 하였다.

⑥ 학생과 단 둘이 있을 때 팔을 벌려 안았다.

⑦ 학과 MT에서 아침에 자고 있던 학생의 볼에 뽀뽀를 2차례 하여 정신적 충격을 주었다.

⑧ 장애인 교육 신청서를 제출하러 간 학생에게 자신의 볼에 뽀뽀를 하면 신청서를 받아 주겠다고 하여 학생이 어쩔 수 없이 교수의 볼에 뽀뽀를 하였다.

【여교사에게 술을 따르라고 권하는 행위】 초등학교 교사들의 회식 자리에서 교감이 여자교사들에 대하여 교장에게 술을 따라 줄 것을 두 차례 권한 언행이 그 경위나 정황, 발언자의 의도 등에 비추어 객관적으로나 일반적으로 여자교사들로 하여금 성적 굴욕감이

대응책은 '솔직하게 사과'하는 것이라고 한다.
355) 대판 2018.4.12. 2017두74702.

나 혐오감을 느끼게 하는 성적 언동에 해당하지 않는다.[356)

남녀고용평등법 시행규칙 제2조는 직장 내 성희롱의 판단기준을 '별표 1'에서 직장 내 성희롱을 판단하기 위한 기준을 예시하고 있다.

【직장 내 성희롱을 판단하기 위한 기준의 예시】

1. 성적인 언동의 예시

    가. 육체적 행위

    (1) 입맞춤, 포옹 또는 뒤에서 껴안는 등의 신체적 접촉행위

    (2) 가슴·엉덩이 등 특정 신체부위를 만지는 행위

    (3) 안마나 애무를 강요하는 행위

    나. 언어적 행위

    (1) 음란한 농담을 하거나 음탕하고 상스러운 이야기를 하는 행위(전화통화를 포함한다)

    (2) 외모에 대한 성적인 비유나 평가를 하는 행위

    (3) 성적인 사실 관계를 묻거나 성적인 내용의 정보를 의도적으로 퍼뜨리는 행위

    (4) 성적인 관계를 강요하거나 회유하는 행위

    (5) 회식자리 등에서 무리하게 옆에 앉혀 술을 따르도록 강요하는 행위

    다. 시각적 행위

    (1) 음란한 사진·그림·낙서·출판물 등을 게시하거나 보여주는 행위(컴퓨터통신이나 팩시밀리 등을 이용하는 경우를 포함한다)

    (2) 성과 관련된 자신의 특정 신체부위를 고의적으로 노출하거나 만지는 행위

    라. 그 밖에 사회통념상 성적 굴욕감 또는 혐오감을 느끼게 하는 것으로 인정되는 언어나 행동

2. 고용에서 불이익을 주는 것의 예시

    채용탈락, 감봉, 승진탈락, 전직(轉職), 정직(停職), 휴직, 해고 등과 같이 채용 또는 근로조건을 일방적으로 불리하게 하는 것

비고: 성희롱 여부를 판단하는 때에는 피해자의 주관적 사정을 고려하되, 사회통념상 합리적인 사람이 피해자의 입장이라면 문제가 되는 행동에 대하여 어떻게 판단하고 대응하였을 것인가를 함께 고려하여야 하며, 결과적으로 위협적·적대적인 고용환경을 형성하여 업무능률을 떨어뜨리게 되는지를 검토하여야 한다.

---

356) 대판 2007.6.14. 2005두6461.

Ⅲ. 예방대책 및 대처방법

【남녀고용평등법에서의 직장 내 성희롱의 금지 및 예방 대책】사업주, 상급자 또는 근로자는 직장 내 성희롱을 하여서는 아니 된다(제12조). 사업주는 직장 내 성희롱을 예방하고 근로자가 안전한 근로환경에서 일할 수 있는 여건을 조성하기 위하여 직장 내 성희롱의 예방을 위한 교육을 실시하여야 하며(제13조 제1항), 사업주 및 근로자는 이러한 성희롱 예방 교육을 받아야 한다(동조 제2항). 사업주는 직장 내 성희롱 발생이 확인된 경우 지체 없이 행위자에 대하여 징계나 그 밖에 이에 준하는 조치를 하여야 하며 (제14조 제1항), 사업주는 직장 내 성희롱과 관련하여 피해를 입은 근로자 또는 성희롱 피해 발생을 주장하는 근로자에게 해고나 그 밖의 불리한 조치를 하여서는 아니 된다 (동조 제2항).

고객 등에 의한 성희롱 방지에 관해서는 사업주는 고객 등 업무와 밀접한 관련이 있는 자가 업무수행 과정에서 성적인 언동 등을 통하여 근로자에게 성적 굴욕감 또는 혐오감 등을 느끼게 하여 해당 근로자가 그로 인한 고충 해소를 요청할 경우 근무 장소 변경, 배치전환 등 가능한 조치를 취하도록 노력하여야 하며(제14조의2 제1항), 사업주는 근로자가 이에 따른 피해를 주장하거나 고객 등으로부터의 성적 요구 등에 불응한 것을 이유로 해고나 그 밖의 불이익한 조치를 하여서는 아니 된다(동조 제2항).

직장 내 성희롱은 업무능력과 밀접하게 관련이 있게 되는데, 특히 젊은 직원일수록 심리적·신체적 충격을 많이 받게 되고 업무실적이 현저히 낮아지며 업무만족도와 조직에 대한 충성도 역시 크게 약화된다고 한다.[357]

먼저 성희롱의 피해자가 되지 않기 위해서는 ① 자신의 의사표시를 분명히 한다. ② 새로운 직장에 들어갈 경우에는 전임자에게 성희롱이 있었는지의 여부와 회사의 사규에 성희롱예방과 구제절차에 관한 규정이 있는지 알아본다. ③ 회사 내에 성희롱이 받아들여질 수 없는 분위기를 조성하고 동료들 간의 음담패설에 참여하지 않는다. ③ 음란한 사진이나 그림을 붙이는 행위에 대하여 이의를 제기하고 성희롱을 당한 동료를 비난하지 않고 공동으로 대처한다. ④ 회사에 대하여 성희롱예방대책의 마련을 촉구한다.

그럼에도 성희롱 피해를 받게 되면 ① 그 행위자에게 이에 대한 명확한 거부의사를 표시한다. 이 경우 행위자는 성희롱 중지요청을 진지하게 받아들여 즉시 중

---

357) 노동부, '성희롱 성차별 없는 건강한 기업문화', 2면 참조.

단하여야 한다. ② 행위자에게 거부의사를 표시하기 어려운 경우 편지로 성희롱행위를 중단해 줄 것을 요청한다. ③ 성희롱에 대한 거부의사가 받아들여지지 않은 경우에는 그 날짜, 시간, 장소, 구체적인 내용, 목격자나 증인, 성적인 언어나 행동에 대한 느낌 등을 구체적으로 기록하여 이후 해결과정에서 사용될 수 있도록 증거자료를 남긴다. ④ 성희롱 행위자에 대하여 항의를 하여도 시정되지 않으면 상급자 또는 회사의 상담요원에게 상담을 요청하여 이를 중지시키도록 요구한다. ⑤ 성희롱행위 중단요청이 받아들여지지 않으면 사내의 성희롱 관련 고충처리기구와 절차를 이용하여 사업주에게 성희롱문제를 제기하여 해결한다. ⑥ 회사에 상담하고 고충을 신고해도 해결이 되지 않는다면 민간단체에 설치되어있는 고용평등상담실 등과 같은 전문상담기관에 상담하거나 지방노동관서에 진정서 등을 제출하여 법적 절차에 대한 도움을 받는다.

한편 의도하지 않게 성희롱의 가해자가 되지 않기 위해서는 ① 음담패설을 삼가고 직장 내에 음란한 그림이나 사진은 붙이지 않는다. ② 직원의 외모나 사생활에 지나치게 간섭하지 않고 타인과의 불필요한 신체접촉을 하지 않는다. ③ 상대방이 거부의사를 하였을 경우에는 즉각 중지하고 자신의 지위를 이용하여 사적인 만남을 강요하지 않는다. ④ 회식자리나 야유회에서 직원에게 술을 따르게 하거나 서비스를 강요하지 않는다. ⑤ 직원이 성희롱을 하는 경우에는 이의를 제기하고 성희롱예방프로그램에 적극 참여한다.

일단 가해자의 입장이 되었을 경우에는 ① 자신의 의도가 어떠하였든 상대방이 성희롱으로 불쾌감을 느꼈다면 이를 받아들이고 즉각 사과한다. ② 분쟁의 조정을 받고 있다면 성실하게 내용을 받아들이고 피해자의 요구사항을 이행하며 다시는 그런 행동을 하지 않도록 노력한다. ③ 징계를 당하게 되었다면 자신의 행동의 정도와 지속성에 비추어 징계가 합당한지 여부를 확인하고 이를 수용한다.358)

제 5 관 스토킹

Ⅰ. 스토킹(Stalking)의 개념

스토킹359)이란 타인으로 하여금 공격을 당하거나 살해가 될 위험을 느끼게 할 정

---

358) 이상의 내용은 노동부, '성희롱 성차별 없는 건강한 기업문화', 19면 참조.

도로 남을 쫓아다니는 것을 말한다. 이것은 직접적인 접촉이 없는 폭력행위의 하나로 볼 수 있다. 남을 쫓는 행위는 물리적으로 남을 따라가는 것뿐만 아니라 전화, 이메일, 그리고 편지 등을 보내 지속적으로 괴롭히는 것 등을 모두 포함한다.[360]

애정의 감정으로 누군가를 따르는 것과 단순한 스토킹의 구별이 애매한 경우도 있다. 그런 점에서 겉으로의 행위 자체보다는 피해자가 어떻게 받아들이느냐에 따라 판단이 달라질 수 있다. 스토킹은 주로 남성에 의하여 이루어지지만 여성에 의한 경우도 발생한다.[361] 스토킹의 유형은 뒤쫓기, 편지·이메일이나 전화하기, 일방적으로 선물하기, 직장이나 자택의 원하지 않는 방문이나 배회, 생활동선에 대한 밀착감시, 더 나아가 폭행이나 협박, 상해, 살인까지 다양하다.

마돈나, 휘트니 휴스턴, 가수 김창완, 배우 김미숙은 열성팬들에 의해 살해 위협을 받았고, 존 레넌, 지아니 베르사체 등이 피살되기도 하였다. 스토킹은 유명인사에 국한된 것이 아니고 이혼한 부부나 연인 사이에서도 발생하는 일반적 현상이 되었다. 최근에는 사이버스토킹이 문제되며, 성관계를 촬영한 후 이를 약점으로 잡아 스토킹을 하는 경우도 있다.

'스토킹 남편' 성폭행 신고한 날, 아내가 살해당했다.[362]
(최은미의 오랜 친구 김보미(가명)의 회고)

"오빠가 내 팔다리를 자를 거야. 나 진짜 죽어."
지난해 10월, 최은미(가명·당시 22)세가 파르르 떨며 내게 말했다. 얼굴이 땡땡 부어 있었다. 떨리는 손으로 옷을 들춰봤다. 허벅지, 옆구리, 팔… 어디 하나 성한 곳이 없었다. 모조리 멍이었다.
은미가 오기 전, 은미 남편은 몇 번이나 내게 전화를 걸어왔다. 은미를 찾고 있다고 했다. 그는 "몇 대 때리긴 했다. 그래도 집을 나간 건 이해가 안 된다. 화해하고 같이 자기도 했다"고 말했다.

---

359) 이와 관련된 참고문헌으로는 린덴 그로스(박성준 역), '스토킹, 알고나면 두렵지 않다', 문학사상사(1999); 이원상, '스토킹 처벌규정 도입에 대한 고찰', 형사정책연구 제24권 제2호 (2013년 여름), 147~186면 참조.

360) 신현기 외, 경찰학사전, 법문사(2012) 참조.

361) 여성스토킹에 대해서는 최영인·염건령, '가정폭력범죄와 여성에 의한 스토킹범죄이론', 백산출판사(2005), 124~183면 참조.

362) 자세한 내용은 한겨레신문 2018.4.13.자, 2018.6.4.자(성폭행 신고 당일 아내 살해한 스토킹 남편, 25년형 받았다), 2018.4.9.자(그땐 몰랐습니다, 사랑한다면서 설마 죽일 줄은…)를 참고.

"몇 대 때렸다"고 해서 사람이 이렇게 될 수는 없었다. 은미는 남편이 자기를 발가벗겨 여섯시간 동안 집 안 곳곳으로 끌고 다니며 때렸다고 했다. 한 손에는 망치를 든 채.

폭행 다음은 성관계였다. "나랑 해야 한다. 소독해야 한다"는 이유를 댔다. 관계 도중에 '꽉 껴안으라'고 명령했다고도 한다. 폭행이 통제를 위한 행동이었다면, 폭행 직후의 성관계는 여성이 자신의 지배하에 있다는 걸 확인하려는 행동이다. 은미는 남편의 추적이 두려워 휴대전화도 두고 도망쳤다가 나에게 왔다.

남편이 한 말을 그대로 은미에게 전했다. 은미는 하얗게 질린 얼굴로 "상식적으로 생각해봐. 같은 여자로서 6시간 때린 남자랑 사랑을 나눌 수 있겠어?"라고 되물었다. 성폭행이었다.

한달 뒤, 은미 남편은 기어코 은미를 죽였다. 남편을 피해 은미가 혼자 머물던 서울 강남 한 빌라 앞에서였다. 그는 흉기로 은미를 수십차례 찔렀다.

장례식장에서는 더 충격적인 말을 들었다. 은미가 죽기 전날, 남편에게 또 성폭행을 당했다는 거다. 남편이 데리고 있는 9개월 된 딸을 보려고 경기 화성시 신혼집에 들렀다가 일어난 일이었다. 사망 당일은 그러니까, 은미가 '칼을 든 남편에게 성폭행을 당했다'고 경찰에 신고한 날이었다. 경찰이 신고 사실을 즉각 남편에게 알렸고, 남편이 은미를 찾아가서 '그 짓'을 했다. 내 친구 은미는 그렇게 경찰을 매개로 죽었다.

II. 스토킹범죄 처벌 관련법률의 내용

스토킹행위는 단순히 누군가에게 애정을 표시하거나 따라다니고 미행, 감시하는 정도를 넘어서 성범죄나 상해, 살인으로 이어지는 경우가 많고, 스토킹행위가 지속적이고 집요하게 이루어진다. 피해자의 입장에서는 정신적, 신체적 피해 및 사회생활에 막대한 지장이 초래되는데도 불구하고 사회적 인식의 부족과 법률의 미미로 인하여 그동안 방치되어 왔다. 이에 2003년에 스토킹범죄의 처벌 등에 관한 법률(약칭: 스토킹처벌법)과 스토킹방지 및 피해자보호 등에 관한 법률(스토킹방지법)을 제정하여 스토킹범죄의 예방과 처벌, 처리절차에 관한 특례와 피해자에 대한 보호절차를 마련하고 있다.

1. 스토킹처벌법의 내용

(1) 제정이유

스토킹으로 인하여 정상적인 일상생활이 어려울 만큼 정신적·신체적 피해를 입는 사례가 증가하고, 범행 초기에 가해자 처벌 및 피해자에 대한 보호조치가 이루어지지 아니하여 스토킹이 폭행, 살인 등 신체 또는 생명을 위협하는 강력범죄로 이어져 사회문제가 되고 있다. 이에 스토킹이 범죄임을 명백히 규정하고 가해자 처벌 및 처벌절차에 관한 특례와 스토킹범죄 피해자에 대한 보호절차를 마련하여 범죄 발생 초기 단계에서부터 피해자를 보호하고, 스토킹이 더욱 심각한 범죄 피해결과로 이어지는 것을 방지하고 사회질서를 확립하기 위함이다.

(2) 스토킹행위와 스토킹범죄의 개념

스토킹행위란 상대방의 의사에 반(反)하여 정당한 이유 없이 다음 어느 하나의 행위를 하여 상대방에게 불안감 또는 공포심을 일으키는 것을 말한다(스토킹처벌법 제2조 제1호). 스토킹행위가 반드시 성적 목적으로 이루어질 필요는 없다.

① 상대방 또는 그의 동거인, 가족(이하 "상대방 등"이라 한다)에게 접근하거나 따라다니거나 진로를 막아서는 행위

② 상대방등의 주거, 직장, 학교, 그 밖에 일상적으로 생활하는 장소(이하 "주거 등"이라 한다) 또는 그 부근에서 기다리거나 지켜보는 행위

③ 상대방 등에게 우편·전화·팩스 또는 정보통신망을 이용하여 물건이나 글·말·부호·음향·그림·영상·화상(이하 "물건 등"이라 한다)을 도달하게 하거나 정보통신망을 이용하는 프로그램 또는 전화의 기능에 의하여 글·말·부호·음향·그림·영상·화상이 상대방 등에게 나타나게 하는 행위

④ 상대방 등에게 직접 또는 제3자를 통하여 물건 등을 도달하게 하거나 주거 등 또는 그 부근에 물건 등을 두는 행위

⑤ 상대방 등의 주거 등 또는 그 부근에 놓여져 있는 물건 등을 훼손하는 행위

⑥ 개인정보, 개인위치정보와 이러한 정보를 편집, 합성, 가공한 상대방 등의 정보를 정보통신망을 이용하여 제3자에게 제공하거나 배포 또는 게시하는 행위

⑦ 정보통신망을 통하여 상대방등의 이름, 명칭, 사진, 영상 또는 신분에 관한 정보를 이용하여 자신이 상대방 등인 것처럼 가장하는 행위

스토킹범죄란 위와 같은 스토킹행위를 지속적 또는 반복적으로 하는 것을 말한다(제2조 제2호).

(3) 스토킹범죄의 처벌

스토킹범죄를 저지른 사람은 3년 이하의 징역 또는 3천만원 이하의 벌금에 처하고, 흉기 또는 그 밖의 위험한 물건을 휴대하거나 이용하여 스토킹범죄를 저지른 사람은 5년 이하의 징역 또는 5천만원 이하의 벌금에 처한다. 제정 당시에는 반의사불벌죄로 하였으나 삭제하였다(제18조).

스토킹범죄를 저지른 사람에 대하여 유죄판결을 선고하거나 약식명령을 고지하는 경우에는 200시간의 범위에서 재범 예방에 필요한 수강명령 또는 스토킹 치료 프로그램의 이수명령을 병과할 수 있다. 스토킹범죄를 저지른 사람에 대하여 형의 집행을 유예하는 경우에는 수강명령 외에 그 집행유예기간 내에서 보호관찰 또는 사회봉사 중 하나 이상의 처분을 병과할 수 있다(제19조).

(4) 스토킹범죄행위에 대한 처리절차의 특례

• 응급조치 : 사법경찰관리는 진행 중인 스토킹행위에 대하여 신고를 받은 경우 즉시 현장에 나가 ① 스토킹행위의 제지, 향후 스토킹행위의 중단 통보 및 스토킹행위를 지속적 또는 반복적으로 할 경우 처벌 서면경고, ② 스토킹행위자와 피해자등의 분리 및 범죄수사, ③ 피해자 등에 대한 긴급응급조치 및 잠정조치 요청의 절차 등 안내, ④ 피해자 등이 동의한 경우, 스토킹 피해 관련 상담소 또는 보호시설로의 피해자 등 인도의 조치를 하여야 한다(제3조).

• 긴급응급조치 : 사법경찰관은 스토킹행위 신고와 관련하여 스토킹행위가 지속적 또는 반복적으로 행하여질 우려가 있고 스토킹범죄의 예방을 위하여 긴급을 요하는 경우 스토킹행위자에게 직권으로 또는 스토킹행위의 상대방이나 그 법정대리인 또는 스토킹행위를 신고한 사람의 요청에 의하여, ① 스토킹행위의 상대방 등이나 그 주거 등으로부터 100미터 이내의 접근 금지, ② 스토킹행위의 상대방 등에 대한 전기통신을 이용한 접근 금지조치를 할 수 있다(제4조).

• 스토킹행위자에 대한 잠정조치 : 법원은 스토킹범죄의 원활한 조사·심리 또는 피해자 보호를 위하여 필요하다고 인정하는 경우에는 결정으로 스토킹행위자에게 ① 피해자에 대한 스토킹범죄 중단에 관한 서면 경고, ② 피해자 또는 그의 동거인, 가족이나 그 주거 등으로부터 100미터 이내의 접근 금지, ③ 피해자 또는 그

그의 동거인, 가족에 대한 전기통신을 이용한 접근 금지, ④ 위치추적 전자장치의 부착, ⑤ 국가경찰관서의 유치장 또는 구치소에의 유치 등의 어느 하나에 해당하는 조치(잠정조치)를 취할 수 있다(제8조~제16조).

• 피해자에 대한 전담조사제 : 검찰총장은 각 지방검찰청 검사장에게 스토킹범죄 전담 검사를 지정하도록 하여 특별한 사정이 없으면 스토킹범죄 전담 검사가 피해자를 조사하게 하여야 한다. ② 경찰관서의 장은 스토킹범죄 전담 사법경찰관을 지정하여 특별한 사정이 없으면 스토킹범죄 전담 사법경찰관이 피해자를 조사하게 하여야 한다(제17조).

• 그 밖에 피해자 등에 대한 신변안전조치(제17조의2), 피해자 등의 신원과 사생활 비밀 누설 금지(제17조의3), 피해자에 대한 변호사 선임의 특례(제17조의4) 등이 인정되고 있다.

2. 스토킹방지법의 내용

(1) 국가와 지방자치단체에 대하여 스토킹의 예방, 방지와 피해자의 보호, 지원을 위하여 스토킹 신고체계의 구축·운영, 스토킹 예방방지를 위한 조사·연구·교육 및 홍보, 피해자를 보호·지원하기 위한 시설의 설치·운영, 피해자에 대한 법률구조와 주거 지원 및 취업 등 자립 지원 서비스의 제공, 피해자의 신체적·정신적 회복을 위하여 필요한 상담·치료회복프로그램 제공, 피해자에 대한 보호·지원을 원활히 하기 위한 관련 기관 간 협력체계의 구축·운영, 스토킹의 예방·방지와 피해자의 보호·지원을 위한 관계 법령의 정비와 각종 정책의 수립·시행 및 평가, 피해자의 안전확보를 위한 신변 노출 방지와 보호·지원 체계의 구축, 피해자 지원 기관 및 시설 종사자의 신변보호를 위한 안전대책 마련 등의 조치를 취할 의무를 부과하고 있다(스토킹방지법 제3조).

(2) 그 밖에 3년마다 여성가족부장관에 의한 스토킹 실태조사(제4조), 국가기관, 지방자치단체, 각급 학교 및 공공단체의 장에 의한 스토킹 예방교육 실시 의무(제6조), 피해자나 스토킹 신고자에 대한 불이익조치의 금지(제6조), 사법경찰관의 즉시 현장출동의무(제14조) 등을 규정하고 있다.

【반복전화와 부재중 전화에 의한 스토킹】 피고인이 2021. 10. 29.부터 2021. 11. 26.까지

총 29회에 걸쳐 피해자의 휴대전화로 반복하여 전화를 걸었고, 피해자가 2021. 10. 29. 피고인의 전화를 수신하여 피고인과 약 7초간 전화통화를 하였으며, 피해자가 2021. 11. 2. 및 2021. 11. 26. 피고인의 전화를 수신하지 않음에 따라 피해자의 휴대전화에 발신자 정보 없음 표시나 부재중 전화 표시가 남겨진 사건에서, 대법원은 피고인이 전화를 걸어 피해자의 휴대전화에 벨소리가 울리게 하거나 부재중 전화 문구가 표시되게 하였음에도 피해자가 전화를 수신하지 않았다는 이유만으로 스토킹행위에서 배제하는 것은 우연한 사정에 의하여 처벌 여부가 좌우되도록 하고 처벌 범위도 지나치게 축소시켜 부당하며, 피해자가 전화를 수신하여야만 불안감 또는 공포심을 일으킨다고 볼 수 없고, 오히려 스토킹행위가 반복되어 불안감 또는 공포심이 증폭된 피해자일수록 전화를 수신하지 않을 가능성이 높다는 이유로 스토킹행위를 인정하였다.[363]

【돈 갚으란 문자를 1300통 보낸 사례】 스토킹처벌상의 잠정조치 1~3호 처분을 받고도 지인에게 돈을 갚으라며 두 달동안 지속적으로 1300통의 문자메시지를 보낸 혐의(스토킹처벌 위반)로 70대 사람이 최상위 조치인 4호 처분을 받아 유치장에 입감됐다.[364]

Ⅲ. 스토커 징후

【"이런 사람이 스토커"】 스토커의 10가지 징후는 다음과 같다.
1. 첫 대면에서 상대방의 이야기는 전혀 듣지 않고 자신의 이야기만 한다.
2. 다른 사람을 믿지 못해 방금 했던 질문을 반복하며 상대방을 테스트하고 싶어 한다. 갑자기 울음을 터뜨리는 등 튀는 행동으로 상대방의 반응을 관찰한다.
3. 친한 사이도 아닌데 비싼 선물 특히 반지처럼 쉽게 눈에 띄어 자신의 소유물 임을 확인할 수 있게 하는 선물을 하거나 프러포즈를 한다.
4. 편지광이자 전화광이다.
5. 대개 최신 유행복을 입는 등 옷차림에 신경 쓴다.
6. 의외로 능력 있는 사람이다.
7. 동료나 후배의 고충을 앞장서서 해결하고 윗사람들에 대한 배려도 각별해 주위 사람들로부터 인정받고 출세하는 경우가 많다.
8. '예 또는 아니오'식의 흑백논리, 이분법적 사고를 갖고 있다.
9. 일단 화를 내면 자제심을 잃고 오래 지속된다.

---

363) 2023.5.18., 2022도12037.
364) 세계일보 2023.5.9. 참고

10. 정보에 매우 민감해 교묘하게 주위사람들로부터 정보를 입수하고 도청이나 쓰레기 뒤지기 등 극단적인 방법도 마다하지 않는다.365)

IV. 스토커의 행동특성과 대처법

스토커는 대부분 남성이지만 여성인 경우도 있다. 예를 들어 가수 신승훈·이현우 등이 여성스토커에 시달린 적이 있다. 연령은 주로 20대에서 30대이지만 그 이상인 경우도 있다. 스토커은 대인관계가 넓지 못하고 주로 혼자지내기를 즐기는 측면이 있다. 지능은 낮다고 할 수 없으며 오히려 명석한 사람도 상당수 존재한다. 직업적으로도 전문직 종사자도 상당하다. 피해자가 거부하더라도 오히려 부끄러워서 그렇다고 생각하며 멈추지를 않는 집요함이 있다. 명백한 거절을 당할 경우 급벽하게 변하여 폭행, 상해 등을 가하는 경우가 있다.

스토킹의 실태는 아래의 각 표와 같다.366)

〈스토킹 피해자와 가해자의 관계〉

지난 1년 동안 경험 있는 경우		전혀 모르는 사람	안면만 있는 사람	동료 선후배	헤어진 친구나 애인	현 애인 (동거인)	헤어진 배우자	PC를 매개로	무응답	합 계
가해자 관점	남성	5(35.7)	1(7.1)		7(50.0)		1(7.1)			14(100.0)
	여성	5(50.0)	1(10.0)		3(30.0)	1(10.0)				10(100.0)
	전체	10(41.2)	2(8.3)		10(41.7)					24(100.0)
피해자 관점	남성	1(4.0)	3(12.0)	5(20.0)	10(40.0)	1(4.0)	1(4.0)	4(16.0)		25(100.0)
	여성	8(20.0)	12(30.0)	9(22.5)	7(17.5)	2(5.0)			2(5.0)	40(100.0)
	전체	9(13.8)	15(23.1)	14(21.5)	17(26.2)	3(4.6)	1(4.0)	4(6.2)	2(3.1)	65(100.0)

---

365) 한겨레 1999.10.15.자.
366) 각 표에 대해서는 김은경, "스토킹 피해실태와 그 쟁점들", 형사정책연구 55호(2003.9.), 한국형사정책연구원, 110, 114, 117, 121면을 참고함(재인용).

〈스토킹을 하는 이유〉

응답범주	가해자 관점		피해자 관점	
	남 자	여 자	남 자	여 자
관심을 끌기 위해	3(21.4)	4(40.0)	2(20.0)	13(32.5)
그(녀)를 차지하기 위해/독점하기 위해	2(14.3)	2(20.0)	6(24.0)	8(20.0)
관계를 유지하기 위해	3(21.4)	2(20.0)	9(36.0)	5(12.5)
애정 거부에 대한 보복	1(7.1)	–	1(4.0)	1(2.5)
그냥 재미삼아	2(14.3)	–	1(4.0)	7(17.5)
단순히 괴롭히기 위해	2(14.3)	–	–	1(2.5)
정신적으로 문제가 있기 때문에	–	–	3(12.0)	4(10.0)
무응답	1(7.1)	2(20.0)	–	1(2.5)
합 계	14(100.0)	10(100.0)	25(100.0)	40(100.0)

〈스토킹 피해실태〉

응답범주	대학생		쉼터 여성		연예인	
	초기 3개월간 (65명)	후기 (최근) 3개월간 (36명)	초기 3개월간 (48명)	후기 (최근) 3개월간 (41명)	초기 3개월간 (19명)	후기 (최근) 3개월간 (18명)
전화폭력	70%	82%	62%	74%	72%	71%
원치 않는 편지/선물	58%	64%	38%	34%	89%	88%
집(근처)으로 찾아오기	50%	45%	59%	54%	47%	41%
미행/염탐하기	37%	38%	62%	66%	67%	69%
정보 캐고 다니기	60%	41%	76%	68%	53%	37%
헛소문/비방/명예훼손	22%	21%	53%	61%	17%	13%
우편물, 소지품 훔치기	13%	13%	48%	51%	17%	13%
집에 무단침입(시도)	6%	5%	43%	44%	11%	13%
기물파손	3%	3%	40%	38%	11%	6%
접근금지명령 위반	–	–	21%	31%	6%	6%
자해, 자살하겠다고 위협	18%	11%	43%	54%	–	6%
주변인을 위협	18%	16%	52%	65%	16%	6%
흉기사용 위협	3%	3%	43%	47%	–	–
신체적 폭행, 구타	8%	11%	60%	67%	6%	–
원치 않는 접촉, 성폭행	10%	5%	52%	61%	6%	–
이상한 물건 보내기	2%	3%	10%	11%	17%	13%

〈스토킹 피해의 후유증〉

응답범주	피해자 집단별 경험비중(%)		
	대학생	쉼터 여성	연예인
성가심(불편함/당황)	98%	88%	100%
분노(화남/증오심)	83%	96%	94%
전화받기 두려움, 공포	65%	85%	83%
외출하기 두려움, 공포	38%	82%	44%
사람들에 대한 불신감	37%	78%	24%
수치심(모욕감)	32%	86%	24%
신변안전에 대한 불안	28%	92%	50%
고립감(갇힌 느낌/외로움)	22%	88%	12%
불면증, 악몽, 환각 등	21%	89%	12%
무려감(우울증/좌절감)	18%	84%	18%
경찰 등 공권력 불신	10%	61%	18%
자살 충동	7%	52%	6%
자살 시도	2%	35%	6%
신체적 상해 입음	1%	54%	6%

스토커의 대상이 되었을 경우 단호한 거절의 의사표시가 필요하다. 직접 대면하여 대화하여야 할 경우에는 다른 사람과 동행하는 것이 좋다. 명백히 폭행, 상해 등이 없으면 경찰에 신고하여도 경범죄 등으로만 처벌되므로 차단하는 것이 쉽지 않다. 지속적 스토킹에 시달릴 경우 녹음 등 증거수집을 해두는 것이 필요하다.

【10여 년 간 끈질긴 스토킹 30대 여성 학원대표 구속】 서울 서대문경찰서는 10여 년 간 한 남자를 스토킹하며 휴대 전화를 통해 음란메시지까지 보낸 혐의(성폭력범죄 처벌 및 피해자보호법위반)로 A(여·38·N학원 대표)씨를 구속했다. 경찰에 따르면 A씨는 자신의 휴대전화로 20여 차례에 걸쳐 회사원 B(38)씨의 휴대전화로 음란한 내용이 담긴 각종 문자·음성 메시지를 남기고 B씨 아파트 우편함을 뒤져 그의 아내 앞으로 온 우편물들을 뜯어 본 혐의다.

경찰조사결과 A씨는 10여 년 전 지방 모 대학원 재학시절 B씨를 알게 된 뒤 집요하게 스토킹을 해왔고, 그 과정에서 B씨는 A씨를 피하기 위해 수차례 이사를 하거나 전화번호를 바꾸기도 했고 또 결혼을 해 가정도 꾸렸지만 A씨 때문에 큰 고통을 겪었다고 한다.[367]

---

367) 문화일보 2003.8.21.자.

저자 약력

연세대학교 법과대학 졸업(법학사)
연세대학교 대학원 법학과(법학석사, 법학박사)
사법시험, 경찰공무원시험, 소방공무원시험 출제위원
전라남도 선거관리위원회 위원
현재 초당대학교 경찰행정학과 교수

제3판
범죄와 생활법률

초판발행   2015년 12월 28일
제3판발행   2024년 3월 4일

지은이   송희진
펴낸이   안종만·안상준

편 집   한두희
기획/마케팅   최동인
표지디자인   Ben Story
제 작   고철민·조영환

펴낸곳   (주) **박영사**
             서울특별시 금천구 가산디지털2로 53, 210호(가산동, 한라시그마밸리)
             등록 1959. 3. 11. 제300-1959-1호(倫)
전 화   02)733-6771
f a x   02)736-4818
e-mail   pys@pybook.co.kr
homepage   www.pybook.co.kr
ISBN   979-11-303-4674-8   93360

copyright©송희진, 2024, Printed in Korea

* 파본은 구입하신 곳에서 교환해 드립니다. 본서의 무단복제행위를 금합니다.

정 가   26,000원